青蓝文库

存款占有的解构与重建

以传统侵犯财产犯罪的解释为中心

徐凌波 著

中国法制出版社
CHINA LEGAL PUBLISHING HOUSE

问渠那得清如许

经过两年多的策划和工作，《青蓝文库》终于面世了。这中间，凝聚了很多人的努力和期待。中国法制出版社邀我写一个总序，考虑到丛书包涉法学各个专业，自己所学狭薄，我一开始有些犹豫。但又想到司马迁所言："序者，绪也，所以助读者，使易得其端绪也。"参与和见证一段历史，无形中就承载了记录绍介的义务。读者可能希望了解到这套文库的来龙去脉，如果我的序能够有所帮助，那还是义不容辞的。

说来话长。这套文库的大致雏形，最早涌现于 2016 年 3 月某日，中国法制出版社的马颖女士与我在陈明楼办公室的一番叙谈。马颖在法律出版界是资深编辑，那时刚接任编辑六部主任一职，很想为法制社的学术出版再开局面，拓展出一些新气象。而我自己当时手头文债积压，并无新货，于是，我们就聊到其他出版项目，其中就包括，法制社打算资助出版一批优秀博士论文。

如所周知，博士论文凝聚了一个人以学术为业的最初心血，是他走上学术之路的叩门砖，意味着从汲取导向的学生，开始向创新导向的学者蜕变。而且，从学术史经验来看，博士论文中也不乏经受住了时间检验的经典之作。尽管意义与价值如此之大，但是，在当下的出版环境中，博士论文出版却非常之难。一来，是由于纯粹的学术著作的受众市场本身就非常狭小；二来，在逼仄的市场中，书的销量和效益又往往与作者的知名度挂钩。于是，一个名不见经传、初出茅庐的学者，捧着手中新鲜出炉的博士论文，既不容易得到学术市场的认可，也因此很难获得出版社的支持。名家大腕被争相约稿，而刚出道的新人，即使自掏腰包自费出版，恐也难逃被冷落敷衍的命运。所以，尽管每年中国的法学院校里有很多博士生毕业，但是，即使是其中最优秀的博士论文，想要立即出版也非易事，往往是“养在深闺人未识”，直到作者闯出腕儿来、有了学术名声的那一天，蒙尘的明珠才可能绽放光芒。

然而，此时出版，已有些错过，不再是学术新人最渴望自我肯定和向学界证明的迫切时机，也不是学者在最艰难的出道之初，最急需的支持和鼓励，因而，可能只是锦上添花。过往，中国人民公安大学出版社的《北大刑法博士文丛》，以及武汉大学出版社的《武汉大学刑法学博士文库》，为很多刚毕业的刑法博士提供了论文出版的平台，成就了他们人生中的第一本书，那是颇有高义的雪中送炭之举。不过，这两套文库作者限于特定高校和刑法专业，影响不免有限。如今，法制社有意精心打造一套文库，推出全国法学院各专业的优秀博士论文，这种对学术新人鼎力相助的力度，可谓前所未有，出版社的学术情怀和社会担当更是令人敬佩。因此，当听到马颖提出这个出版计划并征询我的具体建议时，我也感到很振奋，愿意尽自己绵薄之力，帮助她绘成这个蓝图。

我当时向马颖建议，可以通过民间渠道邀请一批中青年学者，而非官方机构来遴选优秀论文。这不仅是由于，机构评选论文的形式已成窠臼，更主要是考虑，如果评审人与被评审人年龄代际相近，那么无论是个人的学术潜质还是论文情况，都一定更为熟悉。而且，相对于年长的学界大家来说，中青年学者距离在毕业前后的艰难岁月中努力跋涉的经历，时间还未久远，因此，对学术新人出头的不易，以及博士论文出版的困难，大都有尚未淡化和忘却的切身体会，可能更愿意去投入精力帮助后来人。加之较少社会杂务，更多爱惜学术羽毛，评选上也会更加认真、负责和公允。

马颖是个很有决断力的人，她听了我的建议后，完全赞同这个新的民间方案，并请我推荐和联系编委会人选。我被马颖的热诚感染，受她之托，给一些学界朋友打了电话。大家在了解到这个出版计划后，几乎都是毫不犹豫地应允下来，愿意义务承担审查来稿和推荐优秀论文的工作。编委会的人员组成很快就确定下来。这也让我颇有感触，一个有情怀的出版项目，不需要多少鼓吹，自会焕发出它的光彩，吸引和召唤着有学术责任感的学者们汇集。

万事俱备，只欠开会。2016 年 4 月 18 日，第一次神仙会胜利召开。根据出版社的记录，第一次与会的学者名单如下：车浩、陈新宇、侯猛、劳东燕、雷磊、栗峥、王莹、许德峰、张翔、张龑、赵宏、朱腾、谢海定。舒丹、马颖、王雯汀三位法制社编辑策划主持了第一次聚会。聚会之日适逢当年的北京电影节，于是，由我提议，大家在小西天附近餐叙后，又集体遛弯到中国电影资料馆，看了一场银河映像系列之《暗花》。从电影院出来，仍然意犹未尽，找了一处胡同里的茶馆继续聊。

这次聚会颇有成果。商定的内容包括：(1) 在全国范围内面向各个高校和专业征求优秀论文。(2) 采用作者自荐和编委推荐两种方式确立稿源。(3) 编委会的工作制度和推荐评审的义务。(4) 兼顾图书质量和出版规模等基本理念和规则。其实，答应参与编务的学者，虽然是法学各个专业里出类拔萃的青年才俊，但毕竟有学校和专业的隔离，相互间并没有想象中那么熟悉，甚至是闻名已久但从未谋面的神交，是《青蓝文库》这个出版项目中包含的学术理想和情怀，调动了每个人的学术热忱，大家才聚到一起来。每个人都很珍重自己的责任。在集聚餐、喝茶、看电影于一体的聚会中，严肃活泼地讨论了问题，达成了共识，像这样的交游轶事，对我们每个参与者都是很奇妙的体验，也是一次弥足珍贵的回忆。

第一次聚会后不久，法制社就在征求各位编委意见的基础上，面向全国，推出了正式的征稿启事。“《青蓝文库》是由中央级法律专业出版社中国法制出版社创设的重大出版项目，专门出版中国法学专业优秀博士学位论文。文库旨在发现有潜质的学术新星，为法学博士论文的发表搭建优质平台。文库支持和推动高校不断推出创新性成果，与学界一起探索和确立中国法学博士论文的优秀标准。”这份启事，包括我本人在内，多位老师参与修改润色，应当说，完整地表达了出版社编辑和我们编委会成员的共同心声。

在这份启事中，中国法制出版社郑重承诺：《青蓝文库》的出版无需任何资助；出版社会精心打磨每一部作品，以精美的版式设计和装帧风格匹配作品的学术价值；对《青蓝文库》的出版成果，出版社会积极联系各学术刊物、报刊媒体、学校官方平台等进行大力宣传；每一年度出版社将邀请出版论文作者参加“青蓝出版沙龙”，享受一次打破学科专业界限相互交流的盛会。显而易见，这些承诺如能一一实现，那么，进入《青蓝文库》，对于博士毕业的学术新人在学界影响力的彰显和提升，将会有极大的助力。这可能是青年学者能在国内出版界得到的最好的亮相机会了。当然，这份启事中也写明了我们这些编委的承诺，即编委会成员将尊重学术研究视角和立场的多元化，本着充分的学术包容精神，对挑选出真正有价值的论文怀有使命感，力求评选结果客观公正。

出版社与编委会的第一次碰头议事，设在小西天，以独特的方式，取得了非常好的效果。在其乐融融的气氛中，沟通了感情，增进了对《青蓝文库》这项共同事业的认同度和使命感。可能是受此激励，三个月后的一个周末（2016 年 7 月 23、24 日），马颖很快又趁热打铁组织了第二次编委会会议，地点设在京郊。报到当天下午，大家就开始了分组审稿的工作。第二天，在北京实创西山科技培训中心，召开了正式的评审会。针对符合征稿要求的 21 篇博士论文，按照“严格筛选、宁缺毋滥”的原则，以编委的个人初审为基础，经过分组审稿、分组讨论以及集中评审后，编委会成员进行匿名投票。再由出版社统计全体编委的推荐意见，当场公布获得三分之二（即 12 名以上）编委推荐的论文名单。针对入选的论文，编委会确定一至两名编委，综合全体编委的修改意见，会后与论文作者直接沟通，提出完善建议。至此，第一次评审会圆满完成，共评选出 4 篇优秀论文，作为《青蓝文库》第一批次推出的作品。

这是一次非常成功的论文评审会。这首先得益于，马颖、王雯汀、罗莎、侯鹏、吴宇辰等几位出版社的编辑及工作人员，为这次评审会付出了大量的心力来准备、策划和安排。其次，参加评审会的编委会成员，包括陈杭平、侯猛、劳东燕、雷磊、栗峥、王莹、许德峰、尤陈俊、张翔、张龑、朱腾、赵磊以及本人在内，都本着珍重这份责任的态度，对评审投入了很大精力。会前，出版社就已经通过邮件把论文发给了编委进行预审，等到开会当天，各学科组的编委对所推荐论文和存在争议的论文讨论得非常深入，争论得也十分激烈，可以说是充分且坦诚地交换了意见。

之后很长时间，我都常常想起这次令人难忘的评审会。马颖等各位编辑老师的策划安排，可谓煞费苦心。会议所在之地离龙泉寺很近，龙泉寺是全国有名的佛教古刹，出过很多高僧，常常以现代人喜闻乐见的方式传播佛法，寺内香火旺盛，游客如织，置身其中，感受到一种出世般的内心宁静，但也不会斩断与人间烟火的勾连。浸染在这种情绪中，特别适合投入接下去的评审工作。因为学术一途，本来也是素心人之事，要能脱心志于俗谛之桎梏，而付出精力去评审和推荐他人的论文，更是要有一种对学术共同体的使命感。所以，我觉得法制社的这次会议策划颇有禅机、值得回味。

半年之后，我们又在法制社的会议室召开了第三次编委会，也是第二次论文评审会。有了前两次成功的会议打下的基础，编委会磨合日趋顺畅，后面的评审会就进入了良性运转的正常轨道。值得一提的是，在几次会议中，大家逐渐达成一项共识，即《青蓝文库》支持的对象，不仅仅是优秀论文本身，而且是论文作者的学术之路。因此，虽然论文质量不错，但是作者博士毕业后就不再从事学术工作的，原则上不纳入出版计划之列。

受命作序，回想往事，点点滴滴都涌上来。这样不厌其详地叙述过往细节，正如开头所言，因为要向读者诸君讲述《青蓝文库》的来龙去脉，希望文库的每一位作者都能记住历史。法制出版社多次表示，他们有能力、有信心将《青蓝文库》的项目坚持下去，十年、二十年甚至更久。我也相信，未来将有更多的青年才俊，以这套文库为阶，走上学术舞台的中心。序中所记，是在这套文库诞生过程中，出版社编辑和编委会成员付出的热情和心血，当然，肯定还有很多我不了解的幕后工作无法呈现。我一直认为，缺乏学术传承和积累，是中国法学曾被人讥为“幼稚”的重要原因。而学术传统的形成，不是某一两个人甚至一两代人就能毕功的事业。我们每个人，都是在无尽的历史长河中来承担各自的使命。我们努力完成自己的作品，也不要淡忘先行者的努力和恩惠，同样，有能力时，更应尽力去帮助和支持学术之路上的后来人。由此，学术共同体才可能写下历史记忆，中国法学才可能形成绵延不断的积累。

问渠那得清如许？我想，年轻学者们锐意十足的作品、学界同仁间相互守望和提携的赤诚、出版界襄助学术的热忱，就是那永不枯竭的源头活水吧。愿中国法学的学术传统涓涓不息，清水长流！

是为序。

2018 年 4 月 9 日于北大陈明楼

前 言

在我国刑法的实务处理和理论讨论中，存款的占有至少具有四个层面的含义，即现金的事实占有、现金的法律占有、存款债权的占有以及基于存款债权的占有而产生的对现金的占有。这种多义性直接导致了存款占有归属认定上的不确定性，从法治国原则的角度来看这将对法安定性与国民的预测可能性构成威胁。因此在刑法教义学上，自上，有必要讨论这种多义性在多大程度上偏离了德日刑法教义学传统中对于财产犯罪基本概念的解释；自下，则应着眼于这种多义性在现实案件处理上的必要性与妥适性。

本书尝试从清理我国刑法中涉及存款的占有这一命题的具体案件出发，结合德日刑法理论与实践对于相似案件的处理，讨论了存款的占有概念的多义性在教义学解释体系和实践处理中的必要性与合理性。在财物概念上主张有体物概念，在占有概念上主张事实上的对物的控制支配，并以这两个概念为基点主张存款的占有应以现金的事实占有为出发点来解决实践中所出现的问题。

本书认为，存款占有概念的多义性，肇始于存款概念的多义性与占有概念的多义性，前者是对传统的有体物概念的偏离而后者则是对占有作为事实上控制支配这一意义的偏离。这种概念的偏离并没有带来对其固有含义的否定而只是增加了新的内容，仅仅导致了存款占有概念的意义膨胀。然而这一概念在膨胀过程中并没有妥善地处理好概念内部不同意义之间的逻辑关系，使得这种多义性最终导致认定时的不确定性和不可预测性，是对法治国原则的悖反。反本而溯其源，本书主张以现金的事实占有作为存款占有的基本概念，在存款占有的认定上采取单一的标准，从而尽可能地减少认定中的不确定性，同时考虑通过其他构成要件而不是扩张存款占有含义的方式来解决实践中所出现的疑难案件。

目 录

第一章

导　论

一、问题的提出与文章的基本脉络

占有作为侵犯财产犯罪的基本概念目前已经引起了我国刑法理论界的广泛关注，在引进了德日刑法理论主要是日本理论中关于占有的论述，目前已翻译的日本学者西田典之、大塚仁、大谷实、山口厚等诸位教授在其刑法分论的教科书中均将对占有概念的讨论作为讨论财产犯罪的基本概念。受到日本学说的影响，我国关于财产犯罪的理论讨论中，占有概念可以说是除财物概念之外最受关注的构成要件要素。理论通常将占有一般性地定义为事实上的控制支配状态。在此之后，则会进一步探讨各种具体的占有情形，如死者的占有、封缄物的占有以及本书所关注的“存款的占有”。这些具体的占有情形一方面作为占有一般概念的例证出现，但另一方面又往往存在着占有的一般概念所无法解释的问题。如在死者的占有问题中，根据占有的一般概念，占有人的主观占有意思是占有成立的要件，而死者显然是不可能拥有实际存在的意思的，要肯定死者的占有便必须对占有的一般概念加以修正。正是在一般概念与具体情形之间所存在的这种张力推动了理论对于占有概念理解的深化。

同理，存款的占有之所以在刑法理论上被作为一个特殊问题加以重点讨论，归根结底是因为在“存款”这一特殊的占有对象面前，占有的一般概念面临着各方面的挑战和质疑。理论上并不能简单地从占有的一般概念出发对存款的占有这个命题下所涉及的各类具体问题提供理想的解决方案。反而往往为了在具体案件中得出一个“理想”的解释结论而不得不诉诸对占有概念的修正。对此在理论上至少要对以下几个问题予以澄清和回答：

第一，当人们在讨论存款的占有概念时，试图回答哪些具体案件类型中的行为可罚性问题，因此有必要对涉及存款占有的所有案件类型进行系统的分类与梳理。

第二，在具体的案件类型中，行为人的行为通常可能涉及哪些具体的犯罪构成要件（当然这会因各国刑法的不同规定而有所变化）？在这些具体罪名的构成要件该当性判断中，存款的占有归属是否的确而且必然是处理不同的案件时的核心与关键问题？这里要处理的是一个法律比较的问题。

我国学界关于存款占有这个问题的讨论主要继受了日本的财产犯罪理论，在某些相似案件的处理上也在一定程度上形成了对日本刑法理论的路径依赖，然而这种路径依赖并不意味着这一路径本身具有普适性。以错误汇款案件为例，日本刑法理论以存款占有的归属展开讨论，而深受日本理论影响的我国学者也当然地以此问题为核心展开讨论。但将存款占有的归属视为解决错误汇款案件定性问题的核心，这种做法本身就是值得反思的。这种思考路径本身在我国语境下是否具有妥当性，是在展开关于存款占有的讨论之前首先应当回答的问题。对此我们需要参照大陆法系的另一个重要国家——德国在类似案件上的处理加以回答。

第三，在确定存款占有的归属确乎是上述案件行为可罚性问题的关键之后，进一步需要回答的问题则是，目前各国的理论和实务观点是否为了在冠以“存款占有”之名的具体案件中得出理想的结论而对占有的一般概念乃至财产犯罪的基本理论进行了修正，并对相关财产犯罪的构成要件进行了限制性或扩张性解释。这一点在我国尤其重要，因为在我国文献中，存款概念本身就具有多义性。从这种多义性出发，存款的占有在不同的案件中所指涉的内容并不相同，判断占有归属的标准也不同。这种多义性和多标准性使得存款占有归属的判断在我国刑法理论和实务上都极为混乱和模糊。因此需要从理论角度澄清不同的案件中所指涉的存款之占有究竟是何种意义上的存款、何种意义上的占有。

第四，明确存款占有的多义性是一个实然问题，而紧随而来的则是一个应然的问题：从罪刑法定原则的角度看，存款占有的多义性及其对于占有一般概念的修正是否有其正当性？我们究竟应当放弃占有概念的修正与扩张，固执于财产犯罪的传统理解，坚持一个单一但内容清晰、边界明确的占有概念而对新出现的问题则考虑从立法上寻求设置新的构成要件予以规制，还是可以认为这样一个多义的但足够灵活和具有更大的弹性和解释空间的占有概念更符合我国当下的刑事立法和司法语境？

（一）存款的占有所涉及的案件类型

从目前的司法实践来看，存款占有这一命题的确涉及了许多性质不同的案件类型，其中所涉及的银行、账户名义人以及对存款不具有正当法律权利却因为各种原因而占有（可以是盗窃、诈骗也可以只是偶然的拾得）了某种财产权利凭证（存折、银行卡）的第三人之间存在不同的关系。

从最终因侵害行为遭受损失的角度看，可以分为银行受害与储户受害两类案件。前者是针对银行的犯罪，银行作为现代社会金融系统的中枢神经，受到了国家立法的重点关注和保护，刑法上也专门设置了各种保护银行资金安全的金融犯罪，包括刑法第三章第五节上所规定的贷款诈骗罪、票据诈骗罪、信用证诈骗罪等都可能是损及银行资金安全的犯罪，尽管可能针对是同一笔金额的钱款，但这些犯罪中，实践中更多是将这笔钱称为“贷款”或者是“银行资金”，而不会称为“存款”，因此这部分犯罪并非本书所讨论的范围。

后者，也就是在各类储户受害的案件中，犯罪行为所针对的则是作为个人的存款名义人，行为人利用了银行所提供的各种工具（例如银行卡）侵犯了存款账户名义人的财产。这里涉及的是私人财产的保护，主要涉及的是刑法分则第五章侵犯财产犯罪。

同时传统的侵财犯罪也可能以银行为被害人，如《刑法修正案（八）》之前第264条第2款曾经规定盗窃金融机构的行为，就是针对银行资金所实施的盗窃行为，构成盗窃罪，但是被处以较重的刑法，甚至可以判处死刑。

当然这种从最终受害者的角度进行的区分往往具有不确定性。鉴于目前复杂的民事交易规则尤其是损害风险分配规则，财产损失的最终承担者与刑法意义上的被害人往往并不同一。在民法领域，我国法院判决通常认为，在犯罪行为人盗取了用户个人信息和密码从银行取钱的案件中，对于用户所遭受的损失银行也应当承担一定的赔偿责任，这种赔偿责任对于银行来说也是一种不可忽视的财产损害风险。[1]“受害人是谁”虽然是提供了分析问题的初步思路，但对于构成要件该当性的判断并不一定具有指导性的意义。

从实施侵害行为的行为人角度看，则可以分为存款名义人实施的与非存款名义人实施的犯罪。

在存款名义人实施的犯罪中，首当其冲的往往是银行。在此涉及的是核心问题是，存款名义人至少在形式上所拥有的对银行债权能否阻却相关的构成要件或阻却违法性。从民法角度看，存款关系是银行与储户之间的债务债权关系，储户将现金的所有权移转给银行，而取得对银行的存款债权。银行有义务在储户主张其债权时向储户支付其所要求的现金。在这个关系中，存款名义人可能实施一些不正当行为导致银行遭受损害。以许霆案为例，本案的基本事实是利用银行自动取款机的故障多次取出钱款而账户余额却未发生相应的变动，银行遭受损失是确定的。问题则在于，作为存款名义人，行为人取出了与其所拥有的、向银行主张的存款债权具体数额不相当的金钱，是否构成犯罪，以及如果构成应以何罪论处？与许霆案

---

[1] 相关的民事判决参见：《王永胜诉中国银行股份有限公司南京河西支行储蓄存款合同纠纷案》，《最高人民法院公报》2009年第2期（总第148期）；《顾骏诉上海交行储蓄合同纠纷案》，《最高人民法院公报》2005年第4期（总第102期）。

类似的还有利用银行计算机系统出错进行了错误记账而取款的何鹏案，行为人何鹏同样也是银行卡的合法持有人即存款名义人，因此也是一个涉及银行与存款名义人之间内部关系的案件。

理论和实务上的定性意见主要涉及盗窃罪、侵占罪以及信用卡诈骗罪。通常认为，存款占有归属在此罪与彼罪的判定上具有关键性的意义：如果认为存款的占有归属于银行，则许霆的行为将构成盗窃罪；而如果认为存款占有归属于存款名义人，则根本不存在占有的转移问题，则应成立侵占罪。盗窃罪以财物处于他人占有之下为前提，而侵占罪则以财物已然处于行为人自己占有之下为前提，占有的归属问题因而成为区分侵占罪与盗窃罪的关键。而信用卡诈骗罪的成立则与存款占有归属问题几乎无关，需要解释的仅仅是在一台出故障的自动取款机上使用原本不具有透支功能的借记卡的行为能否为我国《刑法》第 196 条第 1 款第 4 项中的“恶意透支”所涵盖。由此可见，“存款占有”问题不仅与所涉及的案件类型有关，更与所可能适用的具体构成要件的解释有关。因此在对这一问题进行探讨时，不仅应注意到案件事实中的特殊性也应注意到所探讨的具体罪名的构成要件的特殊性，惟其如此才能真正做到“目光往返于事实与规范之间”。

这类案件也常常是民刑交叉讨论的热点。存款名义人的不当行为究竟应当仅仅被视为发生在双方合同关系内部的违约行为，因而仅通过民事手段予以制裁即可，还是应当上升到刑法的层面将其规定为犯罪？换言之，刑法是否能够、在多大程度上以及在何种条件下介入银行与存款名义人之间的合同关系之中，对此需要在刑法的最后手段原则、法益保护的辅助性原则下加以思考。而存款合同中所规定的交易规则、双方权利义务关系的安排以及相关财产风险的分配是否应当以及如何在刑法的定性分析中加以考虑，则涉及刑法与民法规则之间的协调问题。

当然也有存款名义人实施的使第三人遭受损失的案件，以仇某某、崔某、张某某盗窃案为例[1]，作为存款名义人的被告人仇某某将自己的银行

---

[1] 案件事实与裁判理由详见《最高人民法院公报》，2011 年第 9 期（总第 179 期）。

卡租借给了被害人牟某某，被害人在账户中存入现金后，由于操作不慎而被吞卡，随后存款名义人通过挂失、补办、设置新密码的行为使第三人无法从账户中取回现金，并将账户内的金钱取出，最终导致了被害人的财产损失。这类案件，司法实践中甚至理论上[1]也往往倾向于以盗窃罪定罪处罚——这里所举的仇国宾案即是如此——但却始终没有找到合理的论证路径。法官在说理的过程中只是将整体的情况笼统地评价为使被害人失去对钱款的控制并使自己取得对钱款的法律控制，但并没有具体而清晰地指出，究竟是挂失行为、补办行为、新密码的设置行为还是最终的取款行为该当了盗窃罪的构成要件。裁判说理在占有判断上的模糊导致了案件结论的不确定性，在此后案件情形基本相似的曹成洋案中，法院则又认为此类行为应当以侵占罪论处。[2]

而由非存款名义人实施的犯罪，则既可能导致银行的受害也可能导致存款名义人的受害。在这类案件涉及的范围非常广泛，包括了各种针对作为存款债权凭证的存折、存单、信用卡的盗窃、抢劫、诈骗行为，以及捡拾信用卡而取钱的行为。典型的情况如程剑诈骗案[3]，行为人拾得他人银行卡猜配密码然后取款的行为导致存款名义人受损。实践中这类案件中普遍存在的问题有三，一为定性问题，如以捡拾信用卡并取款的案件为例，有信用卡诈骗罪与盗窃罪之争[4]，二为既遂未遂标准的问题，三为数额计算的问

[1] 参见陈兴良：《挂失并取走自己账户下他人款项构成盗窃罪》，载《中国审判》2010 年第 5 期。

[2] 参见最高人民法院刑事审判第一至五庭主编：《刑事审判参考》2013 年第 6 集（总第 95 集），法律出版社 2014 年版，指导案例第 938 号。

[3] 程剑诈骗案的具体内容参见陈兴良：《判例刑法学（下）》，中国人民大学出版社 2009 年版。

[4] 围绕捡拾信用卡并取款的行为定性问题，引发争议的主要是最高人民检察院 2008 年 2 月 19 日通过、5 月 7 日起施行的《关于拾得他人信用卡并在自动柜员机（ATM 机）上使用的行为如何定性问题的批复》（高检发释字〔2008〕1 号）中明确规定，拾得他人信用卡并在自动柜员机（ATM 机）上使用的行为，属于刑法第 196 条第 1 款第（3）项规定的“冒用他人信用卡”的情形，构成犯罪的，以信用卡诈骗罪追究刑事责任。这一解释在理论上引发了强烈的质疑，质疑主要针对的是捡拾信用卡在自动取款机上取款的案件，因其不符合教义学上对诈骗罪的一般理解而提出了各种批评。支持的观点参见刘明祥：《用拾得的信用卡在 ATM 机上取款行为之定性》，载《清华法学》2007 年第 3 期；《再论用信用卡在 ATM 机上恶意取款行为的行为性质》，载《清华法学》2009 年第 1 期；相反的观点参见张明楷：《非法使用信用卡在自动取款机上取款的行为构成盗窃罪》，载《清华法学》2009 年第 1 期。

题。这三类问题均与如何理解存款的占有有关。

另外随着网络计算机技术的发展，针对存款人存款的犯罪甚至不需要先获取存折信用卡，而是直接通过侵入银行计算机系统，获取客户信息、账号和密码就可以进行转账，如李振平盗窃案[1]中被告人所窃取的是并非银行卡本身而是他人的银行卡信息，随后将他人账户内的存款转账到自己控制的账户之下，对于此类案件主要是以计算机诈骗罪来进行专门的规制，而在我国实践中则仍然以盗窃罪等传统财产犯罪论处。但我国立法下缺少计算机诈骗罪的构成要件这个事实本身并不足以让我们认为以盗窃罪定罪处罚就是合理的。换言之，行为是否成立盗窃罪应以盗窃罪的构成要件为出发点，而非以其他构成要件的不存在为出发点，而这些行为是否真能符合盗窃罪的传统教义学结构存在疑问，其成立盗窃罪还需要额外的论证。

由上所述，“存款占有”之下涉及不同案件类型，并涉及不同当事人之间的法律关系，笼统地以“存款的占有”作为讨论的核心，可能会忽视不同的案件类型所具有的特殊性。在此意义上，对存款的占有问题有进一步细化分析和研究的必要。

（二）存款占有作为问题解决的核心与关键？

如前所述，以存款占有的归属作为解决上述案件的关键并不具有普适性，在德国刑法中虽然存在相同的案件事实，存款占有之归属却完全没有被论题化。我国目前将存款占有的归属作为解决上述案件的关键很可能仅仅只是对日本财产犯罪理论的路径依赖。为了验证这个假设，本章首先列举了被我国刑法理论和实务纳入存款占有这个命题下讨论的不同案件类型，随后则需要讨论的是我国与日本以及德国理论对于同类案件的不同分析路径和解决方式。

从整体上看，在解决思路上我国与日本刑法理论类似，将存款占有的归属视为解决这些案件的根本问题。日本在对错误汇款的案件解决中将存

[1]（2005）龙刑初字第 73 号刑事判决书。

款占有归属视为核心问题而有存款名义人占有说与银行占有说之争。而在我国，不仅是在许霆案和何鹏案中存款占有之归属成为热议的焦点问题，在其他的盗窃、骗取、抢劫或捡拾存折、银行卡等财产凭证案件中，陈兴良教授所提出的“占有存折、银行卡是否就等于占有存折项下金钱”这个问题也成为讨论的关键，围绕这个问题而有分离性观点与一体性观点之争。

另一方面，我国在继受日本理论中的存款名义人占有说与银行占有说的过程中，也存在对日本的原初理论的误读与偏离，例如在占有存折银行卡与占有存款之间的同一性问题上，理论和实务上都似有将存款名义人占有说运用于此的尝试，即将存款名义人占有扩张为一种“存折、银行卡占有人之占有”。

在本书后续的分析中可以看到这在根本上是两个问题。在没有厘清存款名义人占有说的立论基础就简单地将其推论到所有取得了存折银行卡的占有的人的场合是十分危险的。因此彻底地清理日本刑法理论关于存款占有问题的理论与实务之内在逻辑是本书第二章将首先要处理的问题。

与此相反，存款占有的归属在德国理论上并不受到如其在中日两国理论中所获得的关注。在德国理论中，占有概念素来有事实的占有概念、规范的占有概念、事实—规范的占有概念之争，但强调占有的事实属性仍然是主流的理论立场。从这个立场出发，现金在取出之前归银行占有这一点并没有值得争议之处。需要讨论的与其说是占有的归属问题，不如说是占有转移的同意问题，亦即行为人的取款行为是否构成对占有的破坏，是否违背了原占有人的意愿。

以行为人使用他人密码卡从自动取款机上取款的为例，在 1986 年《第二次反经济犯罪法》所设置的第 263 条 a 计算机诈骗罪生效之前，实务上虽然有成立盗窃罪、侵占罪还是无罪的不同定性观点，但争论的焦点并不在于现金的占有归属，而在于取款行为是否构成破坏占有。1986 年第二次《反经济犯罪法》生效之后，理论上争议的焦点也在于第 263 条 a 计算机诈骗罪的成立与否，问题的关键转移至如何理解法条中所规定的“无权使用数据”这一构成要件。同理在错误汇款案件中，德国学理与实务所关注的是欺骗行为与认识错误的有无，存款的占有归属并不被认为是一个争议性的问题。

整体上看，德国理论和判例都对涉及存折、银行卡的相关案件类型做了细致的区分，并针对不同的案件讨论不同构成要件成立的可能性。至于财产凭证的取得行为，则通常首先与后续的滥用行为进行区别评价，随后基于共罚的事后行为等角度对行为进行合并。取得行为的定性还取决于所涉及的具体财产凭证种类，例如在盗窃存折取款后归还的案件中肯定盗窃罪的成立，而在盗窃银行卡取款后归还的案件中则得出否定的结论。另外财产凭证的取得行为与后续的滥用行为之间的关系，也取决于涉案财产凭证种类及其使用方式。例如，在盗窃存折后使用伪造的身份证件取款的案件中，法院认为后续的欺骗行为与此前的盗窃行为之间构成共罚的事后行为因此不再单独评价。相反，行为人骗领银行卡而随后通过直接借记程序在商场购物消费的行为，后续的使用行为成立单独的诈骗罪应当受到独立评价。[1] 表 1[2] 对此作了大略的总结但并不详尽，本书将在第三章中详细阐述德国在处理涉及存折、银行卡（包括信用卡、支票卡和密码卡）的案件上的意见。

表 1

<table>
<tr><th rowspan="2"></th><th colspan="2">取款行为</th><th colspan="2">购买商品和服务的行为</th></tr>
<tr><th>自动取款机取款</th><th>柜台取款</th><th>使用信用卡（Kreditkarte）与支票卡（Scheckkarte）</th><th>通过直接借记程序（Lastschrift）</th></tr>
<tr><td rowspan="5">正当权利人（Kontoinhaber）</td><td>盗窃罪（-）</td><td rowspan="2">诈骗罪（-）</td><td rowspan="2">诈骗罪（-）</td><td rowspan="5">诈骗罪（+）</td></tr>
<tr><td>侵占罪（-）</td></tr>
<tr><td>计算机诈骗罪（-）</td><td rowspan="3">支票卡与信用卡滥用罪（+）</td><td rowspan="3">支票卡与信用卡滥用罪（+）</td></tr>
<tr><td>背信罪（-）</td></tr>
<tr><td>支票卡与信用卡滥用罪（+）</td></tr>
</table>

[1] BGHSt 47,160 ff.

[2] 为了简化表格内容，表中（-）表示否定结论，（+）表示肯定结论。

续表

<table>
<tr><th rowspan="2"></th><th colspan="2">取款行为</th><th colspan="2">购买商品和服务的行为</th></tr>
<tr><th>自动取款机取款</th><th>柜台取款</th><th>使用信用卡（Kreditkarte）与支票卡（Scheckkarte）</th><th>通过直接借记程序（Lastschrift）</th></tr>
<tr><td rowspan="3">非权利人（Unberechtigte）</td><td>盗窃罪（-）</td><td rowspan="3"></td><td colspan="2" rowspan="3">诈骗罪（+）</td></tr>
<tr><td>侵占罪（+）</td></tr>
<tr><td>计算机诈骗罪（+）</td></tr>
</table>

（三）以存款占有归属为基本解释思路的理论问题

如上所述，我们可以认为将存款占有的归属作为解决相关涉及存款的案件的核心问题是一个可能的思路但却并不是唯一的思路，更多的是我国学界在迄今为止对日本刑法分则理论继受过程中所形成的路径依赖的结果。但在这个过程中，我们对于相关财产犯罪构成要件的解释又并未与日本刑法理论保持彻底的一致，而是根据我国刑法文本规定的特殊语境以及案件处理的实际需要对部分理论进行了调整，一个典型的代表是我国刑法理论对于公私财物概念的扩张解释。接下来的问题是，我们应当如何评价这种路径依赖以及对相关理论进行的修正和调整，对此需要从我国刑法文本以及司法实践所构筑的特殊语境出发，基于罪刑法定原则并在一定程度上考虑刑事政策上的需要对我国当前关于存款占有理论的合理性进行评价。

要清理存款占有之归属要明确两个基本概念：其一是存款，其二是占有。前者涉及的是占有的对象，这个对象也是各种财产犯罪的行为客体，因此与存款概念相连的是我国刑法中侵犯财产犯罪的行为客体究竟为何。我国学者已经多次指出，存款的概念具有多义性，它既可以指放在银行里的现金也可以指账户名义人对银行所拥有的存款债权。[1] 但如果将存款债

[1] 参见张明楷：《刑法学》（第五版），法律出版社 2017 年版，第 947 页；李强：《日本刑法中的“存款的占有”：现状、借鉴与启示》，载《清华法学》2010 年第 4 期；黑静洁：《存款的占有新论》，载《中国刑事法杂志》2012 年第 1 期；陈洪兵：《中国语境下存款占有及错误汇款的刑法分析》，载《当代法学》2013 年第 5 期；陈洪兵：《滥用银行卡的刑事责任》，载《法治研究》2013 年第 5 期。

权纳入侵犯财产犯罪的行为客体范围内，则意味着我国的财产犯罪理论必须修正德日理论对于财物的理解，即财物不再限于有体物而是同时包括其他形态的财产性利益。作为法益的承载者，犯罪对象的范围是直接与构成要件的保护法益相关的，因此对象问题最终必须回溯到财产犯罪所保护的法益范围层面加以回答，本书第五章将对这一问题进行探讨，此其一。

如果按照学界的主流意见，财产性利益是可以毫无疑问地纳入财产犯罪的犯罪对象范围内的，具体到本书所关注的问题上，则意味着不仅是银行的现金，而且是对银行的债权都可以成为占有的对象。肯定了现金和存款债权都可以作为占有的对象，则进入第二个问题，即如何理解这里的占有。

首先对于现金的占有归属上便存在分歧，日本理论中存款名义人占有说与银行占有说之间的对立便是在这个问题上的对立，二者基于不同的占有概念而得出不同的现金占有归属结论。因为日本仍然坚持财物的范围限于有体物，因而也便不存在对于存款债权的占有的讨论，李强博士在论文中正确地指出，日本所谓的存款占有是指基于存款债权而对现金的占有，而不是对存款债权的占有。[1] 因此接下来的问题是，在我国将债权等财产性利益纳入财物概念之后，我们是否承认以及如何解释对财产性利益的占有。目前学说上对于存款债权的占有已经有所讨论，但尚未讨论清楚的是，如果我们同时承认对现金的占有和对存款债权的占有，这两种占有之间的逻辑关系应当如何安排。

回到前述陈兴良教授所提出的问题——占有存折是否就占有了存折项下的财物——这个同一性问题。由于理论通说认为财物不仅包括了有体物还可以包括债权这种非有体物的财产利益存在形式，我们至少在这个问题之下区分出两个层面的问题：其一，占有财产凭证是否就是占有了存款债权；其二，占有了存款债权是否就占有了现金。对于前者需要解释的是存款债权的占有问题，而后者需要解释的是存款债权的占有与现金占有之间

---

[1] 李强：《日本刑法中的“存款的占有”：现状、借鉴与启示》，载《清华法学》2010 年第 4 期。

的逻辑关系问题。这两个问题的回答都必然涉及对占有一般概念的修正。前者是对占有对象的修正，后者则是对占有概念本身的修正。当然实务和理论上更为常见的做法是，直接跳过存款债权的讨论将这两个层面的问题合二为一，即占有存折、银行卡就占有了现金，这实际上是对日本的存款名义人占有说和法律上支配观点的误解与误读。

德日理论中关于占有的一般概念是以占有的对象是有体物这一前提展开的，有体物的物理性与占有概念的事实性相对应，而相反当我们承认非物质性的债权也可以成为占有对象时，就在某种程度上需要对占有的一般概念进行修正。即便最终得出结论认为存款债权也能够事实上进行支配，这个事实支配也必然地与对有体物的事实支配有所不同。而认为占有存款债权的同时也便占有了银行的现金，这个结论与日本的存款名义人占有说的理论基础是类似的（但并不完全相同，因为存款名义人并不仅仅是占有债权而是在法律上便是正当的债权人）。这本身就已经偏离了占有的事实概念而走向占有的法律概念，即在法律上的而非事实上的控制支配这一意义上理解占有。这种对占有一般概念的偏离是否具有正当性与合理性是本书在第五章所需要解决的问题，此其二。

由上所述，在存款的占有问题上至少要对两方面的内容进行检讨：其一，存款债权本身是否以及应否是财产犯罪的对象以及占有的对象；其二，我们应当如何评价伴随着财物概念扩张而来的在实然层面上所存在的占有概念的观念化与复杂化。

1. 存款作为占有的对象与财物概念的扩张

与德日刑法理论中对于财物概念采取有体物的通说不同，我国刑法理论和实践都倾向于对财物作扩张解释，这一方面是因为我国刑法条文在第五章侵犯财产罪中将犯罪对象统一界定为公私财物，使得理论上有扩张财物概念的冲动与可能性，另一方面也是因为从社会现实角度来看，各种其他形式的财产性利益在社会经济生活中的地位日益重要，而将财物统一限制在有体物范畴内的解释会导致刑法的保护范围过于狭窄，从而与现代经济社会发展的具体状况不相适应。司法实践中在涉及以虚拟财产、债权为对象的侵害案件中也倾向于扩张公私财物的解释。财物概念的扩张相应地会导致“占有”含义的变化。德日刑法理论中的事实上控制支配观点对应的是有体物意义上的财物，那么在非有体物的其他财产存在形式上，事实上的控制支配观念在多大程度上能够被坚持就是一个值得怀疑的问题。

德日的传统理论中，以有体性作为定义财物的根本特征，从有体性这种表述本身已经表明了这个概念的存在论意味。但此种对于财物的经典理解在现代社会主要受到了两方面的冲击。其一，伴随着计算机网络技术发展而产生的存在于网络之中的虚拟财产的财物性认定问题，即所谓虚拟财产问题；其二，现代金融业发展所带来的各种金融衍生品和财产权利凭证作为货币的替代支付工具而出现，即财产权利、财产权利凭证的财物性问题。上述二者在某种程度上挑战着以有体性为基础的传统财物观念。这种现实推动着理论和实务出于实践的考虑而修正财物的定义，如日本曾经一度成为通说的管理可能性说，或者是迫使立法者在立法层面进行修正（如德国以及日本现行刑法中将电视为财物的规定）。

值得注意的是，中国所真正要思考的问题与德日恰恰是相反的。在德日理论中，将财物概念的外延限制在有体物的限度从而限定了相关财产犯罪构成要件的适用范围，导致了可罚性漏洞的产生。而在我国，传统理论从来没有否认将财物等同于所有财产的可能性。张明楷教授曾经批评我国传统理论在财产犯罪保护法益的问题上采取的所有权说保护范围过于狭窄。[1]但这是对传统理论的误解。我国理论在传统持的毋宁是一种最为宽泛的财物概念，在高铭暄教授和马克昌教授主编的《刑法学》教科书中甚至明确指出了对于财物概念不宜做限制解释。[2]这种误解源于对所有权概念的不同理解。张明楷教授所理解的是《物权法》所定义的所有权概念，而传统理论上所谓的所有权说则是建立在《刑法》第92条对于“公民合法所有的财产”的规定之上。在公民合法所有的财产中，不仅包括了公民对

---

[1] 张明楷:《刑法学》(第四版)，法律出版社2011年版，第834页。

[2] 参见杨春洗、杨敦先、郭自力主编:《中国刑法论》(第四版)，北京大学出版社2008年版；高铭暄、马克昌主编:《刑法学》(第五版)，高等教育出版社、北京大学出版社2011年版。

于物的所有权，还包括了债权、股权等在民法上有别于物权的财产权利。因此刑法上的“所有”与民法上的“所有权”在外延上并不同一。从第92条对于公民所有的财产范围的规定出发，理论上认为公私财物的概念与财产概念是等同的观点始终居于主导地位。从这一角度看，财物概念是否应当扩张是一个伪命题，因为它本身就已经过于宽泛了。我国理论在对财产犯罪的解释上虽然深受日本理论的影响。但理论主流仍然认为，与日本明确区分财物与财产性利益的立法例不同，基于我国刑法条文的统一表述，不可能全盘接受日本的解释路径，坚持严格的“有体物”意义上的财物概念，而应当扩张财物概念，将财产性利益纳入财物概念内部来解决。

中国语境下值得思考的恰恰是，这个泛化为财产的财物概念究竟是为罪刑法定原则所允许的扩张解释还是一个与罪刑法定原则相悖的类推解释。但到目前为止所有区分扩张解释与类推解释的公式都无法一劳永逸地解决分歧和争议，最终仍然是反对的人认为是类推，支持的人认为是扩张。为了确证在罪刑法定原则下的合法性，扩张解释一方面需要援引客观解释论，从社会客观物质生活条件的变化发展这一社会性层面从外部论证扩张解释的合理性，另一方面需要援引所谓“语词的最大可能含义”来区分扩张与类推，表明自己仍然在罪刑法定所允许的范围之内。但是“语词的最大可能含义”并不能够在刑法教义学内部找到边界，对于语词最大可能的含义这一边界的确定，需要援引某些社会学的理论作为依据，也需要对司法实践在具体个案上进行解释的展开进行系统的研究。

2. 存款占有的多义性与观念化

扩张解释财物在刑法理论体系上的后果，并不仅在于犯罪对象的扩张并进而导致的处罚范围的扩大而已。由于财物的有体性这一存在论边界被突破，财物的存在方式发生变化，并进而导致财物的控制方式的变化。有体性的财物对应着物理性的现实支配，这是刑法上占有的通常含义。这一理解借鉴自日本刑法理论学说，但事实上支配，是与日本刑法理论通说的有体性财物观念相对应的，这也是为什么日本学者在评论“法律上支配”

时提到了这种观点同时修正了对财物的理解。[1]

这也就是说，与财物概念的扩张相对应的是占有的观念化趋势使得占有概念内部呈现出日益复杂化的趋势。这在存款的占有这个命题上体现得尤为明显。除了通说所主张的占有一般概念，即对作为有体物的现金进行事实上控制支配（银行占有说），还出现了对现金的法律上控制支配（现金的法律上支配）。除此之外对于突破了有体性边界而被纳入“财物”概念中的财产性利益，还需要重新审视和系统性修正对于占有的教义学的理解。占有概念内部所具有的各种含义之间究竟处于何种关系，这种关系对于具体案件的定性究竟会产生何种影响，理论上对此并没有讨论。

占有的观念化同时也意味着占有转移的观念化，占有移转的观念化使得除了传统上所认为的物理性、事实性的占有移转之外，其他的行为也可能成为一种移转占有的行为。但这种观念化了的占有移转如何进行，其边界仍然是模糊的。以银行转账为例，就现实层面存在的仅仅银行系统中某一个账户上存款金额的减少或增加，银行每天那么多账户上存款都在增加和减少，凭什么认为这个账户存款的减少与那个账户存款的增加之间有必然的关系，这种转账行为为什么可以理解为占有的转移，这一个过程中对于转移理解的抽象化和观念化是必然的现象。占有移转的观念化也使得刑法的评价重点发生了变化，当行为人侵入银行系统增加自己账户余额时，在一种观念化的占有移转概念视野下，被认为是占有移转的就不是取款行为而是此前的侵入和增加余额的行为，伴随着这种观念化而来的还可能是刑罚的前置。这种通过解释而非立法方式实现的刑罚前置和可罚性的扩张，或许在刑事政策上有其实现个案正义的意义，但在罪刑法定原则角度看却是值得怀疑的。

固然观念化、抽象化是与人类抽象思维能力发展、智力发展相一致的，在某种程度是社会进步发展的象征，但有体性说与事实上支配理论对于以罪刑法定原则为其基本原则的刑法而言具有重要意义，因为它提供了一个

[1] 参见李强：《日本刑法中的“存款的占有”：现状、借鉴与启示》，载《清华法学》2010 年第 4 期。

牢固的存在论、本体论的边界，能够有效地防止处罚范围扩张。而对于扩张的财物概念而言，在实践层面上需要面对的问题就在于如何在扩张财物概念的同时，限定可罚性的范围。这也是张明楷教授在数次论及扩张财物概念，将财产性利益纳入财物概念范畴中时都会在最后讨论如何限定其成立范围。[1] 但是就目前为止的可罚性限定而言，其提供的具体操作并没有给出很好的理论根据。为什么必须在出现财产损失的情况下才能认定可罚性、如何界定财产损失、财产损失应当就个别财产进行判断还是就整体财产进行判断等，理论上并没有给出更确切的标准。

笔者以为，存款的占有问题是一个考察财物概念之扩张与占有之观念化的重要切入点。就基础的民事法律关系而言，储户将金钱存入银行之后，与银行之间成立存款债权债务关系，基于民法上对于货币的占有即所有观念，一定金额的货币的现实的事实上支配转移给银行的同时，所有权同时也移转给银行，银行取得货币的占有与所有权，而储户或存款账户名义人则取得对银行的存款债权。对于储户而言，只要凭借存款凭证，无论是银行卡还是存折，并提供密码或有效的身份证明，就可以向银行主张债权，请求银行支付，也可以方便地通过银行系统进行转账的其他活动。民法关于债权关系的学说可以很好地调整这一方面所出现的法律问题。

但刑法上却存在值得讨论的问题。在传统的事实上支配的观点下，存入银行的现金实体的占有已经归于银行，这一点完全没有问题。需要讨论的则是储户对于存入银行的现金实体的占有，日本刑法理论在侵占罪中发展出了所谓“法律上的支配”而肯定了存款名义人对现金占有，这种法律上的控制支配是通过存款名义人对于银行的债权来实现的，占有的有无不再是基于事实面来进行判断，而是基于法律所认可的权利的有无来进行判断，在此意义上这一理论扩张了传统所理解的占有概念。当然也有学者基于存款名义人能够随时取出存款这一事实而认为其对存款拥有占有权，但这种随时取出的可能性与传统所理解的占有仍有一定差别，而且这种随时

[1] 张明楷：《财产性利益是诈骗罪的对象》，载《法律科学》2005 年第 3 期。

能够取出也必须通过银行这一系统进行，很难说可以认可为一种事实上的控制支配。另一方面，实践中经常发生以存折、银行卡为对象的犯罪案件，就行为的定性、刑法评价的重点、犯罪既遂未遂的标准、犯罪数额的计算无论在理论还是实践上都存在分歧，这些分歧不仅存在于控辩双方之间，而且存在于不同法院的判决之间，法院最终的定罪与量刑在很大程度上取决于如何理解占有。

从上述分析中我们可以在存款的占有这个命题下分出四种占有：对现金的事实占有；对存款债权的占有；基于存款债权而对现金的占有；基于对存款债权的准占有而生的对现金的占有。德国理论仅承认对现金的事实占有，日本理论则在对现金的事实占有和基于存款债权而生的对现金的占有之间存在争议；我国理论则要自行面对存款债权的占有和基于这种占有而生的对现金的占有所存在的问题。日本理论中关于占有概念的事实上支配与法律上支配理论对此也无济于事，因为对于基于存款债权的占有而生的对现金的占有而言，这本身也不是一种法律上对现金的控制支配，存款债权的占有人（也就是实践中盗窃、抢劫、拾得存折、银行卡的行为人）并没有取得对银行的正当债权，而毋宁只是一种行使债权的事实可能性，这种事实可能性并不能满足法律上支配意义之下的占有概念的要件。另一方面我们在存款占有这个命题下所讨论的各类型案件所涉及的也是不同类型的“存款占有”。例如在许霆案与何鹏案中所涉及的仅仅是现金的事实占有与基于存款债权的现金占有之间的矛盾，而在盗窃、抢劫、拾得存折、银行卡后取款的案件中，涉及的则可能是存款债权的占有与基于存款债权的占有而生的现金占有问题，这实际上是一个侵害存款债权如何纳入我国刑法的财产犯罪构成要件保护范围之内的问题。

上文描述的是实然的现状，即刑法理论和实践中实际存在的对财物的扩张解释与占有观念化。紧随而来的，是应当如何评价和面对这种趋势这一应然问题。一方面，财物的扩张解释并不具有当然的正当性与合理性，而往往存在来自于罪刑法定原则的质疑。另一方面，事实上的控制支配概念奠定了刑法上的占有与民法上的占有的根本区别，但随着占有的观念化，是否意味着刑法上的占有与民法上的占有的趋同。从刑法的独立性立场出发，刑法下的概念应当根据刑法规范保护目的和刑法的任务进行功能性的解释，即使刑法上的占有也在一定程度上发生了观念化趋势，也应当根据刑法的制度目的本身进行修正，并不导致对民法上占有的全盘接受。

二、本书的研究方法

（一）刑法教义学路径

本书以刑法教义学为基本研究路径。尽管从整个法学理论发展的状况而言，法律经济学、法律社会学、法律心理学的兴起，各种自外于法学的研究方法正逐渐成为显学，但笔者以为基于法条的教义学方法仍然应当成为研究的基础与核心。所有自外于法律体系的学说最终都必须在教义学体系中找到其位置然后才能通过法条的适用对实践发挥作用。

从我国刑法理论的整体状况而言，随着德日刑法学知识的理论的引入，理论正在经历刑法知识的转型，总则理论随着争论的白热化而得以进一步的深化和发展。相形之下，分则教义学的探讨则显得门庭冷落。但是总则与分则理论之间并非是断裂的，总论中对于罪刑法定原则的不同理解以及对不同侧面的强调会直接影响到分则中对具体构成要件要素的解释界限的确认。本书所讨论的财物概念的扩张问题也必须置于对罪刑法定原则的理解和贯彻之下加以展开。其次，总论关于解释方法的争论也在一定程度上影响着对分则要件的解释立场。在此存在主观解释论与客观解释论的对立。德国刑法学者罗克辛教授指出：“主观性解释理论是根据处在特定历史时期的立法者当时的意图进行解释；客观性解释理论不取决于当时立法者的意图，认为法律可能已经变化了的含义是最重要的。正确的解决办法应当在两者之间。”[1] 主观解释与客观解释各有其正确性与合理性，在本书看来，刑法必须面对社会生活事实，但刑法也有自己必须恪守的立场。刑法解释

[1] Claus Roxin, Strafrecht Allgemeiner Teil I, 4. Aufl., 2006, § 5, Rn. 32.

必须受到限制，在限制之中探寻解释的可能性，不受限制的刑法解释将会导致刑法理论内部的合法性与正当性危机。

另一方面，刑法解释论上还存在着存在论与规范论思考向度，存在论与规范论不仅是把握犯罪论体系发展脉络的基点，也是理解具体刑法理论演变的重要观察视角。以贝林、李斯特为代表的古典犯罪论体系在自然主义和机械论、原子论的世界图景中将犯罪的构成要件理解为纯粹事实性的因素，因此对于行为、因果关系都采取了自然主义的、存在论的解释。而伴随着规范的构成要件要素的发现，以及犯罪论体系朝着规范论、目的论的方向发展，刑法的解释也日益强调根据刑法的规范目的来加以解释。但是极端规范论容易导致对于现实世界的抛弃而沉溺在规范体系内部的自我陶醉之中，因而有许内曼教授提出物本逻辑与规范论的和解。尽管从许内曼教授的论述来看，这种和解的可操作性究竟有多大可能尚未可知，但是这种试图在存在论与规范论之间达成和解的努力仍然是值得赞同的。具体到本书所讨论的问题，一方面认为占有概念的解释与发展同样可以从存在论和规范论这对范畴下进行观察。占有的一般概念是事实上的占有支配，德国刑法学说中认为，占有包括控制支配的事实以及支配的意思，对于控制支配的意思必须基于一种自然的观察，这是存在论的观点。但另一方面又认为占有的认定需要考虑社会的一般观念，因此这种事实上的控制支配包含有一定的规范性的因素，规范因素在一定程度上对物理控制力较弱的占有事实补强，而日本在侵占罪中所提出的以法律上的控制支配更是结合了侵占罪的规范保护目的而对占有概念的修正，在此意义上占有概念的扩张也意味着占有的规范化。从目前的讨论来看，物理意义的作为力量支配关系的占有概念即纯事实的占有概念，与完全不考虑事实因素而仅以法律规范为依据的占有概念即纯规范的占有概念无论是在司法实务中还是在理论发展史中都不曾存在过。主流的观点是事实因素与规范因素的混合物，即便在这种混合的占有概念内部，对于事实面和规范面的不同侧重在占有的归属上都会得出不同的理解。这个问题同样存在于存款占有这个具体问题上，现金的占有归属究竟应当以事实上支配为判断依据，还是应当进一步肯定存款债权人基于自己的正当债权也对现金拥有占有。前者更强调事实面的支配因素，而后者则以法律上的权利归属为旨归。如果在占有的概念中同时承认事实上支配与法律上支配，如何处理两者之间的关系就需要进一步地讨论。同样在存款债权的占有上，我们应当如何定义这种占有：从事实面看，应当侧重于存款债权事实上的行使或行使可能性；从规范面看，则应侧重于存款债权的法律归属。后者显得非常多余，存款债权的权利归属根本不需要用“存款债权的占有”来表达，而且这样的表达也是没有意义的。多义的占有概念为理论和实践提供了更大的解释空间，更大的解释空间意味着更大的灵活性和恣意性，法官完全可以任意地在不同的占有含义之间来回跳跃摆荡以获得更为“理想”的结论。其对法安定性和明确性要求所带来的威胁与损害是值得重视和警惕的。

（二）比较法层面

我国的法教义学研究终究有其比较法的侧面，目前比较法的研究说明，法律比较是极为困难的，稍有不慎法律比较便会被庸俗化为立法例甚至是理论观点的简单罗列。在横向上需要考虑不同国家的立法语境，在纵向上则要考虑具体罪名及其理论解释的历史变化。在这个法律比较过程中，知识社会学的观点是值得重视，任何理论都有其边界和局限性，罔顾这些局限而任意地扩张其适用范围只会导致理论本身丧失其解释力。这已经体现于日本的存款名义人占有说与法律上控制支配概念在我国实践中的泛化。我们所要继受的并不仅仅只是德日刑法理论中的某个结论本身，而是得以推导出这些结论的基本立场。我们需要区分哪些是普遍性的知识；哪些只是存在于一国本土语境之内的地方性知识。刑法知识的普适性与地方性之间的张力始终构成了中国刑法教义学尤其是分则教义学发展的背景。

在刑法知识转型的背景下，德日刑法教义学对于我国刑法理论的发展产生了重大的影响。然而至少在财产犯罪领域，我们所继受的是日本理论而不是德日理论。德日理论中的“德国”也往往只是日本学者所理解的德国。日本一方面继受了大量的德国刑法理论，另一方面又结合其自身的刑法文本以及刑事司法实践对这些理论进行了自我发展。而德日两国在对各自财产犯罪构成要件的解释上实际上存在着极大的不同。这对于真正了解德国刑法理论在财产犯罪领域内所讨论的内容造成了一定的困扰。首先我们有必要从根源处厘清，日本所继受的德国理论的本来面貌，其次则是日本在继受基础上的自我发展。这种自我发展以日本的本土刑法语境为其背景始终带有地方性知识的色彩，当然正如我们不能将日本刑法理论当作普适性刑法知识一样，对于作为各类教义学理论之滥觞的德国理论同样需要持审慎的态度。

另一方面，大量德日理论的引入虽然极大地丰富了我国刑法理论在总则和分则上的研究，但所引入的德日理论是否得到了很好的消化与检讨仍然存在一定的问题。知识社会学的观点下，任何理论学说都是历史性的和有条件的，都是受限于当时的社会发展的观点，这也是马克思的历史唯物论的基本立场。因此在对德日理论进行检讨时尚需要审视此种理论产生的背景与前提条件。例如在存款占有问题上我们引入了日本所存在银行占有说与存款名义人占有说之间的对立。大量资料的引入有助于理论在这个问题上讨论的深入，但也可能带来的理解上的偏差，因此需要重新梳理日本刑法理论上关于存款占有问题的讨论，尤其需要结合日本刑事立法和刑事司法上的具体语境。统而论之，日本刑法上在存款的占有问题上，有“银行占有说”与“存款名义人占有说”之对立。[1]“存款名义人占有说”实际上是对“银行占有说”乃至于占有的一般概念的修正，这种修正需要足够充分且正当的理由。对于存款名义人占有说的理解，应当回到日本刑法理论所面临的具体问题以及具体的刑事立法和司法语境中进行。如果中国并不存在日本理论所面临的困难，那么这种修正也是不必要的。

[1] 当前翻译过来的日本学者的刑法教科书中对此均有论述可以参见西田典之:《日本刑法各论》，刘明祥、王昭武译，中国人民大学出版社 2007 年版；[日] 山口厚:《刑法各论》(第二版)，王昭武译，中国人民大学出版社 2011 年版。国内学者的研究中对此问题研究最为详细的参见李强:《日本刑法中的“存款的占有”：现状、借鉴与启示》，载《清华法学》2010 年第 4 期。

（三）对民法知识的考量

研究财产犯罪无法绕开刑民交叉问题。但这一问题本身却缺少足够充分且清晰的讨论，现有的文献更多的是就具体的问题来比较刑法与民法的不同之处，比如刑法上的占有和民法上的占有有何不同，但从这种不同之处出发究竟在体系上有何意义并能得出什么不同的结论，却鲜有论述。一边是所谓的刑法独立性、刑法较之民法而言的独特制度功能，另一边则是法秩序统一原则，而且完全抛开民法的制度体系来重新建立一整套刑法独有的财产犯罪概念体系及其解释，从效率的角度来考虑也是相当不经济而缺乏效率的。本书认为，民法作为最为重要的基础法律部门之一，构成了刑法解释的重要背景，因此在结合相关民法规则对财产犯罪进行解释时，至少应当注意以下几点：

第一，法秩序统一原则并不否定刑法应当根据自身的制度目的和价值设定来独立地解释具体犯罪构成要件。这个原则主要在违法性层面发挥着出罪的功能，而并不直接作用于构成要件的解释。法秩序统一原则认为在民法上认为是合法的行为，在刑法上也不应认定为违法，易言之民法上的违法阻却事由同样适用于在刑法上排除违法性。许霆案中，以许霆的行为构成民法上的不当得利为由主张其行为不成立犯罪的观点与法秩序统一原则无关，因为不当得利在民法上是一个被评价为违法的、需要予以返还恢复的状态，而非阻却违法的事由。其所涉及的与其说是法秩序统一原则，不如说是从法益保护的辅助性原则视角来看如何划分民事不法与刑事不法边界的问题。

第二，对刑法独立性的强调并不意味着在财产犯罪中对于与民法有着密切联系的构成要件要素可以完全脱离民法规则体系进行任意解释。这也不符合刑法设置财产犯罪的制度功能，财产犯罪构成要件的设置最终是以保障民法财产秩序为目的的，脱离民法规则体系的任意解释并不能实现这个目的。民商法所设置的交易规则是现代社会中各种财产经济交易过程的重要组成部分，在这些交易规则以及权利归属的背后是对各种社会风险所进行的分配与整合，在这个意义上这些民商事规则本身就是一种不应忽视的社会事实，脱离这个事实的刑法解释也必然不是实事求是的。日本刑法理论中在民法所定义的所有权之外，重新区分所谓的外部所有权与内部所有权，与其物权变动制度的特殊设定有关，而在我国同样继受这个区分就变得很可疑。概念是构成一个体系或秩序的基本单元，对于各种财产概念的重新定义意味着在刑法上重构一个新的财产秩序，但建构财产秩序本身却并不是刑法的目的与制度功能所在。

第三，虽然德国和日本刑法理论和实务在很多实务问题上的处理结论是不同的，但这并不意味着二者在刑法与民法的关系上有着根本相反的观点（例如认为德国的理论与民法的关系更为紧密，而日本理论则更强调实质判断而更具独立性[1]）。结论不同的原因，或是两国刑事法律规定本身的不同，或是两国民事规则上的不同。两国刑法的理论和实务在以罪刑法定原则为出发点对刑事法规解释上保持严谨与审慎的同时，对于民事交易规则都保持了极大的尊重。只是德日两国在所有权归属及其移转方面规则的不同。日本学者在对德日两国的财产犯罪理论进行比较时也强调了这一点。[2]德日两国在民事规则上的不同导致两国在处理同样案件时得出不同的结论，而我国在处理同样的问题时也应当考虑我国民法规则的具体规定，而并不必然将德日的结论本身奉为圭臬。以一物二卖是否构成侵占罪为例，日本民法上所有权的移转仅以合同成立为要件，交付或者登记仅具有对抗效力，而非所有权移转的要件。因此，在第一个买卖合同成立时，所有权已经移转给买方，因此卖方在同一物之上与第三人订立第二个买卖合同，就构成了对于处于自己占有之下的他人财物的无权处分，是对第一买方的所有权的侵犯。[3]德国民法典与民法理论严格区分负担行为与处分行为（或债权行为与物权行为），且严格遵循无因性原则（Abstraktionsprinzip）负担行为与处分行为的有效性是分别判断的，负担行为的无效并不当然导

[1] 参见陈洪兵：《中国语境下存款占有及错误汇款的刑法分析》，载《当代法学》2013年第5期。

[2] ［日］林幹人：《財産犯の保護法益》，東京大学出版会1984年初版、頁193。

[3] 详细的讨论参见山口厚：《刑法各论》（第二版），王昭武译，中国人民大学出版社2011年版，第348页。

致处分行为的无效。在买卖交易中，买卖合同作为负担行为，仅仅是在其中约定了卖方负有移转所有权的义务，尚不等同于所有权本身，除了作为原因的买卖合同之外，所有权的移转还必须以一个包含了移转所有权的意思表示为内容的处分行为，这一处分行为可以表现为交付（动产）或者登记（不动产）。因此只有在完成交付或者登记之后，所有权才移转，而仅存在买卖合同而卖方并未交付财物时，这一财物仍属于卖方所有，也就是说这一财物对于卖方而言尚不是他人之物，第二次出卖该财物也是对自己所有财物的有权处分，而不构成对他人所有权的侵犯，排除侵占罪的构成要件。反之，在买卖合同无效而买方拒不归还财物的情况下，根据日本民法的规定，买卖合同无效，则所有权便自动回到卖方手中，卖方有权基于自己的所有权请求买方归还财物，这一请求权是基于所有权的物上请求权而非债权请求权，买方拒不归还财物则构成对他人所有权的侵犯，成立侵占罪。而德国民法下，作为负担行为的买卖合同的效力并不当然影响移转所有权的处分行为，因此买卖合同无效时，移转所有权的行为仍然有效，买方仍然保有对物的请求权，根据买卖合同无效的原因，卖方可能可以基于不当得利取得请求买方移转所有权的请求权，但这一请求权仅具有债权请求权的效力。买方的拒不归还或许存在民事不法，但财物所有权仍然能属于买方，该财物便不是侵占罪的适格客体，排除侵占罪的构成要件。由此可见，即便德日两国的侵占罪构成要件十分相似，但两国民法在物权归属及其移转方面所设置的不同规则体系也导致了对案件的不同处理。在处理我国实务中的具体案件时，《民法通则》《物权法》的具体规定也应当纳入案件的具体考量之中。

我国民法对于所有权移转的规定介于德日之间。仍然以买卖合同为例，买卖合同标的物的所有权移转以一个有效的买卖合同和交付或登记行为为要件。这意味着，仅买卖合同成立并不当然导致所有权的移转，在卖方仍然保留所有权这一前提下，卖方的一物二卖行为并没有对买方的所有权造成侵害，至多构成违约而不可能成立侵占罪。但反过来，在买卖合同无效时，所有权的移转也当然无效，卖方重新取回所有权，买方的拒不归还则构成对卖方所有权的侵犯，成立侵占罪。从这一点来看，当我们援引德日刑法在财产犯罪解释上的某些不同结论时，还需要仔细地区分，导致这种差异的原因究竟是刑法解释立场上的、对具体罪名的体系定位理解上的分歧还是仅仅出于民事规则上的不同。对于前者，应当结合中国的具体情况考虑哪一种解释对于当今中国更为合适，而对于后者，在应当在意识到这种差异的基础上寻找两国理论上的一致性。

（四）案例研究

作为一篇分则博士论文，具体的案例始终是论述的重点。然而本书更为关心的并非案件的最终处理结论，而在这些具体案件的裁判理由。即便很多裁判理由的论证力度非常之弱，本书也尝试着去发现司法实践中实务部门在案件处理中的真正逻辑，发现其中理性的甚至是非理性的成分。尽管一个理想的、与朴素的法感情相符的结论在实践中十分重要，但对于教义学而言，所需要审查的，更多的是这些结论背后的理据是否充分且一以贯之。个案结论的荒谬诚然促使我们对于法教义学本身进行反思，但这不意味着可以随便地用一个本身存在疑问的论据来论证一个法感情上理想的、合乎个案正义的结论。

对案例的关注并不代表着对传统刑法教义学体系性思考的抛弃，德国刑法学者关于体系性思考与问题性思考的讨论、对于体系性思考的反思有其特有的历史背景。德国的刑法教义学体系极端发达而走向极端无视个案并由此产生了各种问题，抽离这一历史背景盲目且过分地强调个案的重要性，并不是本书赞同的态度。本书认为，必要的体系性对于刑法理论仍然是必要的。正如罗克辛教授所指出，体系性的思考有其优越之处："在刑法信条学设定了界限和规定了概念的情况下，就可能使刑法在安全和可预见的方式下得到运用，并能够避免非理性化、专横性和随意性。信条学越是不发达，法院的判决就越是难以预见。"[1] 体系性的思考不仅是法安定性的保证也是思考效率的保证，而单纯的个案式思考极其容易在司法裁判中流

[1] ［德］克劳斯·罗克辛：《德国刑法学总论》（第1卷），王世洲译，法律出版社2005年版，第126页。

于恣意而成为一种神谕式的宣告。

另一方面体系性思考与问题性思考应当放在工具理性的层面进行探讨。就目的理性本身而言，体系的构成不能成为终极目的，否则就将陷入体系内部的自我循环论证。许内曼教授对于雅各布斯教授的批评大抵也是看到了这种规范论体系无法成为自在自为的终极目标。作为实践理性，刑法学理论最终要为实践中出现的问题提供解释与解决方案，应当具有现实意义与可操作性。体系性的思考与问题性思考只是达成这两种目的的手段，需要评价的仅仅哪一种方式更能够有效地达成这一目标。因此，案例群在本书的研究中具有两个层面的意义：第一，在目的理性层面，案例群的分析能够保持本书在分析讨论过程中的问题意识，本书的所有讨论都是为了最终能够妥善地解决案例中出现的问题；第二，在工具理性层面，案例群中所体现的特殊问题能够时刻提醒本书在分析时对于体系性的反思与弥补。

如前所述，"存款的占有"这个命题之下包含了多个案件类型。以行为人为标准可以分为存款名义人与非存款名义人所实施的犯罪，以被害人为标准可分为银行受损的案件与存款名义人受损的案件。笼统地讨论存款的占有可能会忽视不同案件群的特殊性，以及相应所采取的理论的偶性、相对性与有条件性。正如在前文所进行的初步分类，不同案件所涉及的问题并不相同。因此本书的讨论将以不同的案例群及其所展现的不同问题作为讨论的主线，再来分析不同的主张和观点在这些问题上的解释力及其局限性。

（五）关于使用术语的简要说明

最后，由于涉及对中德日三国刑法理论的比较，大量的概念理论的翻译、解释与澄清是无可避免的，某些翻译会与目前国内通行的译法有所出入。例如对于德国刑法盗窃罪主观目的 Zueignungsabsicht 的翻译，国内通常将其译为非法占有目的。笔者在文中将其译为了领得目的，这主要存在两方面的考虑，一方面需要在概念上与事实支配意义上的占有概念（Gewahrsam）相区分，在对占有概念进行清理时仍然会提到这一点。另一方面，我国理论对于非法占有目的的内涵，尤其是是否有必要使用德日的不法领得目的概念来解释我国的非法占有目的概念尚存在争议。至于在对理解影响不大的地方，文中仍然遵照了通用的译法以节约讨论的成本。

三、讨论背景：德日两国的财产犯罪立法与基本解释立场概述

在我国刑法知识由苏俄转向德日的整体背景下[1]，德日刑法理论对于当前我国刑法教义学的各个领域已经产生了重要的影响，德日刑法理论对于我们而言并不是一个纯粹的“他者”。在很多重要问题上，对于德日刑法理论的继受已经构成了我国刑法理论理解本国刑法语境的一个重要维度。

当然在财产犯罪这一具体问题领域中，我国理论目前主要继受的仍然是日本刑法中的相关理论。日本刑法理论的引进对于进一步构建我国刑法理论在分则教义学方面的体系发挥了重要的作用，这是毋庸置疑的。但由于长期缺少对于德国一手文献的详细研究，目前学界对于德国在财产犯罪领域的刑事立法、司法实践乃至理论讨论都缺少足够充分的了解，关于德国理论的只言片语如德国关于“财产”概念的讨论也或多或少间接地来源于日本学者的介绍，这使得我们无论是对中国刑法条文规定的解释还是对德国侵犯财产犯罪的理解，实际上都可能是戴着日本刑法的眼镜来看问题。

应当看到，所谓的“德日刑法”并非铁板一块，“德日”并称不过代表了一个通过对概念的界定分析对法条进行体系性规范阐释的法解释学传统。在这个传统内部德日各有其特殊性。这种特殊性或是源于法律规定本身或是源于根植于法学共同体内部的某些传统信念。在财产犯罪领域亦是如此。相较于总论理论所具有的普适性与一般性，对于分则具体构成要件的解释则往往更多地带有地方性知识的色彩：德国的刑事立法规定不同于日本，德国理论对于即便是做了相同表述的构成要件（当然还需要翻译上可能出现的误差）也会基于体系定位等其他因素的考量而不同于日本理论的解释。这些解释上的分歧或许能够为我们理解自身刑事立法的规定提供另一种不

[1] 参见陈兴良：《刑法的知识转型·学术史》，中国人民大学出版社 2012 年版，第 16 页。

同于日本的解释可能性。

基于上述考虑，在本书的导论有必要首先对德日刑法各自的财产犯罪体系进行一定的梳理和交代，使二者各自在条文规定以及解释论立场上所存在的根本性差异能够凸显出来。只有在发现德日理论差异的基础之上才能够发现分则教义学中更具一般性与普遍性的知识。然后再结合中国刑法条文的规定，分析中国刑法条文所构建的中国刑法的特殊语境选择更为恰当的解释。

（一）德国法：侵犯所有权犯罪与侵犯整体财产犯罪

德国刑法上对于财产的保护首先可以区分为两个层次，其一是侵犯特定的财产权利的犯罪，其二是侵犯作为整体的财产（Vermögen als Ganze）的犯罪。尽管可以将二者在统称为广义的财产犯罪（Vermögensdelikt im umfassenden Sinne），但二者实际在具体所保护的法益上是存在区别的。[1] 前者以特定的财产权利为保护法益，其中最为重要也受到最为全面保护的权利是所有权（Eigentum），因此在侵犯特定的财产权利的犯罪中，最为重要的是侵犯所有权的犯罪（Straftaten gegen Eigentum），这里的所有权也就是《德国民法典》第 903 条所定义的所有权。[2] 其中包括了第十九章盗

---

[1] 财产（Vermögen）这一法益较之所有权等具体财产权利是更为宽泛和模糊的，因此对于“财产”侵害而言，被纳入刑事制裁范围的只有特定侵害方式，如《刑法》第 263 条诈骗罪。参见 Gunter Arzt/Ulrich Weber/Bernd Heinrich/Eric Hilgendof, Strafrecht Besonderer Teil, 2. Auflage,2009.

[2] 当然将盗窃、侵占以及抢劫罪的保护法益简单称为所有权仍然是不准确的。一方面，从民法的规则来看，根据民法典关于善意取得规则不适用于盗赃的规定，行为人实际上是无法通过犯罪行为取得财物所有权的，反之所有权人也并不因为盗窃便失去对财物的所有权（德国民法典第 935 条第 1 款规定：“从所有权人处盗窃的物、由所有权人遗失或者因其他原因丢失的物，不发生根据第 932 条至第 934 条的规定取得所有权。所有权人仅为间接占有人的，物为占有人所丢失时，亦同。”）。因此在这个意义上，所有权并没有受到侵害。另一方面，侵犯所有权犯罪中所谓的“形式的所有权保护”原则也与刑法所保护的法益这一实质概念存在矛盾。对此，德国刑法理论上认为，所谓的保护所有权指的是，基于所有权而产生的对物的支配力，这种支配力不同于下文所要讨论的“占有”概念中所包含的事实的支配力，而是一种法律上的支配力，所谓的侵害所有权的犯罪所侵害的并不是民法意义上的所有权，而是说行为人的行为妨碍了所有权人行使、实现自己作为所有权人的处分、支配力。参见 Joachim Vogel, in: Leipziger Kommentar-StGB, 12.Aufl., Vor §§ 242ff., Rn. 33, 53; Roland Schmitz, in: Münchnener Kommentar zum StGB, 2. Aufl., 2012, Bd. 4, § 242, Rn. 4; Horst Heubel, Grundprobleme des Diebstahlstatbestandes, JuS 1984, 445.

窃罪、侵占罪以及第二十一章的抢劫罪、财物毁损罪。而与所有权所受到的全面保护相比，极少数的其他财产权利仅受到极其有限的保护，例如第292条对于取得权（Aneignungsrecht）的保护。在侵犯所有权的犯罪中，具体的犯罪构成要件之间的区别在于其所侵犯的具体所有权权能以及侵犯方式的不同，根据《德国民法典》第858条的规定，所有权的权能中包括了所有权人所享有的占有、使用、处分等积极权能以及排除他人干涉的消极权能。盗窃罪、侵占罪、抢劫罪属于领得罪（Zueignungsdelikt），是对所有权权能的全部夺取，而使用的攫取（Gebrauchsanmaßung）亦即所谓的使用盗窃（furtum usus）[1]所侵犯的则是单一的使用权能，因而仅在第248条所规定的例外情况下受到处罚。[2]

与侵犯特定的财产权利的犯罪不同，侵犯整体财产的犯罪则是以保护个人的财产整体免于因犯罪行为而受到减损为目标，其所保护的法益是财产（Vermögen）而非所有权（Eigentumsdelikt）。这一类罪名中的包括了《德国刑法典》第二十章所规定的诈骗罪、勒索罪等。对于侵犯作为整体的财产的犯罪而言，个人所拥有的财产全体的价值减损是其中的要件之一。例如第263条诈骗罪中明确以财产损害（Vermögensschaden）作为客观构成要件。[3]

---

[1] 如果细究其中的含义，“使用盗窃”(furtum usus）是在罗马法所界定广义盗窃罪下所使用的概念，与德国法上的狭义盗窃罪（Diebstahl）不同，罗马法上盗窃furtum不仅包括了现代意义上的盗窃罪，同时包括了侵占、亦即使用侵占甚至是部分的诈骗与抢劫行为。因此在现代各国刑法对于盗窃罪的定义下，“使用盗窃”都不是一个恰当的表述。其在德文总所对应的是Gebrauchanmassung一词，意指对于使用的攫取，因而是仅针对所有权的使用权能的犯罪，而作为“Zueignungsdelikt”的盗窃罪则是对所有权权能的全面剥夺。

[2] 关于德国刑法上对于财产的保护可以参见：Horst Schröder, Die Systematik der Vermögensstraftaten, Jura 1987, S.113ff., Harro Otto, Strafrechtliche Aspekte des Eigentumsdelikt, Jura 1989, S.137ff., 200ff.; ders, Die strafrechtlichen Vermögensschutzes, 1970, S.90ff.

[3] 详细的分类可以参见：Harro Otto, Strafrechtliche Aspekte des Eigentumsdelikt, Jura 1989, S.137ff., 200ff.; ders, Die strafrechtlichen Vermögensschutzes, 1970, S.90ff.; Wessels/Hillenkamp, Strafrecht Besonderer Teil. 2, Straftat gegen Vermögenswerte, 34.Aufl., 2011, Rn.1ff.

<table>
<tr><td rowspan="3">侵犯个别财产权利的犯罪</td><td rowspan="2">侵犯所有权的犯罪</td><td>领得罪：第 242 条以下盗窃罪及其加重情形；第 246 条侵占罪；第 249 条至第 252 条抢劫罪。</td></tr>
<tr><td>第 303 条以下财物损毁罪。</td></tr>
<tr><td colspan="2">侵犯其他财产权利的犯罪：第 292 条以下的侵犯取得权的犯罪。</td></tr>
<tr><td>侵犯（整体）财产的犯罪</td><td colspan="2">第 253 条勒索罪；第 263 条以下诈骗相关罪名；第 263 条 a 计算机诈骗罪；第 266 条背信罪。</td></tr>
</table>

与侵犯整体财产犯罪相比，侵犯所有权犯罪的最大特点在于所谓的“形式的所有权保护”（formaler Eigentumsschutz）原则。受到自然法理论的影响，现代意义上的盗窃罪与侵占罪都被理解为是对所有权的侵害（Verletzung des Eigentumsrechts）。[1] 根据《德国民法典》第 903 条的规定所有权被视为所有权人所享有的支配力而受到全面的保护。这里涉及的是人们在高度私人的领域内所拥有的一切，因此盗窃和侵占是对人的生活领域的直接侵入。[2] 但另一方面，即便是所谓的形式的所有权保护，仍然与民法所定义的“所有权”概念有所出入，德国学者同时指出：“通说认为第 242 条、第 246 条将所有权作为形式的法律地位加以保护（形式的所有权保护）。就字面意思看，这一表述与法益理论的基础是相悖的。因为根据法益理论，刑法所保护的并不是形式的权利，而是实质的法益，亦即具有价值的状态、利益。因此，通说对这一表述进行了修正，所谓的形式的所有权，与物权法所定义的所有权仍存在一定的差异，刑法所保护的毋宁是作为所有权产生之基础的对于物的支配可能性。基于此可以推导出以下三点：首先，判断某一财物是否是他人之物，应严格地从属于民法上的规则加以判断；其次，对所有权的保护并不取决于物上所存在的经济价值、物质价值或者非物质价值，因为所有权并不依赖与这些价值而存在；最后，相应的价值补偿并不排除盗窃与侵占罪的构成要件。”[3] 从这一原则出发，

[1] Joachim Vogel, in: Leipziger Kommentar zum StGB, 12.Aufl., 2010, Bd.8, vor §242, Rn. 16.

[2] Joachim Vogel, in: Leipziger Kommentar zum StGB, 12.Aufl., 2010, Bd.8, vor § 242, Rn. 33.

[3] Joachim Vogel, in: Leipziger Kommentar zum StGB, 12.Aufl., 2010, Bd.8, vor § 242, Rn. 53.

德国理论在解释侵犯所有权犯罪的构成要件上采取了严格的“民事从属性”(Zivilrechtakzessorität)。这一原则对于德国刑法理论在侵犯所有权犯罪的构成要件尤其是盗窃罪与侵占罪的解释上具有以下影响。

首先，对于物的解释。盗窃罪是侵犯所有权的犯罪，作为盗窃罪客体的“物”也只能是能够成为所有权标的的“物”。因此刑法上的“物”的定义与《德国民法典》物权制度部分对有体物的定义保持一致是必然的结论。有体物之外的其他财产性利益，例如债权无法成为盗窃罪的客体。因为在民法上，债权与以所有权为中心的物权是并列两种财产权利类型，“对债权的所有权”这样的表述在逻辑上是无意义的，作为以所有权为保护法益的盗窃罪的构成要件也便理所当然地并没有将“债权”纳入自己的保护范围。当然记载了债权的凭证则可以成为所有权的客体。在这个意义上，德国刑法上间接地通过保护财产凭证的所有权来对其上所代表的债权等财产权利进行保护，相反如果直接将侵犯债权的犯罪强行纳入盗窃罪的可罚性范围内，也便偏离了其作为侵犯所有权犯罪的立场。

另一方面，物本身所具有的财产价值并非“物”的定义中的建构性要素。在概念上，物之所以为物并不因为它具有财产价值。因此，对于侵犯所有权犯罪而言，物的财产价值与认定侵犯所有权犯罪的成立并不具有相关性。人们并不因为一个“东西”有财产价值就把它称为“物”，也并不因为它没有财产价值就将其排除在“物”的范畴之外。而“物”(Sache)才是包括盗窃罪、侵占罪、抢劫罪这些传统罪名在内的侵犯所有权犯罪的行为客体，只要满足了有体物的定义，便能够被纳入侵犯所有权犯罪的客体范围之内。反之，即便具有财产性价值，如果不满足民法典所界定的有体物的定义，其本身也并不能成为侵犯所有权犯罪的构成要件所保护的对象，典型的情形便是各种财产权利凭证之上所记载的财产性权利。

尽管在大部分情况下，对于所有权的侵犯往往伴随着财产上的价值减损，但对于犯罪的成立而言并不取决于是否存在财产价值的减损。[1] 行为

[1] 参见 Joachim Vogel, in: Leipziger Kommentar zum StGB, 12.Aufl., 2010, Bd.8, § 242, Rn.33; Roland Schmitz, in: Münchnener Kommentar zum StGB, 2. Aufl., 2012, Bd. 4, § 242, Rn.9.

人所盗窃或侵占的财物在客观上是否具有财产价值还是仅具有主观价值，都不是成立这些罪名所要考虑的因素。

因此是否具有财产价值，对于“是否属于物”这个涵摄是没有意义的。[1] 即便是客观上不具有经济价值的财物同样能够成为所有权的标的物，因而也就能够成为盗窃罪的客体。金德霍伊泽尔教授指出：“财物的价值对于财物概念并不具有意义，因为盗窃罪的构成要件所保护的是基于所有权而产生的与占有相联系的权利人对物的支配力，这一支配力是独立于行为客体的经济意义而受到保护的。试图针对将无经济价值的以及获得了相应金钱补偿的财物的情形排除在盗窃罪的构成要件之外是不值得赞同的，因为根据经济的观点对所有权人的支配力进行保护是违反事实的。”[2] 施密茨教授则指出，主张财物必须具有价值，但在具体案件中又在财物客观上不具有价值时再考虑其是否具有非物质性的价值，这种观点往往只是站在事后的立场上进行回溯性的考虑。在这种情况下，与其将这种无价值的财物本身排除在保护范围之外，倒不如考虑所有权人对于侵占此种财物存在“可能的同意”，或许是更为有益的。[3]

盗窃罪的构成要件中不考虑物之价值这一点与德国刑法关于诈骗罪的规定则完全不同。《德国刑法典》第 263 条规定的诈骗罪以“财产损害”(Vermögensschaden）为要件。“财产”的概念[4] 则必然与“财产价值”

---

[1] 当然这是德国刑法理论与实务通说的意见。理论上的少数观点则主张应当从保护财产的角度来理解刑法对于所有权的保护，所有权被认为是财产权中的一种特殊形式，而所有权的标的物也以具有财产价值为前提。这一观点的根据是，对所有权的侵害终究是对财产的侵害，采取这一立场可以将某些在可罚性与需罚性存在疑问的案件例如不具有经济价值的物从一开始便排除在盗窃罪的构成要件之外，而且也能够避免所有权刑法（Eigentumstrafrecht）与财产刑法（Vermögenstrafrecht）之间的价值悖论。参见 Joachim Vogel, in: Leipziger Kommentar zum StGB, 12.Aufl., 2010, Bd. 8, vor § 242, Rn.30; Harro Otto, Die Struktur des Strafrechtlichen Vermögensschutzes, 1970; ders, Strafrechtliche Aspekte des Eigentumsschutzes, Jura, 1989, 137.

[2] Urs Kinhäuser, in: Nomos Kommentar, 4.Aufl., 2010, vor § 242, Rn.11.

[3] Roland Schmitz, in: Münchnener Kommenta-StGB, 2. Aufl., 2012, Bd. 4, § 242, Rn. 9.

[4] 关于“财产”的概念始终是德国刑法关于财产犯罪理论的核心、出发点同时也是最富争议的问题之一。关于法律财产说、经济财产说、法律—经济财产说以及人格财产说，参见 Klaus Tiedemann, in: Leipziger Kommentar zum StGB, 12.Aufl., 2010, Bd. 9, § 263, Rn. 127 ff.，国内文献参见张明楷：《刑法学》(第四版)、《外国刑法纲要》。

联系在一起。福格尔教授在《莱比锡评论》第12版中指出：[1]“德国现行刑法采取的是双轨制：对于财物犯罪而言，采取的是法学的判断标准，而对于财产犯罪而言，采取的则是经济的判断标准。支持这一历史形成的体系的理由在于，从应然角度看，盗窃、侵占以及其他侵犯所有权犯罪虽然都可以作为真正的保护财产的构成要件加以规定，但这很难获得法律共同体的认同，而且这也忽略了宪法所赋予所有权的特殊地位。”[2]这种双轨制的思路始终体现在对作为侵犯所有权犯罪的盗窃罪、侵占罪、抢劫罪与作为侵犯财产犯罪的诈骗罪、敲诈勒索罪、背信罪的解释上。当然，双轨制在具体案件处理上的确会产生“价值悖论”的问题。如盗窃财物在短暂使用之后归还的情况，由于缺少不法领得目的而否定盗窃罪的构成要件，而如果是骗取他人财物，暂时使用而后归还的情况，只要存在实际的财产损失，仍然可以构成诈骗罪。而反过来，盗窃一个在客观上不具有财产价值的物可以成立盗窃罪，但在骗取的情况下，便有可能因为欠缺财产损失要件而无法成立诈骗罪。[3]

其次，对于物之他人性的解释。如前所述，德国刑法上所谓他人之物，并非他人“占有”下的物而是他人“所有”之物，根据形式的所有权保护原则，财物是否是他人之物仅仅取决于民法上的所有权归属状况。因此例如在所有权保留买卖中即便买方支付了大部分甚至全部的价款只要所有权还没有转移给买方，对于买方而言该财物都属于他人之物。因为德国盗窃罪以他人所有之物为对象，因此取回自己之物的行为自始排除盗窃罪的构成要件。不

---

[1] Joachim Vogel, in: Leipziger Kommentar-StGB, 12.Aufl., vor § 242, Rn. 32.

[2]《德国基本法》第14条肯定了对所有权（Eigentum）和继承权（Erbrecht）的保障，因此相对于其他财产权利而言所有权在整体法秩序中的优先地位有其宪法基础。Art.14 Abs.1.GG: “Das Eigentum und das Erbrecht werden gewährleistet. Inhalt und Schranken werden durch die Gesetze bestimmt.”《德国基本法》的部分中文翻译中，将Eigentum直接翻译成财产权，但在法律文本上，关于Eigentum的定义都是以《德国民法典》第903条的所有权定义为准的，将这一概念泛化为所有的财产权利会混淆Eigentum与Vermögen这两个词的不同含义，并最终在根本上误解德国的整个财产犯罪体系。

[3] Joachim Vogel, in: Leipziger Kommentar zum StGB, 12.Aufl., 2010, Bd. 8, vor § 242, Rn. 32,33.

过取回所有物的行为如果同时损害了他人相关的财产权则可以成立德国刑法第 289 条取回抵押物罪。这与日本刑法通过第 242 条扩张他人之物范围从而将取回自己之物的行为纳入盗窃罪处罚范围内的做法是不同的。

物之他人性的判断严格遵守民法上的物权行为无因性原则（Abstraktionsprinzip）[1]。根据这一原则，所有权移转的效力仅仅取决于移转所有权的处分行为（或称物权行为）的效力，而不取决于作为移转所有权原因而存在的负担行为（或称债权行为）的效力。[2] 例如在妓女与嫖客的交易中，即便双方的合同因为违反公序良俗而无效，嫖客交付金钱并移转其所有权的行为仍然是有效的，因此妓女取得了金钱的所有权，如果嫖客偷走该笔金钱则可以成立盗窃罪。相反，在麻醉品的交易中，除了买卖合同本身无效之外双方交付毒品与毒资并移转所有权的行为也归于无效，出售毒品的卖方也不能主张其对毒资拥有所有权。[3]

最后，盗窃罪与诈骗罪在主观构成要件上也并不相同，盗窃罪以不法领得（Zueignungsabsicht）为目的[4]，而诈骗罪则以不法获利（Bereicherungsabsicht）为目的。领得目的与获利目的严格区分，二者分别对应与盗窃罪作为侵犯所有权犯罪而诈骗罪作为侵犯财产犯罪的基本定位。这一点对于德国刑法理论中在“领得目的”的解释上具有重要意义。价值理论（Sachwerttheorie）之所以被抛弃的一个重要原因在于，如果将领得的对象解释为物的价值而非物本身将会导致领得目的与获利目的相混淆，但根本上仍然是因为泛化对“领得目的”的解释将导致对盗窃罪作为侵犯所

[1] 但所谓的抽象原则也是以德国民法立法与理论上采取“物权行为理论”为其背景的。而在不区分债权行为与物权行为的日本法学界，这一原则也便没有其存在的根据。

[2] 即便日本刑法理论也认为物之他人性的判断取决于民法上对于所有权归属的判断，这一问题在日本刑法中也会得出不同的结论，因为日本民法上在所有权移转的问题上采取了与德国民法截然不同的规则。

[3] Joachim Vogel, in: Leipziger Kommentar zum StGB, 12.Aufl., 2010, Bd.8, vor § 242, Rn. 32.

[4] 我国通常将 Zueignungsabsicht 译为非法占有目的，但为了与对物的事实上的控制支配（Gewahrsam）相区别，因而本书参照冯军教授在翻译大塚仁教授的著作《刑法概说（各论）》一书中所使用的“不法领得意思”这一概念，将 Zueignung 译为领得。

有权犯罪这一立场的根本背离。[1]

与日本刑法相同，我国刑法对于财产犯罪的主观目的并没有明文加以规定，与日本刑法理论一样，中国刑法理论同样认为，非法占有目的是一个不成文的构成要件，具有区分盗窃与使用盗窃，区分盗窃、诈骗罪与故意损害财物罪的重要功能。对于非法占有目的的解释也继受了日本刑法以利用意思与排除意思这对范畴为基础而展开的讨论模式。[2] 而德国刑法中对于非法占有目的，也就是不法领得目的的解释则并没有受到国内理论的重视。德国刑法理论的一致观点认为，领得（Zueignung）这一要件表明了侵害所有权犯罪的法益侵害本质。对于侵占罪而言，领得是客观的构成要件行为，而对于盗窃罪而言，则只需要在主观面上具有不法领得的主观目的即可，因此就盗窃罪在客观上要求存在拿走他人财物的行为而言，盗窃罪属于结果犯。而就其所保护的所有权法益而言，盗窃罪是一个不真正的行为犯（unechte Unternehmensdelikt）[3] 或者是断绝的结果犯（kupiertes Erfolgsdelikt）。就积极面而言，行为人必须具有取得的意思（Aneignung），是对他人之物的积极攫取，就消极面而言，行为人则需具有长期的（dauernd）排除权利人的意思（Enteignung）。

领得这一概念所包括的积极因素（Aneignung）和消极因素（Enteignung）可以大致等同于日本理论所讨论的利用意思和排除意思。德

[1] 相关文献参见：Urs Kinhäuser, in: Nomos Kommentarm zum StGB, 4. Aufl., 2010, § 242, Rn. 76; Hans-Joachim Rudolphi, Der Begriff der Zueignung, GA 1965, 33 ff.; Manfred Maiwald, Der Zueignungsbegriff im System der Eigentumsdelikte, S.80 ff.

[2] 日本刑法中对于"不法领得意思"或者通常所谓的"非法占有目的"中所包含的要素存在一定的争议。"判例上认为，非法取得的意思，由以下两个要件构成，其一，排除权利人，将他人之物作为自己的所有物处置的意思（排除意思）；其二，将他人之物，按照其经济性用途进行利用或处分的意思（利用意思）。"而在学说上则有以下几种不同的观点：(1) 支持判例观点，要求具有排除意思与利用意思；(2) 仅要求具有排除意思；(3) 仅要求具有利用意思。[参见山口厚：《刑法各论》(第二版)，王昭武译，中国人民大学出版社 2011 年版，第 229—230 页]。甚至在理论上有观点与其所主张的盗窃罪保护的法益是占有相联系而认为，盗窃罪的成立并不以不法领得意思为必要。[参见大塚仁：《刑法概说（各论）》(第三版)，冯军译，中国人民大学出版社 2003 年版]。

[3] Roland Schmitz, in: Münchnener Kommentar-StGB, 2. Aufl.,2012, § 242, Rn. 15.

国理论上一致认为，利用意思与排除意思都是必要的、不可偏废的，并没有哪个因素要与不要一说。但是积极面上的取得（Aneignung）一词是否能够简单地被理解为利用意思则仍然有商榷的空间。但就理论争论所面向的案件类型而言，在某种意义上德国围绕领得的对象（Gegenstand der Zueignung）的争论，与日本关于利用意思和排除意思的要与不要的讨论，就其所讨论的问题而言在很大程度上是一致的，只是理论在讨论问题时采取了不同的思考方式，至于哪一种方式更有助于讨论的清晰性和明确性，则是仁者见仁智者见智了。

（二）日本刑法：二项犯罪体系

日本刑法对于财产犯罪体系的设置建立在“财物”与“财产性利益”这一对概念范畴的区分之上，并将对不同的财产犯罪划定不同的对象范围。因此在日本刑法侵犯财产犯罪中有第一项犯罪与第二项犯罪之分，第一项犯罪以财物为对象，而第二项犯罪以财产性利益为对象，如第一项诈骗罪与第二项诈骗罪，第一项抢劫罪与第二项抢劫罪，但在盗窃罪中并没有专门规定第二项盗窃罪，而仅有财物盗窃罪，这一区分奠定了日本刑法解释财产犯罪的一些基本眼光，也决定了日本刑法理论中利益盗窃不可罚的基本立场。

日本刑法理论上尽管也区分侵犯个别财产的犯罪与侵犯整体财产的犯罪，这与德国侵犯个别财产权利的犯罪与侵犯整体财产的犯罪的区分相类似，但这个区分在两国理论上的意义是不同的。对于德国刑法而言，这一区分是存在于法益层面，区分的标准根本上取决于具体的构成要件所要保护的法益，因为具体的财产权利如所有权与整体财产是相区别的两个法益。如前所述，前者采取法律标准而后者则采用经济的标准，从而形成双轨的体系。而在日本刑法理论中，这一区分主要在构成要件层面进行，所谓侵犯个别财产犯罪是以个别财产的丧失作为犯罪成立的要件，侵犯整体财产的犯罪则以被害人整体财产价值的减损作为要件，但理论上是否认为两类犯罪侵犯的是不同的法益这一点并不明确，财产犯罪构成要件所要保护的是共同的财产法益，具体构成要件的对象范围由于二项犯罪的设置而有所不同，例如盗窃罪中并不处罚利益盗窃。

此外，侵犯个别财产犯罪与侵犯整体财产犯罪所囊括的罪名范围则与德国刑法不同。日本刑法理论中，通常所认为的侵犯整体财产的犯罪仅包括背信罪，而诈骗罪则通常被认为是侵犯个别财产的犯罪，盗窃罪也是典型的侵犯个别财产犯罪。[1] 各种以财产性利益为对象的第二项犯罪（如利益诈骗罪）是否是侵犯整体财产的犯罪在理论上存在一定的分歧，有部分学者认为，第二项利益诈骗应该就被害人的整体财产状况是否减损进行判断。但通说仍然认为考虑到诈骗罪与背信罪在立法结构上的不同应当将第二项利益诈骗罪归为侵犯个别财产的犯罪。[2]

将诈骗罪理解为侵犯个别财产还是整体财产的犯罪是德日刑法在财产犯罪的规定和解释上的重大分歧之一。德国法上，诈骗罪则属于侵犯整体财产的犯罪，诈骗罪的成立以存在财产损害（Vermögensschaden）为要件，而且并不一定要求有事实上的财产丧失（Verlust）。在一定条件下，失去财产的危险也能够被认为是一种财产损害，如果这种危险已经足够确定从而能够被认为是一种财产损失时[3]，因而在这个意义上诈骗罪可以是具体危险犯。而在主观面上，对应于客观面上的个别财产减损，日本刑法理论认为诈骗罪的主观目的与盗窃罪一样，属于非法占有目的（Zueignungsabsicht），相反，德国刑法上对于盗窃罪与诈骗罪则设置了两个不同的目的，前者为“不法领得目的”（Zueignungsabsicht），而后者则是“不法的获利目的”(Bereicherungsabsicht)。日本理论对于诈骗罪作为侵犯个别财产犯罪的坚持在具体案件的处理上也面临一定的解释困难。德日两国对于诈骗罪的不同理解导致了对类似案件处理上的差异。例如在银行开户诈骗案

[1] 参见［日］山口厚：《刑法各论》（第二版），王昭武译，中国人民大学出版社 2011 年版，第 202 页；［日］西田典之：《日本刑法各论》（第三版），刘明祥、王昭武译，中国人民大学出版社 2007 年版，第 107—108 页。

[2] 参见［日］山口厚：《刑法各论》（第二版），王昭武译，中国人民大学出版社 2011 年版，第 286 页。

[3] Wessels/Hillenkamp, Strafrecht Besonderer Teil 2., 35. Aufl., Rn. 572.

件中（Kontoeröffnungsbetrug）中，在德国刑法的诈骗罪构造中问题的关键在于判断是否存在财产损失。尽管有判例认为，在行为人使用伪造的或者窃取的身份证明，或者对自己的还款意愿做了虚假的意思表示在银行开户、获得与其申请相符的信用卡或者欧洲支票卡，或者银行向其授权了一定的信用额度时，便已经存在了一种可以被视为损害的财产减损危险（ein Schaden in Form einer schadensgleichen Vermögensgefährdung）。[1]

我国台湾地区刑法则是上述德日两种不同理解的混合产物，台湾地区刑法在立法上一方面采取了与日本相似立法例，对于诈骗罪设置了二项犯罪的立法模式，另一方面在解释上有许多学者主张将在侵犯整体财产的意义上解释诈骗罪，认为日本刑法上的区分乃是对诈骗罪本质的误解。台湾学者蔡圣伟教授指出，“诈欺罪是一种非常典型的侵害‘整体’财产利益的犯罪，因为行为人施行诈术后，相对人是经过自己利益衡量后才决定把东西交付给行为人，所以对于受骗者而言，这个东西的价值已经不再是它的个别价值，而是转移持有这个处分对于其整体财产的意义”[2]。对此日本理论上一些学者也进行了一些反思。例如松宫孝明教授从日本刑法对于财产犯罪的体系设置演变对于日本刑法中下所理解的诈骗罪的本质进行了讨论：现行刑法将诈骗罪和恐吓罪规定在第 37 章，而将盗窃罪与抢劫罪规定在第 36 章。但从立法沿革上看并非一贯如此。明治 13 年的旧刑法中，诈骗罪是与现在的侵占委托物罪一起规定于“诈欺取财罪和背信罪”一章中的。其中诈骗罪的基本模型是以财物为对象的，该条规定是受到 1810 年《法国刑法典》影响的产物。明治 23 年的刑法修正案继承了这个立场，此后明治 34 年、35 年的刑法修正案中，诈骗罪都与盗窃罪、抢劫罪等置于同一节加以规定。其中的理由在于，这三个罪名在性质上是一样的，放在同一章是较为方便的。但是在明治 39 年刑法修正中，这个立场发生了改变。在修正案中将贼盗罪分为了“盗窃与抢劫罪”以及“诈骗罪”两章加以规定。诈

[1] Wessels/Beulke, Strafrecht Besonderer Teil 2, 35. Aufl., Rn. 574.

[2] 蔡圣伟:《论盗用他人提款卡的刑事责任》，载《刑法问题研究（一）》，台湾元照出版有限公司 2008 年版，第 327—328 页。

骗罪从这种一体性中独立出来被安置在与盗窃罪、抢劫罪不同的位置中。[1]这种体系上的变化导致了对诈骗罪理解的变化，即诈骗罪不再是针对所有权的犯罪而是针对整体财产的犯罪，诈骗罪不是领得罪而是利得罪，其主观上所具有的是不法获利的目的而非不法领得的目的，这种主张沿袭了德国法的一贯理解。但是松宫孝明认为在日本刑法上不法获利目的的内容与其在德国刑法中的内容是不同的。德国刑法中第 263 条仅规定以行为人主观上的不法获利目的为要件，而不以客观上是否已经获利为要件，因此是利得目的犯，而日本刑法第 246 条第 2 项所规定的则是利得结果犯，也就是说以行为人使自己或他人在客观上已经获得了财产利益。从这一点来看，在德国，不法获利目的是诈骗故意以外的特殊主观要素，而在日本刑法中，不法获利目的已经为诈骗的故意所包含在内。[2]

对于盗窃罪这样的侵犯个别财产犯罪与德国的侵犯所有权犯罪也并不完全一致。例如对于财物的解释，日本刑法学在历史上曾经一度放弃了有体性说而采取管理可能性说来解释财物这一概念，从而扩张了财物的范围，但就目前而言，有体性说在立法上增设了“电，视为财物”的规定之后重新成为理论上的通说。[3]此外就财产价值与财物概念的关系而言，早期判例上对于财物的解释则更接近德国刑法理论上的理解，认为“财物，是指能成为财产权尤其是所有权的目的之物，而不问其本身是否具有金钱性价值或经济性价值”[4]。但就目前的理论通说来看，通常认为财产性价值是财物概念的构建性要素，在日本学者的教科书中都会对如何理解财物的财产性价值问题进行讨论，基本的论断是，“作为财产犯的客体，财产价值是

[1] ［日］松宫孝明:《詐欺罪における不法领得の意思について》,《立命館法学》2003 年 6 号(292 号)。

[2] ［日］松宫孝明:《詐欺罪における不法领得の意思について》,《立命館法学》2003 年 6 号(292 号)。

[3] 参见［日］山口厚:《刑法各论》(第二版)，王昭武译，中国人民大学出版社 2011 年版，第 202 页；［日］西田典之:《日本刑法各论》(第三版)，刘明祥、王昭武译，中国人民大学出版社 2007 年版，第 111 页。

[4] 参见［日］山口厚:《刑法各论》(第二版)，王昭武译，中国人民大学出版社 2011 年版，第 202 页。

不可或缺的因素”[1]。不具有财产价值的物能否视为“财物”始终存在问题，例如自身不具有价值或是价值微薄的存折、银行卡。因此对于客观上缺少经济价值的财物需要通过所谓“主观价值”的概念加以解释从而纳入“财物”的范围之内，而存折等各种财产权利凭证能否构成财物也以对其中所包含的价值进行解释为必要。

在物之他人性的解释上，日本刑法与德国刑法也存在很大的不同。德国刑法理论上认为，所谓的“他人之物”是指他人“所有”之物，物之他人性的判断应取决于民法上的所有权归属状况。而日本刑法理论中“物之他人性”这一要件并没有得到详细的讨论，或是直接将“他人之物”解释为“处于他人占有之下的物”。

这种差异根源于《日本刑法典》第242条所作出的这一拟制性规定，根据该条规定，“虽然是自己的财物，但由他人占有或者基于公务机关的命令由他人看守时，就本章犯罪而言，视为他人财物”，这一规定在日本刑法理论对财产犯罪的解释中具有重要的影响。首先，就盗窃罪的客体范围而言，处于他人占有之下的自己之物也视为他人之物，这样便扩大了盗窃罪的客体范围。其次，对照德国刑法中的盗窃罪构成要件，这一规定实际上合并了“物之他人性”与“物处于他人占有之下”这两个构成要件要素，因此物之他人性的判断便取决于占有的归属而不再取决于所有权的归属。最后，这一规定也成为日本主张盗窃罪以及其他财产犯罪的保护法益是占有而不仅限于所有权这一观点的重要论据。也有日本学者对于“为他人所有的财物”这一要件进行了强调，认为所谓的他人之物，首先指的是他人所有的财物。由于第242条拟制性规定，进而扩展到他人占有下的自己之物。[2]

[1] 参见［日］山口厚：《刑法各论》（第二版），王昭武译，中国人民大学出版社2011年版，第202页；［日］西田典之：《日本刑法各论》（第三版），刘明祥、王昭武译，中国人民大学出版社2007年版，第111页。

[2] “盗窃罪的（第一层次的）客体是‘他人的财物’，是指他人具有所有权的财物，值得注意的是，‘他人的财物’中的‘的’，它表述的是‘所有’而非意味着‘占有’。”参见［日］山口厚：《刑法各论》（第二版），王昭武译，中国人民大学出版社2011年版，第212页。

日本刑法第242条规定的存在使得德国和日本刑法理论与实践在处理所有权人使用不正当手段取回自己财物的案例的处理存在相当大的分歧。对于德国刑法而言，所有权人自己所有权的财物从一开始便因为不属于“他人之物”而被排除在盗窃罪的适格客体之外，因而可以从在客观构成要件层面予以排除，而在日本刑法中对于这一问题的讨论则被上升到了盗窃罪的保护法益究竟是所有权还是占有的争论之中，所有权人取回自己之物的情形或是通过否定具有“不法领得目的”或是在违法性阶段通过排除违法性来予以出罪。

（三）小结：对德日理论的继受与如何解释中国的财产犯罪规定

综上所述，从目前学界的现有的讨论来看，对于盗窃罪以及其他财产犯罪的理论解释，日本刑法理论的影响占据压倒性的地位，而德国刑法理论则相对欠缺。本书在解释盗窃罪具体构成要件的讨论之中所核心关切的一点在于，在压倒性的日本刑法理论影响下，对于我国的财产犯罪的讨论是否从一开始就被日本刑法理论使用的范畴所遮蔽。这并不是说现有的理是照搬了日本的结论，而是说这种单一的思考范畴与思考径路所带来的是视野上的狭隘甚至偏见。因此在本书的论述中笔者试图通过对德国理论的介绍来对国内现有的理论探讨进行一定的反思。这当然不意味着德国的理论便必然正确，它也并不一定就与中国的现行刑法与司法实践相吻合。但所谓兼听则明，偏听则暗，如果通过本书的阐释能够在一定程度上拓宽理论在解释财产犯罪构成要件时的思路，那么本书的目的也便达到了。

从前文对于德日两国财产犯罪体系的分析可以看到，对于财产犯罪中的各种具体构成要件要素的解释与其本国刑法规定乃至民法上关于财产秩序的规定都存在密切的关系。因此在解释我国刑法中关于财产犯罪的具体构成要件时同样需要注意到我国刑法以及法秩序整体的特殊性。与总论不同的是，分则对于具体构成要件的解释带有更鲜明的地方性色彩，简单地移植德日刑法理论的结论是难以正确面对与处理我国刑法理论与司法实践在具体个罪解释上所面临的困难的。

四、本书的结构安排

本书的结构安排如下：

第一章导论，主要明确本书写作的核心问题及其意义，对于文章的整体脉络进行梳理，并明确本书的研究方法与研究视角。

第二章与第三章将分别介绍日本与德国在处理相关案件时的理论与实务观点。鉴于我国当前主要受到日本刑法分则理论的影响，而对德国的分则理论所知了了，因而有必要首先对德日刑法中财产犯罪的立法、司法实践以及理论状况作一定简要的梳理，尽管日本继受了大量的德国刑法理论，但日本学界在自身刑法语境之下也自我发展出了不同于德国的一套理论系统。反过来，我国当前在分则方面虽然主要受日本理论影响，但并不能直接将日本理论当作“德日刑法”刑法理论的全部，毕竟“德日刑法”并非铁板一块。

第四章将对我国实务中出现的各种案件类型进行总结分析，并对理论上所采纳的各种存款占有的观点进行梳理与点评。

第五章讨论的是存款债权能否纳入我国的公私财物概念之中，本书将系统审视德日理论在对财物概念解释上的变迁及其历史背景，并对我国刑法理论对公私财物的解释进行重新的检讨与反思。

第六章从对占有的一般概念介绍出发，对我国理论上所涉及的存款占有的含义进行分析，并考察这些意义上的存款的占有是否偏离了占有的一般概念。

第七章重新从“现金的事实占有”作为存款占有的基本含义出发来考察各类案件。“如无必要，勿增实体”，基于奥卡姆剃刀这一基本原则，如果从初始的事实占有概念出发，就能够对本书所讨论的案例得出一个较为妥当的结论的话，那么后来所出现的各种偏离性概念在实践中也便失去了必要性。

第二章

日本刑法理论和实务关于存款占有归属的讨论

一、概　述

从学界现有的讨论状况来看，在存款占有归属的讨论上所继受的主要是日本刑法理论和实务上所采取的见解，并基于中国的现实情况以及法条规定上的差异进行了一定程度的调整。因此有必要对日本目前的学说和实务状况进行一定清理，并探讨日本的学说能否以及在多大程度和范围上适用于我国现行刑法的条文解释与司法实务。在存款占有的问题上，黎宏教授在《论财产犯的占有》[1]一文中介绍了日本在存款的占有问题上存在的“存款名义人占有说”与“银行占有说”的观点，而清华大学的李强博士也在《日本刑法中的“存款的占有”：现状、借鉴与启示》一文中详细地论述了存款名义人占有说与银行占有说在具体案件类型中的不同解释。北京大学法学院黑静洁博士在《存款占有新论》与《取走错误汇款行为的刑法

[1] 黎宏：《论财产犯的占有》，载《中国法学》2009年第1期。

认定》两篇文章中对存款占有以及与此紧密相关的错误汇款行为定性问题进行了探讨。文章所援引的日本文献较少但对中国语境下的问题提出了自己独到的见解。[1]南京师范大学法学院陈洪兵教授也在《滥用银行卡的刑事责任》[2]以及《中国语境下存款占有及错误汇款的刑法分析》[3]两篇文章介绍了日本刑法上关于存款占有的相关理论和实务现状。整体而言，日本刑法理论中的“存款名义人占有说”与“银行占有说”对于解决中国的问题有一定的借鉴意义，但并不能涵盖中国刑法所面临的全部问题，因而存在进一步探讨的必要。

首先，对于日本的“存款名义人占有说”的通说地位，笔者存在一定的疑问。如下文所分析，尽管在金钱委托案件中存款名义人占有说的确得到了广泛的认可，但日本刑法理论主流仍然是在“事实上的控制支配力”的含义下理解占有的一般概念，从这种事实上的控制支配力出发，其得出的应当是现金归属于银行占有而非存款名义人占有，存款名义人占有只是例外性地承认占有概念中包含了法律上之支配含义时才能得出的结论。在这个意义上能否认为存款名义人占有说居于通说的地位是存在疑问的。

其次，日本理论在存款的占有问题上的争议焦点集中在存款名义人能否基于对银行的债权而取得对存在银行的相应金额的钱款的占有这一问题，其实质是“占有”概念的内涵能否得到扩张，以及由此所带来的“财物”概念的扩张问题。但在中国“存款的占有”这一命题所涉及的案件类型则更为广泛。例如盗窃存折、信用卡等财产凭证而后取款的案件，存款名义人占有说并不能提供任何借鉴，因为在这里需要讨论的是存折、信用卡的“占有人”而不是“存款名义人”对存款的占有。如果勉强将存款名义人占有说适用到中国，则必然伴随着对存款名义人占有说的修正甚至是偏离。

最后，日本刑法理论的通说在严格区分财物与财产性利益的基础上将

[1] 黑静洁:《存款的占有新论》，载《中国刑事法杂志》2012年第1期。

[2] 陈洪兵:《滥用银行卡的刑事责任》，载《法治研究》2013年第5期。

[3] 陈洪兵:《中国语境下存款占有及错误汇款的刑法分析》，载《当代法学》2013年第5期。

盗窃罪的犯罪对象严格限定在财物，因此债权等财产性利益的其他形式并不能成为盗窃罪的犯罪对象，这也就是日本刑法在盗窃存折、信用卡后取款案件中普遍认为行为人应以盗窃罪与诈骗罪进行并罚的原因所在。相反，在我国学界大多数观点认为，由于并不区分财物与财产性利益，因此并不存在扩张解释财物概念的障碍。以此为背景，通常认为我国理论中所讨论的存款占有中所谓的存款具有多义性，其一是存款债权，其二则是存款债权所指向的银行现金，从这种多义性出发，存款的占有包括了存款债权的占有[1]以及银行现金的占有两部分。与此相反，严格解释财物概念的日本理论所关注的仅仅是后者即银行现金占有的归属问题，无论是存款名义人占有说还是银行占有说都是对现金占有归属的讨论，正如李强博士所言，存款占有指的是“基于存款债权的对现金的占有”。这种差异是值得注意的，既然存款名义人占有说与银行占有说围绕的是银行现金的占有归属问题，那么这两种观点都很难直接移植到我们关于对存款债权的占有的讨论中，而仅对现金占有归属的讨论具有借鉴价值。本章将着重介绍日本理论中银行占有说与存款名义人占有说这两种观点之间的对立、其立论基础以及对于具体案件的处理。

二、存款名义人占有说与银行占有说之间的对立

(一) 存款名义人占有说

存款名义人占有说主张存款的占有归属于存款账户的名义人而非银行，换言之存款名义人基于自己对银行所享有的债权而对存放在银行的现金拥

---

[1] 如果这种存款债权的占有成立的话。笔者曾经认为可以考虑存款债权准占有的概念，参见徐凌波:《存款的占有问题研究》，载陈兴良主编:《刑事法评论》第 29 卷，黑静洁博士在论文中也持同样的观点，参见黑静洁:《存款的占有新论》，载《中国刑事法杂志》2012 年第 1 期，陈洪兵博士在论文中也提及了对存款债权的占有的肯定，参见陈洪兵:《中国语境下存款占有及错误汇款的刑法分析》，载《当代法学》2013 年第 5 期。本书将会在后续继续论及如何建构这一概念，并最终推翻这个概念。

有占有。日本刑法理论中存款名义人占有说的提出最初是为了解决在受托人将受委托的金钱存入银行后虽没有取出但却将存款转账划拨的案件中侵占罪的成立的问题。1912年日本最高法院在村长将被委托给自己保管的作为村子基本财产的金钱存入自己的银行账户，后来又出于自己利用的目的提取该笔款项的案件中，肯定了行为人（即存款名义人）基于存款对金钱的占有，从而认定行为人构成委托物侵占罪。[1] 此类案件中成立侵占罪的要件须是“自己占有他人财物”，如果不肯定作为存款名义人的金钱受托人对存入银行的金钱存在占有则无法成立侵占罪。李强博士在其论文中指出：

行为人作为存款名义人，对存款等额的金钱享有合法的存款债权，基于此可以肯定其对该金钱的占有。侵占罪中的占有不仅包括对财物的现实支配，还包含对财物的法律支配。财物所有人与行为人，即财物占有人之间具有委托信任关系是委托物侵占罪中占有的成立前提。基于这一关系，行为人对财物拥有一定程度的处分权，处于在法律上可以部分地处分财物的地位。因此，行为人是否拥有这一权限，是否处于这样一种地位、是否滥用这一权限和地位的可能，就成了判断以下事项的关键：行为人是否在法律上支配了财物，从而构成委托物侵占罪中基于法律支配而形成的占有。[2]

日本学界通说观点认为在金钱委托案件中，作为存款名义人的金钱受托人，由于对于财物拥有一定程度的处分权，从而可以肯定起对存放在银行的相应金钱的占有，此即存款名义人占有说的基本观点。

（二）银行占有说与对存款名义人占有说的批评

存款名义人占有说招致了反对方的批评。反对的观点认为，存款名义人占有说不仅扩张了占有的概念而且扩张了物的概念。在反对观点看来，存款名义人拥有的仅仅是存款债权，因为拥有存款债权，而肯定存款名义

[1] 李强：《日本刑法中的“存款的占有”：现状、借鉴与启示》，载《清华法学》2010年第4期。

[2] 李强：《日本刑法中的“存款的占有”：现状、借鉴与启示》，载《清华法学》2010年第4期。

人对与存款债权金额相当的金钱的占有将模糊债权与物之间的界限。如日本学者松宫孝明认为，存款名义人占有说将实为债权的存款视为物，认可对于存款可以成立侵占罪，在消费寄托的情形下，这一结论不仅与所有权转移给受托者的前提相矛盾，而且，从债权和物的概念来看，也是有疑问的。[1]因此，应当认为受托人在将金钱存入银行之后，就由银行占有而非受托人占有。如果受托人将该金钱予以转账处分，则由于破坏了受托人与委托人之间的委托信任关系导致委托人遭受财产上的损失，仅构成背任罪。日本学者高桥则夫指出，根据《日本民法典》第666条，银行与存款人之间成立所谓消费寄托契约——约定在期限之前返还同种、同等、同量之物的寄托——银行取得金钱的所有权，而存款人则在基于存款债权取出相应数额金钱时取得对该金钱的所有权，在此并无所谓他人的财物。[2]

从民法的角度看，存款名义人在将金钱存入银行之后，金钱的占有以及所有权都移转给了银行，而存款名义人则只是取得了对银行的债权以及相应的作为债权凭证的存折或信用卡。因此对于存款名义人占有说在理论上就涉及两个问题：第一，是否一般性地承认法律上的控制支配也属于占有的一种形态，在此涉及的是占有概念的扩张，这是存款名义人占有说成立的大前提。从下文的讨论中可以看到在日本刑法理论上，占有一词的概念在不同的罪名之间可以做不同的理解，尤其是在侵占罪中占有一词已经不仅包括事实上的、物理上的控制支配力，而且也包括法律上的控制支配力。因此在判断这个大前提是否存在时取决于具体讨论的构成要件究竟是侵占罪还是盗窃罪。日本理论后来在讨论各式存款名义人占有说时所存在的问题之一，就没有考虑具体涉及的构成要件中占有概念中是否包含法律上支配，从而导致了普遍的占有概念扩张。而在反对观点看来，在存款的问题上，占有概念的扩张将导致财物概念的扩张，存在违反罪刑法定之虞。第二，存款债权的存在本身能否被承认为一种“法律上的控制支配”。

---

[1] ［日］松宫孝明:《刑法各论讲义》，成文堂2008年版，第263页，转引自李强:《日本刑法中的“存款的占有”：现状、借鉴与启示》，载《清华法学》2010年第4期。

[2] 李强:《日本刑法中的“存款的占有”：现状、借鉴与启示》，载《清华法学》2010年第4期。

反过来说，存款名义人占有说可以受到两个层面的反驳：第一，应当将法律上支配排除在占有概念之外，那么存款名义人占有说的大前提便不存在；第二，存款名义人所拥有的存款债权尚不构成法律上支配，那么小前提不存在，无论是否定大前提还是小前提都可以排除存款名义人对于现金的占有，而采取银行占有说。

日本学者大谷实教授便是在第二个方面上反驳存款名义人占有说的。在其《刑法各论讲义》中一方面认为侵占罪中的占有不仅包括事实上的控制支配关系也包括了法律上的控制支配关系，但是在存款的问题上，他仍然坚持银行占有说而反对存款名义人占有说。其理由就在于，存款人尽管能够通过履行一定的手续将钱取出，表面上看起来存在法律上的控制支配力，但是由于银行必须审核并确认取款人的身份才能支付请求数额的金钱。因此，无论是事实的还是法律上的控制支配都在银行一方，从而否认存款人的占有。[1] 由于存款债权不能被认为是一种法律上的控制支配，那么即便是在肯定占有包括了法律上的控制支配力的侵占罪中，存款名义人也无法基于自己所拥有的存款债权就成立对存款的占有。

而更激烈的反对观点则直接否定了法律上的控制支配关系能够成立占有的这个大前提，认为如果基于法律上的控制支配关系就能肯定“占有”，则将不仅导致“占有”概念的扩张，而且会使得财物与债权之间的界限变得模糊，最终威胁到日本刑法上财物与财产性利益的区分，甚至将有违罪刑法定原则。因此，基于否定存款名义人对存放在银行的金钱存在占有，在受托人将受委托的金钱存入银行后通过转账方式予以处分的案件中，受托人的行为仅仅构成背任罪而非侵占罪。

（三）中间路线：仅就金钱委托的场合承认存款名义人占有

尽管遭到了反对方的批评，理论上仍然认为肯定存款名义人占有说在现实案件的解决上是有实益的，因为如果在此否认存款名义人的占有，则就像

[1] ［日］大谷实：《刑法讲义各论》（新版第 2 版），黎宏译，中国人民大学出版社 2008 年版，第 271 页。

银行占有说所主张的那样，在村长受托保管金钱的案件中，作为金钱受托人的村长便仅仅成立背任罪，这与受托人直接占有金钱而予以侵占的情形成立侵占罪相比，将会导致量刑的不均衡，这成为肯定存款人对银行存款拥有占有的立论根据之一[1]。日本学者山口厚教授指出，如果否定基于存款的对金钱的占有，而行为人又没有提取现金，只是转账、划拨的话，就不能成立委托物侵占罪，而仅仅是是否成立背任罪的问题，这有失均衡。侵占罪的主体范围较广，并且存在业务侵占罪这一较重类型，而背任罪不仅主体范围较小，且没有相应的加重类型。[2]受托人直接占有金钱而予以任意挥霍处分的场合与受托人将金钱存入银行而将其转账划拨的场合尽管都是对委托信任关系的破坏，从而导致委托人的财产损失却分别成立较重的侵占罪[3]与较轻的背任罪，造成了刑罚上的不均衡。

另一方面否定说的批评又是无法忽视的，存款本身只是债权而非物，肯定基于存款的占有不仅意味着占有的概念从事实上的支配关系扩张到法律上的支配控制关系，而且意味着“财物”概念的不当扩张。执其两端而取其中，以西田典之教授为代表的第三种观点采取了折中的路线，一方面承认了存款名义人占有说的合理性，但又将其视为“占有”的例外情形，限制其适用的范围，仅在金钱委托侵占的案件中承认“存款的占有”：

有关作为法律性支配的占有，问题在于如何认定银行存款，即能否认定存款人对于与存款相当的（存放在银行的）金钱具有占有。判例、通说对此持肯定态度。也就是，在乙银行存有100万日元的存款人甲对该银行所拥有

[1] 这种以量刑上的均衡来修正构成要件的解释进而改变对行为的定性，似与“量刑反制定罪”的思路有类似之处，以量刑的考量来改变对构成要件的解释其合理性和正当性仍有待讨论。量刑反制定罪这个命题最早见于梁根林教授于《中外法学》2009年第1期的“主编絮语”，此后进一步的讨论可参见高艳东：《量刑与定罪互动论：为了量刑公正可变换罪名》，载《现代法学》2009年第5期；对此的批判参见姜涛：《批判中求可能：对量刑反制定罪论的法理分析》，载《政治与法律》2011年第9期等。

[2] [日]山口厚：《刑法各论》，有斐阁2005年补订版，第289页，转引自李强：《日本刑法中的“存款的占有”：现状、借鉴与启示》，载《清华法学》2010年第4期。

[3] 但是在受托保管金钱的场合，受托人的任意处分行为能否成立侵占罪也是有疑问的。

的现金中的与自己存款额相当的现金存在占有。因此，村长将由自己保管的该村所有的现金存入银行，该款项便相当于自己所占有的他人之物，如果处于不法领得的意思提取该款项，则构成侵占。确实，侵占罪中的占有也包括法律上的支配，但在前述登记名义人、仓库提单的持有人的事案中，仅仅只是对占有的概念作了些扩张解释，而对财物的概念则并没有作任何修正。认定基于存款的占有，其结果也就是认定对存款的占有，考虑到“这样难道不正是对财物概念也作了修正吗”这一点，也可以说，上述观点存在充分理由。但是，也不能无视下面这种批判意见：出于保管的目的，而将受托的钱款存入银行的场合，与在持有现金的情形下实施领得行为构成侵占相比，在银行存款的情形下实施处分行为则只构成背任，这并不合理。如果考虑到这一点，那么仅仅对于委托侵占才认定存在基于存款的金钱占有（并非存款的占有）的观点则更为妥当。[1]

三、存款名义人占有说的基础：从事实上的支配控制力到法律上的支配控制力

考察日本刑法理论上关于存款名义人占有说与银行占有说须将其置于整个日本刑事立法、司法实践以及理论研究的话语背景之下进行理解。其中首要的是日本刑法上对于占有概念的理解。

首先，日本刑法理论对于不同的具体构成要件中所涉及的占有概念并没有作统一的解释，而是根据不同罪名的具体功能来具体地解释其中占有的含义。在盗窃罪、诈骗罪等占有移转型犯罪中，占有只限于事实性、物理意义上的控制支配管领关系，这一点并无争议。但在侵占罪中，日本理论通说则认为占有不仅包括事实上的支配控制，而且也包括了法律上的支配控制。占有的主体即使没有现实地控制支配着财物，但拥有法律上的控

[1] ［日］西田典之：《日本刑法各论》，刘明祥、王昭武译，中国人民大学出版社 2007 年版，第 177—178 页。

制支配处分权利，就可以肯定占有的成立。这种法律上的控制支配甚至具有更强的效力，如在不动产的占有问题上，不动产的登记名义人被认为占有着该不动产而相反对于不动产的承租人则并不一定被认为是不动产的占有人。如日本学者西田典之教授在《日本刑法各论》一书中指出：

在盗窃罪等罪中，占有是指事实上的支配，而本罪（指侵占罪——引者注）中占有的含义要更为广泛，不仅包括事实上的支配，还包括法律上的支配。例如，可以说不动产的登记名义人就占有着该不动产，仓库提单或船运提单等物权性证明的持有人占有着该动产。这是因为，侵占罪中的占有只能是基于自己的占有具有处分可能性，而不动产的登记名义人、仓库提单、货运单的持有者，拥有处分该客体的可能性。如此，如果认为占有就是处分可能性，那么，在设定抵押权时，也可以认定受托拥有一切必要资料者具有对该不动产的占有。但对于并未登记的不动产而言，只能认定事实上支配或者管理该不动产者才具有占有。[1]

我们在日本学者大塚仁教授的《刑法概说（各论）》一书中也可以看到类似的表述：

所谓占有（指侵占罪中的占有——引者注），是指事实上或法律上具有对物的支配力的状态（参见大判大 4 · 4 · 9 录 21 · 457）。只要存在现实的支配物的事实就够了，并不需要握持着物（大判明 · 44 · 4 · 17 录 17 · 605）。这里的占有基本上与窃盗罪等中的占有具有共同性，但是，也有明显不同的一面。可以认为窃盗罪中的占有是侵害的对象，而横领罪中的占有是引导出行为人与被害人有信赖关系，并且促使行为人实施犯行的基础。因此，与窃盗罪等中占有的内容相比，横领罪中占有的内容更广，除了存在于事实性支配关系之外，也存在法律性支配关系。即受委托保管他人的金钱的人，作为保管的方法，把金钱存入银行及其他金融机构的，

---

[1] ［日］西田典之：《日本刑法各论》，刘明祥、王昭武译，中国人民大学出版社 2007 年版，第 176—177 页。

既然保持着对该金钱的法律性支配，就可以认为其拥有占有。[1]

即便是对存款名义人占有说持否定态度，坚持存款归属银行占有的大谷实教授也承认，在侵占罪中占有认定的关键不是事实上的控制支配力而是法律上的处分权限：

所谓占有，就是在事实上或法律上能够对物进行支配的状态。盗窃罪中的占有，是对物的实际支配。与此相对，在本罪中，是对物的法律支配，但这种支配也是占有。占有的内容之所以和盗窃的场合不同，是因为，盗窃罪是以侵害他人的占有为特征的获取型犯罪；重要的是排除他人对物的占有，而侵占罪中，行为人在法律处于能够随意处分他人财物的状态（处分可能性），重要的是有滥用处分之虞的支配能力。[2]

日本刑法理论上在侵占罪中承认法律上的控制支配也成立占有的理由在于，与盗窃罪作为“打破占有并建立新的占有的犯罪”不同，侵占罪中占有并不是作为行为所侵害的对象，而是行为人得以进行行为的前提。在侵占罪中“占有的重要性不在于排他力，而在于有滥用之虞的支配力”[3]。因此侵占罪中占有之有无的判断的关键在于有无滥用处分权的可能性。正是从这一观点出发，日本刑法理论的通说认为侵占罪与盗窃罪中占有在内涵和外延上存在着明显的差异，在侵占罪中占有不仅是事实上的控制支配关系，更重要的是法律上的控制支配关系。此种根据个罪解释上的不同需要而对一个共同概念进行扩张或限缩，导致了占有概念的不稳定，而也正是盗窃罪与侵占罪中占有概念在内涵和外延上的差异就成为日本刑法理论上关于存款的占有争论的根源。典型的法律上支配包括了不动产登记名义人对于不动产的占有，提单、仓单的物权凭证的占有人对于货物的占有。

---

[1] ［日］大塚仁：《刑法概说（各论）》（第三版），冯军译，中国人民大学出版社 2003 年版，第 274—275 页。

[2] ［日］大谷实：《刑法讲义各论》（新版第 2 版），黎宏译，中国人民大学出版社 2008 年版，第 271 页。

[3] ［日］大塚仁：《刑法概说（各论）》（第三版），冯军译，中国人民大学出版社 2003 年版，第 275 页。

在这里，占有不再要求一种在物理意义上的握持着物的事实，而只需要凭借某种法律上所认可的权利即可认定的占有的成立。

在侵占罪中承认占有包括了法律上的控制支配力为存款名义人占有说的提出打开了缺口。沿着传统教义学将占有严格限制在一种物理主义的、事实性的控制支配力的观点，存款名义人仅凭其所拥有的对银行的债权是绝对无法肯定占有的成立的，因为刑法上并不承认一种观念上的占有。一旦引入法律上的控制支配力，情况就变得微妙了。严格说来，法律上的控制支配力不过是观念占有的另一种说辞而已，引入法律上的控制支配力的观点并进而在金钱委托案件中肯定受托人成立侵占罪而非背任罪，自刑罚均衡的角度观察自然是有其实益的，但是这将对以事实性因素为基础的刑法上的占有概念以及围绕占有这一概念所构建的法教义学体系产生极大的冲击。

诚然，占有一词，作为一个法律上的概念，包括了事实与规范两方面的因素。刑法理论通说一方面认为刑法上的占有只能是事实上的占有而不能是观念上的占有，即刑法并不承认民法上所发展出来的占有的观念化[1]。因此刑法上的占有在外延上排除了民法上的间接占有、占有继承等内容。但另一方面，尽管将刑法上的占有限于事实上的占有，但这种事实上的占有并不仅指对物所具有的有形的物理性的支配力，而是一种结合社会一般观念所确认的事实上的支配力，从而也具有一定的规范色彩，“除了财物存在于占有者的物理性支配力所及的场所内之情形外，当财产处于在社会观念上能够推知该财物的支配者之一定状态时，也认为存在对财物的事实的支配”[2]。因此，尽管与民法上的占有概念相比，刑法中的占有具有更现实

[1] “占有的观念化”，是指若人对物有某种法律关系存在，则即使人与物没有空间和时间上的结合关系，仍然可以成立占有，使占有由直接的实力支配而逐渐扩展至观念上的支配。“占有观念化”主要涉及的法律关系常见的有以下类型：(1) 基于租赁、借用、出质等而产生的间接占有；(2) 占有继承，占有可以成为继承的标的，继承发生时，继承人虽未在事实上管领其继承财产，仍然可以取得占有；(3) 依占有辅助人而进行占有。(北京大学法学百科全书编委会编：《北京大学法学百科全书·民法学、商法学卷》，北京大学出版社 2004 年版，第 1174—1175 页)。

[2] [日] 大塚仁：《刑法概说（各论）》(第三版)，冯军译，中国人民大学出版社 2003 年版，第 185 页。

的内容，[1] 刑法上的占有仅限于事实占有而排除观念占有。但这种事实的占有又必须结合社会一般观念进行规范判断，因而又并非一个纯事实判断，而是包含了事实与规范两方面因素。

观察民法上的占有概念的发展，在罗马法上占有的原初含义被称为自然占有，这一名称意味着占有最初是一个自然的、裸的事实，"在任何情况下仅指一切占有关系中外在的、事实方面的要素"[2]。这个事实性的要素是成立罗马法上所认可的两种占有——市民法的占有与裁判官法的占有（又称为令状占有）的必要条件。[3] 随着社会与法律制度的发展，在发展出了间接占有、占有继承等概念之后，民法上的占有日益观念化，占有的观念化意味着规范因素在占有的判断上日益重要，法律主体开始可以基于其所拥有的权利，如所有权所派生的所有物返还请求权而拥有对物的占有，即使物处于另一人的事实的控制支配下。

相较之下，在刑法上占有尽管也包含了事实与规范两方面的因素，但仍然是一个侧重于事实性的概念，规范性的因素只是在事实性的支配力减弱时的一种补强，而在完全丧失此种事实时，并不能因为某种权利的存在就肯定占有的存在。如农夫将农具遗忘在自家的田地上，尽管没有用手握持着，空间距离也较远，依据社会观念而认为其仍然拥有占有这是社会观念对占有事实存在的一种补强。

但在侵占罪中，占有的概念基于罪名解释的需要而得到扩张，占有不再限于事实上的控制支配力，而且包括了法律上的控制支配力。而存款名义人占有说的成立正是以承认"法律上的控制支配力"为前提。但法律上的控制支配力是仅在侵占罪中才得到承认，这是一个必须被牢记的前提。在日本刑法理论中围绕着存款的占有问题的讨论日渐脱离了这个前提，这在后来日本刑法理论关于错误汇款案件的讨论中表现得尤为明显，最终使

[1] [日] 大塚仁:《刑法概说（各论）》(第三版)，冯军译，中国人民大学出版社 2003 年版，第 185 页。

[2] [意] 萨尔瓦多·里科波诺:《罗马法中关于占有关系的理论——兼论现代法学理论及立法》，贾婉婷译，载《比较法研究》2009 年第 3 期。

[3] [德] 弗里德里希·卡尔·冯·萨维尼:《论占有》，朱虎、刘智慧译，法律出版社 2007 年版。

得存款名义人占有说不再只适用于金钱委托关系成立侵占罪的案件中，而扩展至存款名义人侵吞错误汇款行为成立诈骗罪的认定中。

四、存款占有之归属与错误汇款案件之定性

如上所述，存款名义人占有说最初只是在侵占罪的讨论中发展起来的观点，其成立取决于在侵占罪中占有概念内涵的扩张。存款名义人占有说以占有不仅包括对物的事实上支配力还包括法律上支配力为其逻辑起点，而法律上之支配力作为占有的一种形式仅在侵占罪构成要件的范围内得以成立。但肯定“存款的占有”的观点中许多人不再满足于仅仅在侵占罪的范围内讨论，而是试图将“只要有正当的取款权限就能肯定存款的占有”这一规则上升为侵犯财产犯罪的一项普适性的规则。存款名义人既然拥有对银行的债权就可以肯定起对存放在银行的相应的金钱的占有。这一点在“错误汇款”案件中表现得尤为突出。

围绕错误汇款的问题，理论上经常援引的实务案例是日本最高裁判所分别在 1996 年作出的民事判决与 2003 年作出的刑事判决。[1] 从 1996 年民事判决的内容看，最高裁判所只是肯定了错误汇款的收款人对错汇的金钱拥有债权，而没有对错误汇款的收款人是否对错汇的金钱成立占有作出肯定：

平成 8 年，最高裁判所判决了一个应该关注的民事案件（最判平成 8·4·26 民集 50 卷 5 号 1267 页）。该案件是由于汇款委托人的错误，在错误的汇款对象账户中汇入金钱后，由于收款人的债权人冻结了存款债权，汇款委托人因而提起了第三人异议的诉讼案件。对于该案件，判决肯定了收款人具有对银行的存款债权，即“汇款委托人向收款人的银行普通存款账户汇入金钱时，不管汇款委托人与收款人之间是否存在成为汇款原因的

---

[1] 我国学者在讨论存款的占有时也经常援引这两个案件，参见黎宏:《论财产犯的占有》，载《中国法学》2009 年第 1 期；黑静洁:《存款的占有新论》，载《中国刑事法杂志》2012 年第 1 期；陈洪兵:《中国语境下存款占有及错误汇款的刑法分析》，载《当代法学》2013 年第 5 期。

法律关系，收款人与银行之间的普通存款合同是成立的，收款人对银行取得相当于上述金额的普通存款债权”，这一认定是正当的。尽管汇款委托人与首款人之间不存在成为汇款原因的法律关系，但由于汇款，收款人取得了相当于汇款金额的存款债权，汇款委托人仅仅对收款人有相当于上述金额的不当得利请求权，而汇款委托人不能请求不准许收款人的债权人对上述存款债权予以强制执行。由于汇款委托人的错误而错误汇款的场合，收款人对银行成立存款债权。[1]

判决全文中并没有提到存款占有的归属而只是论述了收款人对于错汇的款项拥有正当的对银行债权。但是学说上却基于存款名义人占有说对此作了过度解读。山口厚教授这样评价本案：“这项民事判决对于日本刑法理论和实践在错误汇款案件一贯的处理态度产生了极大的冲击，因为这一判决意味着肯定了错误汇款案件的收款人对错汇金钱的占有。”[2]

但是在 2003 年的刑事案件中，对于错误汇款人将错汇金钱予以取出的行为，从下级审到控诉审再到最高裁判所都认为收款人尽管在形式上拥有对错汇金钱的债权，但究其根本收款人并没有正当的取款权限，从而又否定了收款人对错汇金钱的占有。[3] 日本最高裁判所从错误汇款的收款人并不具有取出错汇款项的正当权限的角度认为将钱予以取出的行为构成诈骗罪，而没有明确提及现金的占有是否在法律上归属于存款名义人：

如果进行汇款委托但错误汇入被支付银行账户的汇款委托人提出返还的申请，即使在银行对收款人的存款账户的汇入处理程序已经完毕的场合，银行也要取得收款人的承诺，办理返还手续，使汇款回到汇款委托前的状态，这是银行实务上的一贯做法。如果收款人向银行指出存在错误汇款的事实，银行一方面会确认本行对汇入金额的处理是否有误，另一方面也会通知汇款委托方银行以及通过该银行通知汇款委托人，询问有无该汇

---

[1] [日] 山口厚：《从新判例看刑法》(第二版)，付立庆、刘隽译，中国人民大学出版社 2009 年版，第 223 页。

[2] 同上注。

[3] 同上注。

款的错误等处置措施。一般认为这些措施对于维持安全的汇款制度是有益的。[1]

对银行而言，被请求取出的存款是否为错误汇款，在决定是否立即支付相应款项上不得不说是一个重要的事实。收款人应该履行诚信原则上的义务告知银行错误汇款的事实。因此知道了错误汇款事实的收款人，隐瞒该信息请求取得汇款，该当于诈骗罪中的欺骗行为。此外，应该认为有无误汇的错误该当于诈骗罪中的错误，因此，收款人从陷入错误的银行窗口职员那里取出存款的场合，成立诈骗罪。[2]

早在2003年最高裁判所的判决之前，东京高等裁判所对于这一问题在判决中进行了讨论，该案中被告人明知他人汇入的现金数额发生错误，而将多出的存款从自动取款机上取出用来偿还债务和购买商品，一审判决肯定了检方的起诉罪名认为成立盗窃罪。东京高等裁判所在判决中指出："就存款名义人与银行之间的关系而言，虽然前者在拥有正当取款权限的场合、双方之间的债权债务成立，但对于银行放在自动取款机内的现金，存款名义人并不能在事实上管理、握持而应当认为银行管理着现金也就是说现金应当归属于银行。而就与侵占罪的关系而言，在存款名义人拥有正当取款权限的场合，也可以认为存款名义人拥有与其存款金额相等的、处于银行事实占有管理之下的现金的法律上占有。但在本案中，由于银行错误地在被告人的账户上汇入了现金，被告人对于这部分现金并没有正当的取款权限，对于放在自动取款机内的现金应当认为被告人并不具有法律上的占有。因此本案不成立侵占罪，被告人的行为是对银行占有的侵害应当成立盗窃罪。"[3]在这个判决中，法院在侵占罪的构成要件范围内，以存款名义人是否拥有正当的取款权限作为认定存款名义人是否对银行现金拥有占有的标准，最终以被告人缺少正当取款权限而否定作为存款名义人的被告人对现

---

[1] [日] 山口厚：《从新判例看刑法》（第二版），付立庆、刘隽译，中国人民大学出版社2009年版，第226—227页。

[2] 同上注。

[3] 東京高判平成六・九・十二判時十五四五一一一三。

金拥有占有，其取款行为则成立盗窃罪。对此松宫孝明教授批评道，法院将本案行为人的行为理解为对银行占有的侵害，这种理解会在实践中产生一定的问题。例如，当公司职员将公司错误汇入的工资取出之后又还给公司的情况下，也会被认为是对银行占有的侵害而成立盗窃罪。而且法院在没有明确存款名义人与银行之间的债权债务关系是否成立的情况下就认为被告人缺少正当的取款权限，这最终会导致民事的债权债务关系问题与刑事的财产犯是否成立之间的分裂，从而有害于法秩序的统一。[1]但是这一判决中以正当取款权限来判断现金占有归属的观念得到了最高裁判所2003年判决的认可，对此山口厚教授的解读是：

判例认为，为了肯定对“存款的占有”并不要求存款者有能够支配存款的事实上可能性，有必要认定的是存款者具有正当的取款权限。因此仅仅因保管而被委托的占有人，也不能认定其对存款的占有，只能肯定被授予了存款取款权限的人有对存款的占有。银行仅对正当的取款权限人有还款义务，对于未予付款这一点不存在值得保护的利益。因此，在行为人具有对存款的正当的取款权限的场合，行为人对银行所占有的金钱不成立诈骗罪等犯罪。如果是那样，区分“存款的占有”的有无的标准是，对于还款请求，有无银行需要保护的利益。因此，即便没有委托存入存款的场合，如果有其他的某种理由能够认定存款人具有正当的取款权限，肯定存款人对“存款的占有”就有了可能。[2]

在错误汇款案件中作为存款名义人的收款人对于错汇金钱是否拥有占有的问题上，可以首先还原一个完整的推论过程，然后来看日本刑法理论上不同观点之间的分歧究竟发生在这个推理过程的哪一个环节。

首先，成立存款名义人占有的大前提是占有概念中包括法律上支配。但前文已经提到，日本刑法理论通说其实仅在侵占罪的范围内承认这一点，那么大前提应该是，在侵占罪中，占有的概念包括法律上支配。其次则是

[1] ［日］松宫孝明：《過剰入金と財産犯》，《立命館法学》一九九六年五号（二四九号）。

[2] ［日］山口厚：《从新判例看刑法》（第二版），付立庆、刘隽译，中国人民大学出版社2009年版，第228—229页。

小前提，错误汇款的收款人是否拥有法律上之支配。在这个小前提的判断中又包含了一轮新的三段论推理：(1) 大前提中要明确的是法律上支配的成立范围，究竟是仅承认正当的存款债权才拥有法律上支配，还是实质上不正当的存款债权也能肯定法律上支配。(2) 小前提则还需要判断错误汇款的收款人对错汇的款项有无实质上正当的债权。

1996 年民事判决与 2003 年的刑事判决上的分歧仅在于第（2）点，即存款债权的有效性，而对于第（1）点并没有分歧，因为民事判决中并不需要回答占有归属的问题。相反理论上的分歧则存在于第（1）点上，即法律上支配的成立范围，对此山口厚教授跟随了最高裁判所 2003 年判决中的观点，认为仅正当的存款债权才能够视为法律上支配，从而成立对现金的占有。而错误汇款人没有正当的存款债权，因此否定其占有，不成立侵占罪。从山口厚教授对于这两个案件的评论来看，虽然在结论上他认为错误汇款案件中对错汇的款项的占有归属于银行而非收款人，但在大前提上他仍然接受的是存款名义人占有说的基本立论，即占有不仅包括事实上的控制支配也包括了法律上的控制支配。林干人教授认为，即便是错误汇款，只要存在取出的可能性就能够承认存款名义人对现金的占有。这一观念隐含着的前提条件是，法律上支配并不以正当的取款权限存在为限。

严格说来，在错误汇款案件中，根本就不存在存款名义人占有说与银行占有说之间的争论。因为银行占有说与存款名义人占有说之间的论争最初是究竟以事实上支配还是法律上支配认定占有归属的争议，即从事实上支配出发得出现金的占有归属于银行，从法律上支配出发得出现金的占有归属于存款名义人。但现有的争论在占有一般概念上已经达成了一致，均从法律上支配意义上理解占有概念。他们对于占有的概念包括了法律上支配这个最大的大前提并没有争议。在这里存在的是作为立论基础的存款名义人占有说与银行占有说以及作为结论的存款名义人占有与银行占有之间的区别。结论上的分歧可以发生在推理过程的任何一个环节之中，它可以是对法律上支配的不同理解，可以是对存款债权是否有效的不同认定，但立论的基础才是根本性的，而正是在这个根本性的问题上，日本理论并不存在真正的争议。

综上，错误汇款案件中关于现金占有归属的争议与前文中村长受托保管金钱的案件中现金占有归属的争议处于不同层面。后者所争议的恰恰是这里最大的，即侵占罪中占有概念是否应当扩张，法律上的支配控制是否也能够成立占有。而这正是错误汇款案件讨论中所默认的前提，即在错误汇款案件中，否认收款人（即错误汇款接收的一方）取得对错误汇款的占有其理论的理由在于在此种情况下收款人并没有“正当的”法律上的控制支配权。可以说从村长侵占案到错误汇款案件的讨论中，日本刑法中的占有概念已经朝着法律化、观念化、规范化的方向大大迈进了一步。

五、法律上支配与存款名义人占有说之质疑

（一）法律上支配概念的模糊性

如前所述，存款名义人占有说的根据在于占有概念从事实上支配向法律上支配所进行的扩张。但这一扩张原本只局限在侵占罪的构成要件范围之内，因为以盗窃罪为代表的夺取罪中占有是侵害的对象，而在侵占罪中占有则意味着作为滥用前提的支配力[1]。此种法律上支配概念本身就非常模糊[2]，不同的学者对于法律上支配的范围也有不同的理解。

一方面与事实上支配相区分，法律上支配顾名思义应当意味着某种规范性的、以法律权利为基础的对物处分可能性，但另一方面某些被认为是法律上支配视为占有的典型情况中，占有人往往并没有任何正当的权利，例如法律上支配最典型的情况是不动产登记名义人对于不动产的占有，但不动产登记名义人在日本民法的物权变动规则下完全可以在法律上没有任何对该不动

---

[1] ［日］青木阳介:《預金による占有についての一考察》,《上智法学论集》2012 年，第 55 卷 3・4 号。

[2] ［日］青木阳介:《預金による占有についての一考察》,《上智法学论集》2012 年，第 55 卷 3・4 号。

产的权利[1]。也就是说在法律上支配这个概念下，所谓的对物的处分可能性不仅包括基于正当权利的法律上有效的处分可能性，也包括事实上的处分可能性，但这种事实上的处分可能性却又与所谓的法律上之支配这个名词的字面含义相悖。

日本理论上有学者就试图将事实上的处分可能性从法律上支配的范畴中排除出去。例如山口厚教授在其《刑法各论》（补订版）中曾认为行为人只需要对他人之物具有处分可能性[2]，而在其《刑法各论》第二版中则明确指出，“基于存款而生的对现金的占有，并不以处分可能性，也就是说不是基于取出可能性而生这种事实上之支配为基础的。这一点体现在，当窃取了存折以及身份证明的行为人从银行取出现金的情况下，行为人的行为对于存款人成立盗窃罪，而对银行则成立诈骗罪。存款的占有并不是一种事实上的处分可能性，而是以存款的取出权限为基础的”[3]。相反，另一些学者则认为，即便没有正当的取款权限也能够肯定存款名义人对于现金的占有，例如林干人教授指出，“被取出的存款，虽说事实上归银行占有，但是进入自己账户的金钱，只要处于任何时候都能被取出的状态，就应当说，银行对存款名义人的支配能力很弱，这种场合下，认为行为人的取款行为成立盗窃罪并不妥当”[4]。

“随时能被取出”只是一种事实上的取出可能性，并不取决于错误汇款的

---

[1] 日本在不动产物权变动规则上采用法国模式实行登记对抗主义，不承认物权行为的独立性，因此不动产所有权自买卖合同成立起转移给买方，但此时却可能尚没有进行所有权变更登记，此时卖方仍然是不动产的登记名义人但却已经不是所有权人，为肯定其一物二卖的行为成立侵占罪，则必须从法律上支配的角度将不动产的登记名义人视为不动产的占有人，从而使登记名义人对于所有权人的侵害能够纳入刑法处罚范围内。与此相反，我国在所有权变动上采用登记生效要件主义，在变更登记之前卖方都是房屋的所有权人，一物二卖不成立侵占罪。当然仍然会存在不动产登记名义人与实际所有权人不一致而使登记名义人无权处分不动产、侵害到所有权人权利的情况，这种情况是否应当要以刑罚手段进行干预，以侵占罪定罪处罚，仍然是值得思考的问题。

[2] 转引自［日］青木阳介:《預金による占有についての一考察》,《上智法学论集》2012年，第55卷3·4号。

[3] 参见［日］山口厚:《刑法各论》(第二版)，王昭武译，中国人民大学出版社2012年版。

[4] 转引自黎宏:《论财产犯中的占有》，载《中国法学》2009年第1期。

收款人对银行的债权是否实质正当有效。林干人与山口厚之间在存款占有归属上的分歧，归根结底在于对法律上支配概念的不同理解：即法律上支配是否以权利在法律上的正当有效为前提，还是也可以包括一种无法包括在事实上支配概念之中的事实处分可能性。具体到存款占有的问题上，是究竟应当以正当的取款权限还是一种取出的事实可能性作为判断占有是否归属于存款名义人的标准。

回到侵占罪的占有概念，日本理论上强调侵占罪的重点在于对处分可能性的滥用，而处分可能性包括了事实上的与法律上的处分可能性两个方面。通常情况下，事实上的处分可能性是建立在对物的事实支配的基础之上的，典型的情况如受托保管他人财物而将该财物予以出卖。委托人虽然没有授予受托人出卖自己财物的权限，但受托人基于对财物的保管，因为财物处于自己的事实占有之下而具备事实的处分可能性，这是侵占罪的典型情况。法律上的处分可能性则源自行为人对于财物的正当法律权限，这是山口厚教授在存款占有问题上所采取的观点。相反，认为法律上支配或法律上的处分可能性不限于对财物具有正当权限的观点所主张的是虽然没有事实支配为基础的事实处分可能性也能肯定占有的存在，即一方面财物并没有处于行为人的事实占有之下，另一方面他又缺少法律上的正当处分权限。前文所讨论的错误汇款案件中，收款人与错汇金额之间的占有关系即是例证：收款人对于错汇金额既无事实上的控制支配，也没有实质正当的取款权限[1]。

这种情况虽然仍被某些学者纳入法律上占有的范畴之内，但实际上却是对事实占有概念的扩张，因为这种扩张无法为传统上所理解的事实占有概念所接受，便又将其塞到法律占有的范畴之内。而山口厚教授将这种事

---

[1] 当然如果按照日本最高裁判所此前于 1996 年所作的民事判决中的观点，错误汇款的收款人就错误汇款的部分也对银行拥有正当的债权，则可以毫无疑问地基于法律上支配肯定收款人对于现金的占有。但日本刑法理论上更多的是从 2003 年的这份刑事判决出发的。虽然该判决中并没有对现金占有的归属作出明确的表态，但其对存款债权不具有实质正当性的表述，便成了理论上在此否定存款名义人对错误汇款的占有的重要根据。

实的处分可能性从法律上占有的范畴中排除出去，并基于此而否定存款名义人对于错误汇款拥有占有。

相反要在错误汇款案件中肯定存款名义人的占有则可以有两种不同的论证进路：其一，扩张法律支配的概念，认为只需要有事实的处分可能性就足以认定存款名义人的占有；其二，肯定存款名义人就错误汇款对于银行仍然拥有正当的财产权利。但日本最高裁判所 2003 年的刑事判决否定了后者。于是要最终得出肯定存款名义人占有现金的结论，就必须将所谓的法律上支配概念进行模糊化处理，这种模糊存在违反罪刑法定原则的危险，山口厚教授将这种事实的处分可能性从法律上之支配中排除出去则有助于维持基于法律上支配肯定占有成立的清晰性。

但是正如上面提到的，如果将法律上之支配限于拥有正当权限的范围内，又可能将原本作为法律上支配典型情况的事例从法律上占有的范围内排除出去。例如不动产登记名义人对不动产的占有，在某种情况下不动产登记名义人可能对不动产已经不具有任何权利，只是尚未变更登记。这种情况下，其所拥有的其实也只是一种事实上的处分可能性。完全将法律上支配限于正当权限范围内又可能面临过分限缩侵占罪的成立范围，甚至使理论原本想要通过法律上支配概念纳入侵占罪成立范围内的情况排除出去，从而丧失这个概念原本所预期具有的功能。

（二）占有概念的多义性与占有的界分功能的丧失

在日本理论中，占有概念的扩张仅存在于侵占罪构成要件范围之内，在盗窃罪以及诈骗罪的一般解释中仍然采取事实上支配的概念。以一个原本仅在侵占罪构成要件范围内成立的法律上支配意义上的占有概念在案件中否定诈骗罪的成立，这在逻辑上并不具有正当性。更重要的是，以法律上之支配而在侵占罪中对占有概念进行扩张解释，从而导致占有概念在不同构成要件中具有不同的含义，这种做法本身是否有其正当性也是值得怀疑的。在侵占罪的范围内，事实上支配与法律上支配之间的关系也存在一定的不明确之处：一方面，理论上认为侵占罪中占有概念不仅包括事实上支配而且包含法律上支配，因此这是一种并列的关系；另一方面，具体到不动产的占有上又认为只有不动产的登记名义人拥有占有，而承租人不拥有占有，这似乎已经是在侵占罪中排除事实上支配而仅承认法律上支配，或者至少是认为法律上支配的效力要高于事实上支配的效力。在存款占有的归属上似乎也呈现出这样一种以法律上支配排斥事实上支配的关系。承认存款名义人占有就意味着否定银行占有，仅成立侵占罪而非诈骗罪。但从现有的文献来看，理论上并没有明确地、一般性地承认这一点。

随着占有概念在侵占罪中的扩张，占有在不同构成要件中具有不同的含义，这使得占有这个概念失去界分占有转移型与非占有转移型犯罪的功能。因为当行为人仅存在法律上支配而缺少事实上支配时，行为人便有可能既存在（法律上支配）又不存在（事实上支配）占有，从而使行为可能同时符合盗窃罪、诈骗罪与侵占罪的构成要件，引起诈骗与侵占的想象竞合。这背离了传统上关于三者罪名在构成要件上互相排斥的假定。要避免这一问题，或是限缩侵占罪中的占有概念使其重新回归事实上支配，或是扩张其他财产罪中的占有概念使其均包含法律上之支配——只有一个统一的占有概念才能发挥界分的功能，占有概念的内涵和外延在具体罪名上的不统一最终将会导致不同罪名之间的重叠和竞合。

日本在处理错误汇款案件时所出现的分歧即是例证。以日本最高裁判所 1996 年的民事判决为基础，如果承认存款债权的有效性进而承认错误汇款的收款人对于错误收到的汇款拥有法律上的占有可以肯定侵占脱离占有物罪的成立；另一方面现金的事实占有仍然归属于银行，而且无论这个存款债权是否有效，[1] 行为人没有告知银行存在汇款错误这一不作为，按照日本通常主张，这里客户存在对银行的告知义务的观点都有可能成立不作为

[1] 存款债权的有效性对于判断默示诈骗的成立是关键，但并非不作为诈骗成立的要件，后者的关键在于行为人是否具有保证人地位而对银行负有说明告知的义务。

诈骗[1]：这便导致了侵占罪与诈骗罪的想象竞合，侵占罪与诈骗罪之间不再是日本理论传统上所认为的占有移转型与非占有移转型犯罪之间的互斥关系，占有概念因而也就失去了界分盗窃罪、诈骗罪与侵占罪的功能，而这种界分功能是占有概念之所以被认为是财产犯罪理论的核心概念的重要原因之一。

这也是2003年最高裁判所在刑事判决中采用了一个极其曲折的方式与民法采取了不同观点的原因。错误汇款的收款人因为没有实质上正当的债权，因此从法律上的支配的角度看其对错汇的现金没有法律支配意义上的占有，判决一方面采纳了基于法律上支配概念的存款名义人占有说，另一方面又要在错误汇款案件中否定作为账户名义人的收款人错汇的具体金额缺少法律上支配：需要即便是在法律上支配的占有概念之下也要否定占有的存在。

然而否定法律上支配，认为收款的账户名义人对账户内的错汇钱款没有占有，只是排除了侵占罪的成立，而没有当然地肯定诈骗罪的成立。任何一个罪名的成立都需要审查其自身构成要件是否得到充足，而不能仅仅因为行为不成立彼罪就得出肯定此罪的结论。按照日本理论的主流观点，诈骗罪中占有以事实上支配为限，现金的事实占有原本就归属于银行。由此一来，无论是采取法律上支配，还是事实上支配，在结论上都可以否认收款人对错汇钱款的占有。法律上支配这一概念并没能为这类案件的解决提供更强的解释力反而造成理论上的混乱。由此可见以法律上支配的占有

[1] 如果存款名义人对银行的债权不是正当有效的（日本最高裁判所2003年判决），则其取款行为构成对银行的默示欺骗，而如果其对银行的债权是正当的（日本最高裁判所1996年判决），则其取款行为不构成对银行的默示欺骗。但与默示诈骗成立不同的是，不作为诈骗的成立不在于行为人对银行做了虚假的陈述（即我对银行的债权是真实有效的）而在他向银行隐瞒了对于银行而言具有重要意义的交易事实，且他基于诚实信用原则对于银行负有告知这一事实的说明义务（这是日本认为该行为成立不作为诈骗罪的一般思路）。当然也可以考虑通过排除非法占有目的来排除诈骗罪的构成要件，但第一如果在诈骗罪中排除非法占有目的就势必在侵占罪中同样排除非法占有目的，第二即便仅排除诈骗罪的成立，两罪界分的标准也不在于占有的归属以及占有是否移转，而在于对非法占有目的在两罪中的不同解读。

概念为基础而发展出来的存款名义人占有，要么是一个造成混乱且导致问题被不必要复杂化的概念，要么是一个多余的概念。

应当承认，在日本刑法语境下，尤其是在背信罪与侵占罪法定刑差异较大的立法背景下，在侵占罪中扩张占有概念对于很多案件的解释仍然是必要的。维持占有概念的多义性也是可能的，只是必须放弃盗窃、诈骗等占有移转型犯罪与非占有移转型犯罪之间的互斥关系，而在一定程度上承认想象竞合的存在。在肯定侵占罪的同时并非当然地排除诈骗罪的构成要件，因为在诈骗罪中占有的归属是根据事实上之支配加以判断的，也只能从事实的占有概念出发检验诈骗罪构成要件的该当性。

日本刑法理论中仅在侵占罪这一具体构成要件中例外存在的、概念本身模糊且容易造成罪名之间逻辑关系混乱的法律上占有的概念，是否有必要继受到我国刑法理论对占有的解释中便存在疑问。受日本刑法理论的影响，我国学界的确有观点主张借鉴日本的存款名义人占有说来解决中国的实际问题。黎宏教授认为，存款的占有属于存款名义人，这一点即便对错误转账的银行存款也适用。他在文章中对许霆案与何鹏案做了一定的区分：前者属于存款没有进入储户的账户之内，而后者则是存款已经进入储户的账户之内。在前者肯定银行对存款的占有是肯定的，而在后者，“就储户与其在账户内的金钱关系来看，一般来说，存在只要储户愿意，其随时可以通过在银行的柜台上或通过自动取款机取出其账上存款额度之内的金钱的关系。特别是在通过自动取款机的场合，银行方面几乎没有任何实质的审查。这意味着，储户对于其账户内的金钱，是具有实质上的支配和控制的”[1]。在这里，黎宏教授采纳了前文中林干人教授的观点，即认为存款名义人对于现金的占有仅以存款名义人所拥有的取出可能性为准，而非以正当的取款权限为准，但之所以做如此选择的理由在该文中并没有详细的说明。采取这种见解或许在错误汇款案件的处理上能够得出一个既非完全无罪也不构成盗窃这样的重罪的结论。但正如前文所述，这种取出、处分可

[1] 参见黎宏：《论财产犯中的占有》，载《中国法学》2009 年第 1 期。

能性介乎事实上支配与法律上支配之间是十分模糊不确定的，它既无法全然地被归属于事实上占有支配，也由于缺少法律上的正当权限，而与法律上支配的原本含义相去甚远。从这种处分可能性出发的占有概念给整个财产犯罪体系解释所带来的困难或许比其所带来的实益要大得多。

（三）存款名义人占有说在解决错误汇款案件中的必要性

存款的占有归属之所以在日本成为错误汇款案件处理的核心和关键，是因为占有概念在事实上支配与在法律上支配之间的摇摆导致理论上对于存款占有概念出现了多种不同的观点。对此，笔者始终存在的一个疑问是，如果我们回到占有的事实概念，即仅在事实上的控制支配意义上理解占有并对占有归属作出判断，认为现金的占有属于银行，从这一点出发应当如何对错误汇款案件进行处理。在日本也确实有学者主张在存款占有中应当从事实上支配概念出发考虑占有的归属并解决错误汇款案件的定性。

西田典之教授在存款的占有这一问题上主张仅仅就金钱委托的场合肯定存款名义人占有，在他看来，错误汇款案件中错汇的金钱由银行占有而非错误汇款的收款人占有，但是在定罪的结论上与主张存款名义人占有的观点并没有区别，他区分了不同的情形，认为错误汇款的收款人可能成立财物诈骗罪、盗窃罪、电子计算机诈骗罪。

甲原本想将款项转入X银行的乙的账户中，却误转到了名字很相似的丙的账户，丙把这当作天上掉馅饼，于是，(1) 丙从银行营业窗口取出该款项；(2) 丙用卡从CD（Cash Dispenser）机上取出该款项；(3) 丙利用ATM机将该款项又转入其他人的账户以偿还债务，对于丙的上述行为应分别追究构成什么罪呢？如果在本案中也肯定“基于存款的占有”这一观点，则丙构成占有脱离物侵占罪。但是如果认为仅仅只是对委托物侵占罪才能肯定“基于存款的占有”，那么，因错误转账所形成的金钱占有便属于X银行，因此，(1) 成立第一项诈骗罪；(2) 构成盗窃罪；(3) 构成使用电子计算机诈骗罪。例如由于送款银行将日元本位误认为美元本位，而向某人的账户打入了多余款项，于是，该人便用卡从CD机上取走了该多余款项，对此，东京高判平成 6・9・12 认为该款项的占有属于银行，而认定构成盗窃罪。但其后，最判平成 8・4・26 则认为，不论有无作为原因的法律关系，也存在错误转账领受人的存款债权。有关因错误转账所形成的存款的处理，该判决着眼于在银行答应了退还请求的情况下，对此如何救济，而并不是在刑法上正面肯定了本来没有权限的受领人的所谓存款债权。因此，如果银行已经完全了解了错误转账的事实并答应退还则另当别论，应该说针对前述类型的刑法处理还是妥当的。在错误转账的场合，银行在实际业务中应有更正程序。最高裁判所以此为前提指出，“为了让银行采取上述更正程序，（错误转账领受人）负有将该项转账属于错误转账这一事实告知银行这种诚实信用的义务”，在（错误转账领受人）隐瞒该事实并提取存款的场合，应构成诈骗罪。[1]

考察日本最高裁判所关于错误汇款案件的判例可以看到，错误汇款案件中的关键在于错误汇款的收款人对于错汇的金钱的正当取款权限的存在。但是正当取款权限的存在在存款名义人占有说与银行占有说中所处的地位和意义是不同的。

对于银行占有说而言，银行在事实上控制支配着金钱，拥有对金钱的占有。取钱这一交易过程，无论是在柜台进行还是在自动取款机上进行，都是一个从银行占有向取款人占有转移的过程。正当的取款权限使得这一占有转移过程具有正当性。从盗窃罪的构成要件角度而言，正当的取款权限表达了银行对于取款行为的同意，这是一个独立于占有转移过程的消极构成要件。

但是对于存款名义人占有说而言，正当的取款权限则成为肯定存款名义人拥有对金钱的占有的基础，正当的取款权限不再是一个独立于占有转移的消极构成要件，而是一个否定占有转移存在的要件。正当取款权限与占有转移这两个要件由于“存款名义人占有”这一概念的存在而被混淆在

[1] ［日］西田典之:《日本刑法各论》，刘明祥、王昭武译，中国人民大学出版社 2007 年版，第 178 页注①。

一起，肯定行为人诈骗罪的存在要通过否定正当取款权限的存在从而否认存款名义人——错误汇款的收款人——不拥有对错汇钱款的占有，进而得出收款人的行为成立诈骗罪这一结论。引入存款名义人占有只是在正当的取款权限的有无与诈骗罪的成立之间多增加了一个环节而并无实益。在引入存款名义人占有后，拥有正当的取款权限能够肯定法律上的支配控制关系进而肯定存款名义人的占有，银行的占有在存款名义人占有面前消失不见了，法律上的支配取代了事实上的支配，而在没有正当取款权限时因为不存在存款名义占有，于是银行占有又重新出现了。

在错误汇款案件中，并不存在金钱委托案件中承认存款名义人占有的必要性。在此前的金钱委托案件中，如果不肯定存款名义人占有则委托人的行为只能构成背任而不能成立侵占，会导致刑罚的失衡，这是在金钱委托案件中肯定存款名义人占有的现实考虑因素，最终目标是为委托人即金钱的原所有人提供保护。但是在错误汇款案件中，无论是银行占有说还是存款名义人占有说，其结论最终都是收款人的行为成立诈骗罪或盗窃罪，存款名义人占有说并没有提供更强、更有效的解释力，相反，存款名义人占有说在正当取款权限的缺乏与诈骗罪的成立之间插入存款名义人是否占有存款的判断，反而导致了解释的复杂化。

以下我们可以简要地总结一下不同的占有概念下对于现金占有的不同归属和对错误汇款案件的不同处理。

从一元的事实的占有概念出发，现金的占有归属于银行，因而可以否定行为人成立侵占罪的可能性，收款人的行为是否成立诈骗罪仅仅取决于其行为是否构成一个欺骗行为。刑法理论上通常认为，诈骗行为既可以以作为方式实施也可以以不作为方式实施，而在以作为方式实施的诈骗罪中不仅包括行为人以明示的方式作出虚假陈述，也包括行为人在自己的行为中表达了某种虚假的意思表示（德国理论中称之为默示诈骗，而日本则称之为举动诈骗）。这里可以考虑的首先是行为人的取款行为是否是一个默示诈骗行为，其次他没有告知银行错误汇款这一事实的存在是否是一个不作为诈骗，这两个问题都关涉诈骗罪教义学中的核心问题，即对欺骗行为的认定。但由于过度纠缠于占有的归属这个问题，使得这个问题在日本判决和理论上都没有得到很好的探讨和分析，而是轻描淡写地将其归之于告知义务的违反进而肯定不作为诈骗的成立。在下一章对于德国理论的讨论中，我们将会看到德国理论和实务在默示诈骗与不作为诈骗成立上的讨论，与日本相反，德国理论虽然始终以银行占有为出发点，但最终得出了否定诈骗罪的结论，其理由在于存款名义人在向银行主张债权时，既不符合默示诈骗的要件，也缺少不作为诈骗所要求的保证人地位。

从一元的法律的占有概念出发，由于在法律上支配概念上的分歧、对于存款债权有效性的分歧，会得出不同的结论：

(1) 法律上支配仅限于正当有效的权利，而认为存款债权有效，则现金占有归属于存款名义人，成立侵占罪；

(2) 法律上支配仅限于正当有效的权利，而存款债权实质上并不具有有效性，则现金占有归属银行，否定侵占罪成立而成立诈骗罪，这是山口厚教授对日本最高裁判所 2003 年判例的解读；

(3) 法律上支配不限于正当有效的权利而以取出可能性为已足，则无论存款债权是否实质正当，现金占有都归属于存款名义人，肯定侵占罪成立而排除诈骗罪。

但这种一元的法律上的占有概念实际上是使法律上支配不再限于侵占罪的范围内，而同样影响到诈骗罪构成要件的解释，逻辑上难以成立。日本通说在占有一般概念上所采取的是一种事实上占有与法律上占有并存的二元占有概念：

(1) 法律上支配仅限于正当有效的权利，而认为存款债权有效，则现金占有归属于存款名义人，成立侵占罪，同时行为隐瞒了重要的交易事实，成立不作为诈骗罪，因而成立诈骗罪与侵占罪的想象竞合；

(2) 法律上支配仅限于正当有效的权利，而存款债权实质上并不具有有效性，则现金占有归属银行，否定侵占罪成立；行为人的取款行为虚假地表示自己对银行拥有正当债权而实际上该债权无效，现金的事实占有归属银行，成立诈骗罪；

(3) 法律上支配不限于正当有效的权利而以取出可能性为已足，则无论存款债权是否实质正当，现金占有都归属于存款名义人，肯定侵占罪成立，另一方面，现金的事实占有属于银行，且如果认为该存款债权是无效的，行为人的取款行为仍然可以成立诈骗罪。

上述三种对占有概念的不同理解无非是在侵占罪与诈骗罪之间对于错误汇款案件的定性作出不同的选择，由于法律上的控制支配概念本身的模糊性以及对于存款债权有效性的不同判断导致了定性上区分的复杂性，尤其是在二元的占有概念中，占有的概念已然失去了其界分占有转移型与非占有转移型犯罪的功能而使行为人的行为定性变得更为复杂难辨。

（四）受托保管金钱的案件是否成立侵占罪

日本理论上认为肯定存款名义人占有说的最初动力是在行为人受托保管金钱且将金钱存入银行后又转账的案件中肯定侵占罪的成立，其理由是行为人在直接占有金钱的情况下成立侵占罪，而在将金钱存入银行的情况下又成立背任罪，两罪在量刑上的差别将会导致处罚的不均衡。

且不论这种思路作为量刑反制定罪思维在分论构成要件解释中的体现是否合理，问题在于在直接占有金钱的情况下行为人对受托保管的金钱的挥霍能否构成侵占罪，本身就存在疑问。

民法上物的所有权与占有是可以分离的，所有权人并不一定在事实上占有着财物，但金钱却构成了例外。金钱与其他特定物或者特定化的种类物不同之处在于金钱的占有与所有是同一的。当行为人受托保管金钱时，除非在金钱被装入信封且被密封从而被特定化的情况以外，受托保管的金钱与受托人自己的金钱已经发生了混同，通常按照保管约定，行为人也只需要将同等价值的金钱归还委托人即可，而不必归还交托他保管的原来的那张纸币或硬币。

因此只有在作为“封金”而寄托金钱的场合，由于金钱是作为特定物而寄托的，其所有权仍为寄托人所有。山口厚教授认为，如果仅仅是将金钱放入信封内，通常不能认为这种“封”除了禁止处分之外另有其他旨趣，因此作为特定物的金钱的占有就属于保管人，保管人的非法处分行为应当构成侵占委托物罪。而相反，在消费寄托的场合，金钱的所有权便移转至保管人，保管人的处分行为不成立侵占委托物罪，[1]如果有违反财产照管义务的情况则可以考虑成立背任罪。问题在于当在受托保管金钱的同时委托人还对金钱的用途作出规定。判例上区分内部所有权与外部所有权，并认为占有即所有的民事规则侧重于保护外部所有权，而侵占罪则侧重于保护内部所有权。[2]但民法上，所有权作为自物权具有排他性的、对抗第三人的效力。而这种所谓的内部所有权却只能对抗委托保管关系中的受托人，这种仅仅局限于合同双方的亦即仅具有相对效力的所有权能否称其为一个完整意义上的所有权，是很值得怀疑的。而山口厚教授则认为这种情况下即便规定了用途，金钱的特定性也没有实际的意义，即便是暂时挪用了金钱也没有侵害“针对金额的所有权”因而不构成侵占委托物罪。同样具体到村长侵占案，设使村里的公共资金并没有被封入信封之中，则这些公共资金的所有权也与村长自己的金钱发生了混同，即便没有存入银行将直接占有的现金予以挥霍也很难成立侵占罪。在村长侵占案中，法院之所以认为村长的行为应成立占有似乎是认为，通过将公共资金存入银行的方式也实现了公共资金与村长自己资金的分离从而使其得以特定化，就像是将公共资金封入信封一样。这样的理解虽然从比喻的角度看很形象，却忽视了民法上关于货币所有权归属的规则：在将金钱封入信封时由于金钱被特定化，金钱的所有权仍然归属于委托人，而如果受托人将钱存入银行，所有权既不属于委托人也不属于受托人，而已经属于银行，这是两种完全不同的关系不应被等同视之。更何况在村长案中，村长是以自己的名义开设银行账户并将现金存入银行的，在与银行的关系上，村长本人才是存款债权的拥有者，因而也很难认为能够通过存入银行账户的方式将公共资金与村

[1] ［日］山口厚:《刑法各论》（第二版），王昭武译，中国人民大学出版社 2011 年版，第 351、352 页。

[2] 最判昭和 26 年［1951 年］5 月 25 日刑集 5 卷 6 号第 1186 页，转引自:［日］山口厚:《刑法各论》（第二版），王昭武译，中国人民大学出版社 2011 年版，第 352 页。

长本人的自有资金进行有效的分离。

在金钱保管关系中通常特定货币的所有权并没有受到这种情况下在金钱委托保管关系之中无论是否存入银行，都只能成立背任罪而没有成立侵占罪的余地。因此无论是村长直接保管的现金还是将现金存入了银行，随后取出并挥霍的行为都宜以背任罪而非侵占罪定罪处罚。

（五）基于存款的占有（預金による「占有」）与对存款的占有（預金に対する「占有」）

从现有的日本文献来看，虽然理论主流上讨论的是存款名义人基于存款债权能否占有相应的现金（預金による「占有」）的问题，例如前文中山口厚教授与林干人教授的观点都是在这个层面上进行的，但也有学者认为这实际上是对存款债权本身的占有（預金による「占有」）。[1]

松宫孝明教授在文章中便是从存款债权的占有角度来解读村长侵占案以及后来的错误汇款案件，他认为判例上实际上认可了一种基于权利占有观念而产生的对存款债权本身的占有，而错误汇款案件则被认为是基于缺少正当的取款权限而否定了存款名义人对于错汇的存款债权的占有。他在文章中指出，银行存款是存款名义人所拥有的对银行的债权。债权原本是人与人之间的关系，并不包含对物的直接支配权。虽然土地、建筑物等不动产上的租赁权具有与物权类似的性质和功能，但相关的规则对于作为金钱债权的银行存款并不适用。因此存款名义人原本不可能对于与存款金额相当的现金拥有占有。而且事实上银行所拥有的现金也往往少于总的存款债权数额。而且即便是承认存款债权的占有的观点，也并不认可对于一般债权的占有。否则，当一个人将钱借给自己的朋友时，他就拥有了与对朋友的债权金额相当的金钱的法律上的占有。这将模糊债权与物权之间的边界，而且承认法律上的占有意味着就侵占罪而言肯定占有，而就盗窃罪而言否定占有的结论，在极端的情况下就会出现同时成立盗窃罪和侵占罪的

[1]［日］松宫孝明：《過剰入金と財産犯》，《立命館法学》一九九六年五号（二四九号）。

问题。即便承认法律上的占有也只限于银行的存款债权上的占有。之所以只承认存款债权的占有而不承认一般债权的占有，其根据在于，银行存款是可以随时取出的，从这一点上看，银行账户上的存款债权就像是存款债权人自己的钱包里的现金一样。但是无论银行存款是如何能够任意的被取出，都无法改变存款债权作为债权的性质。[1]

将存款名义人对于存款占有理解为对存款债权的占有已经非常接近于下文中所要讨论的我国刑法上的存款债权的占有。与我国不同的是，由于日本理论在解释财物概念时采取的是严格的有体性说，而存款债权本身即便能够随便的取出或行使也不能改变其作为债权的性质，因此存款债权的占有在日本现行法和解释的框架内是很难得到承认的，这也是为什么日本理论上所讨论的主要是基于存款的现金占有而非存款债权占有本身。

六、本章小结

综上所述，日本理论中所提出的存款名义人占有说，是在占有概念分化出事实上的控制支配与法律上的控制支配之后出现的，其最初是在侵占罪项下发展起来，该项规则并不适用于诈骗罪构成要件的认定。存款名义人占有说与银行占有说之间的对立其本质上是在侵占罪中占有的概念是否应与盗窃罪一样限于事实上的支配控制，还是可以承认基于法律上的支配控制而成立的占有。存款名义人占有说的立论基础在于侵占罪中强调的是委托人与受托人之间的信任关系。侵占罪具有背任的性质，这构成了占有概念扩张的依据。但这一依据对于盗窃、诈骗而言恰恰是不适用的。正因如此，存款名义人占有一说应当在侵占罪的范围内加以讨论。否则将导致占有的内涵不仅在侵占罪中扩张，在盗窃、诈骗等犯罪中也得到扩张。

作为存款名义人占有说的基础，法律上之控制支配概念因其自身概念

---

[1] [日] 松宫孝明:《過剰入金と財産犯》,《立命館法学》一九九六年五号（二四九号）。

的模糊性使得日本理论上即便承认法律上之控制支配，对于存款占有归属的问题也得出了不同的结论。此外，在侵占罪与盗窃罪、诈骗罪等占有移转型犯罪之间，由于占有概念的这种多义性而不再是原本所预设的互斥关系，甚至在某些情况下可能出现想象竞合的可能性，占有的界分功能也便因此而失去了。

就对错误汇款案件的处理来看，存款名义人占有说所能提供的解释力极其有限甚至不如事实占有说来的清晰明确。在这里必须指出，存款名义人占有说的内容并不是“存款的占有归属于存款名义人”这一结论本身，而是“如果拥有对银行的正当债权就可以肯定存款名义人对存款的占有”这一规则。因此在错误汇款案件中，尽管最终的结论都是“错汇的金钱应由银行占有”，但笔者仍然认为前述山口厚教授的解释路径是对存款名义人占有说的接受，因其结论的得出是基于错误汇款的收款人没有对银行的正当债权这一判断。但这一结论与银行占有说所得出的结论并无不同。

因此在存款的占有问题上应当坚持银行对金钱的物理性的控制支配作为一般原则，或许可以在例外情况下承认占有归属于存款名义人的，但目前来看尚无必要来设置这种必要性。

我国学者尝试借鉴日本的存款名义人占有说在错误汇款案件的处理来解决何鹏案，认为从存款名义人占有说出发何鹏的行为应当认定为侵占罪，之所以做这样的解读，是因为侵占罪较之法院所认定的盗窃罪要轻得多。但学界对于这个案子的讨论也并非是从法院认定的事实出发的，而是何鹏本人的供述：在法院所认定的事实范围内，何鹏的行为与后来的许霆案无异，而根据何鹏的供述，其在取款时账户上已经出现了巨额的存款。由于作为基础的案件事实认定不同，理论上的这种尝试很难对法院的判决构成有效的批判。而且正如前文所述，即便作为错误汇款案件加以解读，即便采取存款名义人占有说，由于对于法律上支配概念的不同理解以及对存款债权有效性的不同认定，错误汇款案件的定性也并非必然是侵占罪，也仍然有诈骗罪成立的空间。反过来，即便我们不采取存款名义人占有说，而从银行对现金的事实占有出发，并对欺骗行为进一步的解读与分析，例如像德国的做法那样，也仍然可以通过诈骗罪其他构成要件的具体解释排除行为该当诈骗罪的构成要件。此外我国也有学者将关注的焦点由现金的占有转移到了存款债权本身的占有之中，并尝试以存款债权的占有来解决错误汇款案件的定性问题，这将是本书第四章所要阐述的问题。

第三章

德国存折、银行卡滥用行为可罚性的理论与实务

一、概　述

行为人取得他人银行卡并使用银行卡在银行柜台或自动柜员机上取款这一完整过程中，可以成为刑法评价对象的包括以下三个部分：(1) 银行卡的取得行为；(2) 银行卡的使用行为；(3) 现金的取得行为。在德国刑法上对于上述三个步骤中的行为，根据案件的具体情况可以置于不同的构成要件之下进行规制。

因此刑法理论与实务上通常需要结合案件的具体情况进行进一步的判断，其中最为重要的影响因素包括：

1. 行为人的身份，究竟是银行卡的名义人（Karteninhaber）还是非名义人，后者还可以进一步区分为获得名义人授权而使用的与未获得授权而无权使用他人银行卡两种情形。

2. 银行卡的种类，德国法上银行卡是一个宽泛的概念，其具体的种类与功能需要根据用户与银行之间的合同约定加以判断。第一种是密码卡（Codekarte），此种银行卡通常是配合相应的个人密码进行取现或在购物时付款，但银行并没有授权用户相应的信用额度，其可支配的范围以其在账户上的存款余额为准，这相当于我国的借记卡。第二种是支票卡（Scheckkarte），支票卡原本基于欧洲支票和支票卡程序而设置的，因而又被称为欧洲支票卡（Eurochequokarte），通常也是通过密码或者签名进行使用。由于支票卡具有担保功能（Garantiefunktion），当行为人在其他银行的自动取款机上取款或者购买商品货物时，其开户银行对其他银行或商家基于该担保功能负有支付的义务。不过，欧洲支票卡程序已经于 2001 年 12 月 31 日终止，相应的欧洲支票卡已经不再具有担保的功能，目前已经与最简单的密码卡无异。[1] 另外还有对于中国人而言相对熟悉的信用卡，最著名的信用卡公司包括了 American-Express、Visa 等，这些信用卡在我国也较为常见，功能和使用也类似。与我国通过立法解释将所有的银行卡全部笼统地归为信用卡这个概念之下不同的，德国刑法典在概念上将欧洲支票卡与信用卡明确地区分开来（《德国刑法典》第 266 条 b 支票卡与信用卡滥用罪），尽管在欧洲支票程序终止之前二者就担保功能而言是相似的。

3. 银行卡的使用场合与所使用的功能，《德国刑法典》第 266 条 b 在背信罪之后设置了支票卡与信用卡滥用罪，这一构成要件设置针对的主要是用户滥用支票卡与信用卡的担保功能，因此在未涉及银行卡担保功能的场合通常排除这一构成要件的适用。

下面将简单介绍几种在欧洲通常的支付方式：

（1）信用卡支付（Kreditkartenzahlung）

信用卡签约公司根据其与信用卡公司的合同，有义务保证持上述信用卡公司所发行的信用卡的持卡人在其处购买商品或服务时享受与其他使用现金支付的顾客同等的价位与待遇。他们的义务还包括，检验顾客所出示

---

[1] 这一程序的终止对于刑法的影响参见：Helmuth Baier, Konsequenzen für das Strafrecht bei Abschaffung des Euroscheckverkehrs, ZRP 2001, 454 ff.

的信用卡的有效性、用户签名、卡上的会员号以及信用卡公司所提供的封禁名单上是否有用户的名字等。他们还有义务确保用户在其店内的每笔消费在未得到信用卡公司同意的情况下不会超过授予用户的最高信用额度。如果签约公司遵守上述义务，则相应的信用卡公司便有义务支付向其提交的账单。信用卡的持卡人则在每个月会收到账单，他们有义务立即支付账单。Diner Club 公司还在一般商业条款中明确规定，只有当用户的收入和财产关系能够支付账单时，才能使用信用卡。根据法院调查商业条款中并没有对合同方的义务作进一步的规定。

（2）支票、支票卡与欧洲支票程序（Eurochequeverfahren）

所有非现金支付方式的基础都是付款人对其银行（即付款银行，Zahlstelle）做出的要求付款银行向特定的收款人支付一定钱款的指示（Zahlunganweisung）。在支票支付方式中，付款人向银行做出指示，要求银行向支票的接收者付款。根据德国《支票法》第 4 条的规定，对于普通的支票而言，原则上收款人也就是支票的接收者并没有相对于银行要求其付款的请求权，银行并没有义务担保支票会被兑现。但在欧洲通行的欧洲支票（ec-Scheck）上银行担保了支票的兑现，欧洲支票通常附有欧洲支票卡（Scheckkarte），又称支票保证卡，是供客户签发支票是证明其身份的卡片，卡片载明有客户的账号、签名和有效期限。[1] 欧洲支票程序（Eurochequeverfahren）始于 1969 年 5 月 1 日，终于 2001 年 12 月 31 日。[2] 这个程序终止之后，日常语言中所谓的 EC 卡（EC-Karte）指的不再是欧洲支票卡（euro cheque card）而是电子现金卡（elektronic cashing card）的简称。在欧洲支票使用的过程中，收款人持付款人所开具的支票到银行请求兑现时，无论付款人的账户上是否有足够的存款余额或者支票所记载的金额是否超出了付款人的信用额度，银行都负有付款的义务。由于支票卡所具有的担保功能，收款人在交易过程中不会考虑付款人本人的支付能力

[1] Katija Langenbucher, Die Risikozuordnung im bargeldlosen Zahlungsverkehr, 2001, S. 67.

[2] Helmut Baier, Konsequenzen für das Strafrecht bei Abschaffung des Euroscheckverkehrs, ZRP 2001, 454 ff.

和支付意愿，因为无论如何银行都会担保支票的兑现。这是以银行信用取代商业信用从而提高交易安全和效率的一种方式，但相应的损害风险也转移到了银行。德国于 1986 年《第二次反经济犯罪法》中设置了支票卡和信用卡滥用罪（第 266 条 b），专门针对滥用支票卡和信用卡担保功能的构成要件。

(3) 直接借记程序（Lastschriftverfahren）

直接借记程序，又被称为预授权业务，是指银行接受客户的委托，从付款人账户上直接付出款项，转入收款人账户的一种结算形式，这是一种在德国较为普遍的支付程序。

直接借记程序是与转账程序不同的非现金支付方式，其最大的特征在于，支付过程是由收款人而非付款人进行的，付款人仅仅以授权的形式参与到支付的过程中去。在这个过程中包括了四个主体：收款人（Zahlungsempfänger）与付款义务人（Zahlungspflichtige）、收款银行（Erste Inkassostelle）即收款人的开户行与付款银行（Zahlstelle）即付款人的开户行。根据德国银行的《直接借记交易协议》的规定，直接借记交易具体分为授权程序（Ermäßigungslastschrift）与扣款委托程序（Abbuchungsauftragslastschrift）。二者的不同之处在于，前者付款人是在事后授权的，而后者则是在事前授权。

前一种情况广泛地用于个人购买商品服务的活动中。其基本的运作流程是，持卡人在商场消费购物时向商家出示银行卡并签名，授权（Ermäßigung）商家从其银行账户中划出相应的金额，持卡人通常可以在六周之内撤回这一授权（Rücklastschrift）。这个过程与信用卡刷卡消费的不同之处在于，商家本身而非银行要承受持卡人账户上没有相应的存款或是持卡人在六周内撤回授权的风险，银行在这一过程中并不提供担保，也不承担相应的损失风险。在 BGHSt 47,160 判决中，德国联邦最高法院认为在利用支票卡、信用卡的担保功能进行支付时，其支付行为并不构成对商家的欺骗，相反行为人通过直接借记程序在商场消费的行为被视为独立的诈骗行为，因为遭受财产损失的是提供商品和服务的商家。[1] 实践中还出现过利用直接借记程序中所规定的六周的撤销期限获取不当利益的情况。[2] 而在授权程序中，付款人所作出的授权是仅限于一次支付过程的，而在委托扣款程序中，付款人可以从一开始就通知自己的银行，指示其从自己的账户中划出款项汇入特定人的账户中，虽然每个支付过程都是单独进行的，但这所有的支付过程都是基于付款人的一般性授权。[3] 收款人在进行支付程序时需要将授权进行直接借记交易的单子交给他的银行也就是收款银行，使其从付款义务人的账户上划出相应的款项，收款银行将直接借记转交给付款银行，同时在收款人的银行账户中记入从付款义务人账户中划出的款项。[4]

（4）借记支付（Debitzahlung）

借记支付（Debitzahlung）与贷记支付（Kreditzahlung）的区别在于，非现金支付过程的进行是否以存款余额的存在为前提。在日常语言中，使用普通支票进行支付、转账以及通过直接借记程序进行支付都属于广义上的借记支付方式。在德国狭义上的借记支付指的是付款人在购买商品和货物时使用现金支付卡（EC-Karte）和密码支付货款的过程。[5]

不同种类的银行卡，银行或其他金融机构与其客户之间的合同约定是不同的，这些内容存在差异的合同约定对双方关系甚至是第三人的权利作出不同的安排，在这种合同安排的背后是交易风险的不同分配方案，因此德国法院在行为人行为的定性问题上对于银行卡的种类及其背后的商业条款内容都在不同程度上进行了考察。下文中将区分行为的实施阶段与行为方式、行为人的身份、银行卡的种类及其功能等对德国刑法中对于涉银行卡犯罪行为的

[1] 参见 BGHSt NJW 2005, 3008; https://www.sepadeutschland.de/de/sepa-lastschrift，最后访问时间：2013 年 10 月 23 日。

[2] 同上注。

[3] Katija Langenbucher, Die Risikozuordnung im bargeldlosen Zahlungsverkehr, 2001, S. 183-184.

[4] BGH NJW 2013, 2608；参见 Abkommen über den Lastschriftverkehr “, http://bankenverband.de/downloads/072012/lastschriftabkommen-0712.pdf，最后访问时间：2013 年 10 月 28 日。

[5] Katija Langenbucher, Die Risikozuordnung im bargeldlosen Zahlungsverkehr, 2001, S. 288.

定性进行整理与分析。

二、银行卡取得行为的定性

(一)自力取得银行卡的行为(第 242 条盗窃罪、第 246 条侵占罪、第 249 条抢劫罪)(Eigenmächtige Erlangung der Karte eines anderen)[1]

对于自力取得银行卡的行为可以考虑的是侵犯所有权犯罪相关的构成要件,包括《德国刑法典》第 242 条盗窃罪、第 246 条侵占罪和第 249 条抢劫罪。对于所有的侵犯所有权犯罪而言,都需要在领得(或领得目的)的框架内进行检验,行为人是否以长久地排除原权利人为目的,还是行为人原本就打算将银行卡物归原主。

以领得概念为核心的构成要件又被统称为领得罪(Zueignungsdelikt),是侵犯所有权犯罪中最重要的犯罪类型。其中第 246 条侵占罪以领得为其构成要件行为,而第 242 条盗窃罪则只需要主观上的领得目的。领得这一概念表达了领得罪不法内涵的核心,即对所有权的侵犯。盗窃罪的客观构成要件拿走行为是对占有的侵害,而其主观上的领得意思所针对的则是法律上的支配(rechtliche Herrschaftsmacht),即所有权。但行为人通过自己的不法行为并不能取得所有权,因此领得并不意味着所有权的取得(Eigentumserwerb),而是取得类似行为人对物进行安排支配的事实可能性(tatsächliche Möglichkeit)。理论通说将其定义为攫取了类似于所有权人的地位(se ut dominum gerere)[2]:之所以说是"类似"是因为在大部分情况下所有权是无法通过犯罪手段攫取的,因为在《德国民法典》第 935 条中已经对此类情况作出规定,所有权人并不会因为财物被盗窃就失去了对物的所有权,相反对于其所失窃的财物可以行使追及权,这是基于所有

---

[1] Hans Kudlich, Computerbetrug und Scheckkartenmissbrauch durch den berechtigten Karteninhaber, JuS 2003, 537 ff.

[2] 参见 Albin Eser, Strafrecht Ⅳ, 3. Aufl., 1979, S. 39 ff.; Eduard Dreher/ Herbert Tröndle, Strafgesetzbuch, 39. Aufl., 1980, § 242, Rn. 18.

权而产生的物上请求权，因此在法律上来看，行为人并不能获得对物的所有权，而只是在事实上获得了与所有权人类似的地位。[1] 但对所有权的攫取（Eigentumanmaßung）只是成立领得的必要条件而非充分条件，根据《德国刑法典》第 303 条的规定，对财物的彻底损毁也可以是一种可以设想的行使所有权[2]的行为。一方面在德国刑法上单纯地使财物脱离的行为（Sachentziehung）是不可罚的，而对财物损害的处罚也较领得罪要低，可见德国的立法者并没有将上述这些行为理解为领得行为。[3] 因此通说除了在形式上要求存在对所有权的攫取之外，还需要行为人在实质上积极地肯定财物的使用价值的（nutzbar machen）。[4] 另一方面也并非所有的财物使用行为都成立领得，领得也需要与暂时的财物使用行为相区分，因而反过来又要求在领得行为中，行为人必须排除了原权利人对财物的支配。

理论上的共识是领得概念的要素包括了排除（Enteignung）与取得（Aneignung）两方面，前者指的是行为人排除了原权利人所拥有的支配地位（Verdrängung des Berechtigten aus seiner Machtposition），这种排除必须是长期的（dauernd）但不必是终局性（endgültig）的[5]。暂时的排除仅是成了使用盗窃（furtum usus），认定排除的关键并不在于行为人是否长期地剥夺

[1] 从这个概念出发，德国判例上认为如果行为人拿走别人家的名贵爱犬，只是为了在主人寻找数日无果之后将其归还从而从主人处得到一笔可观的报酬时，行为人主观上并不存在领得目的，因为他并没有想要攫取类似原所有人的地位，即他并不想要像所有权人那样对狗进行支配处分，而只是想通过短暂的他人占有（Fremdbesitz）来获取经济利益。（RGSt 55, 59）。但理论上也经常批评这个领得概念的一般定义是空洞无物的。参见 Roland Schmitz, in: Münchnener Kommentar zum StGB, 2. Aufl., 2012, Bd. 4, § 242.

[2] Rainer Paulus, Der strafrechtliche Begriff der Sachbeziehung, 1968, S. 47. 对此宾丁持相反的意见，在他看来，财物损毁并不是一种行使类似所有权的支配力的方式，而只是一种未被禁止的使所有权灭失（unvertbotene Eigentumsnichtung），他认为只有脑子糊涂的人才会认为自己有权毁灭自己的物 (Karl Binding, Lehrbuch des gemeinen deutschen Strafrecht, BT, 2 Aufl., 1902, S. 268)。

[3] Jörg Tenckhoff, Der Zueignungsbegriff bei Diebstahl und Unterschlagunt, JuS 1980, 723 ff.

[4] Nutzbar machen 这个表述直译为“使……有用”，但并不一定是行为人必须有实际的使用行为，而主要是要与财物毁损这样否定财物价值的行为相区分，因而实际上是要求行为人必须是在正面积极地肯定财物的使用价值的。

[5] Karl Lackner, Strafgesetzbuch, 13. Aufl., 1980, § 242 Anm. 5a ff.

了原权利人的占有[1]，而在于他是否不可逆地否定了既存的所有权，从而与使用盗窃相区分。后者则要求行为人要将财物及其价值作为自己财产的组成部分而保留，某些观点将积极的取得要素理解为对财物的经济价值的利用[2]，但这样的理解是过于狭窄的。行为人的任何一种为了自己的利益而使用财物的行为都可以足以认定取得的存在，这并不限于经济利益。与排除要素不同的是，取得的要素并不必须是长期的，一次性的使用也足以认定取得要素的存在。[3] 主张取得要素必须是终局性的观点从刑事政策的角度看是不合适的。[4] 判断这一因素是否存在的关键在于行为人是否想要为了自己的目的而使用该财物，反之如果行为人是为了所有权人的利益而不是自己的目的而使用财物，则应否定取得要素的存在。例如，行为人拿走所有权人的现金是为了支付所有权人的欠款。[5] 理论通说认为只要积极的取得要素与消极的排除要素同时存在时就可以肯定领得（或领得目的）的存在，但少数观点认为除此之外，行为人排除原权利人的支配地位必须是通过积极的取得要素实现的（Enteignung durch Aneignung）。[6] 滕克霍夫教授认为，领得概念中的排除要素与取得要素的功能在于将领得罪与其他形态的对所有权的攫取例财物毁损、单纯的使财物与权利人相脱离或者是使用盗窃行为相区别，从这一功能来看，并没有理由对这两个要素之间的功能关系作进一步的要求。[7]

争议最大的问题在于领得的对象，这主要针对的是拿走财物之后进行了短暂的使用后又放回的案件，例如拿走存折取款后放回，士兵拿走了自

---

[1] Karl Binding, Lehrbuch des gemeinen deutschen Strafrecht, BT, 2 Aufl., 1902, S. 264.

[2] Ulsenheimer, Jura 1979, 173.

[3] BGHSt 16,190,192; BGH MDR 1960, 689; Wessels NJW 1965, 1155.

[4] Jörg Tenckhoff, Der Zueignungsbegriff bei Diebstahl und Unterschlagunt, JuS 1980, 723 ff.

[5] Reinhard Frank, Das Strafgesetzbuch fur das Deutsche Reich, 18 Aufl., 1931, § 242.

[6] Nikolaos Androulakis, Objekt und Grenzen der Zueignung im Strafrecht, JuS 1968, 413; Karl G. Deubner, Anmerkung zum Urteil des OLG Celle vom 16. 3. 1967 - 1 Ss 10/67, NJW 1967, 1922; Hans-Joachim Rudolphi, Der Begriff der Zueignung, GA 1965, 33, 50 f.; Erich Samson, in: Systematischer Kommentar-StGB, 1. Aufl., 1989, § 242, Rn. 78.

[7] Jörg Tenckhoff, Der Zueignungsbegriff bei Diebstahl und Unterschlagunt, JuS 1980, 723 ff.

己战友的帽子以免自己受处罚，随后又放回，以及将书店的新书拿走，看完后又放回，拿走电池电用完后放回等诸如此类的案件中是否要认定领得目的的存在。对此德国刑法理论上主要存在实体理论、价值理论以及综合理论。

1. 实体理论（Substanztheorie）

实体理论的主要代表者是宾丁、李斯特及其继承者施密特，该理论认为"领得"（Zueignung）的对象在于物的成分本身而不在于物的财产价值，这不仅是因为法律条文上规定的是领得"物"而不是领得"物的价值"，也是因为立法者在设置领得罪的构成要件时认为这些罪名的本质是对所有权侵犯。从刑法历史沿革的角度来看，在《帝国刑法典》（RStGB）之前德意志各邦的立法曾经一度将盗窃罪的主观目的规定为获利目的（*animus lucri faciendi*），而帝国刑法典则继承了普鲁士邦法的规定以领得目的取而代之。自此德国现行刑法所定义的盗窃罪便被理解为领得罪而非获利罪（Bereicherungsvergehen）。[1] 对盗窃罪的这一基本定位奠定了德国刑法教义学在对盗窃罪构成要件进行解释时的基本眼光与出发点。格索尔教授认为，在回答领得对象这一问题时必须考虑的是该构成要件中所包含的法益侵害本质。[2] 盗窃罪、侵占罪所要保护的法益是基于所有权而产生的所有权人对于物的法律上的支配力（rechtliche Verfügung），[3] 因此领得必须是对所有权的侵犯，领得概念与盗窃罪的对象即《德国民法典》第 903 条所定义的有体物是相互依存的，对物的定义不能超出第 903 条所定义的法律上之力的范围（即将债权排除在物的概念之外），那么领得的对象也就只能限定在

[1] Franz v. Liszt, Lehrbuch des deutschen Strafrechts, 25 Aufl., besorgt von Ed. Schmidt, 1927, § 127, S. 617.

[2] Karl Heinz Gössel, Über den Gegenstand der strafbaren Zueignung und die Beeinträchtigung von Forderungsrechten, 140 Jahre GA 1993, S. 39 ff.

[3] 在德国刑法上，盗窃罪、侵占罪作为侵犯所有权犯罪与诈骗罪等侵犯整体财产犯罪的不同之处在于，其构成要件的该当性并不取决于物的财产价值。在德国广义的财产犯罪之下包括了侵犯个别财产权利的犯罪与侵犯整体财产的犯罪（即狭义侵犯财产罪）两大类别，且这两类犯罪的构成要件认定采取了不同的标准。这一问题将在文章最后对德日两国财产犯罪体系的比较中进一步论述。

有体物的范围之内。但这种解释在上述案件中最终都会得出否定领得目的的结论，从而在一定程度上限制了盗窃罪、侵占罪等构成要件的成立犯罪。

2. 价值理论（Sachwerttheorie）

价值理论认为，领得对象并不是物本身，而是物的价值，其主要代表人物是弗兰克与绍尔。价值理论将《德国刑法典》第 242 条盗窃罪理解为侵犯财产犯罪的一种特殊形态，[1] 因为所有权是一个人整体财产的重要组成部分。从这种理解出发，物的价值对于盗窃罪的成立便具有核心的意义，而领得的对象也从形式的物本身变为了实质性的物的价值。价值理论中区分了财物中所体现的价值（*lucrum ex re*）与通过处分财物而获得的价值（*lucrum ex negotio cum re*）。在价值理论内部对于物的价值（Sachwert）的范围仍然存在差异。限制性的观点认为，只有从财物中所体现的价值属于物的价值，才能肯定领得目的的存在。而扩张性的观点则认为只要行为人想要通过对物的处分获得一定的利益，就能够肯定领得意思。德国法院判例一度接受了这一理论并导致了盗窃罪构成要件的过度扩张。例如巴伐利亚州最高法院在判决中认为，当行为人拿走了货物并宣称自己是送货员而将财物交给买家，并将相应的价款据为己有的情况，行为人是存在领得意思的。[2]

这种以物的财产价值为导向的理论很快受到了诸多批评。因为传统上所理解的作为侵犯所有权犯罪的盗窃罪并不考虑物的价值的问题。而价值理论的出发点侵犯所有权犯罪本质上理解为财产犯罪的特殊形式。因为是财产犯罪的一种，那么就必须考虑物所具有的财产价值。因此价值理论在涉及无价值的、获得了相应价值补偿的财物的案件的处理上与理论传统上的结论并不兼容。理论上对于价值理论的批评则在于，着眼于物的经济价值，价值理论在解释领得目的时实际上已经将领得目的偷换为了获利目

---

[1] Thomas Fischer, Strafgesetzbuch und Nebengesetze, 57 Aufl., 2010, § 242, Rn. 33 ff.

[2] BayObLGSt 1964, 75=BayObLG JR 1965, 26 m. abl. Anm. Schröder. 本案判决中认为，如果行为人自称是受所有人之托将财物交给买方并将获得的价款据为己有从而实现自己将被拿走的财物的对价作为自己的财产的目的，则该行为人是以领得为目的实施盗窃行为的。行为人将财物交给了根据所有权人的意愿原本就应该得到财物的人，这一事实并不妨碍领得目的的成立。

的[1]，盗窃罪也从侵犯所有权的犯罪被异化为了侵犯财产的犯罪，对受害人终局性的排除首先体现在价值的减损上，而被偷走的财物也被理解为了财产损害的一种，受害人的法律地位不再是因为其所有权和占有的失去而是因为财产价值的减损而受到损害，[2] 这些都是采用价值理论而在解释论上所导致的结果。从彻底的价值理论出发，领得目的也便丧失了排除使用盗窃行为可罚性的功能。盗窃罪因而背离了立法者在设置这一构成要件时的保护目的。金德霍伊泽尔教授指出，这一理论既无法与民法关于所有权的理论相协调，因为所有权并不建立在物的价值之上；也与刑法设置领得罪的目的相悖。因为刑法对于盗窃的禁令是为了保护作为对物的法律上支配的所有权，而该保护并不取决物的经济价值，如果将领得概念与物的价值相联系的解释注定要违反盗窃罪作为侵犯所有权犯罪的基本体系定位。另一方面，这一理论也可能过于狭窄，例如当行为人拿走信件打算在阅读之后就销毁而不打算取得其价值的案件中就只能否定领得意思，相反的情况如果音乐会的门票是只能由所有人使用的，那么行为人拿走门票的行为便只能成立未遂。[3] 因此德国的司法实务最终放弃了价值理论，在 BGHSt 19, 387 中，最高法院认为士兵为了应付检查而暂时地拿走战友的帽子随后归还的行为不成立盗窃罪而仅成立诈骗罪，但该案中并没有给出明确的标准。判例上在领得意思的认定上始终存在一定的不确定性。[4]

3. 综合理论（Vereinigungstheorie）

顾名思义，综合理论是对价值理论与实体理论的整合，因而成为通说。根据综合理论，当行为人长期地排除所有权人对物本身或者是物所具有的

---

[1] 因为在《德国刑法典》条文中，领得目的（Zueignungsabsicht）与获利目的（Bereicherungsabsicht）在文字上是相区别的，如果将领得目的置换为了获利目的，便逾越了法律条文的边界，从而违背罪刑法定原则。（参见《德国刑法典》第 242 条盗窃罪与第 263 条诈骗罪的规定）。

[2] Reinhart Maurach/Friedrich-Christian Schröder/Manfred Maiwald, Strafrecht Besonderer Teil. 2, 10 Aufl., 2009, § 33, Rn. 46.

[3] Urs Kindhäuser, in: Nomos Kommentar zum StGB, 4.Aufl., 2010, § 242, Rn. 77.

[4] Reinhart Maurach/Friedrich-Christian Schröder/Manfred Maiwald, Strafrecht Besonderer Teil. 2, 10 Aufl., 2009, § 33, Rn. 47.

价值的使用可能性，而至少是暂时地将其据为己有时便可以认定领得的存在。[1] 存在争议的是，当行为人从一开始就打算要求原所有权人支付一定代价然后将财物归还给所有权人。判例和理论上的通说认为，在这类案件中，认定领得目的是否存在需要考虑行为人在归还财物时是否承认被害人的所有权。因此当行为人将财物卖还给被害人时，便肯定领得目的存在，而当行为人只是以不归还财物来向被害人进行勒索，则否定领得目的。[2]

尽管表面上综合理论被认为是实体理论与价值理论的折中与整合，但是由于将存在各种疑问的价值理论吸收在内，而且并没有对价值理论所存在的理论问题进行恰当的处理。施密茨教授也在《慕尼黑评论中》做出了相同的评述，综合理论吸收了价值理论的内容，根据综合理论，如果仅考虑物质实体将导致可罚性漏洞，就可以补充性地考虑物之价值。但这种方式并不能避免价值理论的缺陷。如果价值理论的前提是错误的，那么即便他与其他的观点如实体理论相结合，它也仍然是错误的。因此应当对综合理论提出正确的批评，这种勉强的拼接在法治国原则看来是极其可疑的。[3] 格索尔教授认为，领得罪（Zueignungsdelikt）的构成要件的保护范围限于基于所有权而产生的支配力，债权并不在领得罪的规范保护目的之内，而综合理论恰恰是要通过将财产价值也视为领得对象的方式将债权也纳入领得罪构成要件的保护范围之内。在这个意义上，综合理论的作用仅仅在于以一种宪法所禁止的类推方式适用《德国刑法典》第 242 条关于盗窃罪的规定来填补可罚性的漏洞。这个漏洞存在于行为人出于使自己或第三人获得不应得到的财产利益的目的，而处分了债权使得合法的债权人受到了财产上的损害。法律上不存在这种特殊的构成要件，而理论上也不应当尝试用一种极其成问

[1] BGHSt 4，263; 16，192; 24，115，119; 35，152，156.

[2] RGSt 57，199; Johannes Wessels, Zueignung, Gebrauchsanmaßung und Sachentziehung, NJW 1965, 1153 ff. ; Erich Samson, Grundprobleme des Diebstahls (§ 242 StGB), JA 1980, 285 ff.; Kurt Seelmann, Grundfälle zu den Eigentumsdelikten, JuS 1985, 288 ff.; Walter Gropp Zum Begriff der Zueignungsabsicht beim Diebstahl, JR 1985, 519.

[3] Roland Schmitz, in: Münchnener Kommentar zum StGB, 2. Aufl., 2012, Bd. 4, § 242, Rn. 129.

题的理论来规避类推禁止。[1]

这一理论在实践中得到广泛采纳的根本动因仍然是试图尽可能扩大盗窃罪的适用范围这一刑事政策上的诉求。[2] 事实上，综合理论只能避免价值理论过窄的一面而不能避免其过宽的一面[3]，因为在综合理论内部，物实体无法对物的价值的边界进行限制，二者之间并非相互限制的关系而毋宁是相互补充的关系。对于价值概念的限制仍然主要是根据鲁道菲教授所区分的物所体现的价值（lucrum ex re）与通过处分物的行为而获得的价值（lucrum ex negotio cum re）这对范畴[4]，综合理论严格地将其中的物的价值限于前者，而否定在通过处分物而获得相应利益的情况下成立领得目的的可能性。

4. 各种修正后的实体理论

如前所述，由于经典的实体理论无法处理实务中出现的案件，而价值理论以及吸纳了价值理论的综合理论都因为“价值”概念外延的不确定性、以及相关罪名可能偏离作为侵犯所有权犯罪的立场定位并导致领得目的与获利目的的混同等诸多问题，理论上尝试了多种对成分理论进行的修正。代表性的观点有所谓“功能性的实体理论”[5]（funktionelle Substanztheorie），该观点认为价值的减损必须伴随着物的功能的丧失，这种情况下便可以肯定领得的成立，典型的情况是拿走电池用完之后放回，尽管物实体本身没有丧失，但电池的功能已经丧失，这种情况下便可以肯定领得。但是各种修正后的实体理论实际上都或多或少地考虑了物之价值的观点，甚至只是在语言表述上保持了实体理论的立场，其观点则在很大程度上已经滑向了

[1] Karl Heinz Gössel, Über den Gegenstand der strafbaren Zueignung und die Beeinträchtigung von Forderungsrechten, 140 Jahre GA 1993, S. 39, 52.

[2] Joachim Vogel-Leipziger Kommentar-StGB, 12.Aufl., 2010, Bd. 8, § 242, Rn. 140.

[3] 由于综合理论认为领得对象包括物的成分与价值两个部分，因此对于根据价值理论无法肯定领得目的的案件，例如在财物不具有价值，或者获得相应价值补偿等情况中，根据综合理论也可以肯定领得目的的存在。

[4] Hans-Joachim Rudolphi, Der Begriff der Zueignung, GA 1965, 33 ff.

[5] Kai Ensenbach, Reichweite und Grenze der Sachwerttheorie in §§ 242, 246 StGB.

价值理论。[1]

5. 针对存折、银行卡的不法领得目的

基于不同的理论对于拿走存折、银行卡使用后放回的案件中是否存在不法领得意思的问题尽管在结论上一致但得出结论的理由并不相同。在德国刑法理论和实务中对于存折和银行卡的评价存在很大的差异。

对于存折，理论通说认为，作为《德国民法典》第 808 条第 1 款第 1 句所规定特殊的合法性证券（qualifizierte Legitimationspapier），使用存折取款是对存折所体现的价值的领得，因而可以肯定领得意思。而相反的是，对于银行卡的情况则通常认为银行卡只具有钥匙的功能（Schlüsselfunktion），[2] 使用银行卡取出的金钱并不是由银行卡体现（verkörpert）的价值，因而否定不法领得目的。实务中对于拿走他人的银行卡然后取款后放回的行为也通常否定存在不法领得目的。

德国联邦最高法院在判决中指出拿走银行卡取款后放回的行为，就拿走银行卡的部分排除不法领得意思的存在，否定盗窃罪的成立。[3] 联邦最高法院认为，行为人从权利人处拿走含有密码的欧洲支票卡，并打算通过无权使用该银行卡以及输入相应的密码从银行自动取款机中取得现金，随后将银行卡归还权利人，其主观上并不存在第 242 条（盗窃罪）意义上的

[1] 上述关于“领得对象”的讨论可以参见 Manfred Maiwald, Der Zueignungsbegriff im System der Eigentumsdelikte, 1970; Harro Otto, Die Struktur des strafrechtlichen Vermögensschutzes, 1970. 最新的文献参见 Kai Ensenbach, Reichweite und Grenzen der Sachwerttheorie in §§ 242, 246 StGB, ZStW 124 (2012), S. 343-373.

[2] 我国台湾学者指出，“提款卡本身并不能表彰一定的财产价值，卡片只是提供一定可供电脑判读比对的资料，让操作者可以与金融机构的电脑系统，并进一步与金融机构间为交易讯息的传递与处理。其本身既不会显示债权的额度，也不会早早地表现出价值的减损，所以没有任何可以作为‘所有意图’对象的经济价值。这种情形就好比行为人先偷拿仓库的钥匙，打开仓库门锁偷走其中财物后，再将钥匙放回原处，应该没有人在这种情形还会主张，行为人对于仓库钥匙具有不法所有的意图。提款卡可以说是自动柜员机的钥匙。它只是开启了处分特定账户的事实可能性”。（蔡圣伟：《论盗用他人提款卡的刑事责任》，载《刑法问题研究（一）》，元照出版公司 2008 年版，第 322 页）

[3] BGHSt 35，154 ff.

不法领得目的（rechtwidrige Zueignungsabischt）。行为人所实施的仅仅是不可罚的攫取使用（使用盗窃 furtum usus）。如果行为人拿走银行卡只是为了打开包装物取出其中的内容物，那么对拿走加密的银行卡这一行为的刑法评价与拿走钥匙的行为采取相同的标准。行为人并不想终局性地排除权利人对支票卡的支配，则对于该支票卡不成立盗窃罪。杜塞尔多夫州高等法院（OLG Düsseldorf）认为，被告人在拿走欧洲支票卡时，即便存在归还的意愿，也仍然在第 242 的意义上“领得”了欧洲支票卡所具有的“特殊的功能性价值”（*lucrum ex re*）。联邦最高法院认为这一观点与第 242 条盗窃罪的教义学结构是不相符的。盗窃罪——与诈骗罪、勒索罪这些保护整体财产的罪名不同——意味着取得类似于所有权人的对特定物的支配力，因而并不需要考虑其中的经济价值。确定能够取得利益（Erwerbsaussicht），即便只有通过所拿走的财物才能够实现这种利益，这种利益本身也不能成为盗窃罪的对象。只有当这种利益为所拿走的财物所体现时，才能够被认为是领得对象（综合理论）。但这种利益在本案中并不体现在欧洲支票卡之中。因为权利人不需要出示欧洲支票卡也能够支配其账户，欧洲支票卡既不表明账户的余额也不表明银行所赋予的信用额度，因此支票卡本身并不包含任何财产价值。其所提供的只是一种事实可能性，使持卡人能够从金融机构所设置的自动取款机中取出相应的现金。

（二）骗领信用卡的行为（第 263 条诈骗罪）(Erlangung durch Täuschung)

行为人通过欺骗行为使银行或者正当的持卡人陷入认识错误而交付银行卡的行为，可以成立第 263 条诈骗罪，但存在的疑问是财产损害的认定。有待回答的问题是，在银行或正当权利人向行为人交付银行卡的时候是否就已经存在一个可以等同于财产损害的、具体的财产危险。德国联邦最高法院在判决中认为，行为人通过伪造的身份证件[1]或者对自己的还款能力[2]做虚假陈述时，银行或信用卡公司基于这一虚假陈述而陷于认识错误，向其发出信用卡并授予一定信用额度，此时诈骗罪便已经既遂，因为一个可以视为财产损害的财产危害已经存在。[3]

三、正当持卡人的滥用行为定性

（一）取款行为

1. 错误汇款案件与第 263 条诈骗罪

账户名义人发现自己的账户上有因为银行记账错误或者第三人转账错误而增加的存款余额之后将这些现金从银行柜台上取出的行为，也可能构成《德国刑法典》第 263 条诈骗罪。德国刑法理论与实践在此种行为的定性问题上一度认为应当区分错误的种类，即究竟是因为银行自身的记账错误（Fehlbuchung）还是因为第三人错误的转账行为（Fehlüberweisung）而导致账户余额增加，分别加以讨论。德国联邦最高法院随后在 2000 年的判决中否定了这种区分，认为无论是记账错误还是转账错误的案件中，行为人到银行柜台进行取款或转账行为都不成立诈骗罪。[4]

---

[1] BGHSt 47，160.

[2] BGHSt 33，244.

[3] 德国联邦最高法院在 BGHSt 33，244 中指出，州法院在认定被告人的取得信用卡的行为是否成立诈骗罪时其检验是不充分的。“刑事法庭并没有充分地检验被告人在申请信用卡时是否就已经实施了诈骗罪的构成要件行为。他们在没有做出相关调查的情况下就认定不存在任何证据表明行为人在申请信用卡时就存在滥用信用卡的目的。但其调查结果显然表明，被告人是通过欺骗行为获得信用卡的，其行为已经该当诈骗罪的构成要件。他在申请信用卡时宣称自己是药剂师，但其实他只是一个税前月薪 1600 马克的药剂师助理。他使信用卡公司错误地认为自己是有充分的经济保障的，但实际上他已经负债累累。他通过对事实的虚构使得对客户信用有很高要求的信用卡公司向其发出了信用卡。由于信用卡如支票账单一样在交出时就已经体现了一定的经济价值，因此银行在向被告人交出账单时就已经产生了一个财产损害的危险，这一危险足以满足第 263 条诈骗罪所要求的财产损害要件。”

[4] Karl Lackner/Kristian Kühl, Strafgesetzbuch Kommentar, 27 Aufl, 2011, § 263, Rn. 9.

(1) 判例观点之流变

1961年科隆州高等法院(OLG Köln)在判决中认为,在错误记账的情况下,当银行客户在明知自己的账户上错误地记入了不属于自己的存款,其取款行为相当于默示地表示:我要取出我所拥有的存款。他通过积极的行为隐瞒了真实的情况,即银行对于所取的款项并不负有债务;他通过这一行为维持了银行的认识错误并使其作出支付现金的决定。本案的关键在于被告人是否通过自己的取款行为隐瞒了真相,所谓隐瞒真相是指被告人通过自己的行为使他人无法认识到某个事实,例如本案中就是指使银行无法认识到自己其实对被告人所要求取出的金额并不负有债务。在没有特殊情况时,单纯的接收一笔并没有债权基础的现金只是一个单纯利用他人认识错误的行为而非可以被视为是欺骗的积极作为。但本案中这种特殊情况是存在的,即行为人通过取款行为默示地表示了自己对于所要求取出的现金是有相应的存款债权基础的。[1]

相反,1975年最高法院在一起错误转账案件中则否认了这一观点。该案中,被告人A在自己的账户中收到了错误汇入的900马克。A从自己的账户中将该笔存款取出并挥霍。事实审法官认为被告人的行为成立侵占罪。但在取款的过程中现金的所有权已经移转给了A,而侵占罪的成立则以财物属于他人所有为前提。刑事审判委员会认为A的行为无法根据任何一种法律观点受到处罚。其行为也没有损害第266条意义上的法律信赖关系,因此也不构成背信。整个判决中联邦最高法院完全没有考虑适用第263条诈骗罪的可能性。[2]

随后,卡尔斯鲁厄州高等法院(OLG Karlsruhe)在判决中为了作出与这个判决结论不同的判决,首次区分了错误记账与错误转账。在错误转账的情况下延续了最高法院先前判决的观点认为收款人将错误记入的账款取出的行为并不构成诈骗,而在错误记账的情况下则肯定了诈骗罪的成立。[3]这种对

[1] OLG Köln, JR 1961, 433f. Mit Anm. Schröder JR 1961, 434 f.

[2] BGH Dallinger, MDR 1975, 22.

[3] OLG Karlsruhe, Justiz 1978, 22.

错误记账与错误转账两种情况进行区别对待的观点得到了此后数个州高等法院判决的赞同与文献上的支持。

之所以进行这种区分的根据在于在这两种情况下所涉及的民事法律关系存在差异：在账户存款余额的增加是由于第三人错误的转账行为而造成时，虽然在民法上实施转账的人（Überweisende）对接收转账的人（Empfänger）享有不当得利请求权（Bereicherungsansprüche）。但在银行与账户名义人之间的转账账户协议并不受影响，尤其是记入账户的存款债权的有效性并未因此受到动摇。当账户名义人将错误记入的存款取出时，其行为并不是使银行履行了其所没有承担的债务，而只是通过取款行为正当主张债权的行为（Forderunggeltendmachung）。在这种情况下作为账户名义人的行为人便不存在对银行的欺骗。而对于进行了错误转账的人而言，账户名义人的取款行为虽然可以考虑成立不作为诈骗，但行为人相对于转账人并未居于保证人地位因而并不能基于此而负有说明的义务。用户与银行之间的转账账户一般商业条款的规定中虽然可以规定告知的义务，但这一义务仅限于银行与客户之间的合同关系范围内，并不产生对第三人的效力。

与此相反，由于银行错误记账所导致的账户存款的增加则是没有效力的。银行账面上所显示的存款余额并不是真实的账户状态，因为存款名义人对于错误记入的金额在实质上并不拥有权利。根据一般商业条款的规定，银行在发现错误记账情况存在时，不经过相应的申请就可以单方面地对账面信息进行修改（也就是撤销错误记账）。民事权利义务关系上的差异是导致德国对于错误记账与错误转账案件进行区别处理的原因所在。斯图加特州高等法院（OLG Stuttgart）对于被告人在这两种情况之间发生认识错误的情况则肯定了诈骗未遂的可罚性，被告人认为自己妻子账户上多出的金额是由于银行错误记账造成的，而实际上这是由于公司 K 职员的错误转账造成的，此时被告人从账户上取走相应现金的行为便构成诈骗罪的未遂[1]。然而这种区分在行为定性上的重要性最终为联邦最高法院所否认，其在随

[1] OLG Stuttgart, JR 1979, 471 f.

后的判决中指出，无论错误是因为何种原因造成的，错误汇款的收款人对银行的债权在取款当时都是有效的，即便基于不当得利制度他负有返还的义务，就银行与收款人之间的相对关系而言这个债权是有效的，在案件不存在特殊情况使银行与收款人之间产生特殊信赖关系的情况下，被告人的行为既不构成默示的诈骗也不构成不作为诈骗。[1]

（2）诈骗罪之否定——以联邦最高法院判决 BGHSt 46,196 为例

本案中，被告人是 F 股份有限公司的唯一股东和董事。该公司在德意志银行柏林分行有一个商业账户。1999 年 2 月 12 日由于银行实习生输错了银行代码（将德意志银行法兰克福分行的代码输成了柏林分行的代码），而将款项输入了账号相同的 F 公司的账户之中，该账户因而被错误记入了高达 12369769.57 马克的款项。翌日被告人所打印的银行账单中显示了这一数值。被告人明知这里的款项是错误汇入，仍然分别与 1999 年 2 月 16 日至 22 日进行了 25 笔转账。通过这些转账他还清自己欠其他公司的债务，而 2 月 25 日他又将 500 万马克的款项划入了自己新开的账户上。随后他于 1999 年 5 月 18 日注销了 F 公司在德意志银行的账户。州法院认为被告人的每笔转账行为均构成独立的诈骗罪，因为转账行为是一个默示的、表示自己具备相应存款的行为，且存款名义人对其拥有权利。因此被告人基于 25 项诈骗罪而被判处有期徒刑五年。

最高法院在判决中分别审查了被告人的行为是否可能成立默示诈骗与不作为诈骗，但最终都得出了否定的结论。

1）默示诈骗（konkludente Täuschung）

诈骗罪以行为人实施了欺骗行为为必要。其中欺骗行为既可以以作为方式也可以以不作为方式实施。以作为实施的欺骗行为又可以分为明示的与默示的诈骗。默示诈骗属于作为诈骗的一种。要成立默示诈骗，被告人在明知存在错误记账的情况下要求银行将错误增加的存款转账到其他银行账户上的请求就必须构成对银行默示的欺骗行为。对此，联邦最高法院指

[1] BGHSt 46,196 ff.

出，“对权利的主张只有当它同时默示的包含了对事实的主张时，才能成为欺骗行为的对象。因此仅仅主张自己的请求权是不能构成第 263 条意义上的欺骗行为的。在这个意义上或许可以认为申请转账的行为额外地包含了这样的是事实的陈述，即对于其所申请转账的数额行为人拥有相应的银行存款。但刑事审判委员会并不认为在所有的转账申请中都包含这样的表示内容”。

所谓欺骗，是指行为人做出与客观事实不符的意思表示，联邦最高法院在判决中认为被告人在请求银行进行转账这个行为中并没有表达不真实的意思。“因为基于银行的错误记账使得用户在转账合同（Girovertrag）的范围内拥有相应的请求权。因此就当时的账户余额状况而言，在转账申请这个行为中所可能包含的主张自己拥有相应债权的陈述并不是虚假的。”

在论证被告人没有做出虚假意思表示时，过去州高等法院判例中一贯承认的错误记账与错误转账的区分被联邦最高法院所否定。这是因为，“就诈骗罪的可罚性而言，相关的问题仅仅是行为人将记入自己账户的款项转出的时点上，其账户上是否拥有相应的存款余额，而在错误记账与错误转账之间的区分则是不重要的。这里的关键并不是错误的种类，而是基于错误而产生的记入款项的有效性。即便是在错误记账的情况下用户也获得了对记入款项的请求权”。

联邦最高法院还特别讨论了在错误记账情况下银行所享有的撤销权。他们认为尽管银行存在这种撤销权，也不能否定在银行行使这一撤销权对存款余额记录进行修正之前，账户名义人在形式上对银行拥有正当债权这一事实。“撤销权的目标在于，避免这种请求生效所通常具有的障碍与风险，从而确立银行所具有的自主的不受不当得利制度的不确定性影响的法律地位。撤销会改变实质的法律状况，因为它消除了用户对于记入账款的请求权。但这另一方面也意味着在行使撤销权之前，债权请求权已经存在与体现在记入账款之上的对债务的承认之上。在错误记账的情况下银行始终享有撤销权，而在错误转账的情况下也在特定条件下存在撤销权。根据《德国民法典》第 780 条和第 781 条的规定，无论造成错误的原因究竟是什么，尽管在实质上是错误汇入的账款同样也能产生相应的抽象的债务约定，也就是说无论涉及的是《德国民法典》第676a在转账过程中发生的失误，还是第676条b所规定的银行的记账错误。”[1]

这样一来，由于银行在行使撤销权进行账户修正之前，用户对于错误记账所产生的存款余额在形式上对银行拥有正当的债权，也就是说错误记账与错误转账一样对债权有效性不产生影响。因此，尽管从日常的交易观念出发，被告人的委托银行办理转账业务的请求中包含了自己对银行享有债权这个事实的陈述，而且这个对事实的陈述也是客观真实的，并不是与事实不符的陈述，从而排除其成立默示诈骗的可能性。

2）不作为诈骗（Täuschung durch Unterlassen）

在排除默示诈骗之后，则需要进一步考虑用户没有告知银行存在错误记账的行为是否成立不作为的诈骗。“只有当行为人没有指出错误记账情况时行为人才可能构成诈骗罪。如果他利用了这里对于基于错误汇款而产生的撤销权存在的认识错误，并且具备相应的说明公开义务时，则可能会存在不作为的可罚性。而只有当被告人负有刑法典第13条意义上的保证人义务向银行进行说明时，他才能因为不作为的诈骗受到处罚。”

最高法院分别从多个角度讨论了客户对银行是否存在保证人地位的问题。

首先，可以排除的是因制造危险状态而产生的保证人义务。账户的管理是银行的义务。客户并不是造成记账错误的原因，因此也就没有参与到制造因为错误记账而产生的风险之中。本案的被告人只是在事后发现了通过错误转账而产生的危险状况并通过自己的转账行为利用了这一危险。

其次，受损的严重程度本身也不足以认定被告人负有说明公开的义务。保证人义务的问题必须根据作为基础的法律关系的特性加以说明，对于这

[1]《德国民法典》第780条规定：为使以通过合同而独立成立债务的方式约定给付的合同（债务约定）有效，如果没有规定其他形式，需采用书面形式约定；第781条规定：为使通过承认债务关系存在（债务承认）的合同有效，需采用书面形式给予承认的意思表示。对承认其存在的债务关系的成立规定有其他形式的，承认合同需采用此种形式。

种法律关系的评价并不是由仅仅建立在偶然性之上的可能遭受的损害的大小来决定的。

再次，在合同之中的确可以产生保证人地位，但仅仅存在合同关系是不够的，还需要进一步从这一合同关系中产生特殊的信赖关系。根据《德国民法典》第676条b的规定，银行客户在其与银行的合同中所负有的主合同义务是向银行支付管理账户的费用，而银行的义务则是在账户的管理过程中相应地在账户记入或记出款项。这种合同关系是一个典型的给付交换关系（Leistungsaustauschverhältnis），在这个关系中并不存在能够产生保证人地位的关系，对于从这一合同关系中所产生的从合同义务而言也是如此。

最后，双方可以通过合同约定形成具有保证人义务性质的说明义务，但法院并没有充分查明是否存在此种约定。基于疑罪从无的原则，法院也排除了通过合同具体约定产生保证人义务的可能性。

既然客户对于银行不负有保证人地位，那么即便他没有告知银行错误的存在也无法满足不作为诈骗成立的一般条件，因此排除诈骗罪的成立。

（3）默示诈骗与不作为诈骗

从德国联邦最高法院的判决来看，在错误汇款（包括错误记账与错误转账）案件中，行为人是否成立诈骗罪需要考虑两个问题：其一，取款行为是否成立默示诈骗；其二，行为人隐瞒错误记账或转账这个事实是否成立不作为诈骗。

就默示诈骗而言，如前所述，首先要考虑的是，行为人的行为是否默示地表达了某种意思表示，这种意思表示的内容需要根据日常的交易观点对行为人的整体行为进行解读。德国理论和实务上都一贯认为，取款行为中包含了这样的意思内容，即“我对于我所要求取出或转账的款项具有正当的债权”。其次，则要考虑这个意思表示是不是虚假的。德国的州高等法院此前认为，在错误转账情况下收款人拥有正当债权，而在错误记账情况下则没有正当债权，从而仅肯定了后者成立默示诈骗。相反，联邦最高法院2000年的判决则认为，无论错误的种类如何，即便银行在错误记账情况下拥有撤销权，在撤销权行使之前收款人的债权都是合法有效的，从而排除了此种情况下成立默示诈骗的可能性。

就不作为诈骗而言，收款人对于银行债权的有效性并不是关键问题，因为在不作为诈骗中刑法责难的重点是行为人对于某项重要交易事实的隐瞒，即这里所存在的错误记账或错误转账的事实，无论收款人对银行的债权是否有效，这个错误都是存在的。接下来的问题是行为人对于银行是否负有作为保证人义务的告知说明义务。这里可以与日本理论中的论述做一个对比。

日本刑法理论中关于错误汇款案件的定性主要置于诈骗罪这一罪名下进行讨论。理论上的多数观点认为，错误汇款的接收者明知自己账户上新增的存款余额是错汇的款项，但仍然隐瞒这一事实向银行主张了存款债权，取出相应的现金，这一过程如果是在自动取款机上进行的则构成计算机诈骗罪，在计算机诈骗罪设置之前则是以盗窃罪来解决，如果在银行柜台上向银行柜员主张则成立不作为诈骗罪。

所谓不作为诈骗，即以不作为方式实施的诈骗行为，该行为仍然要满足诈骗罪所设置的构成要件，即行为人必须实施了欺骗行为、使被骗者限于认识错误、被骗者基于认识错误而处分了财物、处分财物的行为导致了财产损失（最后一个要件为德国刑法所要求，在日本由于诈骗罪属于侵犯个别财产的犯罪，因而个别财物的交出便已经构成了财产损失）。除此之外，不作为诈骗还需要满足不作为犯的要件。

与所有的不纯正不作为犯一样，以不作为的方式实施的诈骗罪仍然要满足不纯正不作为犯成立的一般条件，即满足与作为犯的等置性要求。其中保证人地位的存在，是不纯正不作为与作为犯相等同的必要条件。关于保证人地位，刑法理论经历了从形式法义务论向保证人地位实质化的发展，当然这一发展并不是单向、线性的发展，实质化的保证人地位也并不必然就具有较形式法义务论的进步性和优越性。当前的德国刑法理论中，仍然有学者在论述中强调形式法义务论的限定性作用，而认为实质化的保证人地位导致了保证人地位的扩张从而扩张了刑事可罚性的范围。对于这一问题本书在此不再赘述。这意味着不作为诈骗成立的前提是，不作为人作为保证人负有法律上之义务，阻止错误的发生或者进一步深化导致财产损害的结果。[1] 在错误汇款案件中，要肯定错误汇款的接受者成立不作为诈骗，必须解决的前提性问题是，错误汇款的接收者是否对于银行居于保证人地位。易言之，银行的客户是否负有保证人义务保护银行的财产不受损失？

日本刑法理论主要从民法上的诚实信用原则来推导出收款人对于银行的保证人义务。这一进路存在两方面值得进一步思考的问题：第一，基于民法的诚实信用原则是否能够解释出客户对于银行具有解释说明报告存在错误汇款的这一具体义务；第二，即便在民法上诚实信用原则能够解释出这一义务，还需要考虑民法上的诚实信用义务能否直接作为刑法的作为义务根据。

就第二个问题而言，基于保证人地位的不同理论会得出不同的结论。采取所谓的形式法义务论可以得出肯定的回答，而实质保证人地位理论则否。直接援引民事义务的做法与实质保证人地位的理论的一般论断是相矛盾的。在实质保证人地位理论下，还需要进一步的论证才能够肯定银行客户的保证人地位。自汉斯 - 于尔根・布伦斯（Hans-Jürgen Bruns）于其教授资格论文《将刑法从民法思维中解放出来》一文中提出刑法独立性[2] 这一命题之后，刑法理论通常认为刑法具有与民法不同的方法论，并不从属于民法的解释，因此对于完全接受民法的解释的形式法义务论也逐渐衰落。德国联邦最高法院在皮革喷雾器一案的判决中，也在一定程度上表达了这种考虑，认为民法上的交易安全义务并不能直接作为不纯正不作为犯的保证人地位的根据。如果所有的合同关系都能够从中推导出合同双方的保证人地位，则可能导致不适当地将民事合同纠纷上升为刑事犯罪加以处理。因此在刑法理论上从实质角度对此进行进一步的限定有其合理性。罔顾这一点，而仍然仅仅以民事合同产生的附随义务肯定保证人地位，不仅造成

---

[1] Johannes Wessels/Thomas Hillenkamp, Strafrecht Besonderer Teil 2, 35. Aufl., 2012, Rn.503 ff.

[2] Hans-Jürgen Bruns, Die Befreiung des Strafrechts vom zivilistischen Denken, 1938.

了总论与分论的割裂和背离，同时也会不可避免地导致可罚性范围的扩张。而任意地解释保证人地位，将导致不纯正不作为犯的可罚性范围的扩张，鉴于此种可罚性扩张的威胁，哈塞默尔教授曾经评论道，不纯正不作为犯是现代刑法理论中，除了抽象危险犯以外，另一个用以贯彻法政策上的处罚需要的便宜工具。[1]

而在前一个问题上，能否根据诚实信用原则解释客户的说明报告义务也存在商榷的余地。从民法上的诚实信用原则的源起以及发展过程来看，诚实信用原则是现代社会发展背景下对于合同自由原则的补充。合同自由原则以合同双方的平等假定为前提，即作为力量对等的主体，合同的双方能够自由地对彼此间的权利义务作出约定。但是伴随着现代社会经济的发展，合同双方之间所存在的实际上的力量不平等、信息不对称导致了合同自由原则往往难以得到贯彻，合同的强势一方往往主导了合同条款的制定，其中以格式条款为其典型例证。在此背景下，强调诚实信用原则更多的是为了保障合同关系中较为弱势一方的利益，而对强势一方赋予一定的义务从而对其进行限制。因此，在力量不对等的双方之间，这些诚实信用义务更多地被赋予强势一方而非弱势一方。就银行与个人用户之间，基于诚实信用原则的义务也更多地在强势的银行方面而不在弱势的用户方面。如果无差别地基于诚实信用原则来赋予力量不对等的双方以同等的义务要求，要求处于弱势一方的个人用户对处于强势一方的银行负有保护其财产的诚实信用义务，则在一定程度上背离了诚实信用原则的本意。

与日本相反，德国实务与理论在错误汇款案件中则否定收款人对于银行的财产利益负有保证人地位从而否定不作为诈骗罪的成立。从上述对于结合保证人地位的一般理论所进行的分析来看，德国的做法与总则不作为理论的发展之间的衔接在理论上是更为自洽的。

对比德国理论的处理，日本的存款名义人占有说混杂了默示诈骗的认定与不作为诈骗的认定进行统一的判断：收款人对银行是否拥有正当有效

[1] Winfried Hassemer, Produktverantwortung im modernen Strafrecht, 1994.

的债权，在德国是一个认定是否存在默示诈骗的因素，即行为人通过取款或转账行为向银行表示了自己对银行拥有债权，这个意思表示内容是否真实取决于客观上收款人对银行的存款债权的有效性。日本的做法则是，对银行债权的有效性是认定存款名义人占有的前提条件，因此在错误汇款案件中，收款人缺乏正当的债权因而缺少对现金的占有，债权的有效性不再是欺骗行为判断的关键而成为占有归属认定的组成部分；另一方面诈骗行为则直接考虑的是不作为诈骗，而完全没有讨论默示诈骗成立的空间。原本应当单独判断的两种诈骗行为方式便被耦合在了一起。

2. 账户名义人的自动取款机滥用行为与第 263 条 a 计算机诈骗罪

正当持卡人在自动取款机上取款的行为也可能成立《德国刑法典》第 263 条 a 计算机诈骗罪。计算机诈骗罪是指以使自己或第三人获得财产利益为目的，通过不正确的程序设计，通过输入不正确或不完整的数据，通过无权使用数据或其他对程序的无权作用而对数据处理的结果造成影响，损害他人财产的行为。由于正当持卡人的使用行为并没有对计算机程序本身做出不正确的修改或者输入不正确的信息，因而不符合前两种行为方式。有待讨论的是第三种情形即在缺少还款意愿或还款能力的情况下，正当持卡人的使用行为是否构成数据的无权使用（unbefugte Datenverwendung），而其中的关键则在于如何理解第 263 条 a 所规定的“无权”这一要件。理论上主要存在三种不同的理论：

（1）主观化理论（subjektivierte Auslegung）

主观化理论认为，所谓无权的数据使用是指数据使用行违背计算机系统设置者（Systembetreiber）或者是有处分权的人（Verfügungsberechtigte）的主观意愿。这一观点中最为宽泛的主张认为，所有违反合同的数据使用即违反法益承担者（计算机系统设置者）现实的或可能的意愿时，该行为就构成无权使用数据的行为。[1] 金德霍伊泽尔教授认为，将违反权利人意愿的数据使用行为视为无权的观点是符合事实的。行为人通过数据的使用

[1] Harro Otto, Grundkurs Strafrecht: Die einzelnen Delikte, 2005, § 52, Rn. 40.

伪造了财产拥有者的意愿，也就是说是行为人的行为导致了错误的结果，这一主观化的解释符合计算机诈骗罪与诈骗罪之间在结构上的类比关系。行为人输入数据从而启动了计算机对数据的处理过程，这一过程尽管表面上看来应归属于财产拥有者，但实际上却违反其意志。[1] 相反迈瓦尔德教授则认为，数据使用对权利人意愿的违反仅能限于合同约定的权限范围内(vertragliche vereinbarte Dürfen)[2]。格索尔教授则数据使用必须违反的是权利人真实的意愿而不包括可能的意愿。[3]

德国的实务部门曾经在赌博机滥用案件的判决中采用了这一理论，认为任何在赌博机上使用通过违法手段取得的计算机程序，都是无权地对数据处理过程进行干预操纵的行为。该案中行为人在事先获知了赌博机的计算机程序，并基于这一知识对赌博机进行操纵从中赢得了现金。巴伐利亚州最高法院认为，这种对计算机程序的知悉是违背赌博机设置者意愿的，因而成立具体法律《德国刑法典》第 263 条 a 第 1 款第 3 项所规定的无权使用数据的情形。但这一观点与此前策勒州高等法院、汉姆州高等法院对同类案件的观点相悖，如果不对此前判决的观点进行修正就无法得出其认为正确的结论，因此巴伐利亚州最高法院根据《法院组织法》第 121 条的规定将本案提交给最高法院做出裁定。最后联邦最高法院采纳了巴伐利亚州法院的观点，在裁判理由中指出，第 263 条 a 计算机诈骗罪所保护的法益是个人财产。从这一保护法益出发可以认为智能机器设置者的意愿对于认定本罪的构成要件具有根本性的意义。[4] 理论上米奇（Wolfgang Mitsch）教授对此持赞同态度，他认为赌博机的游戏规则在于使用者不应知晓游戏的程序。行为人利用自己对计算机程序的了解而从赌博机中赢钱的行为因而是

[1] Urs Kindhäuser, in: Nomos Kommentar-StGB, 4. Aufl., 2010, § 263a, Rn. 27.

[2] Reinhart Maurach/Friedrich-Christian Schröder/Manfred Maiwald, Strafrecht Besonderer Teil. 2, 10. Aufl., 2009, § 41, Rn. 233.

[3] Klaus Tiedemann, in Leipziger Kommentar-StGB, 12. Aufl., 2010, Bd. 9, § 263a, Rn. 42.

[4] BGHSt 40, 331, 334；本案中巴伐利亚州高等法院的判决参见 BayObLG, JR 1994, 289, 291.

无权的，该当第 263 条 a 计算机诈骗罪的构成要件。[1]

主观化理论的问题在于，主观意愿的标准存在歧义。在正当持卡人滥用信用卡的情况下，如果以有处分权人的意愿为基准可以当然地否定计算机诈骗罪的构成要件，因为行为人就是具有处分权限的人。如果以自动取款机中计算机系统的设置者即银行的意愿为基准，则可以认为这种在没有还款意愿或还款能力的情况下取款的行为是违反银行意愿的，从而有成立计算机诈骗罪的可能性。因而这一理论为多数观点所抛弃，实务部门也只在赌博机滥用的场合采用过这一理论。

（2）计算机特性理论（computerspezifische Auslegung）

计算机特性理论认为，只有当数据的使用行为是不正常地对计算机数据处理过程产生了影响，或者违背了在计算机程序中所体现出来的意志时，才构成对数据的无权使用。[2]

希尔根多夫教授认为，立法者设置第 263 条 a 计算机诈骗罪的理由是，在涉及机器的情形时，由于机器不能陷入认识错误，因而排除了传统的诈骗罪构成要件。因为认识错误是指认识与现实情况之间不一致。由于认识是一种心理现象，而机器本身不能产生认识，因而也不存在认识错误。在涉及计算机的场合，产生错误的并不是人的认识，而是计算机的数据处理程序。只有当收到操纵的数据处理过程在功能上与人类智能相等同时，才有成立计算机诈骗罪的可能。计算机诈骗罪与普通诈骗罪的相似性并不在于与欺骗行为（Täuschunghandlung）[3] 的相似性，而在于错误承载者（Irrtumsträger）的相似性，在这个意义上可以说计算机诈骗罪所要求的是

---

[1] Wolfgang Mitsch, Rechtsprechung zur Wirtschaftsstrafrecht nach dem 2.WiKG, JZ 1994, 878, 884. 持同样观点的还有 Christoph Bühler, Geldspielautomatenmissbrauch und Computerstrafrecht. MDR 1991, 14, 17. 他认为赌博机使用者的权限取决于机器设置者的期待值（Erwartungshorizont）。Ernst-Joachim Lampe, Anmerkung zum Urteil des OLG Celle vom 11.4.1989 – 1 Ss 287/88, JR 1990, 347 ff.

[2] Eric Hilgendorf, Scheckkartenmissbrauch und Computerbetrug, JuS 1999, 542 ff.

[3] 在欺骗行为上的相似性是由下文所提及的通说“诈骗相似性”理论所强调的。对于计算机诈骗罪的解释都试图在结构上与传统诈骗罪保持一致，而不同解释之间的分歧主要在于这种与传统诈骗罪之间的一致性究竟存在于哪一个具体的构成要件要素之上。

数据处理程序的功能必须是以人工智能取代人类智能。[1] 希尔根多夫教授进一步将这一要求具体化为以下三个条件：[2]

①数据处理过程必须吸收本程序以外的新的信息。

②数据处理过程必须能够对这些新的信息进行区别分析和归类，其中也包括将新的信息与原来所拥有的信息进行比较和关联的能力。

③数据处理过程必须在不需要进一步的人工处理的情况下通过这些操作就能做出财产减少的决定。

根据计算机特性理论，正当权利人的银行卡使用行为并没有对计算的数据处理造成不正确的影响，因此可以否定计算机诈骗罪的成立。

（3）诈骗特性理论（betrugsspezifische Auslegung）

通说观点认为，行为人的行为必须具有诈欺相似性（Täuschungsäquivalenz）。如果一个行为相对于自然人实施时可以被认为是第263条诈骗罪意义上的欺骗行为，那么该行为在向计算机作出时就可以认为是数据的无权使用行为。与上文的计算机特性理论强调计算机诈骗罪在认识错误上与人类的认识错误的相似性不同，诈骗特性理论强调的是两罪构成要件在欺骗行为上的相似性。从诈骗特性理论出发，正当持卡人在向银行职员出示自己所持有的银行卡并输入密码或提供其他证件时，并没有实施任何欺骗行为，因而在自动柜员机上使用自己银行卡的行为也不能构成计算机诈骗罪。

（4）小结

计算机特性理论将很多立法者想要包含在第263条a第1款第3项中的情形排除了出去，因而过于狭窄。金德霍伊泽尔教授则批评计算机特性理论是不符合事实的，因为在计算机系统中数据的处理只是一个分工程序的组成部分，而无法取代财产拥有者的地位来做出决定，计算机系统并非作为财产拥有者的代理人而出现的。[3] 此外计算机特性理论要求行为人的

[1] Eric Hilgendorf, Scheckkartenmissbrauch und Computerbetrug, JuS 1999, 542 f.

[2] 同上注。这三个条件对计算机诈骗罪中所规定的所有情形都是适用的。

[3] Urs Kindhäuser, in: Nomos Kommentar-StGB, 4.Aufl., 2010, § 263a, Rn. 24.

数据使用行为要对计算机数据处理过程进行了操纵，但是通常对数据处理过程的操纵是通过输入错误或不完整的信息而完成的，这就导致第 263 条 a 第 1 款第 3 项无权使用数据的情形与第 2 项使用不正确或不完整信息的情形发生了重合，导致第 3 项情形失去独立存在的意义和价值。

相反主观化理论则又失之过宽，如果采用以银行意愿为标准的主观理论，将会导致用户任何一个违背其与银行的合同约定的行为都可以构成诈骗罪，从而置于刑罚威慑之下，这将导致纯粹的“合同刑法”，而这恰恰是刑法典所要反对的。一方面大部分的违约行为可以在民事规则的框架内得到解决，根据刑法的辅助性法益保护的功能与刑法谦抑原则，刑法对于这部分行为应保持克制。另一方面这也可能并不符合合同双方的利益，因为当具有国家公权力属性的刑事制裁介入民事纠纷中之时，事态的发展就可能超出合同双方的可控范围，从而失去转圜的余地与灵活性。

因此诈骗特性理论是值得赞同的，一方面本罪罪名为计算机诈骗罪，另一方面也是因为立法者在设计这一构成要件时，主要是想弥补在是针对随着技术的发展以各种智能机器替代人工劳动的背景下所出现的因为欠缺对人的欺骗行为和人的认识错误而产生的处罚漏洞。[1]

从这一观点出发，假设当行为人到银行柜台要求从信用卡上超额取现时，银行柜员所审查的也不过是其形式上所具有的债权以及他是否超出了被授权的信用额度。因此根据诈欺相似性理论，当正当持卡人在自己的信用额度内通过自动取款机取款的行为，可以否定存在类似诈欺的行为，从而排除第 263 条 a 计算机诈骗罪的成立。但问题是如果正当持卡人超出了自己的信用额度取款的情况下，根据诈骗特性理论是否能够排除本条的成立。

诈欺相似性要求当取代自动取款机工作的是一个正常思考的人类时他是否陷于认识错误。但正当持卡人的使用行为是否具备诈欺相似性却有不

[1] Hans Kudlich, Computerbetrug und Scheckkartenmissbrauch durch den berechtigten Karteninhaber, JuS 2003, 537 ff.

同的结论。肯定诈欺相似性的观点认为：其一，银行职员在接受超出信用额度取款时会对这样做的收益价值进行考量，如果他认为允许行为人超额取款将获得更大的利益时他就会付款，因此行为人就收益对银行职员进行了欺骗从而获得付款，而银行柜员对此陷入了认识错误。其二，在输入超出信用额度的数值时就已经是一个类欺诈行为了，因为行为人通过这一行为表明自己已经获得了更高的信用额度。否定诈欺相似性的观点则认为，在将自动取款机与银行职员相比较的判断中，银行职员的判断不能超出自动取款机所设置的计算机程序。银行职员进行的判断必须限制在自动取款机所判断的内容之内。即便作为自然人的银行职员对于行为人的还款意愿持怀疑态度，这种怀疑也是无须考虑的。因此可以否定行为人的行为具有诈欺相似性。这种观点的主张者认为，第 266 条 b 作为身份犯针对的便是那些可罚的通过银行卡实施的取款行为，但该条并不适用于双方支付的系统之中。如果在这种情况下重新适用第 263 条 a 款，那么就破坏了第 266 条 b 所产生的对被告人有利的作用。超过信用卡金额的取款行为仅仅只是用户的违约行为，而不足以成立第 263 条 a 就计算机诈骗罪。

3. 第 266 条背信罪

正当持卡人的使用行为还可能构成《德国刑法典》第 266 条背信罪。因为在银行用户和银行之间存在长期的债权债务关系，用户基于这一合同关系可以通过银行及其自动取款机获得现金。但第 266 条第 1 款中所规定的无论是滥用还是背信要件中都要求行为人存在所谓的财产照管义务，负有此种义务的人具有一定的自主性而应当对他人的财产进行照管。但用户对于银行并不负有此种义务因而第 266 条第 1 款的可罚性被排除了。

4. 第 266 条 b 支票与信用卡滥用罪

如果行为人在取得信用卡时就对发卡机构实施了欺骗行为，则取得信用卡的行为可以成立诈骗罪，后续的这个取款行为仅仅属于此前诈骗罪中财产损害的扩大。如果正当权利人是在第三方银行的柜台或者自动取款机上取款，则还可能成立《德国刑法典》第 266 条 b 支票与信用卡滥用罪。第 266 条 b 所要规制的是支票与信用卡担保功能的滥用行为，通说认为这一罪名的成立以三方支付关系的存在为前提。在只有行为人和其发卡银行的双方支付系统中，行为人所滥用的并非其担保作用。如果是在发卡银行的柜台或自动取款上取款的行为则只是一个单纯的违反合同行为。当然这一观点并非没有争议。少数观点认为第 266 条 b 同样适用于双方支付关系之中，因为用户同样滥用了基于信赖而授予他的法律权限。而通说则认为第 266 条 b 在双方支付系统中是不适用的，因为第 266 条 b 的立法意图仅仅针对三方支付系统，其中作为客户的行为人的发卡银行基于信用卡的担保功能而对第三人负有付款义务。在行为人使用的是发卡银行的自动取款机时，银行卡只是作为证明权限存在的证据，相当于一把钥匙而使用的，第 266 条 b 中所要求的不法要素是银行卡的担保功能，也就是使银行负有义务的可能性，而这一不法要素在双方支付的系统中并不存在。

对于第 266 条 b 是否仅适用于三方支付系统这一问题，最高法院在 2002 年的判决中进行了回应。[1] 本案中，被告人伪造了身份证件而在四家金融机构各开设了一个银行账户，她的目的是通过使用这些信用卡、欧洲支票卡或者是支票来透支现金而不还款，从而为自己和她的男友获得财产上的好处。她使用这些银行卡通过多种方式取款，或是在自动取款机上取款或是开具支票或是直接在交易中刷卡等。州法院判决被告人成立第 263 条 a 计算机诈骗罪和第 266 条 b 信用卡滥用罪。

被告人提出法律审上诉，联邦最高法院首先否定了计算机诈骗罪的成立，因为即便被告是通过伪造的身份证件取得信用卡的，其在形式上也属于正当的持卡人。如前所述，基于通说的诈欺相似性理论，正当持卡人在自动取款机上取款的行为并不具有类似欺骗行为的特性，因而不属于数据的物权使用行为，不成立计算机诈骗罪。联邦最高法院在本案判决中也采取了这一立场，认为第 263 条 a 第 1 款第 3 项所规定的是一个非权利人在自动取款机上通过伪造的、被操纵的或者通过其他被禁止的方式取得的银

[1] BGHSt 47,160 ff.

行卡取款的行为。[1] 但本案中被告人并不是非权利人。她从邮政银行获得了银行卡。即便银行卡是通过伪造身份证件欺骗银行获得的，也属于正当权利人。因而本案中在自动柜员机上恶意取款行为并不符合第 263 条 a 计算机诈骗罪的构成要件。

而对于第 266 条 b 信用卡滥用罪，联邦最高法院则仅肯定了被告人在第三方银行的自动取款机上取款的行为成立信用卡滥用罪，其在发卡银行的自动取款机上取款的行为则否。联邦最高法院在判决中指出，持卡人虽然没有能力还款但他知道金融机构会为他支付账单。尽管如此，他还是利用信用卡以及与之相连的担保功能购买商品和服务。[2] 第 266 条 b 的成立并不取决于被告人兑现支票是否已经超过了开户时所赋予的信用额度。这一条款同样也针对银行卡的持有者没有超出信用额度的情况，如果他在还款时没有能力支付相应的欠款，他也不得用尽这些信用额度。相反，权利人在发卡银行的自动取款机上取款的行为则不构成第 266 条 b，而只是单纯违反合同的取款行为。因为《德国刑法典》第 266 条 b 所规定的构成要件是以三方支付系统为前提的，在这个系统中发卡银行担保第三人向持卡人所提出的给付请求得到满足。即便法律条文中所规定的“迫使支付”这一要件并不必然排除仅仅是在事实上导致进行支付的情况，但立法的历史沿革也与这种解释不符，不能将双方支付系统的情况纳入第 266 条 b 的适用范围内。虽然在法律委员会关于第 266 条 b 的报告中也提及了双方支付的情况，但按照立法者的本意，第 266 条 b 所要规定的情况是行为人在明知自己的发卡银行会为自己的账单付款却仍然滥用信用卡。而滥用双方支付系统并不属于这种情况，因为在这里发卡银行并不存在还款的义务。在这个意义上，该信用卡并不是在其担保功能的范围内被使用的。行为人通过伪造的身份证件取得信用卡时已经可以肯定其成立诈骗罪，从这一点出发，后续的在自动取款机上取款的行为只能视为诈骗所造成的财产损害的加深

---

[1] BGHSt 38, 120, 121; OLG Stuttgart NJW 1988, 981, 982.

[2] Otfried Ranft, Der Kreditkartenmissbrauch, JuS 1988, 673, 678.

和扩大。而对可罚性漏洞进行填补则应交由立法者进行。

另外最高法院还在竞合的部分对州法院的判决提出了质疑。被告人在银行柜台取出了 4400 马克的现金这一行为本身是否相对在银行开户而言就构成一个独立的诈骗行为也存在疑问。取款行为仅仅是此前通过开户行为实施的诈骗行为的终了（Beendigung）。有待回答的是，是否在赋予被告人一定的透支信用额度时诈骗罪就已经既遂了。因为无论如何在银行将支票和支票卡交给没有支付意愿的被告人时诈骗罪就已经既遂了，因为此时已经出现了具体的财产损害危险。在被告人通过骗取的欧洲支票和欧洲支票卡在斯巴达银行也就是发卡银行取出 800 马克现金的行为上则不成立第 266 条 b。被告人向银行出示支票只是为了从自己的个人账户上取款的支票而对于支票卡的担保功能并没有影响。同样取款行为所实现的诈骗行为也不具有独立的意义。这一取款行为也只能被视为是诈骗的终了。[1]

与此相反，最高法院则肯定了被告人通过直接借记程序刷卡购物的行为成立数个诈骗罪，因为在这个程序中发卡银行并没有承担付款的义务。在这个过程中，持卡人只是授权商家能够从自己的账户上划出一定数额的款项，商家则需要承担款项无法兑现的风险。财产损失是由商家而非发卡银行负担的，这里存在包含着值得刑罚处罚的不法的、在法律上独立的行为。

5. 第 265 条 a 骗取给付罪

无论行为人究竟是持卡人还是非持卡人，还可能成立第 265 条 a 骗取给付罪的构成要件。[2] 但第 265 条 a 的成立以给付的对价行为为成立要件，而在使用银行卡取款的场合，通说通常否认存在对价性。此外，骗取给付罪的成立还要求行为人的使用必须是违反功能的，即行为人绕开或回避机

[1] 终了（Beendigung）是行为事实上的结束，而既遂（Vollendung）则是构成要件的完成。以盗窃罪为例，行为人在以领得为目的拿走他人财物时，盗窃罪就已经既遂，而只有当通过盗窃而取得的占有得到确保时，盗窃行为才真正的结束。而在诈骗罪中，德国通说理论认为当一个具体的财产损害危险出现时诈骗罪就已经出现了，财产的实际丧失（Verlust）则是诈骗罪行为在事实上的解释即终了。参见 Joachim Vogel, in: Leipziger Kommentar zum StGB, 12.Aufl., 2010, Bd. 8, § 242; Klaus Tiedemann, in: Leipziger Kommentar-StGB, 12.Aufl., 2010, Bd.9, § 263.

[2] Simon Kempny, Überblick zu den Geldkartendelikten, JuS 2007, 1084.

器设置者所采取的安全措施。但通过银行卡取款的场合，恰恰是符合自动取款机功能而进行使用的，因而第 265 条 a 的构成要件可以排除。

（二）购物行为

1. 第 263 条诈骗罪

信用卡的正当持卡人在欠缺还款能力与意愿的情况下使用支票卡或者信用卡购买商品或服务的行为，可能成立诈骗罪。在诈骗罪的构成要件之中需要考虑的核心问题在于欺骗行为是否存在。行为人向信用卡公司的签约商家出示信用卡的行为是否可以被认为是一个默示的诈骗行为。学理上通常认为欺骗行为既可以以作为方式实施，也可以以不作为方式实施，以作为实施的欺骗行为又可以分为明示的和默示的欺骗行为。表面上看，默示欺骗与不作为欺骗中行为人都保持了沉默，前者属于作为诈骗，即行为人尽管保持了语言上的沉默但通过其行动表达了一定的意思内容，而后者则不仅仅是语言上的沉默，而且隐瞒了重要的交易事实。[1] 尽管在概念上二者容易区别，但在实践中以何种标准认定默示欺骗的存在始终处于争议之中。

（1）银行卡的出示行为是否作为默示诈骗

根据通说对于默示诈骗的通常理解核心的问题在于，从日常的交易惯例来看，出示支票卡或信用卡的行为是否同时可以认为行为人做出了其具备还款意愿和能力的意思表示。德国联邦最高法院在支票卡的场合 [2] 肯定了默示诈骗，相反在信用卡的场合 [3] 则否定了默示诈骗的存在。

1）支票卡的场合

1972 年联邦最高法院曾经在判决中肯定了行为人使用支票卡签发空头支票进行支付的行为成立诈骗罪。该案中被告人根据自己此前的计划于 1971 年 7 月 30 日至 9 月 8 日之间在全德国共 236 家银行兑现了由不莱梅

[1] 参见 Klaus Tiedemann, in: Leipziger Kommentar-StGB, 12 Aufl., 2010, § 263.

[2] BGHSt 24, 386 ff.

[3] BGHSt 33, 244 ff.

储蓄所出具的支票，他在每家银行各取了200马克现金。他知道他已经超出了储蓄所所确定的透支上限。州法院因此判处被告人成立背信罪。联邦最高法院在判决中认为，被告人的兑现支票行为成立诈骗罪而非背信罪。

一方面，最高法院首先否定了背信罪的构成要件。最高法院认为，从第266条的字面含义出发，本条的两个分支滥用构成要件与背信构成要件都以行为人对他人的财产利益负有照管义务为前提。在支票卡持有人与银行之间并不存在此种财产照管义务（Vermögensfürsorgepflicht）。毫无疑问的是，在每个转账账户合同中，银行或储蓄所对储户的财产利益负有照管的义务，而不是反过来，用户对银行负有此种财产照顾义务。从支票卡的使用条款就可以看出，支票卡是为了客户的利益而开具的。在判断是否存在财产照顾义务这一问题时关键在于银行与客户之间的合同约定。虽然支票卡的持卡人能够使发卡的银行或者储蓄所与支票的接受者之间产生担保合同关系。但这并不能使持卡人负有照管银行财产利益的义务。在通常情况下，用户通过出示支票卡开具支票时，所处分的是自己的财产。伴随着支票开具而在银行与支票接收者之间所产生的担保合同只是使通过支票进行的支付变得更为容易，只要用户的账户上有足够的存款余额或者支票的金额并没有超过授予他的信用额度，从经济的角度看就没有触及支票卡发卡银行的利益。只有当得到担保的支票无法得到支付时，银行或储蓄所的财产才会受到损害。但即便如此，用户也不是发卡银行的财物照管义务人。他只是利用合同关系中所包含的滥用权利可能性。与之相应在支票卡的使用条款中规定，支票卡的持卡人只能在自己的存款余额范围内进行处分，这一条款只能被理解为是用户遵守合同的证明。在此并不需要回答，遵守合同的一般义务是否以及在何种程度上能够成为主合同义务。用户违反遵守合同的义务并不构成背信这一点在得到理论和判例上的确认。

另一方面，最高法院试图从三角诈骗这一模型出发肯定被告人的行为成立诈骗罪，因为在这个关系中受欺骗和做出财产处分的是接受支票的银行，而最终受到财产损害的，则是向被告人发出支票卡、提供担保功能的银行。

被告人通过自己的行为欺骗了支票的接受者（Schecknehmer），使其错误地相信自己所出具的支票是有相应的余额存在的。2001年以前，根据欧洲支票程序支票卡具有担保的功能，支票卡的发卡银行有义务担保支票得到兑现。但法院认为，即便存在担保声明，对于支票的接受者而言，支票能否有相应的存款这个问题也并非无关紧要。无论是开具支票者自己告知接受者自己缺少相应的存款，还是接受者自己通过其他途径知道这一事实的，则他在兑现支票时就不能主张银行的担保功能。这只是意味着，支票的接受者在缺少相应认识时可以相信支票开具者沉默的保证，而不会在自己没有做出后续的调查时损及自己对银行所享有的代位债权。通过这一行为，被告人欺骗了兑现支票的金融机构，它对支票相对应的存款产生了认识错误。由于是否有存款对于支票接受者而言是重要的，支票的接受者便通过被告人默示的行为而认为被告人时在支票卡条款所规定的范围内行为的，而且他只有在具有相应的存款或者没有用尽相应信用额度的情况才会开具支票。即便由于担保功能的存在，空头支票的损失会由作为第三人的银行或储蓄所承担，因而支票的接收者并不会对支票的出具者的存款有特殊的考虑，这一情况也不会影响评价。基于这一错误，支票的接受者在向被告人支付了现金，并由此作出对发卡银行不莱梅储蓄所不利的财产处分。在支付现金的同时产生了对支票卡发卡银行的代位请求权，这一债务的产生可以被认为是财产处分所导致的直接损害结果。这一模型同样适用于商家的情况，因为支票的接受者并不一定是银行，支票只是替代现金进行支付的工具。从这一规则出发也可以得出行为人滥用支票卡购买商品或服务时可以成立诈骗罪的结论。

当然这一结论受到了文献上主流观点的反对。[1]理论上认为，在滥用支票卡的情况下成立诈骗罪是值得怀疑的。首先，在行为人的欺骗行为与作为受骗者的支票接收者所产生的认识错误之间是否存在因果关系是存在

---

[1] Otfried Ranft, Grundfälle aus dem Bereich der Vermögensdelikte, JA 1984, 723, 724 f.; Karl Heinz Gross, Betrug ohne Irrtum? , NJW 1973, 600; Dieter Meyer, Die missbräuchliche Benutzung der Scheckkarte – Betrug oder Untreue? , JuS 1973, 214.

疑问的。其次，在这种情况下，行为人通过诈骗所获得的财产利益与被害银行所受财产损失之间的同一性（Stoffgleichheit）也受到质疑。[1]

联邦最高法院认为，在使用支票卡的场合，尽管行为人所开具的空头支票是得到银行担保的，也成立诈骗罪。而理论则采取了相反的见解，认为由于支票卡所具有的担保功能使得支票诈骗（Scheckbetrug）与支票卡诈骗（Scheckkartebetrug）之间存在区别。在前者，行为人所开具的空头支票没有得到担保，当行为人开具此种空头支票并通过这种行为默示的隐瞒了其缺少存款或信用额度的事实，导致支票接受者限于认识错误，最终因为该支票无法兑现而受到财产损害时，行为人的行为成立诈骗罪。而当该支票与银行的兑现担保联系在一起时，欺骗行为存在的条件便在根本上发生了改变。这种得到担保的支票广泛取代了没有担保的支票，因此，参与支票交易的自然人或金融机构通常首先考虑的是银行的兑现担保。该兑现担保免除了支票接收者所面临的空头支票风险，从而避免因为支票无法兑现所造成的损失，而这也正是这种得到担保的支票能够作为常用的支付工具得到使用的原因。只有当这种兑现担保不存在时，支票的接受者才成为空头支票欺骗行为的受害者（支票卡诈骗）。

支票卡诈骗也可能造成银行的损失。其中值得检讨的是，银行在支票交易中并非完全不受到保护。此种情况下支票接收者因为认识错误而做出了财产处分从而导致银行遭受了财产损失，这是所谓的三角诈骗，即财产处分者与财产受损者并不同一的情况。

2）信用卡的场合

1983年比勒菲尔德州法院（LG Bielefeld）在类似的信用卡滥用案件中则拒绝了上述模型。该法院在判决中认为，信用卡的使用行为是否满足第

[1] 《德国刑法典》第263条诈骗罪是一个侵犯整体财产的犯罪，其以被害人遭受财产损失为代价，这与日本刑法所规定的第一项财物诈骗罪是一个侵犯个别财产的犯罪有很大差别。由于财产损失的边界难以确定，因此德国刑法理论和实务中均认为，在诈骗罪中行为人所获得的财产利益和被害人所遭受的财产损失之间必须具有同一性从而限制诈骗罪的成立范围。与此相反在日本作为侵犯个别财产犯罪的财物诈骗罪由于着眼于个别的具体财物，因而并不会产生同一性的问题。

263 条欺骗行为的条件显然是存在疑问的。被告人在支付这些商品账单时并没有做出明确的意思表示，但是通过行为作出默示的意思表示仍然是可能的。随后的问题在于，被告人出示信用卡这一行为在法律交易中究竟可以包含多少意思内容。其中不仅需要考虑信用卡交易的法律设计，而且要考虑持卡人的利益和认识。基于信用卡公司与签约商家之间的合同关系，后者在出示信用卡的场合仅负有调查持卡人签名的真实性、卡片的效力等内容，而不需要调查持卡人的信用状况和经济状况。从这一交易结构出发，可以认为被告人出示卡片的行为仅仅默示地表示了自己与卡片上所记载的是同一个人。其他的意思表示内容并未包含在内。而这些表示的内容显然与事实是相符的，不构成欺骗。[1] 比勒菲尔德州法院基于这一理由排除了第 263 条诈骗罪的构成要件。但本案上诉到汉姆州高等法院（OLG Hamm）这一判决则被推翻。汉姆州高等法院引用了上述适用于支票卡的三角诈骗模型肯定了使用信用卡购买商品货物成立诈骗罪的可能性。汉姆州高等法院认为，被告人通过出示信用卡的行为，不仅默示地表示自己是信用卡的正当权利人这一身份之外，还表示了自己的经济状况足以支付过去和现在产生的信用债务。被告人通过默示欺骗行为使信用卡签约公司陷入了认识错误并做出了财产处分，这一财产处分由于信用卡的信用担保功能的存在而直接导致了信用卡公司的财产损失，从而成立诈骗罪的既遂。[2]

但联邦最高法院最终还是在另一起案件中拒绝将自己曾经适用在支票卡场合的三角诈骗模型扩张适用于信用卡滥用的场合，从而否定了在滥用信用卡的场合成立诈骗罪的可能性。本案中根据州法院认定的案情，被告人多次通过出示美国运通（America express）信用卡与大莱卡（Diners Club）购买商品和服务，其间他知道自己并没有偿还这些债务的能力。他还在一起案件中通过与商家一起虚构商品服务的购买合同取出了超出信用额度的现金（Bargeldbeschaffung）。州法院在判决中认为被告人的滥用信用

[1] LG Bielefeld, NJW 1983, 1335.

[2] OLG Hamm, NJW 1984, 1633.

卡行为不符合相关的构成要件，从而宣判被告无罪。针对这一无罪判决，检方提起了法律审上诉，检方所根据的观点也正是此前在 BGHSt 24,386 中的观点。

针对被告人的套现行为，最高法院认为，州法院否定诈骗罪成立的观点是错误的。从案件事实看，被告人使用信用卡进行套现活动的行为，已经该当诈骗罪的构成要件。因为他与签约公司一起欺骗信用卡公司购买了相应价值的商品和服务，他通过这一过程获得了其无权获得的现金。他使信用卡公司产生了认识错误，并使其向签约公司支付了实际并不存在的债务从而承受了财产损失。

针对被告人使用信用卡真实地购买了商品和货物的行为，最高法院则与州法院一样否定了诈骗罪既遂的成立。检方在法律审抗诉中认为，被告人通过其整体行为中所包含的意思表示内容而完成了诈骗罪的既遂，这是不正确的。抗诉的根据是 BGHSt 24,386 判决中的意见，在该案中联邦最高法院曾经认为，被告人在账户中并没有相应的存款但却使用获得金融机构担保的支票进行支付，成立诈骗罪既遂。因为在这一案件中，被告人通过行为欺骗出具支票的银行其拥有实际并存在的存款使其陷入了认识错误。

联邦最高法院在本案判决中则指出，出示支票的行为只有在支票交易中才具有意思表示的内涵，而支票与信用卡是不同的。支票只作为支付工具来使用，而信用卡的功能则更为广泛，它不仅是支付工具而且是信用工具。因此信用卡包含了一个与支票完全不同的信用卡系统参与者之间的商业关系。基于这种商业关系应当对出示信用卡的行为在刑法上应当做出与信用卡不同的评价。从信用卡公司与签约公司之间的合同来看，签约公司只需要检验此前提到的形式性条件，而不需要检验用户的经济状况。这一合同使签约公司不再承担用户无法支付购买商品或服务所产生的债务的风险。对于签约公司而言，信用卡持卡人的经济状况是无所谓的。因此签约公司并没有理由去调查持卡人的经济状况，持卡人出示信用卡的行为也并不包括对其支付意愿与支付能力的表示。这一观点是符合一般的交易观念的。因此可以排除诈骗既遂的成立。

但最高法院认为尽管不成立诈骗罪的既遂，但仍然可以继续考虑行为人是否成立诈骗罪的未遂。如果被告人认为出示信用卡的行为表明了自己具有支付能力与支付意愿的意思，则他已经实施了欺骗行为，因而已经着手实施了诈骗罪的构成要件。

3）直接借记程序的场合

除了支票卡和信用卡之外，行为人还可以通过直接借记程序来进行非现金的支付。如前所述，在直接借记程序中银行并不提供担保的功能。如果行为人的账户中没有相应的余额或者他在签发授权之后六周之内又撤回授权，财产损失的风险将由合同的相对方即商品或货物的提供者承担。因此在行为人以这种方式进行支付时，行为人通过出示银行卡的行为所默示地表达的意思内容就要远远多于出示信用卡的场合，因为默示的意思表示内容的解释是根据具体交易类型中的交易惯例所决定的。在直接借记程序中，行为人通过出示银行卡不仅表示了自己就是卡片的持有人这一身份，而且表明自己具备支付的能力与意愿，而在他事实上没有支付能力和意愿的时候，这一行为就成立默示的欺骗行为。这在最高法院的判决中也得到了承认。[1]

（2）支票卡、信用卡滥用行为与三角诈骗（Dreiecksbetrug）

从前文所述，除了在通过直接借记程序进行支付的情况下，由于仅涉及提供商品服务的商家与行为人两方可以较为容易地认定诈骗罪的成立之外，在支票卡、信用卡滥用的场合认定诈骗罪是存在一定困难的。德国司法实务曾经一度试图通过三角诈骗这一模型将支票卡、信用卡的滥用行为纳入诈骗罪的构成要件范围内进行处罚，但总体而言这一尝试并不成功。联邦最高法院在支票卡场合肯定诈骗罪成立的判决受到了学理上几乎一致的抨击，而随后它在信用卡滥用的场合否定了三角诈骗这一模型的适用可能性。之所以认为三角诈骗在解释信用卡和支票卡滥用的场合是不成功的，需要我们重新检视三角诈骗的一般理论。所谓三角诈骗是指实施诈骗行为

[1] BGHSt 47,160 ff.

过程中，受骗者、作出财产处分决定者与财产最终受到损害者不一致的情况[1]。这一模型在过去也曾多次在最高法院的判决中得到适用，例如最高法院认为当行为人向停车场的管理员宣称自己获得了车主人的许可从而使管理员允许其将车开走之时，行为人的行为成立诈骗罪而非盗窃罪。[2]这一模型还适用于诉讼诈骗的场合（Prozessbetrug)。当支付令的申请者对其主张债权的事实基础做了不真实的陈述时，其行为便构成欺骗行为，这一欺骗行为最终导致了法官发出了支付令，在支付令发出之后如果被害人在特定期间内没有对事实提出异议，则必须履行债务支付现金，从而导致被害人的财产损害。法院认为，在支付令程序中（Mahnverfahren)，法官在发出支付命令之前需要检验支付令（Zahlungsbefehl）的申请者所陈述的事实是否能够支持其所主张的债权，但他并不需要检验这一事实的真实性。但并不能就此否定成立诈骗的可能性。因为基于适用于民事诉讼程序中的形式真实原则法官并不负有特殊的检验义务，但这对于法官而言仅仅意味着，他必须接受支付令申请者所陈述的事实在实际上是真实的。[3]在前述BGHSt 24,386这份判决中最高法院便援引了这一诉讼诈骗的判决试图将支票卡的滥用解释为诈骗罪。

在德国刑法理论中关于三角诈骗的理论始终是在其与盗窃罪的间接正犯（Diebstahl in mittelbarer Täterschaft）相区分的关系中展开的。盗窃罪被认为是他人损害（Fremdbeschädigungsdelikt）犯罪而诈骗罪则被认为是自我损害犯罪（Selbstbeschädigungsdelikt)，二者处于一种互斥关系之中[4]，但少数观点认为在此种情况下针对同一个行为客体可能成立盗窃与诈骗的想象竞合[5]。从这一基本区分出发，认定三角诈骗成立的核心问题便在于，受骗

---

[1] 而受骗者与做出财产处分者则必须是同一的。

[2] BGHSt 18, 221 ff.

[3] BGHSt 24, 257, 260.

[4] 盗窃罪与诈骗罪的根本区分在于前者是对占有的破坏（Gewahrsamsbruch）而后者则是基于认识错误对占有做出处分（Gewahrsamsverfügung)。参见 Horst Schröder, Über die Abgrenzung des Diebstahls von Betrug und Erpressung, ZStW 60 (1941), 33 ff.

[5] Günter Haas, der Sachbetrug im Dreiecksverhältnis, GA 1990, 201 ff.

者所作出的财产处分能否以及在何种条件下能够归属于财产的最终受害者，从而能够将第三人（受骗者）的财产处分行为视为财产受害者的自我损害。换言之，受骗者与受害人构成一个“归属统一体”[1] 反之在如果第三人的处分不能归属于被害人时，则行为人便是以陷于认识错误的第三人为工具实施盗窃行为的间接正犯。

较为明确的是，在作为法人机构（Organ）的自然人在受到欺骗而对法人的财产做出处分的情形被理论和实务一致认为是最为典型的三角诈骗的情形。但在其他情况下，三角诈骗与盗窃的间接正犯之间的标准往往十分模糊。对此理论上提出了不同的标准，[2] 这些观点在总体上可以分为事实的处分可能性理论与法律上的处分权限理论两个方向，在这两个径路之下又可以细分出不同的理论。

1）事实的处分可能性

在早期的文献中通常认为只要当被骗者在事实上具有处分的可能性或者物处于被骗者的作用领域时，就可以认为行为人的行为构成诈骗而非盗窃。[3] 但是这种仅仅以事实的处分可能性为基础的理论使得诈骗罪的成立过于宽泛，而基本排除了盗窃罪间接正犯成立的可能性。因此理论上对此进行了限缩，由此形成了现在德国判例上的通说阵营理论（Lagertheorie）。

阵营理论认为，当被骗者较之行骗者更接近受害者的领域，或其处于作为行为标的的财物所归属于的受害人力量范围之内（Machtkreis），或被骗者承担了保护受害人对财物占有的功能（Gewahrsamsschutzfunktion）也就是占有的保护人（Gewahrsamshüter）时，就可以认为被骗者处于受害者的阵营。被骗者所作出的处分就能归属于受害人。最早提出阵营理论的是施罗德（Horst Schröder），其在关于盗窃罪与诈骗罪区分界限的论文中，认为事实上的处分可能性便足以认定财产处分的存在，进而成立诈骗罪。施罗德认为，在三角诈骗中，被骗者对占有所进行的处分能否等同于具有正

---

[1] Klaus Tiedemann, in: Leipziger Kommentar-StGB, 12 Aufl., 2010, Bd. 9, § 263，Rn. 115.

[2] Johannes Wessels/Thomas Hillenkamp, Strafrecht Besonderer Teil. 2, 35. Aufl., 2012, Rn. 641.

[3] Bernhard Haffke, Mitgewahrsam, Gewahrsagehilfenschaft und Unterschlagung, GA 1972, 232 ff.

当物权者的处分，取决于被骗者对于作为行为客体的物所处的法律地位，也就是说取决于对占有的处分在法律上是否有效（rechtwirksam）。在等价的问题上施罗德区分了事实上的与法律上的处分可能性，前者足以肯定成立第 263 条诈骗罪，而在欠缺后者时也该当第 242 条盗窃罪的构成要件。这就可能导致行为同时满足诈骗罪与盗窃罪：例如在车库管理者的场合，根据施罗德的观点，车库的管理者作为占有的保护者，对于物相对于行为人而言居于优势性的地位，因而足以肯定成立第 263 条诈骗罪，因为处分占有的可能性只是一种事实的地位而非法律上的地位。但另一方面，这一处分在客观上也构成第 242 条所规定的拿走行为，因为车库的管理者在缺少占有人的意志的情况下破坏了他人的占有。因此通过缺少处分权限的占有的保护者交出财物的行为取得财物的案件中，就可能存在盗窃罪与诈骗罪的想象竞合。[1]

联邦最高法院也在判决中接受了这一观点。[2] 例如在停车场管理员允许行为人将被害人的车开走的场合，管理员的许可是否可以被认为是一个有效的对汽车所有权人的处分就存在疑问。联邦最高法院在该案中首先肯定了停车场管理员对于汽车的占有，因而停放在地下停车场内的汽车处于停车场管理员与所有人的共同占有之下（Mitgewahrsam）。州法院在判决中认为，被告人在违背原所有人意愿的情况下取走了汽车，该行为已经侵犯了所有权人的占有成立盗窃罪。行为人欺骗了停车场的管理员从而使其做出决定允许自己拿走车辆，这一事实并不改变盗窃罪的认定。联邦最高法院认为州法院的这一认定是错误的。在判决中联邦最高法院指出，认为盗窃与诈骗区分的关键在于受害者内心的意志这一观点是正确的。在多人共同占有的情况下，作为所有权人或有权做出处分的人的意志对于判断究竟是否存在侵害这一问题具有意义，这一观点也是正确的。但州法院忽略了在诈骗罪的构成要件中，被欺骗者与财产受损害者并不必须是同一的。盗

---

[1] Horst Schröder, Über die Abgrenzung des Diebstahls von Betrug und Erpressung, ZStW 60 (1941), 33, 70, 73.

[2] BGHSt 18, 221.

窃与诈骗的区分可以仅仅取决于其中一个善意的共同占有人，该共同占有人与财物最接近，因而具有空间上的直接作用可能性，他可以在未获得其他共同占有人同意的情况下，对财物做出事实上的处分。正如本案中的停车场管理员，他受到停车场所有人的委托，能够在缺少被害人 W 女士意志的情况下交出汽车。因此不同于州法院的观点，本案中行为人是如何取得车辆的占有，而停车场管理员又是如何参与到其中的，这一问题具有关键性的意义。管理员的任务在于，监督确保只有租用了停车位的人或者获得该他人处分的人才能够从停车场开走车辆，因此管理员所作出的处分可以归属于汽车所有人，因此行为人的行为成立诈骗罪。[1]

事实上的处分可能性理论在理论上受到许多批评。例如许内曼教授批评施罗德对盗窃罪与诈骗罪尤其是三角诈骗与盗窃罪的间接正犯之间的区分使用了错误的二元方法论，他指出，施罗德部分从事实的角度部分从规范的角度来说明自己的论证理由，而没有对两种观察角度的合理性进行论证。一方面处分占有的可能性仅仅取决于纯事实的、基于空间上的近距离而产生的处分可能性，另一方面又认为当行为人所利用的工具缺少法律上的权限时，其交出财物的行为构成对他人占有的破坏。因此占有的保护者（Gewahrsamsschutzperson）在交出财物时是否构成对上位占有者的占有的破坏，取决于该占有保护者在法律上的权限，也就是根据纯规范性的标准。相反，对于交出财物的行为是否是一个处分财产的行为，则又根据纯粹的事实性因素进行考虑，也就是交出财物者事实上能够这样做。这两个问题是相互联系的，这种二元的方法论是错误的。而且与施罗德以及通说的观点不同，并不能仅仅从纯粹的事实中推导出第 263 条意义上的财产处分（通说认为只需要存在事实上的处分可能性即可）。一个事实行为能否被视作财产处分，这是一个法律问题，必须根据规范的标准进行判断。但是人们可以提出，通说所谓的“事实上的支配可能性”只是一个令人误解的

---

[1] 在此种情况下停车场的管理员便处于占有保护人的位置上，其所作出的处分便能够归属于汽车的管理员，因此被告的行为成立诈骗而非盗窃。类似的判决还包括 OLG Stuttgart JZ 1966, 319.

表述，其原本想要表达的只是第263条意义上的处分并不需要在民法上具有法律效力。如果只是说，财产处分不需要通过移转所有权来完成，这一表述显然是正确的。但这并不意味着，确定“财产处分”时完全不需要考虑民法上的规则。[1]而且如果事实上的处分可能性就足以将第三人对财产的处分归属于被害人，那么即便是在被害人明确地禁止第三人处分自己财产的情况下，这种处分同样也成立[2]，因为这种情况下事实上的处分可能性仍然存在。

2）法律代理权限理论（Ermäßgiungs- oder Befugnistheorie）[3]

客观代理权限理论从民事代理的理论出发，认为只有在受到欺骗做出处分的第三人受到被害人的委托从而具有对被害人财产进行处分的客观代理权限的情况下，第三人的处分才能够归属于被害人。萨姆森教授认为，被欺骗的第三人只有在已经获得了财产权利人的授权时，其所实施的才是财产处分行为。[4]许内曼教授认为，财产处分行为有效的条件在于，物的保管者是作为财产权利人的代理人而实施行为的，其所采取的行动能够被视为物的所有人本人的行为。如果物的保管者的行为并不在其作为代理人的权限范围内，则他是破坏了物的所有人的占有[5]。客观代理权限理论在一定程度上对三角诈骗的成立作出较为严格的限制，导致其成立范围较窄，因而其在理论内部也结合民事理论进行了一定的限制。例如当行为人告诉房东说书的所有人已经同意将书交给自己，随后房东将书交给了行为人。罗克辛教授与许内曼教授都认为此时房东相信了此陈述而将书交给了行为人。罗克辛与许内曼将本案中的房东比作一个默示代理

[1] Bernd Schünemann, Methodenproblemer bei der Abgrenzung von Betrug und Diebstahl in mittelbarer Täterschaft, GA 1969, 46.

[2] Claus Roxin/Bernd Schünemann, Der praktische Fall-Strafrecht, JuS 1969, 372, 373.

[3] Knut Amelung, Irrtum und Zweifel des Getäuschten beim Betrug, GA 1977, 14 f.

[4] Ernst Samson, Systematische Kommentar zum StGB, 4.Aufl., 1989, §263, Rn. 92.

[5] Bernd Schünemann, Methodenprobleme bei der Abgrenzung von Betrug und Diebstahl in mittelbarerer Täterschaft, GA 1969, 46.

(Duldungsvollmacht)[1] 但赫兹贝格教授则认为这种情况下不能被视为默示代理，因为它并不满足默示代理的条件[2]。蒂德曼教授指出，客观授权、代理权限理论是与法律的财产概念相对应的，在能否将受骗人的行为归属于受害人的问题上其采取的是刑法以外的其他法律规则。这个理论过于狭窄。[3] 相反，在法律权限理论更多的观点所主张的则是主观的权限理论，即被骗者主观上认为自己是在受害者所授予的权限范围内对受害者的财产进行处分的。奥托教授认为，原则上应当认为，当占有保管人在主观上认为自己是在权利人客观授予的权限范围内行动的，则存在的是占有的交付而不是占有的破坏。[4] 赫兹贝格教授则批评这种观点以处分人的主观善意扩大了他客观上所具有的权限。另外还有一部分学者则认为仅被骗者在主观上相信自己具有代理处分财产的权限是不够的，除此之外，被骗者还负有检验的义务，这种检验义务是在主观代理权限理论内部进行的限缩。[5]

福格尔教授指出，在区分三角诈骗与盗窃罪间接正犯之前所首先需要解决的问题有二：其一，诈骗与盗窃之间是否真的如主流观点所认为的那样是一种互斥的关系而完全排除诈骗与盗窃成立想象竞合的可能性；其二，确定二者之间界限的标准究竟应当从诈骗罪的教义学出发还是从盗窃罪的教义学出发。如果是前者，则应当考虑诈骗罪作为自我损害犯罪的本质，而将处分理解为一个交出（Weggabe）财物的行为，而如果是后者，则应当考虑的是被骗者所作出的同意能否被归属于受骗者自身的同意。行为是否成立盗窃罪仅仅根据盗窃罪的教义学规则进行判断，而并不必然与诈骗罪的教义学相联系。根据教义学的一般观点要将第三人的同意归属于法益主体本人必须根据代理的相关规则进行。基于事实上的处分可能性并不能

[1] Claus Roxin/Bernd Schünemann, Der praktische Fall-Strafrecht, JuS 1969, 372 ff.

[2] Rolf Dietrich Herzberg, Betrug und Diebstahl durch listige Sachverschaffung, ZStW 89 (1977), 367 ff.

[3] Klaus Tiedemann, in: Leipziger Kommentar zum StGB, 12. Aufl., 2010, Bd. 9, § 263, Rn. 116.

[4] Harro Otto, Zur Abgrenzung von Diebstahl, Betrug und Erpressung bei der deliktischen Verschaffung fremder Sachen, ZStW 79 (1967) 59, 84.

[5] Andreas Hoyer, Systematischer Kommentar zum StGB, 8 Aufl., 2009, § 263, Rn. 63; Roland Schmitz, in: Münchener Kommentar zum StGB, 2. Aufl., 2012, Bd. 4, § 263, Rn. 99.

产生处分的权限，即便是处于被代理者阵营的人，例如其他的共同占有人，也并不具有代理进行处分的权限。在盗窃罪的教义学框架内，只有代理权限理论才是可接受的，即是否成立盗窃罪取决于，占有人是否明示或默示地授权被骗者，交出自己的占有或赞同地容忍自己占有的移转。尤其是在被骗者是占有的保管人的情况下应当认为存在此种授权。虽然表面看来占有保管人如停车场的管理者并不具有处分的权限，但根据相反的民法状况（《民法典》第166条受到欺骗而做出的代理处分表示原则上是有效的），占有人并不能从受骗的风险中解放出来。[1] 相反蒂德曼教授则从诈骗罪的教义学框架出发认为，从通说所主张的经济的（或经济—法律的）财产概念与财产损害概念处罚，对他人财产的事实作用可能性便足以构成诈骗罪意义上的处分行为。[2] 这意味着，从盗窃罪的教义学出发，由于被骗人的同意不能归属于被害人，于是构成对占有的破坏从而成立盗窃罪；相反，从诈骗罪的教义学出发，由于被骗者事实上具有处分作用的可能性便足以视为被害人自己的处分行为，从而成立诈骗罪，由此便导致了盗窃罪和诈骗罪在三方关系（所谓的三角诈骗）的部分情形中可能会存在成立想象竞合的可能性。这与理论通常所认为的盗窃与诈骗罪之间构成互斥关系的观点是相悖的。这一矛盾的背后是盗窃罪教义学与诈骗罪教义学之间的紧张关系，而这种紧张关系的根源之一则在于德国刑法中对作为侵犯所有权犯罪的盗窃罪适用法学标准而对于侵犯财产犯罪的诈骗罪适用经济的标准的双轨制[3]。阵营理论实际上是这种紧张关系的一种折中方案，它一方面认为基于事实上的处分可能性就能够将被骗者处分视为被害人自己处分，另一方面又通过阵营（Lager）或所谓的紧密关系（Näheverhältnis）这个概念对事实上的处分性加以限制。但阵营概念或紧密关系概念的模糊性和不确定性给裁判者在个案中留下了很大的裁量空间，这在一定程度上也存在违反明

---

[1] Joachim Vogel, in: Leipziger Kommentar zum StGB, 12.Aufl., 2010, Bd.8, § 242, Rn. 122-125.

[2] Klaus Tiedemann, in: Leipziger Kommentar zum StGB, 12 Aufl., 2010, Bd. 9, § 263, Rn. 115.

[3] 此种双轨制的侵犯财产犯罪（广义）构造将会在下文中进一步论述。参见 Joachim Vogel, in: Leipziger Kommentar zum StGB, 12.Aufl., 2010, Bd. 8, § 242.

确性原则的危险。

3）三角诈骗

若要以三角诈骗来解释正当持卡人的刷卡消费行为成立诈骗罪，需要解决三个问题：第一，行为人出示自己的信用卡的行为能否被认为是一个欺骗行为，因为三角诈骗仍然是诈骗，它必须满足诈骗罪的一般要件，这一问题涉及默示欺骗行为（日本所谓举动诈骗）的认定问题，将在下文中予以讨论；第二，受到欺骗而出售商品或服务的商家是否处分了信用卡公司的财产，商家在出售商品或服务的时候所处分的是商品本身，而非信用卡公司所损失的财产，在这个意义上，德国刑法理论认为这里欠缺处分财产与损失财产的同一性（Stoffgleichheit）；第三，如果商家处分了信用卡公司的财产，那么这个处分能否归属于信用卡公司从而相当于信用卡公司自己做出的处分以符合诈骗罪作为自我损害犯罪的本质。上述关于三角诈骗理论的争论实际上涉及的只是第三个问题，在日本理论热衷于讨论三角诈骗模型适用于信用卡滥用案件之时，德国理论和实务上已经在第一、第二个问题上将这种情况排除在了诈骗罪的成立范围之外。只有当第一出示信用卡的行为构成欺骗行为，第二商家在出售商品时处分了信用卡公司的财产时，才涉及第三个问题。即便前两者都成立在第三个问题上根据上述不同观点也可能得出否定的结论，因为根据各种法律权限理论（无论主观还是客观的权限理论），商家都没有得到处分信用卡公司财产的权限，信用卡公司所损失的财产只是基于二者之间的合同约定在商家对自己的商品作出处分时所导致的必然结果，商家和信用卡公司之间并不存在明确的授权代理关系，二者毋宁是一种债权债务关系，信用卡公司有义务向商家支付价款。只有在阵营理论之下才可能认为商家在对自己的商品作出处分的同时在事实上也处分了信用卡公司的财产，因为只有阵营理论才认为事实上的处分可能性便足以成立诈骗罪意义上的自我处分。

（3）规范的欺骗概念（normative Täuschungsbegriff）与默示的欺骗（konkludente Täuschung）

在德国信用卡滥用之所以被排除在诈骗罪的成立范围之外，其原因尚不在于三角诈骗与盗窃罪间接正犯的界分标准之上，而主要在于对欺骗行为的认定上。由于行为人在日常购物中并不会明确地表明自己是否有还款的意愿和能力，于是在这类案件中主要考虑的是其行为能否成立默示的欺骗。理论上一般认为，欺骗行为既可以以作为方式实施也可以以不作为的方式实施，其中以作为方式实施的欺骗中又可以分为明示的（ausdrückliche）和默示的（konkludente）欺骗，前者是较为明确的，而后者在理论上始终存在争议。

默示的欺骗行为这一概念在刑法理论主要面临两个难题，其一，这一概念有模糊作为诈骗与不作为诈骗之间界限的危险，从而使不作为诈骗中所要求的保证人地位这一要素被规避；其二，这一概念在一定程度上无法满足罪刑法定原则所要求的明确性，而罪刑法定原则在德国法秩序中是有其宪法基础的，因此违反明确性要求就可能使得默示的欺骗行为这一概念的合宪性存在疑问。[1]

在如何理解默示的欺骗行为时需要重新考虑欺骗这一上位概念，对此存在本体论的欺骗概念（ontologische Täuschungsbegriff）与规范化的欺骗概念（normative Täuschungsbegriff）。传统上所理解的欺骗概念是自然意义上的，强调从事实角度进行考察（faktische Betrachtungsweise）对以作为方式和以不作为方式实施的欺骗行为在自然意义上进行区分，例如行为人以积极的方式虚构事实作出虚假陈述，但这种本体论的欺骗概念很难解释默示的欺骗与不作为的欺骗，因而理论上出现了对欺骗概念进行规范化的努力。

欺骗概念的规范化首先由拉克纳（Karl Lackner）在《莱比锡评论》第 10 版中提出。在他看来，在对与默示诈骗相关的意思表示内容（Erklärungswerte）进行调查时关键在于，根据日常的交易观念相关的事实是否能同时被认为是一种是意思表示，其中应当以规范性的风险分配为指导（normative Risikoverteilung）。拉克纳认为，以作为和不作为来对欺骗行为进行分类在根

[1] 当然德国联邦宪法法院在 2012 年的一起判决中已经对这一问题作出了肯定回答，认为默示的诈骗行为这一概念并不违反明确性原则。参见 BverfG wistra 2012, 102, 104.

本上就是不合理的。在他看来，之所以可以认为默示的欺骗行为同时表达了一定的事实，是因为通常行为人在法律上负有说明的义务，这个义务也是不作为犯罪中能够将损害结果归属于不作为的根据。在某些情况下物理上的什么都不作为可以被认为是沉默的一种特殊形式。默示的欺骗究竟是通过作为还是不作为的方式实施，取决于被骗者是否是基于自己对于行为人的信赖才形成了错误的认识，还是在此之前这个认识错误就已经存在了。[1]

根据这种规范的欺骗概念所得出的意思表示内容是根据一定的标准进行规范归属的结果，这些标准是从社会日常交易观念中推导出来的。蒂德曼教授指出，以日常交易观念作为判断默示欺骗行为是否存在的标准虽然可以作为解决实践中往往存在矛盾的具体案件的指导性原则，但是这个原则却很难从经验上加以确定，但必须从规范上予以补充和具体化。[2]

福格尔教授也赞成对欺骗概念的规范化考察，在他看来，默示的欺骗行为是对“交往性的交易安全义务”（kommunikativer Verkehrssicherungspflichten）的违背。将默示的欺骗行为理解为对相互的交易安全义务的违反比将其归为作为还是不作为是更为有意义的，后一种区分在具体案件中往往是偶然的。但是并不存在单独的刑法上的知悉真相的权利或者告知真相的义务。这种交互的交易义务首先植根于交易之中，在考虑交易义务的范围时还可以考虑得到客观归责理论承认的自我负责原则。[3] 主张类似的观点还有维蒂希（Petra Wittig）教授，她认为将诈骗罪的可罚性取决于作为与不作为的区分是错误的，对诈骗罪的构成要件进行具体化应当以诈骗罪作为交往性犯罪的特征为出发点。从这种交往性的观察出发，应当在构成要件该当性的层面考虑被害人在构成要件实现过程中的参与行为，她试图

---

[1] Karl Lackner, in: Leipziper Kommentar zum StGB, 10 Aufl. 1988, Bd. 6, § 263，Rn. 28.

[2] Klaus Tiedemann, Das Betrugsstrafrecht in Rechtsprechung und Wissenschaft, in: Claus Roxin, Gunter Widmaier (Hrsg.), 50 Jahre Bundesgerichtshof, Festgabe aus der Wissenschaft Band IV, 2000, S. 551 ff.

[3] Joachim Vogel, Betrug durch konkludente Täuschung: „ Recht auf Wahrheit “ oder kommunikative Verkerhssicherungspflichten, in: Gedächtnisschrift für Rolf Keller, 2003, S. 313, 322.

通过区分规范性的负责领域来建构可罚的欺骗行为。[1] 帕夫立克（Michael Pawlik）认为欺骗行为无论是以作为还是不作为的方式实施，都是对知悉真相权利（Recht auf Wahrheit）的侵犯，欺骗行为的可罚性终究取决于该行为是否违背了说明义务（Aufklärungspflicht）[2]。

一方面，纯粹从事实上来判断欺骗行为尤其是默示欺骗行为是否存在是很难进行下去的。即便是强调事实角度考察的学者在判断一个行为中所包含的意思表示内容时也不得不援引某些规范性的标准。例如，克拉默（Peter Cramer）教授一方面主张从事实角度进行观察，另一方面恰恰是根据判断规则即规范来判断行为是否包含了默示的内容，但其出发点却又不在于法律规定，而在于日常交易观念和交易事实：行为的意思表示内容应当根据一般的解释规则进行调查，它取决于法律交易过程中对于行为人的行为作何种理解，关键在于在具体案件中所要考虑的交易类型中的客观行为标准，而这最终又取决于法律在交易双方或多方之间对于信息风险和认识错误风险进行的分配。[3] 对此，福格尔教授指出，实际上简单得区分事实上的考察与规范含义极具误导性，这两种观点并没有表面上看起来那么对立。相反，强调规范含义的主张只是转换了重点，而认为推定意思表示内容的规则通常是法律规则，尤其是法律上对于说明义务的规定，以及分配信息风险和认识错误风险的法律规范标准。[4]

另一方面，尽管规范的欺骗概念对默示的欺骗和不作为欺骗具有一定的解释力，但也存在一定的问题。如果欺骗行为是否存在取决于是否存在说明义务，那么这种说明义务究竟产生自何处。如果认为说明义务是基于

[1] Petra Wittig, Das tatbestandsmäßige Verhalten beim Betrug, 2005, S. 400, 406.

[2] Michael Pawlik, Das unerlaubte Verhalten beim Betrug, 1999, S. 186; ders, Täuschung durch die Ausnutzung fremder Organisationsmängel-Zur Risikoverteilung gemäß § 263 StGB in den „ Fehlbuchungsfällen “ und verwandeten Fallkonstellation, in: Festschrift für Ernst-Joachim Lampe, 2003, S. 689 ff.

[3] Adolf Schönke /Horst Schröder /Peter Cramer/Walter Perron, Kommentar zum Strafgesetzbuch, 27. Aufl., 2006, § 263, Rn. 37.

[4] Joachim Vogel, Betrug durch konkludente Täuschung: „ Recht auf Wahrheit “ oder kommunikative Verkerhssicherungspflichten, in: Gedächtnisschrift für Rolf Keller, 2003, S. 313, 316.

对信息缺失的负责，那么究竟基于何种标准来确定是否存在这种规范性的负责。以福格尔教授所主张的交互性的交易安全义务为例，这个概念显然具有高度的不确定性，其内容是如此广泛以至于很难清晰的界定下来，而必须在个案中考虑所涉及的具体交易类型与交易规则。此外，规范的欺骗概念根据是否存在对说明义务的违反来确定欺骗行为是否存在，这在一定程度上取消了默示的欺骗作为以积极方式实施的作为欺骗与不作为欺骗之间的界限。我们可以看到，各种尝试对欺骗行为概念进行规范化的学理尝试都在某种程度上有意无意地取消作为与不作为的存在论区分标准，甚至是直接放弃作为与不作为的区分，而以其他标准来划定可罚性的边界。这种对作为与不作为之区分的放弃源于在行为方式的存在论界定标准所带来的偶然性的不信任。这种不信任不仅体现于理论上对于欺骗行为的界定之上，甚至实务中在中断治疗案件也已经开始明确表示要放弃将可罚性标准奠基于作为与不作为之区分的基础上。[1] 但彻底的放弃在实定法层面难以找到依据，毕竟《德国刑法典》第 13 条明确规定了不纯正不作为之不同于作为的可罚性条件，也明确地规定对于不纯正的不作为可以酌定从轻处罚（《德国刑法典》第 13 条第 2 款）。

卡西斯克（Peter Kasiske）指出，尽管规范的欺骗概念存在问题，但欺骗概念的规范化仍然是不可避免的：

无论主张存在论的欺骗概念还是规范论的欺骗概念，学理上的共识是日常的交易观念对于确定默示的欺骗行为具有核心的意义。在某种程度上人们的确可以质疑，在存在论与规范论的欺骗概念之间究竟是否真的存在区别，还是说这种差异仅仅是一个伪命题。因为所谓的交易观念不仅要根据事实性的因素也要根据规范性的因素加以确定。交易观念如果取决于法

[1] BGH NJW 2010, 2963 ff= JZ 2011,532 ff. 该判决中指出，“根据自然意义上的积极行为与消极行为的区分来区分被允许的安乐死与根据第 212、216 条受到刑事处罚的杀人行为是没有意义的。以自相矛盾的规范评价而将一个现实的积极的作为转化为‘规范理解下的不作为’（normatisch verstandene Unterlassen），从而能够将这一行为归为‘消极的安乐死’而在法律上使其正当化，这一做法在过去已经得到诸多正确的批评”。

律交易中的参与者所抱有的期待，便不具有可操作性，因为这种交易中的期待并非在每个案件中都能得到确定。于是交易观念的确定就只能取决于一般化的行为标准，也就是通常在法律交易中所期待的行为。在默示的欺骗行为中需要考察的是从规范的角度看一个行为究竟包含了什么样的意思表示，而不是该行为事实上表达了什么。因此在这个意义上，欺骗行为的规范化是不可避免的。[1]

卡西斯克试图从信息支配这一概念而非过去的说明义务出发建立规范的欺骗概念。“诈骗罪是交往性的犯罪，所谓交往是以信息的交换为其特征的。在诈骗罪中行为人利用了自己所具有的信息优势，从而操纵了与被害人的交往过程并使其产生认识错误。因此行为人的行为支配在本质上就是其对于其所具有的特定信息的支配。”[2]

在卡西斯克看来，信息支配只是认定默示的欺骗行为的必要条件而非充分条件。因为并非任何一个利用信息优势的行为都值得刑罚处罚。以私人自治为核心的民法并不要求每一位合同的参与者都有义务将自己所拥有的与交易相关的信息告知合同相对方。因此，对待给付不公平的风险通常是由合同交易的参与者自行承担的，交易的参与者通常都有义务自己获取作出交易决定所必要的信息。例如对其所购买的商品进行一定的调查。地毯的销售者所提出的价格已经达到一张波斯地毯的价格也不表明他默示地表示自己所销售的就是一张波斯地毯。民法是通过信息风险分配的方式使交易方负有义务自行获得必要的信息。但是这种信息风险并不存在于那些对于交易而言具有本质意义的信息中，这些信息是如此重要以至于缺失这些信息可能会损害合同的目的甚至使合同目的实现不能。[3]

建立在信息支配概念之上的规范欺骗概念试图在规范论与本体论之间寻找一个折中的方案。当然这一概念仍然存在规范的欺骗概念所共同面临

---

[1] Peter Kasiske, die konkludente Täuschung bei § 263 StGB zwischen Informationsrisiko und Informationsherrschaft, GA 2009, 361 ff.

[2] 同上注。

[3] 同上注。

的问题，即便从信息支配出发来认定默示欺骗行为的存在，仍然有无法与不作为欺骗相区别的疑虑。尽管卡西斯克强调基于这种信息支配并不能建立保证人地位，但他并没有说明不能建立保证人地位的根据。许内曼教授等学者试图从事实支配概念出发来建构保证人地位的统一基础[1]，而作为事实支配的一种具体情形，这种信息支配却无法建立保证人地位，这也将导致这一对具体构成要件的解读与总论中教义学的一般理论之间存在紧张关系。

在上述两个案件中，诈骗罪是否成立的核心问题仍然在于是否存在一个默示的欺骗行为。根据通说的观点，默示欺骗行为的认定，需要根据日常的交易观念和交易惯例来判断行为人的行为整体是否包含了相应的意思表示。[2] 因此在推断一个行为究竟具有何种意思表示内容时，必须同时从事实的和规范的观点出发。适用于所有交易的普遍的交易观念和交易惯例并不存在，因此交易观念需要根据具体的交易类型加以确定，不同的交易类型对应着在交易参与者内部不同的风险和义务分配方案。联邦最高法院[3]也正是基于支票交易与信用卡交易在结构安排上的不同之处而对前者肯定了默示诈骗，与此同时对后者则持否定态度。但随后最高法院又认为在得到支票卡担保的支票交易中，行为人的行为也不包含关于自己是否具有还款意愿和能力的意思表示内容，因为在得到支票卡担保时，行为人的还款意愿和能力就不再是对于此种交易而言具有重要意义的事实，接受支票的人只要确保自己接受的支票能够兑现就可以了。我们从这些判例的不同结论中也可以看到默示诈骗行为这一概念所具有的不明确性与不稳定性，因为其背后作为判断根据的日常交易观念本身就是非常模糊和不明确的。

---

[1] 关于事实支配作为统一的保证人地位基础，参见 Bernd Schünemann, Grund und Grenzen der unechten Unterlassungsdelikte : zugleich ein Beitrag zur strafrechtlichen Methodenlehre, 1971; Bernd Schünemann, Zur Garantenstellung beim unechten Unterlassungsdehkt: Dogmenhistorische, rechtsvergleichende und sachlogische Auswegweiser aus einem Chaos, in: Martin Börse (Hrsg.), Grundlagen des Straf-und Strafverfahrensrechts, Festschrift für Knut Amelung zum 70. Geburtstag, 2009.

[2] 这对应于民法上所谓的意思实现。

[3] BGHSt 51, 165, 170.

2. 第 266 条背信罪

根据《德国刑法典》第 266 条的规定，背信罪包括了滥用和背信两个分支要件。最高法院在判决中要求背信罪的成立以行为人对受害人的财产负有照管义务为前提。但在行为人与银行或信用卡公司的合同关系中，行为人并不具有此种财产照管义务，从而排除背信罪成立的可能性。最高法院在上述 BGHSt 33, 244 的判决中还考虑了背信罪的构成要件，但得出了否定的结论。

联邦最高法院认为，被告人基于其与信用卡公司的合同，有权使信用卡公司有义务支付其购买商品或服务所产生的债务。但他并没有滥用这一权利，因此其行为不成立背信。因为背信罪成立以行为人“有义务照管……财产利益”为前提。而被告人并不具有这种财产照管义务。根据用户与信用卡公司的约定，被告人在使用信用卡时应当考虑信用卡公司的利益，用户的义务在于他应当只有在自己有能力每个月还款的情况下才使用信用卡。但这并不属于第 266 条意义上具有独立意义的财产照管义务。只有当这种财产照管义务构成了合同的基本内容并成为主合同义务时，才成立第 266 条意义上的独立的财产照管义务。而被告人对信用卡公司财产利益的注意并不是其与信用卡公司所订立的合同的基本内容。从其对信用卡公司所负有的说明义务出发，认为其有义务确保自己只有在有还款能力的情况下使用信用卡并不会导致评价的改变。对这一合同义务的违反并不成立背信。背信罪这一条并不是用来减少目前信用卡滥用所产生的无法估量的风险。[1]

在判决的最后，法院指出，“被告人使用信用卡购买商品和服务的行为，既不构成背信罪也不构成诈骗罪的既遂，这一结论是无法令人满意的，因为这个对社会有害的、值得刑罚处罚的刑法被置于刑罚处罚之外了。缺

[1] 但理论也有批评指出，如果在权利滥用的构成要件中要求与背信构成要件同样的财产照管义务，就会使权利滥用这一情形失去其独立的意义，而这是与立法者的本意不符的。参见：Harro Otto, Bargeldloser Zahlungsverkehr und Strarecht, 1978, S. 100 f.; Karl Heinz Labsch, Der Kreditkartenmißbrauch und das Untreuestrafrecht, NJW 1986, 104, 106; Otfried Ranft, Der Kreditkartenmissbrauch, JuS 1988, 673 ff.

少相关的刑事法规对此进行规制是立法者的任务，立法者应当研究，这样的行为以及其他在现代支付过程和信用交易中未置于刑法规范规制之下的行为是否有必要受到刑罚处罚，并设置相应的构成要件”。这一判决直接推动了德国联邦议会法律委员会在《第二次反经济犯罪法》的最后草案中决定在《刑法典》中增设第266条b支票和信用卡滥用罪。目前信用卡与支票卡的滥用行为主要是在这一条的构成要件范围内考虑其可罚性问题。[1]

3. 第266条b支票与信用卡滥用罪

如前文关于德国对正当持卡人的取款行为的定性的介绍已经可以看到，《德国刑法典》第266条b支票卡与信用卡滥用罪的成立以三方交易关系为前提，从而否定了持卡人在发卡银行自动取款机上取款的行为成立本条的可能。相反，持卡人到签约商户购买商品或服务则是一个典型的三方交易关系，这种情况下支票卡和信用卡的滥用行为也是立法者在设置本条时想要纳入本条处罚范围的典型情况。因此，在《第二次反经济犯罪法》于1986年生效之后，此种信用卡滥用行为主要是根据本条进行定罪处罚。

四、非正当持卡人的滥用行为定性问题

（一）取款行为

1. 第242条盗窃罪

在《第二次反经济犯罪法》生效之前，非权利人在自动取款机上取款的行为定性，主要可能成立第242条盗窃罪与第246条侵占罪。盗窃，是

[1] Otfried Ranft, Der Kreditkartenmissbrauch, JuS 1988, 673 ff. 当然，在是否增设本条的讨论中是存在争议的，少数观点对设置本条的必要性提出了质疑，认为本条实际上是将单纯的合同违约行为置于刑罚处罚之下，而这是违反体系的。通过对支票卡和信用卡用户、信用卡公司以及签约公司三方的法律关系作出合理的安排并进行谨慎的检验，从而维护用户的信用是信用卡公司的任务。而多数观点则认为本条对于维护在国民经济中重要性日益凸显的非现金支付过程的正常运作是必要的。这种行为与现行的背信罪构成要件具有类似的社会危害性内涵。

指行为人以不法领得目的拿走他人动产的行为。因此，就客观构成要件方面而言，首先需要审查行为人的取款行为是否成立拿走（Wegnahme）。其中，拿走意味着破坏他人既存的占有从而建立新的占有。现金的取得行为能否归为拿走，关键在于这一行为究竟是破坏了银行对现金的占有，还是银行主动地向行为人交付占有（Gewahrsamübergabe）。对此，联邦最高法院在 BGHSt 35, 154 判决中做出了回应。

（1）拿走银行卡并取款随后归还的行为定性

1）案件事实

被告拿走了其兄长的欧洲支票卡，并在自动取款机上输入密码取款，1985 年 12 月 2 日至 21 日被告一共取款 5100 马克。地方法院判决被告同时构成针对支票卡的盗窃罪以及对所取现金的侵占罪［应当注意的是本案行为实施于 1985 年，当时在《第二次反经济犯罪法》（2.WiKG）所增设的第 263 条 a 计算机诈骗罪则是于 1986 年 5 月 15 日颁布，1986 年 8 月 1 日生效］，数罪并罚判处有期徒刑 6 个月。州法院二审则认为被告的取款行为不构成侵占罪而构成盗窃罪。由于被偷的支票卡尚不包含任何确定的价值，因此后续的盗窃现金的行为并不是盗窃支票卡的不可罚的事后行为。杜塞尔多夫州高等法院肯定了州法院关于拿走支票卡的行为成立盗窃罪的认定，但认为行为人的取款行为不是独立的盗窃行为，而是盗窃支票卡行为的延续。这一观点与此前的汉堡州高等法院、斯图加特州高等法院以及巴伐利亚州最高法院第二、第三刑事审判委员会此前对类似案件的判决存在差异。因此，杜塞尔多夫州高等法院基于《法院组织法》第 121 条第 2 款关于在判决偏离时的报告义务而将本案提交给了联邦最高法院。

2）裁判理由

杜塞尔多夫州高等法院在将案件向最高法院报告时，将本案争议点总结为：

①行为人拿走了他人设有密码的银行卡，想要通过无权使用此银行卡并输入相应的密码在银行的自动取款机上取出现金，如果他从一开始就想要将该银行卡归还权利人，则其行为是否能够视为《刑法典》第 242 条所

规定的既遂的盗窃？

②在拿走他人银行卡之后在自动取款机上取款的行为，应当被认为是一个不具有刑法相关性的不可罚行为；还是成立第 242 条盗窃罪或是第 243 条第 1 款第 1 项或第 2 项的盗窃罪加重情形；还是成立第 246 条侵占罪？

对于拿走银行卡取款之后又将卡归还的行为，在德国刑法实务中时有发生且各个法院对此定性意见不一，下表为笔者所找到的德国各级法院在这一问题上的定性意见一览：

序号	法院	案件编码	行为	定性
1	联邦最高法院	BGHSt 35, 154	拿走他人银行卡取款后归还	拿走银行卡后归还的行为不构成盗窃罪
2	联邦最高法院	BGHSt 38, 10	将真实的账户信息复制在伪造的银行卡上从而从自动柜员机上取款	取款行为不构成盗窃罪
3	汉堡州高等法院	OLG Hamburg, NJW 1987, 336	拿走他人银行卡取款后归还	拿走银行卡后归还的行为不构成盗窃罪；在第 263 条 a 计算机诈骗罪生效之前取款行为不可罚
4	斯图加特州高等法院	OLG Stuttgart, NJW 1987, 666	拿走他人银行卡取款后归还	拿走银行卡后归还的行为不构成盗窃罪；在第 263 条 a 计算机诈骗罪生效之前，取款行为成立侵占罪
5	巴伐利亚州最高法院	Bay ObLG NJW 1987, 663；BayObLG NJW 1987, 666	拿走他人银行卡取款后归还	拿走银行卡后归还的行为不构成盗窃罪；在第 263 条 a 计算机诈骗罪生效之前取款行为成立盗窃罪

续表

序号	法院	案件编码	行为	定性
6	科布伦茨州高等法院	OLG Koblenz wistra 1987, 261	拿走他人银行卡取款后归还	拿走银行卡后归还的行为不构成盗窃罪；取款行为则成立盗窃罪
7	科隆州高等法院	OLG Köln JR 1992, 249；Mit Anm. Otto JR 1992, 251ff.	受他人委托取款却溢领了存款	成立第 263 条 a 计算机诈骗罪
8	科隆州法院	LG Köln NJW1987 667	盗窃他人银行卡取款	拿走银行卡后归还的行为不构成盗窃罪；取款行为成立盗窃罪
9	卡尔斯鲁厄州法院	LG Karlsruhe NStZ 1986, 71	账户名义人使用自己的银行卡超过自己的存款余额取款	成立盗窃罪
10	柏林-蒂尔加滕地方院	AG Berlin-Tiergarten, wistra 1984, 114	账户名义人超过信用额度透支	成立侵占罪
11	库姆巴赫地方法院	AG Kulmbach NJW 1985, 2282	拿走他人银行卡并取款	拿走他人银行卡成立对价值微薄财物的盗窃罪；随后的取款行为则成立对现金的加重盗窃
12	慕尼黑地方法院	AG München wistra 1986, 268	拿走他人的银行卡并取款，随后放回	拿走银行卡后归还的行为不构成盗窃罪；取款行为既不构成盗窃罪也不构成侵占罪

从上表可以看出，德国法院对于拿走银行卡取款并归还的行为在定性上主要分为两步，第一步讨论的是拿走银行卡的行为是否成立盗窃罪，这里涉及的是对领得意思的认定。如前文对德国围绕领得意思解释的争论所

述，就针对银行卡的领得意思存在与否这一问题，德国理论目前已经没有太大的争议，按照通说的综合理论认为，领得对象既可以是财物本身也可以财物上所体现的价值，但并非所有通过拿走的财物所获得的好处都可以被认为是财物上所体现的价值，一如这里所讨论的通过银行卡所取走的现金。理论上一致认为，密码卡只具有钥匙的功能，因此通过密码卡所取走的现金就像是通过钥匙打开门或保险箱拿走现金一样，现金并不是钥匙所体现的价值。当然如何区分什么才是财物上所体现的价值仍然是一个值得讨论的问题。

第二步讨论的则是取款行为的定性，在1986年8月1日《第二次反经济犯罪法》所增设的计算机诈骗罪（《德国刑法典》第263条a）生效之后，非权利人使用他人银行卡在自动取款机上输入密码取款的行为可以根据第263条a计算机诈骗罪进行处罚。但在此之前，定性意见并不一致，第242条盗窃罪、第246条侵占罪是主要考虑的罪名，但也有法院认为这两项构成要件均被排除，从而否定了行为人行为的刑事可罚性。在盗窃罪中需要考虑的是取款行为是否构成拿走，所谓拿走，是指行为人破坏旧占有建立新占有，因此判断现金的占有归属以及是否存在对占有的破坏就成为在检验盗窃罪构成要件时的核心问题。对于前者，德国刑法理论与实践中的一致意见认为在取款行为之前现金的所有权以及占有都归属于银行，但对于是否存在破坏占有则存在争议。例如上表中否定了盗窃罪构成要件的汉堡和斯图加特州高等法院都认为这里并不存在对占有的破坏（Gewahrsamsbruch），因为在自动取款机的场合银行是同意将现金的占有交付（Gewahrsamsübergabe）给实施取款行为的非权利人的。相反，巴伐利亚州高等法院则认为银行仅同意向正当的持卡人交付现金的占有和所有权，因而在非权利人取款的场合不存在对占有的同意，因而成立盗窃罪。本案中杜塞尔多夫州高等法院的观点是较为独特的，它并没有将取款行为视为一个与拿走银行卡行为相独立的行为，而认为这是拿走银行卡行为的延续，因此这两个行为可以被整体评价为一个盗窃行为。这一观点属于少数意见，并没有为联邦最高法院所采纳。

通过本案，联邦最高法院对定性上的分歧进行了回答和澄清：

对于非权利人在自动取款机上取款的行为，最高法院认为只要行为人是按照功能使用自动取款机亦即通过支票卡与输入密码取出现金的，其行为不构成盗窃罪。第242条盗窃罪以破坏他人的占有而建立自己的占有为客观构成要件行为。当原占有人向行为人“交出占有”时便不存在占有的破坏。但联邦最高法院在裁判理由中回避了占有同意的问题，而将是否构成破坏占有的判断取决于占有移转的外部过程：“在判断究竟是原占有人（银行）交出了对现金的占有还是由新的占有人（也就是无权使用者）破坏了占有的问题上，关键因素在于占有移转这一过程的外部表现。但从外部表现看银行交付占有（Gewahrsamausgabe）这一过程并不必然地意味着银行同意向行为人移转所有权（Eigentumübertragung）。因为占有的破坏是一个事实过程，而交付所有权则是一个法律行为。”[1]这一立场在随后的判决中也得到了贯彻，联邦最高法院对于行为人将真实的账户信息复制在伪造的空白卡片上随后到自动取款机上取款的行为也否定了其成立盗窃罪的可能性。[2]

（2）争点

围绕对拿走行为的解释，理论与实务上的争议存在于两个层面，首先在最高法院与理论之间，对于破坏占有的标准存在争议，后者认为一个行为究竟是破坏占有还是交付占有取决于原占有人对于占有的移转是否具有同意，因为所谓破坏占有是指在缺少或者违背原占有人同意的情况下移转占有，而在最高法院看来，破坏占有还是交付占有的判断标准取决于占有移转的外部表现，这一标准同样出现在抢劫罪与敲诈勒索罪的区分之中；其次，在以同意作为区分标准的观点内部，对于非权利人使用他人银行卡取款或者是正当持卡人超出自己的权限取款的行为，对于银行同意的理解也存在分歧。

---

[1] BGHSt 35, 152 ff.

[2] BGHSt 38, 10 ff.

（3）破坏占有

主张本案中不存在占有同意的观点认为，[1]在内心存在对占有移转的自然的认可便存在同意。对于占有移转的同意不需要被表达出来，而且根据主流观点，同意可以是有条件的。在涉及通过自动取款机取款的场合，银行对于占有移转的同意同样附有一定的条件，即移转的对象必须是具有正当权限的卡片持有人。理由如下：

1）银行的自动取款机一般使用条款（allgemeine Geschäftsbedingungen）第2条规定，通过装有磁条的银行卡可以使用所有的自动取款机。银行卡的所有者有权每天从柜员机中取款。银行卡所有者还将获得个人密码，该密码是另一个证明取款权限的特征，在使用自动取款机时必须输入此密码。该密码必须保密，不能写在银行卡上或者告诉其他第三人。因为所有占有这张银行卡且知悉密码的人都能够从自动取款机中取款。既然银行为每位客户专门制作银行卡，又设置了具有高度私密性的密码，并且提示客户必须妥善保管好密码而不让其被第三人发现，这些都表明银行只愿意向有权的持卡人交付占有，非权利人使用他人银行卡取款的行为便不在银行同意的范围内，因而成立对占有的破坏。

2）从利益衡量的角度来看，该观点认为肯定破坏占有也符合银行的利益状态（Interesselage），即便银行卡滥用所带来的损害风险可以转嫁给用户，但对于银行而言仍然存在残余的风险；而且自动取款机的正常运作，以及避免银行卡滥用的大量发生以防止银行信誉受损对于银行而言都是当然的利益。

3）该观点还将通过他人银行卡使用取款机的行为与第265条a所规定的滥用自动售货机骗取给付的行为相比较，认为二者的情况是相同的，而后者过去也被认为成立盗窃罪。

4）最后立法者将此种犯罪视为计算机诈骗罪，该构成要件于1986年

[1] BayObLG NJW 1987, 663；BayObLG NJW 1987, 666; AG Kulmbach NJW 1985, 2282; LG Köln NJW 1987, 667.

8月1日生效，但这并不妨碍在此之前将此种银行卡的滥用视为盗窃。认为此种情形已经超出了盗窃罪的构成要件，因而此前存在立法漏洞，这一观点是不值得赞同的。立法者只是将这种情形从盗窃罪的适用范围中抽取出来，因为这类情况是否成立盗窃罪在学理上尚存在激烈的争论。

(4) 交付占有

1）相反观点对于前述银行一般商业条款做了完全不同的解读，这一使用条款也可以理解为，所有持有银行卡且输入正确密码的人都有权从自动柜员机中取款。而且这一条款也可以被认为是对银行卡所有者的警告，提醒他其他非权利人也可以使用该银行卡。银行之所以设置这一条款是为了将在违反这些条款使用自动取款机时所产生的风险全部转移到储户身上。因此不能将本条解释为对银行同意的限定性条款。

2）主张占有破坏的观点中对于银行的利益分析也不能成为支持占有破坏的理由，因为无论是否对银行同意做出限制，上述风险都无法避免。

3）与滥用售货机骗取给付（Erschleichen von Leistung）的类比也不能成立。部分观点认为，自动柜员机并不能视为第265条a意义上的自动售货机，因为这里缺少给付的对价性。而主流的意见则认为，即便自动取款机也可以被视为自动售货机的一种特殊种类，取款是按照自动取款机的功能流程合乎规定地进行的，因而不属于诈欺行为（Erschleichen）；而且行为人也缺少第265条a所要求的主观目的，即不支付相应的对价。

2. 第246条侵占罪

在否定了盗窃罪的成立之后，还可以进一步考虑侵占罪的构成要件。侵占罪的成立同样涉及的是银行同意的问题，只是不是占有移转的同意，而是所有权移转的同意。否定侵占罪的论点认为，即便是非权利人的取款行为中，银行对于现金所有权的移转也存在同意。相反观点则认为，虽然银行的商业条款第2条的规定不能排除银行对占有移转的同意，但却能够排除对所有权移转的同意。最高法院在前述判决中最终也是以侵占罪对被告人进行定罪处罚的。为何在占有移转和所有权移转上得出不同的结论，需要结合所有权与占有这两个概念的不同性质加以理解。在传统上所理解的事实占有概念之下，占有是一种对物的事实上的控制支配，其包含客观与主观两个方面，客观方面要求存在一种事实上的控制支配关系，而主观方面则需要有占有的意思。与占有的事实属性相联系，无论是客观方面的支配事实还是主观方面的支配意思也都具有事实的属性。同样对于占有移转的同意通常也只需要一种事实上的意思即可，在对占有的同意上附加过多的条件其实是从一种对法律行为意思表示的理解出发的对占有进行理解，而这是与占有本身的事实属性不相符的。从这一点出发应当认为，对于占有移转同意的判断应当尽可能从客观事实面出发，而不应过多考虑银行各种条款的规定，要求同意条件必须是通过机器客观化的观点更为妥当。从这一点出发，在对占有移转的同意与对所有权移转的同意作不同的判断才是可以理解的，因为占有的移转是一个事实行为，而所有权的移转在德国民法的理解中则是一个独立于原因行为的法律行为。

关于非权利人的取款行为定性，鉴于我国刑法中并没有计算机诈骗罪这一构成要件，因此德国在设置这一罪名之前的讨论对于我国理论上的思考与实务中的处理具有更重要的借鉴意义。而对于同意的理解也与在总论中日益得到重视的被害人教义学具有密切的联系。是否存在同意是判断究竟是破坏占有还是交付占有的关键，前者可以成立盗窃罪，而后者则需要进一步考虑占有人在交付占有时是否受到了欺骗而陷于认识错误，从而成立诈骗罪。

3. 整体评价的观点

特别值得注意的是前述案件中杜塞尔多夫州高等法院的观点，与前述将拿走银行卡并取款的行为拆分为不同的步骤分别加以评价不同，杜塞尔多夫州高等法院将拿走银行卡以及取款视为一个整体，并将其评价为盗窃罪。这种考察方式在德国刑法理论与实践中是极其罕见的，因为这种整体考察的方式往往具有一定的模糊性和不确定性，而且也很难符合自然意义上的对行为个数的区分。当然理论上也有对此持同意观点。

例如，施罗特（Hans-Jürgen Schroth）认为，将银行卡据为己有与使用银行卡之间是一个整体行为的不可分割的部分，因而构成以银行卡为工具的盗窃（Diebstahl mittels Codekarte）。在对密码卡的滥用行为进行评价时不应忽略的是，整个行为是由两个前后相继的行为所组成的。行为人将密码卡据为己有，然后通过密码卡从自动柜员机中取得现金。密码卡的意义在于，它是为取得行为对象所必要的钥匙。在这个意义上，这两个行为不能分开来进行评价并考虑其是否能够归属于盗窃罪的构成要件之下。将密码卡据为己有和随后的现金取得行为不应被视为相互独立而没有任何关系的两个行为过程，从而认为这两个行为或者是因为欠缺“拿走”这一客观构成要件或者是欠缺领得目的这一主观构成要件要素而都没有满足盗窃罪的构成要件。[1] 最高法院在过去的判例中已经多次肯定了盗窃罪可以由多个行为部分组成，其中典型的情况就是对领得对象的间接干预（indirekte Zugriff auf das Zueignungsobjekt），包括各种代金券以及其他的权利凭证，从而使自己能够请求相应的给付。例如在盗窃存折的案件中，帝国法院认为以取走现金为目的拿走存折的行为构成盗窃罪，无论行为人是否从一开始就打算将存折放回原处。[2] 而在拿走密码卡取款的案件中也是一样，这同样是一个对他人所有权的间接干预。

但这一观点在理论上鲜有支持，斯坦因希柏（Udo Steinhilper）对此提出了批评，他认为将拿走密码卡的行为与从自动取款机内取款这两个行为视为一个整体并将其评价为该当盗窃罪的构成要件，是一个不允许的构成要件的拼接，即将拿走密码卡的行为与对现金的领得目的拼接在一起，而教义学在传统上一贯认为，领得的对象与拿走行为的对象是同一的。[3] 在根本上，这种整体评价的观点并不符合德国刑法理论的一贯传统，也与德国的刑事立法不相符。施罗特一方面认为单纯的拿走银行卡行为因为欠缺领得目的而不成立盗窃罪，另一方面又认为拿走银行卡取款的行为与拿走存折取款的行为是一致的，这实际上是前后矛盾的。当然施罗特在文章中

---

[1] Hans-Jürgen Schroth, Der Diebstahl mittels Codekarte, NJW 1981, 705 ff.

[2] RGSt 10, 369; 26, 151; 39, 239.

[3] Udo Steinhilper, Ist Bedienung von Bargeldautomaten unter missbräuchlichen Verwendug fremder Codekarten strafbar, GA 1985, 114 ff.

也提出了一个值得思考的问题，现代科技的发展所导致的刑事处罚的漏洞能否通过对现有的构成要件进行解释加以弥补。他指出取款的智能化只是接下来的智能化浪潮的一个开始，如果对于其中所出现的刑事可罚性漏洞都要通过刑事立法加以填补的话，那么可能会导致构成要件的泛滥。[1]

4. 第 263 条 a 计算机诈骗罪

而在《第二次反经济犯罪法》生效之后，非权利人的取款行为则可以纳入第 263 条 a 计算机诈骗罪的构成要件中加以考察。当然还需要区分的是在非权利人的场合，行为人是否获得了正当持卡人的授权。

（1）未获得授权的情况

未获得授权的场合即行为人并非受正当持卡人委托而是通过其他行为非法地取得了银行卡，这里包括行为人或是拿走了银行卡或者是正当的持卡人出于别的不同于取款的目的而将银行卡交给行为人的场合。

首先这里可以考虑的是一种“计算机三角诈骗”的情形，针对银行进行的导致账户名义人损失的计算机诈骗行为。需要重点审查的仍然是“无权”这一要件。由于计算机系统是正常运作的，因此按照计算机特性理论否定无权性；如果采取的是主观理论，那么如果认为是以具有处分权限的人的意愿为基准则可以肯定这里的无权性要件，因为正当的持卡人并没有允许行为人取款；如果根据诈骗特性理论，则行为人在面对银行职员时，为了获得付款，必须谎称自己就是银行卡的正当持有人或是获得了正当持卡人的授权，两者都属于类似欺骗的行为。因此从诈骗特性的理论出发也可以肯定无权性从而成立计算机诈骗罪。

（2）行为人虽然获得授权但超出了授权取款额度的行为

行为人获得授权的情形中也包括行为人通过欺骗手段取得银行卡以及授权的场合。在通过欺骗取得银行卡的场合，如果仍然在正当权利人的授权范围内，则取款行为在形式上仍然是正当的，并不具有被视为一个独立的犯罪行为的意义，而可以将其视为此前骗取银行卡成立诈骗罪之后的损

[1] Hans-Jürgen Schroth, Der Diebstahl mittels Codekarte, NJW 1981, 705 ff.

害的最终实现，构成诈骗的终了。[1]

这种行为也可以考虑第263条a计算机诈骗罪，仍然要讨论的是数据的无权使用这一要件。计算机特性理论否认此种行为的无权性，而主观理论认为，超出许可权限的部分不仅违反了具有处分权限的持卡人的意愿也违反了作为计算机系统设置者的银行的意愿，因而持肯定态度。而对于采取诈骗特性理论的观点而言态度则不一致。一种观点认为，在持卡人将银行卡交给行为人时就已经将权限全部交给了非持卡人（尽管在持卡人与行为人之间的委托代理关系中有数额的约定，但这种约定只对委托代理的双方有效，超出取款授权的部分也可以成立表见代理，行为人的结果也可以归属给持卡人。因此对于银行而言行为人的取款权限并不是其关注的事实。与拿走银行卡的行为人不同，越权使用银行卡的行为人，对于“能否”使用银行卡具有许可，而对于“如何”使用银行卡则缺少许可，而对于银行职员而言，所关注的仅仅是行为人是否具有权限，而不考虑这一权限的界限范围）。即便是在面对银行职员的情况下，行为人也没有做出任何不正确的陈述，据此则否定取款的无权性。但另一种观点则认为，这个交付银行卡的行为不具有如此广泛的授权效力，这种内部关系中的约定同样具有外部效力对行为人的权限做出了限定。

（二）其他使用行为

使用他人的银行卡购买商品或服务可以构成诈骗罪。因为在使用信用卡购物时，商户有义务对使用者的身份进行验证，因此行为人在账单上所签署的不是自己的名字的行为就构成了欺骗行为。与日本刑法中围绕信用卡滥用行为究竟构成第一项财物诈骗还是第二项财产性利益诈骗不同的是，德国并没有对此做出区分。

---

[1] 诈骗的既遂成立于权利人交出银行卡并授权取款之时，因为此时具体的财产危险就已经存在了。

五、针对存折的犯罪

虽然针对银行卡实施的犯罪与针对存折实施的犯罪有着相同的分析结构，即都分别讨论取得行为与后续的使用行为的可罚性，如果前后两个行为各自符合相应的构成要件，则进一步讨论两者之间的竞合关系问题。由于存折与银行卡在德国民法中有着不同的定位，因而针对两者的取得行为与使用行为的可罚性在结论上并不相同。根据民法理论通说，存折（Sparbuch）被认为是《民法典》第 808 条第 1 款第 1 句所规定的特殊的合法性证券（qualifiziertes Legitimationspapier），[1] 国内的相关文献将其译为“附持有人条款的指名证券”，这一译法已经点明了这种证券在法律上所具有的特殊性。该条规定：“指明债权人姓名的证券，如果在发行时附有规定，在证书中约定的给付可以向任何人为之的，债务人因向证券持有人履行给付而免除其责任。”[2] 特殊的合法性证券中，债务人虽然只对特定个人负有给付的义务（《民法典》第 808 条第 1 款第 2 句），但当债务人向该债券的持有者进行给付时，该给付可以发生清偿的效力。根据该条规定，这种证券虽然记载了债权人的名字，但却负有一个持有人条款（Inhaberklausel）（与债权人相区别，这里的持有人指的是现实地握持着证券的人，其身份并不取决于其实体权限）。[3]

这种特殊的合法性证券既区别于一般的合法性证券又区别于所谓的持有人证券（Inhaberpapier）。对于一般的合法性证券而言，债务人必须向证券上所记载的债权人进行给付。与之不同的是，由于负有持有人条款，特殊的合法性证券中，债务人向一般的证券持有人给付时也发生清偿的效

[1] 当然存折的法律地位以及存款合同的法律性质是有争议的，民法典对于存折以及存款合同并没有设置特殊的规则，不同的金融机构也可以对存款合同的具体内容进行不同的安排。本文这里采取的是通说的见解，民法上的相关争议参见：Mathias Habersack, in: Münchener Kommentar BGB, 6. Auflage, 2013 , § 808, Rn. 22-36.

[2] 本条翻译参见《德国民法典》（第三版），陈卫佐译，法律出版社 2010 年版，第 808 条。

[3] Mathias Habersack, in: Münchener Kommentar BGB, 6. Auflage, 2013 , § 808, Rn. 2-4.

力，这是其特殊性所在。此种证券仅属于广义的有价证券（Wertpapier），因为特殊的合法性证券上并没有在书面上确认（verbriefen）任何的权利，因而不是狭义的有价证券。其与持有人证券（Inhaberspapier）的共同点仅仅在于有利于债务人的债务清偿效力（Liberationswirkung zugunste der Schuldner）。[1]

因此，银行可以向任何一个出示存折的人付款，该付款行为可以发生债务清偿的效力。对于一般的指名证券而言，债务人只能向证券上所记载的名义人付款，但在存折的情况下由于存在持有人条款，即在证书中约定可以向任何持有卡的人进行给付，所以这是指名证券的一种特殊形式。与此相反，最简单的密码卡被认为仅仅具有钥匙的功能，而不是《民法典》第 808 条第 1 款所规定的指名证券。这种民法上的地位差别是理论通说之所以认为在盗窃银行卡取款后归还的案件中与盗窃存折取款后归还的案件中对于不法领得意思之存在与否应做不同判断的根据。因为行为人所取出的钱款是存折所体现（verkörpert）的价值，但银行卡上并不体现这一价值。

当然理论上也有人持相反的观点，例如施密茨教授认为，存折上所记载的债权并不是存折的直接属性。抽离相应的债权额度并不会导致存折本身的成分发生变化。这里仅仅存在对使用的侵占和攫取，而不存在对所有权人的排除。存折并没有证明特定债权的功能，存折的功能仅仅在于证明现时的存款账户余额。即便行为人将存款全部取出，存折的这一功能也没有丧失。因此盗窃存折后放回的行为并不成立盗窃罪。这一结论当然并不令人满意，但考虑到法条原文的规定，这一结论是无法避免的。[2] 持同样观点的还有奥托教授，他认为存折的功能仅仅在于证明其所代表的账户中的即时的存款余额，而无法证明债权的存在，而取款行为并不导致此功能

---

[1] Mathias Habersack, in: Münchener Kommentar BGB, 6. Auflage, 2013 , § 808, Rn. 2-4.

[2] Roland Schmitz, in: Münchnener Kommentar zum StGB, 2. Aufl., 2012, Bd. 4, § 242, Rn. 133. 持同样观点的还有奥托教授（参见 Harro Otto, Strafrechtliche Aspekte des Eigentumsschutzes, Jura 1989, 137, 200）。

的丧失，即便行为人将存折内的余额全部取出，证明账户上即时余额的功能仍然存在（也就是证明余额为 0）。[1]

对于使用他人的存折从银行取款的行为，与前文中出示支票卡和信用卡的场合一样，理论和判例上认为，通常的情况下单纯地出示存折（Vorlage eines Sparbuches）的行为并不构成对银行的欺骗。这里同样涉及前文已经提及的默示欺骗行为的认定。在默示欺骗行为中，行为人以其行为作出虚假的陈述，因此最重要的是如何根据日常的交易观念和交易规则来解释案件中具体行为所能够包含的意思表示。这在民法上是一个意思表示解释的问题，需要结合各种民事交易规则惯例才能够完成这个解释。德国学界之所以认为单纯的出示存折行为并不构成欺骗行为，是因为这个出示行为中仅仅包含了出示者表示自己是存折的占有者这样的意思表示内容，而这个意思表示内容是真实的。由于《民法典》第 808 条第 1 款的规定使占有存折本身就足以证明权利的存在，但在民事判决上认为如果金融机构存在重大过失，则第 808 条第 1 款的清偿效力就不存在了。刑法理论上则认为当案件存在特殊情况时，银行才负有验证的义务。如果缺少这一义务，则存折的出示行为仅仅表达了自己占有存折的事实，而不包括默示地表示自己拥有取款的权限。[2] 杜塞尔多夫州高等法院在判决中指出，当行为人向邮局职员出示自己邮政银行的存折以取得现金时，邮局的职员并不当然地会认为该行为人有权取出相应的现金。欺骗行为也可以通过默示的行为实现，只要该行为根据交易观念具有相应的意思表示内容。但合议庭所做的说明并不足以认定被告人的行为构成欺骗。合议庭认为邮局的职员在取款过程中对于行为人是否具有支配的权限产生了认识错误，这一观点在法律上是不正确的。根据邮政银行章程的规定，邮局的职员并不需要考虑出

---

[1] Harro Otto, Die Struktur des strafrechtlichen Vermögensschutzes, 1970, S. 183ff; Harro Otto, Die neue Rechtsprechung zu den Vermögensdelikten, JZ 1993, 559.

[2] Klaus Tiedemann, in: Leipziger Kommentar zum StGB, 12 Aufl., 2010, Bd. 9, § 263, Rn. 44, 88; Roland Henfendehl, in: Münchener Kommentar zum StGB, 2.Aufl., 2012, Bd. 4, § 263, Rn. 133; Urs Kindhäuser, in: Nomos Kommentar zum StGB, 4.Aufl., 2010, § 263, Rn. 133,188.

示存折的人的实际权限，而只需要验证向其出示的存折的真实性并支付出示存折的人所要求的款项。非权利人在提交存折时并非必须对自己的权限做出使人陷入认识错误或者维持相应认识错误的行为，因为邮局的职员并不对此进行审查，因而也就没有产生认识错误。[1] 只有当行为人同时使用了伪造的身份证件时，其出示伪造身份证件的行为才构成欺骗。通常行为人在使用偷来的存折和伪造的身份证明去银行取款时与此前的盗窃行为构成共罚的事后行为，因为这种行为通常并没有扩大或加深由于所有权犯罪所导致的财产损害。而当存折已经被挂失账户被封禁之后，行为人在通过伪造的身份证明从账户中取走存款的行为则成立独立的诈骗罪，因为账户在被封禁之后财产损害的危险就已经被消除了。行为人通过欺骗行为消除阻止财产损失的措施构成一个新的、独立的导致财产损害的诈骗行为。[2]

六、本章小结

尽管厘清银行存款的占有归属对于解决涉存折、银行卡的犯罪行为定性问题具有根本性的意义，但也并不意味着存款占有的清理能够解决实践中所出现的所有问题。从德国理论和实务对相关银行卡犯罪的处理来看，德国所坚持的仍然是最传统的银行占有观点。尽管在现金的占有归属上，德国理论并没有日本理论来得变化多样、令人眼花缭乱，但也正是在现金占有归属上的一贯观点，不仅与占有的一般概念即事实上之支配保持了一致，而且也在案件定性的分析上保持了更大的清晰性和明确性。

面对信用经济时代各种新型金融工具的出现以及随之而来的各种处罚漏洞，德国刑法在对传统财产犯罪的构成要件上保持了较为克制的态度，理论和实务上都更愿意将新出现的处罚漏洞交给立法者来解决，而不是通过在传统的财产犯罪的构成要件中发掘新的解释可能性。伴随着现代经济

---

[1] OLG Düsseldorf, NJW 1989, 2003.

[2] BGH NStZ 1993, 591. 同样的观点参见 OLG Celle, StV 1994, 188.

社会发展而来的各种可罚性漏洞，与其说是为构成要件的扩张解释提供动机，毋宁是为理论和实务上进一步反思对传统构成要件要素的解释提供了契机。例如在占有同意的问题上，自动取款机、自动售货机的出现，促进了德国关于同意理论的深化，信用卡滥用行为的出现也促进了理论上对于诈骗罪教义学的进一步反思。这种限制解释倾向更强调从法治国原则出发而产生的对法明确性、法安定性的要求以及刑法作为最后手段对法益进行辅助性、片段性保护，而非实践中对于新出现案件的处罚需要。尽管处罚的需要在任何时候、在任何国家的刑法理论和实务中都是无法避免的现实考虑因素。即便在德国理论中，价值理论、综合理论的提出都有其服务于实务处罚需要的一面，但理论始终对于这种基于处罚需要而进行的扩张解释保持了必要的审慎态度。

另外，德国理论在处理账户名义人实施的信用卡滥用案件中的观点值得我们的注意。我国理论上在处理这类案件时也只是片面接受了日本刑法中的理论，认为名义人在欠缺还款意愿和还款能力时的恶意透支行为成立诈骗罪。[1] 但名义人欠缺还款意愿和还款能力的购买行为是否构成对商家的欺骗则有待讨论，德国对此持否定态度，因为商家所要检查的仅仅是名义人的身份和卡片的有效性，还款意愿和能力并不在此列。因此否定此种情况下成立诈骗罪的可能性，并迫使立法设立了第 266 条 b 支票卡和信用卡滥用罪。我国学者认为，“虽然特约商户通常只审查卡的真实有效性与签名的一致性而不关心持卡人的支付意思与能力，但根据诚实信用原则，特约商户在明知持卡人不具有支付意思与能力时具有拒绝交易的义务，而持卡人在不具有支付意思与能力时不应刷卡消费，因此持卡人假装具有支付

---

[1] 这在日本还涉及究竟是成立第一项诈骗罪还是第二项诈骗罪。在第一项诈骗罪中涉及的仅仅是名义人与签约商户之间的关系，名义人在缺少还款意愿和能力时的使用行为成立欺骗，使签约商户陷入了认识错误从而交付了商品。而第二项诈骗罪则需要通过三角诈骗来解释名义人通过欺骗签约商户而使信用卡公司遭受了财产损害。第一项和第二项诈骗罪的不同之处在于既遂的时点究竟是在交付商品之时还是在信用卡公司遭受实际损害之时。参见［日］佐伯仁志、道垣内弘人：《刑法与民法的对话》，于改之、张小宁译，北京大学出版社 2011 年版，第 217 页。

意思与能力刷卡消费时，属于举动诈骗，存在诈骗罪中的欺骗行为与认识错误理应成立信用卡诈骗罪”[1]。这一观点在我国和日本学界的讨论中十分常见，但却存在对日本所谓的举动诈骗和德国所谓的默示诈骗概念的误解。如前文对德国的默示诈骗概念的介绍，默示的欺骗行为指的是，行为人通过自己的行为整体表达了一个与客观事实不符的陈述，但这个陈述的内容应当根据社会交易观念加以决定。由于不同交易类型中的交易观点复杂多样，默示诈骗这个概念也变得非常不稳定从而导致了有悖明确性原则的危险。虽然联邦宪法法院肯定了默示诈骗概念的合宪性，但实践中默示欺骗仍然远不及明示的欺骗容易认定。对此联邦最高法院认为，对于行为人的行为整体所包含的意思表示内容应当根据所涉及的具体交易类型中的交易规则进行，具体到信用卡交易的过程中，用于信用卡公司担保用户与签约公司之间的债务得以履行，因此签约公司就不会在意行为人的还款意愿和能力，从这个交易规则出发，就不能认为行为人的购物行为表达了自己有还款意愿和能力。易言之，以默示方式实施的欺骗行为中欺骗行为并不体现在行为人没有还款意愿和能力却去购物，而在于行为人通过购物行为向相对方表达了自己有还款意愿和能力的陈述，但实际上他却没有还款的意愿和能力。但在使用信用卡购物时，行为人的出示信用卡购物行为所表示的内容仅仅是这张卡是真的，而且自己就是卡上的名义人。在判断一个行为是否构成欺骗的时候，仅仅考虑如果被骗者知道了真实的情况就不会产生认识错误这一问题是不够的。仅主张“根据诚实信用原则，特约商户在明知持卡人不具有支付意思与能力时，具有拒绝交易的义务”也不足以认定行为人的行为构成默示诈骗。因为商家明知持卡人缺少支付能力和意愿与商家没有积极查证持卡人是否有支付能力和意愿在民法上的后果是不同的。在明知持卡人不具有支付意思与能力的情况下与其说商家负有拒绝交易的义务，毋宁是在此种情况下，信用卡公司享有拒绝支付的权利。我国合同法也将以损害第三人为目的的恶意缔约行为视为合同绝对无效的类型

[1] 陈洪兵:《滥用银行卡的刑事责任》，载《法治研究》2013年第5期。

之一[1]，既然商品或服务的买卖合同无效，那么信用卡公司则当然可以拒绝支付货款，这是恶意缔约情况下的当然法律后果。但这并不意味着信用卡的商家就此负有义务调查持卡人在购买商品和货物的时点上是否具有支付意思与能力，也不意味着在他违背这种义务（即便这种义务存在）没有调查持卡人的支付意思与能力时就需要承担损失价款的风险。这种条件公式的简单套用是非常容易导致误解的。综上，笔者认为德国在持卡人的信用卡滥用问题上的处理更为符合信用卡交易的日常观念和交易规则。当然德国理论中的某些结论也不能直接为我们所用，例如在不法领得目的认定上，德国判例和理论通说对于存折和银行卡得出了不同的结论。这种结论的不同取决于存折和银行卡在德国民法体系上的不同位置。是否要采取这种区别态度的做法还需要考虑我国民商事法律上对于存折和银行卡的定位以及我国的存折、银行卡使用中的实际情况。

[1]《合同法》第52条规定，有下列情形之一的，合同无效："（一）一方以欺诈、胁迫的手段订立合同，损害国家利益；（二）恶意串通，损害国家、集体或者第三人利益；（三）以合法形式掩盖非法目的；（四）损害社会公共利益；（五）违反法律、行政法规的强制性规定。"

第四章

存折、银行卡滥用的中国语境

一、概　述

第一章导论已经指出，中国试图通过存款占有归属的厘清解决多种类型的案件中存在的不同问题：我们不仅试图通过现金占有的归属来解决存款名义人的银行卡滥用行为，也想要通过对“占有存折、银行卡是否就等于占有了存折、银行卡项下存款”这一问题的回答来解决各种非权利人以各种手段（窃取、拾得、骗取、抢劫）取得存折、银行卡并取款的行为定性以及既遂未遂标准。除了所要解决案件类型的复杂性之外，我国刑法某些条文的特殊规定使得简单地照搬德日刑法理论中的某些结论成为不可能，但借鉴与参考德日理论又是必要的，这导致了对德日理论有选择性的误读与修正。

就案件类型而言，从行为人的身份出发可以区分出存款名义人实施的犯罪行为与非权利人实施的犯罪行为，从财产损害的最终承受者来看，则可以包括银行受害、存款名义人受害以及第三人受害三种情形。但是鉴于现代经济生活中保险制度的普及以及通过民事交易结构的设计对财产损害风险进行分配和转移使得后一种财产损害的最终承受者实际上变得不明确。民法上在犯罪分子盗取银行卡信息和密码伪造银行卡盗窃用户存款的犯罪中，对于储户的存款损失，商业银行也应当承担相应的赔偿责任，而不能简单以合同中的免责格式条款作为抗辩理由。[1] 因此后一种分类的不确定性是较大的。

就法律与司法解释的相关规定而言，在盗窃存折、银行卡案件中数额的计算规则带有鲜明的实用主义倾向，既非彻底的一体性观点也非彻底的分离性观点，很难用一个统一的现金占有归属来加以解释。就理论分析而言，一方面存款概念的多义性被广泛接受。存款不仅包括现金而且包括存款债权本身，但在使用时又往往未对两种含义进行区分，从而导致说理上的混乱。另一方面日本的存款名义人占有说不仅被广泛接受而且甚至扩张到了持有银行卡且知悉密码的非存款名义人对现金的占有上。多种类型案件的定罪处罚需要使得所有的问题都被扭结到了存款占有归属这一个问题上，并使得这个问题的意义被无限扩大和膨胀。

---

[1] 参见上海市第二中级人民法院关于“顾骏诉上海交行储蓄合同纠纷案”的判决，以及江苏省南京市鼓楼区人民法院关于“王永胜诉中国银行股份有限公司南京河西支行储蓄存款合同纠纷案”的判决。在这两份判决中法院均认为，根据《中华人民共和国商业银行法》第 6 条的规定，商业银行应当对利用自助银行和 ATM 机实施的各种犯罪承担防范责任，而储户在借记卡上设立自己能够掌握和控制的密码，是保障储户存款安全和防范犯罪的一个手段。但尽管出乎遵守保密义务，犯罪分子仍然能够破解和利用储户设立的密码。在技术不断进步且犯罪手段也不断变化的今天，不具体分析失密的原因、不考虑储户是否存在过错，一概以“凡是通过交易密码发生的一切交易，均应视为持卡人亲自所为，银行不应承担责任”这一格式条款作为银行的免责理由进行抗辩，将一些应由银行承担的责任也推向储户，无疑加重了储户责任，有违公平原则。

二、存款名义人的滥用行为

（一）许霆案：利用自动取款机故障的取款行为

鉴于许霆案在国内的知名度，本书在此不再赘述案情。对于许霆案的定性主要有四种可能，其一，刑法学界普遍所主张的构成第 264 条盗窃罪；其二，部分学者将许霆的取款行为理解为“信用卡恶意透支行为”因而构成第 196 条信用卡诈骗罪；其三，浙江大学高艳东教授认为许霆的行为仅成立第 270 条侵占罪；其四，许霆的辩护律师认为构成无罪。在这四种观点之中，主要的争点可以归结于三点：现金占有归属之争；不当得利与刑事违法性的排除之争；恶意透支行为成立与否之争。

1. 现金占有归属之争

最具争议性的是第一个问题。占有概念被认为是界分占有转移型与非占有转移型财产犯罪的关键：盗窃是“以不法领得为目的，拿走他人财物”的行为。[1] 所谓“拿走”，是指“破坏他人的占有同时建立新的占有”的行为，拿走成立的前提是在行为之前，财物处于他人占有之下。相反如果财物已经处于行为人占有之下则可以排除拿走行为的成立。进一步需要讨论的则是成立侵占罪的可能性。本案中，行为对象是放置在自动取款机内的现金，该现金的所有权属于银行所有，因此满足他人之物的要件。许霆的取款行为在客观上是否是一个拿走现金的行为，关键便在于现金占有的归属判断。

对于取款行为之前自动柜员机中存款的占有的归属，学界有以下三种观点：

其一，学界的主流意见认为，即使是在自动柜员机发生故障的情况下，银行也并不当然地丧失了对存放在内的现金的占有。如张明楷教授指出：

“盗窃的对象，只能是他人事实上占有的财物。但是，只要行为人事实

[1] 由于我国《刑法》第 264 条盗窃罪采取的是简单罪状模式，立法上并没有对本罪的行为作具体的描述，这里所采用的是《德国刑法典》第 242 条关于盗窃罪的定义，这也是我国理论上常用的关于盗窃的定义。参见车浩：《盗窃罪中的被害人同意》，载《法学研究》2012 年第 2 期。

上没有占有某财物，即使其法律上占有该财物，该财物也能成为行为人盗窃的对象。毫无疑问的是，许霆从ATM机中取出的是现金。既然如此，就必须确认，许霆取款时现金由谁占有。首先，持卡人存入银行的现金，已不再由持卡人事实上占有，而是由银行事实上占有。一方面，持卡人将现金存入银行后，该现金完全由银行使用、支配，持卡人不可能事实上占有，也不可能认定为持卡人与银行共同事实上占有。另一方面，如果认为持卡人存入银行的现金，依然由持卡人事实上占有，意味着持卡人对存入银行的现金不可能成立盗窃罪这是不合适的。其次，存款人虽然在法律上占有其存入银行的现金，但是，对于超出存款人存款额的现金，不管从法律上还是从事实上说，都是由银行占有。所以，许霆从ATM机取出的超出其存款额的现金，既由银行事实上占有，也由银行法律上占有。”[1]

即使是在主张许霆无罪的观点中也有许多学者认为在柜员机发生故障的情况下，银行资金也仍然处于银行的合法控制之下，如杨兴培教授指出："ATM机虽然发生故障，但是从法律上来说，ATM机仍然为设置银行所有，其内的钱款仍然属于设置银行所有，仍然为银行所控制。"[2]

其二，认为尽管在许霆取款之前，现金仍然处于银行的占有之下，但是在现金从自动柜员机出来的时候，该现金处于无人占有的状态，因而许霆取款的行为并没有打破银行对现金的占有，而只是因占有遗忘物而成立侵占罪。此种观点为高艳东博士所主张。但正如陈兴良教授所分析的那样：

"高艳东博士的论证逻辑是许霆'插真卡输密码'的行为无刑法评价意义，因为这一无评价意义的行为导致柜员机自动出错而出款时，银行丧失了对出款口资金的控制因而出款口的资金属于脱离占有物型的遗忘物。"[3]

我们姑且不论理论界一直争论的遗忘物与遗失物的区别问题，单看高艳东博士的论证过程就会发现其中回避了本案的关键问题，即取款行为在刑法上如何评价，而是直接跳到了现金已经从自动柜员机中吐出的阶段。

---

[1] 张明楷:《许霆案的刑法学分析》，载《中外法学》2009年第1期。

[2] 参见杨兴培:《许霆案的行为性质认定和法理思考》，载《法学》2008年第3期。

[3] 陈兴良:《利用柜员机故障恶意取款行为之定性》，载《中外法学》2009年第1期。

他以许霆的插真卡输密码的行为在刑法上无评价的意义作为论证的前提来否认银行对现金的控制，但这个前提就是我们所关注的问题本身，然后他又用银行丧失了对现金的控制这一结论来论证许霆行为的定性应当是侵占而非盗窃，最终陷入了循环论证。

其三，许霆在将银行卡插入柜员机的一瞬间，就取得了对账户内现金的控制，因此在他取款时，现金已经处于许霆的控制之下，此种观点为樊文研究员所主张：

"持卡人没有插卡取款之前，存款确实是'由银行占有'。一旦持卡人使用 ATM 机，插入有效的而不是伪造的银行卡——输入正确的密码——进入自己的账户空间那一瞬间，银行就对持卡人完成了支配转移，这时候，还要说账户上的存款由银行继续支配或者说占有，就是不对的。因为持卡人在自己的账户上已经具备了管领力，或者更准确地说，已经具备了支配力（只要他的账户在事实上还有一分钱，无论 ATM 机是否出现故障，他都不会丧失这种管领着一分钱的账户空间的支配力）。"[1]

"尽管 T（指许霆——引者注）每次都取得了属于银行的 999 元，但是他不是通过积极主动的实施破坏他人的支配关系（比如，侵入并破坏 ATM 机的自动控制系统）并建立新的支配关系这种盗取行为方式而取得，而是在自己自主决定的权利空间利用 ATM 机早已存在的失控状态取得的。显然，这种对由于意外的原因落入自己合法支配范围的失控物的占有行为，不能逻辑地包摄在'破坏—建立型'这种造成支配关系转换的盗取行为之下。"[2]

诚然许霆完成了取款行为之后，银行不再占有现金。但是，其一，在许霆取款之前，现金由银行占有。换言之，ATM 机中的现金，由银行占有，许霆所盗窃的正是 ATM 机中由银行占有的现金。其二，许霆的取款行为就是盗窃行为，而不是说取款行为是正当行为，当现金从 ATM 机中

---

[1] 樊文：《对"T 恶意利用 ATM 机故障恶意取款案"理论和实务处理上的再分析》，http://www.iolaw.org.cn/showArticle.asp?id=2258，转引自张明楷：《许霆案的刑法学分析》，载《中外法学》2009 年第 1 期。

[2] 同上注。

吐出后，许霆拿走现金的行为才是盗窃行为。其三，如果许霆的账户有一分钱，他当然对该一分钱具有支配力，可以取走一分钱。但是，这并不意味着，只要许霆的账户有一分钱，就可以利用 ATM 机的故障取走更多的现金。不能认为，只要许霆进入的是自己的账户，其对 ATM 机中的任何款项都具有支配力。[1]

针对此种观点，张明楷教授进行了回应：

"本文完全同意盗窃行为表现为破坏他人的支配关系并建立新的支配关系的观点。但是，破坏银行对现金的支配，并不仅限于'侵入并破坏 ATM 机的自动控制系统'的行为。换言之，破坏银行对现金的支配关系，不意味着从物理上破坏银行管理现金的设备。ATM 机存在故障，也并不表明银行丧失了对 ATM 机内现金的支配关系：当许霆第一次从 ATM 取走了 1000 元后，ATM 机不再是他'自己自主决定的权利空间'。一个在银行已经没有存款的人，或者说一个已经将其存款全部取走的人没有权利再从银行柜台或者 ATM 机中取款。"[2]

严格来说，第三种观点与通说的意见之间的分歧尚不在于现金的占有归属的问题，而是现金占有移转的时点的问题。在张明楷教授看来，取款的过程是占有移转的过程，而樊文研究员则认为插卡进入自己账户的过程已经完成了占有的移转，因此取款的行为已经是占有移转完成之后的行为。

2. 不当得利与刑事违法性的排除之争

而在肯定了现金处于银行占有之下之后，许霆的辩护者们便只能采取否认取款行为的非法性这一策略。这一策略虽然可行，但其律师以及其他无罪观点在论证上却是不成功的。许霆案的辩护律师以及其他支持许霆无罪的观点提出了两点辩护理由，其一，银行免责条款的规定，如其辩护律师所提交的《广州市商业银行羊城借记卡章程》第 4 条规定："凡密码相符

---

[1] 樊文：《对"T 恶意利用 ATM 机故障恶意取款案"理论和实务处理上的再分析》，http://www.iolaw.org.cn/showArticle.asp?id=2258，转引自张明楷：《许霆案的刑法学分析》，载《中外法学》2009 年第 1 期。

[2] 张明楷：《许霆案的刑法学分析》，载《中外法学》2009 年第 1 期。

的交易均视为持卡人的合法交易，持卡人须对交易负责。”[1]律师以此认为许霆取款输入的是正确的密码因而是合法交易。但是二审判决则否认了此项理由，因为银行免责条款的规定“并没有对交易行为是否正当等其他方面进行合法评价”[2]。银行免责条款的规定仅仅意味着即使是银行卡名义人以外的人持卡取钱，只要输入密码银行支付相应金额的钱款，即发生清偿的效力，这只是银行为了避免卷入持卡人与存款名义人之间的纠纷而采取的措施而并不能使所有的取款行为本身获得正当性与合法性，因为行为的合法性评价只能以法律规定作为评价标准，而不可能仅以银行内部章程作为排除违法性的依据。

其二，引入民法的不当得利制度，认为银行的自动取款机故障导致柜员机向许霆支付了超出其账户余额的现金，对于这部分现金的取得，许霆的行为仅成立民法上的不当得利，而非盗窃行为。如杨兴培教授认为：

许霆的行为完全符合不当得利的构成要件，应纳入民法的调整范围。《中华人民共和国民法通则》第92条规定：“没有合法根据，取得不当利益，造成他人损失的，应当将取得的不当利益返还受损失的人。”不当得利的构成前提有以下两点：[3]

（1）行为人取得财物的占有权没有合法的根据，这是不当得利构成的实质条件。就本案而言，许霆取得了巨款的占有权，是由于ATM机的故障所致，从民法的角度来分析本案，许霆不应当占有这一钱款，也无法取得对这一巨款的合法占有，因此要将钱款归还其真正所有人。[4]

（2）行为人非积极主动地实施违法行为得利的同时造成他人的损失。许霆获得利益的同时使银行遭受了较大的经济损失。许霆后续行为当然违反了民法的诚实信用原则，将没有被及时扣除的钱款继续从ATM机上提

[1] 相反，多起民事判决中均认为这种单方面免除银行责任的格式条款是有违公平原则因而无效的。

[2] 谢望原、付立庆编：《许霆案深层解读——无情的法律与理性的诠释》，中国人民公安大学出版社2008年版，第367页。

[3] 杨兴培：《许霆案的行为性质认定和法理思考》，载《法学》2008年第3期。

[4] 同上注。

取，其主观上具有致使银行利益受损的目的，属于恶意受益，符合不当得利的构成要件。基于其主观目的的恶意性，其返还责任应该较善意受益人有所加重。因此许霆除应将巨款返还给银行外，还应支付这段时间的银行利息，如果返还仍不能弥补银行遭受的损失，还要进行损害赔偿。[1]

主张许霆行为的构成不当得利而不构成盗窃，抑或主张其行为不构成不当得利而构成盗窃行为的观点，其逻辑前提是不当得利的成立与盗窃行为的成立之间是一种非此即彼的关系。但是不当得利制度的功能在于矫正没有法律上之依据的财产变动，而非判断行为的违法性，行为的违法性的判断仍然需要诉诸债法、物权法、票据法等其他法律制度加以判断。正如台湾学者王泽鉴先生所言，民法上的不当得利制度的目的是基于衡平原则使受有利益的一方返还其无法律上的根据而获得的利益，[2] 不当得利制度所关注的并不是不当得利取得的不法性，而是受有利益的一方其保有利益的正当性，如果认为受利违背衡平原则，没有法律上的根据则应当根据规则返还利益，而至于得利的行为的不法性则需要诉诸其他的法律加以判断。

不当得利的成立条件概括而言有二：其一，财产的损益变动；其二，没有法律上之依据。没有法律上之依据所涉及的情形极其广泛，其中当然包括行为违法的情形。在民法上，不当得利与侵权行为，作为债之发生原因，属于不同的请求权基础，被认为是可以并存的，只是主张债权请求权时发生请求权基础的竞合。不当得利的成立并不能否认行为的违法性，恰恰是取得行为的违法性是不当得利成立的充分条件。上述民法理论对于我们理解许霆案而言具有重要的意义：之所以不当得利制度不能为许霆的行为提供正当性根据，并不是因为许霆的行为不构成不当得利从而肯定其行为的非法性，而是因为其行为成立不当得利并不影响行为不法性的判断。在此涉及刑法与民法二者制度功能的不同：民法上的不当得利制度关注的是财产变动的双方利益如何平衡，而刑法所关注的则是行为人单方面的行

[1] 杨兴培：《许霆案的行为性质认定和法理思考》，载《法学》2008 年第 3 期。

[2] 王泽鉴：《债法原理（二）不当得利》，中国政法大学出版社 2002 年版，第 3—4 页。

为在刑法上应作何评价。由此可见，以许霆的行为属于民法上的不当得利来否认其取得现金行为的不法性这一策略基本上是不成功的。

上述这种辩护策略大部分是从刑法之外的理由出发进行考量的，这些理由因其简单直接因而在舆论上有众多支持者，但其中的论证过程是不值得推敲的。对于一个行为是否构成犯罪而言首先应当就具体构成要件进行该当性判断，然后才能讨论在具体案件中是否存在阻却违法性的正当化事由。跳过构成要件层面的分析而直接讨论行为的违法性甚至是“社会危害性”都无益于定罪的精确性。学理上将争议的重点放在占有的归属以及占有移转的判断上是正确的做法。即便在违法性层面，基于法秩序统一原则，通常认为在其他部门法中不具有违法性的行为同样也不具有刑事违法性。但本案中显然不属于这种情况，因为就不当得利制度而言，恶意的不当得利显然具有民事违法性，行为属于不当得利并不当然就能得出排除刑事违法性的结论。

3. 恶意透支行为成立与否之争

根据《刑法》第 196 条的规定，信用卡诈骗罪，是指以非法占有为目的，违反信用卡管理法规，利用信用卡进行诈骗活动，骗取财物数额较大的行为，其中具体包括了使用伪造的信用卡，或者使用以虚假的身份证明骗领的信用卡；使用作废的信用卡；冒用他人信用卡；恶意透支等四种行为。[1] 本案中认为许霆的行为成立信用卡诈骗罪的[2] 观点认为，许霆的行为构成了《刑法》第 196 条第 4 项所规定的恶意透支行为。

根据《刑法》第 196 条第 2 款的规定，恶意透支是指持卡人以非法占有为目的，超过规定限额或者规定期限透支，并且经发卡银行催收后仍不归还的行为。与日常所理解的“信用卡”的含义不同，根据全国人大常委会 2004 年的立法解释，“刑法规定的‘信用卡’，是指由商业银行或者其他

---

[1] 关于信用卡诈骗罪的解释参见：梁华仁、郭亚:《信用卡诈骗罪若干问题研究》，载《政法论坛》2004 年第 1 期。

[2] 参见谢望原、付立庆主编:《许霆案深层解读——无情的法律与更改的诠释》，中国人民公安大学出版社 2008 年版，第 82—83 页。

金融机构发行的具有消费支付、信用贷款、转账结算、存取现金等全部功能或者部分功能的电子支付卡”，许霆所使用的银联卡也在《刑法》第196条所称的“信用卡”的范围内，在解释上似乎有成立“恶意透支”的可能性。

尽管不具有透支功能的其他银行卡也能被纳入刑法所称“信用卡”的范围内，使用伪造的、冒领的、他人的、作废的银行卡取款可以构成信用卡诈骗罪，但对于第196条第1款第4项的“恶意透支”行为，却仍应当对信用卡的范围做一定的限制。“恶意透支”的前提仍应是案件所涉之银行卡具有“透支”的功能，不具有“透支”功能的其他种类的银行卡由于银行系统的故障而导致行为人实际取出超出其存款余额的现金并不能被认为是通常所谓的“超出规定限额或期限透支”的行为。在这个意义上，许霆的行为并不能成立“恶意透支”行为。[1]

4. 许霆案中占有归属之评价

由上所述，在许霆案中的三个争议中，最为根本性的争议在于现金占有的归属，这一问题的澄清对于认定利用自动取款机取款行为究竟成立盗窃罪、侵占罪抑或无罪具有关键性的意义。现金占有归属的不同观点可能源自于对占有概念的不同的理解。[2] 从学说发展上看，理论上占有概念

---

[1] 2010年7月许霆假释出狱，2013年5月在得到网友的帮助和咨询之后，许霆向广东省高级人民法院提出再审申请。从新闻所给出的部分信息来看，许霆申请再审的理由主要是认为，原审判决混淆了银联卡的性质。“银联卡关联的是一个银行账户，没有储值功能，仅作为记录和统计交易的凭证……银行实际上是自己记错了账，导致给一张余额不足的银联卡多发放了款项，这种关系是银行和储户的债务关系，银行误将一张不能透支的银行卡进行了透支。”姑且不论根据最高法院的司法解释，刑法中所谓的“信用卡”包括了“银联卡”这样的不具备透支功能的信用卡。关键的问题在于，许霆所给出的再审申请理由所针对的是“信用卡诈骗罪”，其中强调的无非是这并不是一种恶意透支行为，如果法院判决是以信用卡诈骗罪定罪处罚的，这一理由或可一试，但显然本案最终是以盗窃罪定罪的，如若要质疑其判决根据的合理性则应当从盗窃罪的构成要件角度处罚提出理由，从前文的论述来看，尽管本文的观点仍然认为其构成盗窃罪，但不可否认其是否成立盗窃罪其实仍然有争辩和论证的空间。如果以现有的理由申请再审，以及考虑到中国目前较低的再审率，可以认为其成功的可能性并不大。http://news.sina.com.cn/s/2013-05-22/143927195326.shtml，最后访问时间：2013年7月23日。

[2] 本书将在第六章中进一步探讨占有一般概念的演进与发展。

包括了事实的占有概念、社会一规范的占有概念以及一种彻底的规范占有概念。

对于彻底的事实的占有概念而言，占有是对有体物的事实上的控制支配，这种事实上的控制支配是对物的事实上的作用可能性。在许霆将卡插入银行柜员机之前，处于封闭的银行柜员机内的现金在物理空间上无疑可以认为其处于银行的占有之下。但在许霆将卡插入柜员机且输入了真实的密码之后，许霆在此时实际上已经获得了对现金的随时作用可能性，而这种随时的、直接作用可能性在一个纯的事实占有概念之下便可以肯定对占有的认定。那么这个插入银行卡、输入密码的过程便成为占有转移的过程，而这个动作是得到了银行同意的，不存在对占有的破坏，便不构成盗窃罪。这一结论与樊文教授的观点是接近的，大抵都是在纯事实的占有概念的基础上，以事实上的物理作用可能性来作为认定占有的概念。

但彻底的事实占有概念很快被放弃，韦尔策尔指出，在占有的认定上，社会观念才是决定性的评价因素，这一观点成为社会一规范的占有概念的滥觞。社会一规范的占有概念强调占有代表着根据风俗习惯等前法律的社会因素将财物归属于某个主体。该主体基于这种社会性的归属而形成禁忌领域，在这个领域范围内，占有人自己对财物的干预是不具有社会显著性的，而他人一旦动了这个财物就是一个具有社会显著性的行为。在事实的占有概念之中，加入了社会性因素的考量，结论便可能存在差异。事实上的控制支配不再是一种纯粹的物理性的力量关系，而必须要根据社会的日常观念来加以判断。具体到自动取款机中的现金的归属，问题便转化为：在取款这一过程中，基于社会经验是否能够认为在插入银行卡、输入真实密码进入这个所谓“虚拟”空间时便将占有的归属转移给了取款人。所谓的“占有转移”究竟发生在插真卡输入真实密码之时还是发生在取款之时便存在疑问。

比社会的占有概念更为极端的规范占有概念，则彻底以正当权利是否存在来认定占有的归属，这种规范性的占有概念虽然在很多案件中具有很强的解释力，但也有其明显的缺陷，因而鲜有人主张。这种规范的占有概念与日本刑法上以法律上支配来肯定存款名义人基于自己的存款债权而在法律上占有着银行的现金的观点具有类似性。从这个观点出发，将现金的占有在法律上归属于存款名义人的前提在于存款名义人拥有与所请求取出的钱款相对应的正当有效的存款债权。从这样的占有概念出发，在卡内余额不足的情况下，许霆并没有与所取现金相对应的有效的存款债权，因此同样可以否定其对现金的占有。

就结论而言，学界主流观点认为许霆案中将现金占有归属于银行的结论是值得赞同的。只有在真正取出现金的过程，现金的占有才转移到许霆的占有之下，而并不能就此认为，插真卡输入真实密码之后现金的占有便当然转移。且不说此种插卡进入账户所形成的空间的虚拟性和抽象性，这样一种观点与我们对于取款交易的日常观念也有很大的出入，在日常的取款交易中，银行向取款人支付一定金额的款项的同时在账户上减少相应的金额。但是，如果认为在插卡的一瞬间，银行已经向取款人完成了交付(占有转移)，但此时账户上的金额记载仍然不变，这就发生了时空的错位。可以肯定的是，许霆案中自动柜员机内的现金归属于银行占有，即使是在自动柜员机系统发生故障的情况下，自动柜员机的硬件设备所形成的封闭空间都保证了银行始终在物理意义上保有对自动柜员机内现金的控制和支配。从社会日常经验来看，银行并不因为系统故障而当然地丧失对现金的占有。

与许霆案相类似，2010 年发生于广东省广州市的廖淑珍案[1]中，法院对于被告人廖淑珍利用银行系统漏洞，在取款后账户余额未发生变化的情况下，多次重复取款 434 笔共计人民币 563,200 元的行为，仍然定性为盗窃罪。在法院看来，就存款名义人与银行之间而言，考虑到双方之间债权债务关系的存在，就银行现金本身而言仍然应当认定其占有归属于银行，存款名义人基于其存款债权而行使的正当的取款行为，因为债权的存在而能够肯定该占有转移是在获得银行同意下进行的，因而非该当盗窃罪的构

[1] (2010) 穗中法刑二重字第 1 号。

成要件，但在存款名义人利用银行系统故障而取款的情况下，仍然能够肯定盗窃罪的成立。

但许霆案的学理讨论仍然留下了一些有待明确的问题。这尤其体现在主流的意见在占有归属认定上采取了多重的标准进行了检验。在现金占有的归属上究竟应当以事实上的支配力还是法律上的控制支配作为判断的标准，抑或二者兼而有之？例如前文所引张明楷教授的论述，文中一方面认为“持卡人存入银行的现金，已不再由持卡人事实上占有，而是由银行事实上占有”。另一方面又认为“存款人虽然在法律上占有其存入银行的现金，但是，对于超出存款人存款额的现金，不管从法律上还是从事实上说，都是由银行占有”。这里同时采用了以事实上支配为标准的占有概念与以正当权限存在与否为标准的规范的占有概念。正如车浩教授所指出，“基于存款的现金处在了银行的事实支配与储户的法律支配之间的叠影之中”，从而导致了“现金的占有归属在理论上存在争议”。[1] 如果是两个标准兼而有之，则如何安排两个标准之间的关系，是必须同时具有两种支配力才能认定占有还是只需要满足其中之一即可肯定占有？当两个标准发生冲突时又应该如何设置冲突的解决规则，即当根据事实支配与法律支配在占有归属上得出不同结论时，事实支配与法律支配何者优先，还是在此时承认共同占有的存在。虽然在许霆案中这两个标准对于占有人的认定可以得出一致的否定存款名义人占有的结论，但并非在所有案件中都能幸运地避免两个标准相冲突的状况，避免冲突的方式或是采取单一的标准，或是在采取双重标准时设置解决冲突的规则，对不同标准的优先性进行安排。下文所述的三种案件类型，实际上都是在现金事实上归属于银行占有，而存款名义人至少在形式上拥有对银行的存款债权，即账户上记载了相应的存款余额。

[1] 车浩：《盗窃罪中的被害人同意》，载《法学研究》2012 年第 2 期。

（二）何鹏案：错误汇款案件中的取款行为

1. 基本案情与法院判决 [1]

一审曲靖市中级人民法院查明：

“2001年3月2日，被告人何鹏持只有10元余额的农行金穗储蓄卡到建行的ATM机上查询取款余额，未显示卡上有钱，被告人何鹏即输入取款100元的指令，时逢农行云南省分行计算机系统发生故障，造成部分ATM机失控，ATM机当即按照何鹏的指令付出现金100元，被告人何鹏见状，即继续按键取款，先后六次取得现金4400元。3月3日上午，何鹏持卡到中国银行翠湖储蓄所、胜利广场储蓄所、云南省分行、北市区支行以及中国工商银行武成分行等七台ATM机上连续取款215次，共取款425,300元，两日共取现金429,700元。当天下午，被告人何鹏将钱送回陆良县马街镇家中藏匿，并在返回昆明途中打电话告知其母到中国农业银行将该卡挂失。返回昆明后，被告人何鹏以其同学的名字存入交通银行54,300元，又购买了手机卡挥霍。法院判决所认定的事实中并没有确认何鹏供述中所称的卡上存在数百万元余额的事实，如果从法院认定的事实出发，本案其实与许霆案是相似的，都是一个利用银行计算机系统故障而从中取走现金的行为，其行为成立盗窃罪的前提与许霆一样都是在取款之前，现金处于银行占有之下。” [2]

法院经审理认为：

“被告人何鹏以非法占有为目的，利用银行电子计算机系统出现故障，自动柜员机丧失识别能力之机，使用仅有人民币10元的储蓄卡，从自动柜员机里窃取了银行的人民币42.97万元。从本案情况看，被告人何鹏恶意占有银行42.97万元的主观故意是明显的。其理由是：在第一天取款4400元后，他已明知银行机械系统发生故障，但仍在第二天连续不断地取款

[1] 何鹏案判决参见张耕主编：《刑事案例诉辩审评——盗窃罪、诈骗罪》，中国检察出版社2005年版，第104页。

[2] 同上注。

42.53 万元，并将款交给其母藏匿，同时叫其母将金穗卡挂失。从客观方面看虽然其取款的每笔交易均在银行留下记录，表面上看不属于秘密窃取的方式，但从其挂失、抛弃储蓄卡这一情形看，其主观目的是要造成一种银行资金不是其行为所致的事实，也就是将公开的记录转变为秘密窃取的过程，所以其行为方式实质上属于秘密窃取。因此，其行为已构成盗窃罪，且盗窃数额特别巨大，公诉机关指控的罪名成立。”[1]

2. 裁判理由分析

在本案的法院判决中并没有对占有的归属以及占有移转问题作出回答，而是将重点放在了“非法占有目的”和“窃取行为”的秘密性上。似乎在法院看来，现金的占有归属于银行以及取款行为构成对银行占有的破坏都不称其为问题，但这恰恰回避了关键性的问题。

从法院所认定的事实来看，何鹏案与许霆案具有极大的相似性，即都是在利用银行系统故障时从自动取款机上取款的行为。前文关于许霆案中占有归属的讨论也可以适用到本案当中，银行系统的故障并不导致银行失去对现金的事实占有，而如果何鹏的卡上没有记载相应的余额，他对银行也不存在形式上正当的存款债权，即便从存款名义人占有说的角度也能否定其对现金的占有而肯定银行占有。从占有归属于银行这一点出发，取款行为可以被认为是一个占有移转的行为，存在成立盗窃罪的可能性。

但是理论讨论的重点却不是前述法院认定的事实，而是何鹏所供述的事实，即其在取款时发现自己的账户上多出了巨额的存款。[2] 从何鹏所供述的这个事实出发，[3] 理论上将本案归结为错误汇款案，并试图从德日对于

---

[1] 何鹏案判决参见张耕主编：《刑事案例诉辩审评——盗窃罪、诈骗罪》，中国检察出版社 2005 年版，第 104 页。

[2] 参见陈维镖：《“云南许霆”何鹏案专家论证书》，“何鹏在 ATM 机上查询其储蓄卡时卡内余额显示 1 后边有许多 0，而不是如一审法院认定的卡内显示无余额”。http://www.bjlawyer.net.cn/ShowArticle.shtml?ID=20093171514565833.htm, 最后访问时间：2017 年 11 月 7 日。

[3] 虽然学理上对事实的判断并不需要受制于一系列证据规则，但采取以不同的事实认定为基础而展开的学理讨论能否对法院的裁判理由构成批判则很值得怀疑。

错误汇款案件的处理来寻找定性上的突破点。[1]

3. 德日对于错误汇款案件的处理

前文中已经分别在第二章和第三章详细介绍了德国与日本在处理错误汇款案件时的相关判决和理论，在此仅做简要的概括说明。

在德国错误汇款案件主要涉及诈骗罪、侵占罪、背信罪三个构成要件的成立。德国法院一度区分错误记账与错误转账两种类型的案件，认为前者成立诈骗罪，而后者则否定诈骗罪成立。但目前德国联邦最高法院的观点认为，无论错误种类如何，存款名义人对银行都拥有有效的存款债权，因此其取款行为并不是一个默示的欺骗行为，同时用户也并不基于与银行的存款合同而对银行具有保证人地位负有告知说明的义务，因而其没有告知错误存在的不作为也不成立不作为诈骗。就侵占罪而言，德国法院认为，行为人的取款行为中包含了一个合法有效的移转所有权的合意(Übereinigung)，因而是一个合法的所有权移转从而排除物之他人性的构成要件。就背信罪而言，存款名义人虽然与银行存在存款债权债务合同关系，但在这个合同中基于诚实信用原则仅产生附随义务，不存在作为主合同义务而存在的财产照管义务，恰恰相反银行对用户负有管理其账户的主合同义务。从这个角度看，因为欠缺背信罪所必要的财产照管义务而排除收款人成立背信罪的可能性。

相反，日本最高裁判所于2003年的判决认为，错误汇款的收款人对于错误汇款没有正当的债权，其未告知错误存在的行为成立不作为诈骗。在存款名义人占有说内部处于对法律上支配的不同理解，也有不同的结论，山口厚教授认为，因为没有正当的对银行债权所以应当否认收款人作为存款名义人对于错误汇款存在占有，相反，林干人教授则认为即便没有正当的对银行债权，作为存款名义人的收款人也拥有随时取出现金的事实可能性，从这一点出发，则可以认定在取款行为之前，错误汇款已经处于收款

[1] 参见黎宏:《论财产犯中的占有》，载《中国法学》2009年第1期；黎宏:《论存款的占有》，载《人民检察》2008年第15期。

人的法律支配之下，应当成立侵占罪。

4. 我国学界的观点

中国理论界对于何鹏案总体倾向于认定为侵占罪而非诈骗罪或盗窃罪。以侵占罪认定本罪不仅在量刑上更具合理性，而且能够绕开对于柜台取款和在自动取款机上取款分别定性的问题，从而对数额进行合并计算，但这种在定罪问题上的直觉还需要有对侵占罪构成要件的理性分析作为支撑。我国《刑法》第 270 条规定，侵占罪，是指以非法占有为目的，将他人的交给自己保管的财物、遗忘物或者埋藏物非法占为己有，数额较大，拒不交还的行为。理论上认为“他人交给自己保管的财物”通常包括了所有处于自己占有之下的他人财物，因此对于侵占罪而言，成罪的前提是，财物已经处于自己占有之下。如果本罪的行为客体，是何鹏所取出的现金，则必须论证该现金在取出之前便已经处于何鹏的占有之下。如陈兴良教授指出：

由此看来，银行过错对许霆案和何鹏案的后果是不同的：许霆案中，柜员机故障致使许霆在柜员机中取款 1000 元，但只在借记卡中扣除 1 元，并没有将款项错误地打到许霆借记卡中；但在何鹏案中，银行过错致使巨款打入何鹏的储蓄卡中。在这种情况下，何鹏是从本人的卡中取款，尽管该款是银行过错造成的。在这种情况下，如果把储蓄卡中的款项视为是持卡人占有的财物，则银行的过错使何鹏不当得利，何鹏将不当得利的财物非法占有己有，符合侵占罪的特征。但是，如果把储蓄卡中的款项仍然视为处于银行占有之中，则何鹏从柜员机上取款，基于机器不能被骗的原理，何鹏的行为符合盗窃罪的特征。就上述两个观点而言，我是赞同前一种观点的，因而何鹏的行为以侵占罪论处更为妥切。[1]

迎合这种定罪上的需要，日本的存款名义人占有说的观点进入了人们的视线，黎宏教授便尝试引入这一学说来解释我国所面临的现实问题。他认为这应当对不同的情况进行区别对待：其一是存款已经显示于收款人的

---

[1] 陈兴良：《判例刑法学（下）》，中国人民大学出版社 2009 年版，第 370 页。

账户之上，他认为何鹏案属于这一情况；[1]其二则是存款根本没有进入账户内，例如许霆案中账户上显示的仍然是真实的余额并没有发生错误，出错的是自动取款机本身，使得许霆能够取出与自己账户余额不相应的金钱。就后者而言，金钱的占有属于银行是没有疑问的，因为银行对现金采取了某种管理措施，这种管理措施表征着银行对金钱的占有，因此在这种情况下肯定许霆行为成立盗窃罪上没有疑问的。[2]但问题在于，在收款人的账户上已经收到了相应的余额时，黎宏教授认为，无论这是否由于错误汇款，金钱都处在储户的占有之下，即肯定此时的存款名义人占有说，[3]理由包括了以下几点：

就储户与在其账户之内金钱的关系来看，一般来说，存在只要储户愿意，其随时都可以通过银行的柜台或者通过自动取款机，取出其账上存款额度之内的金钱。特别是在通过自动取款机取款的场合，银行方面几乎没有任何实质性的审查。这就意味着，储户对于其账户内的金钱是具有实质上的支配和控制的。对于储户而言，此时的银行不过是一个保险箱或者一种保管财物的手段而已，尽管在刑事上看，银行在占有财物，但实际上，在储户的银行账户的范围内之内，储户对其财物具有支配控制权。如此说来，由于某种原因而进入储户的账户之内，本不属于其所有的财物，对于储户而言，属于不当得利，储户必须返还。拒绝返还的场合一定条件下构成侵占罪。就前述何鹏案而言，尽管案情交代当中没有说明原因何在，但被告人何鹏的银行账户当中，“自己的储蓄卡上的10后面冒出了许多‘0’，足足有百万元之多”，这是千真万确的，对于这“百万元之多”的财物，何鹏处于“想取的话，随时都可以取走”的实际支配状态，因此，属于其占有的财物。从此意义上讲，何鹏将自己不应占有的他人财物据为已有，应当构成侵占罪，而不可能构成盗窃罪，主张构成盗窃罪的观点，忽视了何

[1] 当然其实我们可以看到这只是何鹏自己的说辞，判决中法院所查明的事实并没有认定这一点。

[2] 黎宏:《论存款的占有》，载《人民检察》2008年第15期；黎宏:《论财产犯的占有》，载《中国法学》2009年第1期。

[3] 同上注。

鹏对于其银行账户当中的财物具有实际支配的事实。[1]

在对日本学说的介绍中已经对存款名义人占有说及其立论基础的法律上之支配概念进行了清理和批评，这个概念本身及其立论基础都存在一定的模糊性。山口厚教授认为，法律上支配应当限于存在正当有效的存款债权的情况，而黎宏教授所采取的则是林干人教授的观点，即只需要一种随时取出的可能性就可以肯定占有的成立。后一种观点与其说是一种法律上支配而不如说是事实上支配的一种扩张。之所以做这样的理解或许是出于一种矛盾的心理，一方面要基于存款名义人占有说才能肯定占有的成立，从而满足侵占罪成立的前提，但另一方面一旦承认这种存款的债权的正当性，取款行为便成为一种正当的行使存款债权的行为，便不可能成为非法地侵占他人财物的行为。但即便采用这种意义上的存款名义人占有说也无法实现在错误汇款案件以侵占罪定罪处罚的目标：

第一，当我们将现金属于存款名义人占有还是银行占有视为是行为成立盗窃罪还是侵占罪的关键区分时，预设了现金的存款名义人占有与银行占有之间存在非此即彼的互斥关系，但实际上并非如此。前文在对日本的存款名义人占有说及其理论基础进行分析时已经提到，肯定存款名义人对于错误汇款的法律上支配也并不在逻辑上当然地排除银行对现金的事实支配，因为银行占有和存款名义人占有采取的是不同的占有归属标准。日本理论在侵占罪中虽然扩张了占有的概念却只是肯定了法律上支配与事实上支配都能肯定占有的存在，却没有对于法律上支配与事实上支配归属于不同主体时应以何者为优先的规则。这种情况下毋宁是存在着银行与存款名义人对于现金的共同占有，取款行为是一个将共同占有转为单独占有的行为，这也是一种典型的占有移转行为，因此存款名义人占有说根本无法达成理论上采用这个理论来肯定侵占罪的目的。

第二，存款名义人占有说的基础是法律上之支配，日本刑法理论上仅

[1] 黎宏:《论存款的占有》，载《人民检察》2008 年第 15 期；黎宏:《论财产犯的占有》，载《中国法学》2009 年第 1 期。

在侵占罪中承认法律上支配能够肯定占有的成立而不能肯定诈骗罪、盗窃罪中占有的成立，因此即便错误汇款的收款人对于错汇的款项在法律上拥有占有，却没有在事实上占有错误，前者可以肯定侵占罪成立，而后者在通过自动取款机取款的场合仍然可以肯定盗窃罪的成立。[1] 因此即便采用了存款名义人占有说，也只能认为取款行为同时成立侵占罪与盗窃罪的想象竞合，按照想象竞合从一重的竞合规则最终还是会得出以盗窃罪论处的结论。这不仅无法实现理论上认为以侵占罪论处在量刑上更为合理的目标，而且也导致了侵占与盗窃之间界限关系的丧失，可谓得不偿失。

综上所述，存款名义人占有说在处理错误汇款案件中并不能提供比银行的事实占有更为清晰和有利的解释，反而导致了不同罪名之间的重叠与竞合，通过存款名义人占有说的引入来论证侵占罪的成立基本是不成功的，理论上仍然需要作出更大的努力来寻找其他根据论证本案中成立侵占罪的可能性。[2]

（三）侵入银行系统虚增本人账户上的存款余额而后取款

1. 概述

同样的问题也出现在虚增余额（不是银行或者第三人的错误转账、错误记账行为造成）的场合，即存款名义人自己通过非法手段侵入银行的计算机系统修改自己账户的存款余额，最终又将虚增的存款余额取出的场合。

这类案件与错误汇款具有一定的相似性，与错误汇款案件一样的是，在形式上作为存款名义人的行为人拥有对银行的存款债权，而与错误汇款案件不同的是，存款债权的增加不是他人错误造成的，而是行为人有意造成的。行为人通过对计算机程序的不正当操纵和干预导致了他人的财产损失，这是《德国刑法典》第 263 条 a 以及《日本刑法典》第 264 条之二所设置的计算机诈骗罪所要规制的典型情形。而在我国在欠缺计算机诈骗罪设

[1] 前提是如果我们认为在缺少计算机诈骗罪构成要件的场合，在自动取款机上无权取款的行为可以成立盗窃罪的话，虽然这是有问题的。

[2] 我们是否能够从银行在事实上占有现金出发来肯定错误汇款的收款人成立侵占罪，将在后文中进一步讨论，本章在此处只是先将问题提出来。

置的情况下，所能考虑的仍然是传统的盗窃罪、诈骗罪、侵占罪构成要件。

占有的归属是其中的核心问题。现金的事实占有归属于银行，而现金的法律占有是否属于存款名义人占有则存有疑问：如果以实质上有效的债权为前提，则存款名义人对虚增的存款没有占有，通过取款行为才能取得现金的占有；而如果认为形式上有效的债权或者仅以前文林干人教授以及黎宏教授的取出可能性便足以认定占有的存在，则此时存款名义人已经在法律上占有了现金，但也仅与银行形成共同占有，取款行为是一个将共同占有转化为单独占有的行为。[1]因此无论采取上述何种观点，只要是从现金的占有移转这个角度出发，刑法的评价重点都在于取款行为，此前的侵入计算机系统的行为至多是盗窃行为的预备行为。但实务中却在没有对占有的归属及其移转进行充分讨论的情况下，就径自将评价的重点前置到了行为人侵入计算机系统虚增存款余额的行为，这种观点在刑事政策上虽有其合理性，但却缺乏足够的法教义学理论支撑。

2. 郝甲、郝乙盗窃案

（1）基本案情与裁判理由

本案中，被告人郝甲、郝乙以吕俊昌、王君等 16 个假名在白鹤储蓄所开立 16 个活期存款账户。随后秘密潜入白鹤储蓄所，将郝甲制作的一部分侵入银行计算机系统装置与该所计算机连接。随后两人操作计算机，分别向事前在白鹤储蓄所以吕俊昌、王君等假名开立的 16 个活期存款账户上各输入存款 4.5 万元，共计人民币 72 万元。嗣后，郝甲、郝乙在中国工商银行扬州市分行下设的多个储蓄网点取款共计人民币 26 万元。[2]扬州市中级人民法院一审认为，“非法侵入银行计算机系统，操作计算机将银行资金转入自己的存款账户内，从而占有该资金，其行为已构成盗窃罪。对于后续的取款行为而言，被告人虽公开在储蓄所支取钱款，但该行为仅是秘密窃

---

[1] 这种占有的移转能否成立盗窃罪的客观构成要件行为，还取决于对于拿走行为中的破坏占有要素的解释，这一解释将在后文中提到，本章关注的仅仅在于占有的归属及其移转。

[2] 参见最高人民法院编:《刑事审判参考》（第二卷），法律出版社 2001 年版，第 143 页，同见于《中国审判案例要览·2001 年刑事审判案例卷》，第 246—252 页。

取银行资金行为的延续，并不改变其行为的性质”[1]。

（2）裁判理由分析

本案中行为人的行为分为两个阶段，第一阶段，行为人侵入银行系统在账户上虚增了存款数额，第二阶段，行为人通过自己所持之银行卡与存折到银行网点进行取款。在裁判理由中，法院将侵入银行计算机系统的行为而非后续的取款行为评价为盗窃罪，而后续的取款行为则只是盗窃行为的延续不具有独立的意义。如果就现金的事实性占有而言，原则上认为归属于银行，因此，取款的过程是一个现金的占有转移过程，按照盗窃罪的定义即违背他人意愿的转移占有，则刑法应当将取款行为评价为盗窃，但裁判理由并没有将取款行为作为评价的重点，在裁判理由看来，在行为人侵入银行系统虚增了自己账户上的存款数额时，盗窃行为就已经开始实施了，取款行为只是此前盗窃行为的自然延续。

3. 评述

上述裁判理由在论证上存在以下问题：

首先，存款的所有权归属认定错误。我国民法早期曾经一度认为储户对于存款拥有所有权，例如1958年八届六中全会《关于农村人民公社若干问题的决议》中规定，“在银行、信用社的存款永远归社员所有”；《民法通则》第75条第1款规定，“公民的个人财产，包括公民的合法收入、房屋、储蓄、生活用品、文物、图书资料、林木、牲畜和法律允许公民所有的生产资料以及其他合法财产”；1993年中国人民银行《关于执行〈储蓄管理条例〉的若干规定》第1条规定，“储蓄存款是指个人所有的存入中国境内储蓄机构的人民币或外币存款”。这种存款由储户所有的观点由于无法适应现代经济生活中银行资金运作的基本规律和要求，也与国外的立法与实践不符，现在已经被抛弃，[2] 2007年《物权法》中虽然承认法律对公民储蓄的保护，但已经不

[1] 参见最高人民法院编：《刑事审判参考》（第二卷），法律出版社2001年版，第143页，同见于《中国审判案例要览·2001年刑事审判案例卷》，第246—252页。

[2] 民法上关于存款所有权归属的沿革和现代观念参见曹新友：《论存款所有权的归属》，载《现代法学》2000年第2期，文中指出，存款所有权归储户的观点并不符合银行的实际业务运作而且也会造成资金运行上的矛盾。

再将其理解为所有权而是存款债权。[1]

相反本案的裁判理由却仍然延续了已经被抛弃的存款所有权归储户所有的观点。裁判理由一方面认为储户将金钱存入银行之后，占有归属于银行，另一方面又认为储户仍然保有所有权，这一观点在民法上是不成立的。根据货币的占有即所有原则，银行取得金钱的占有以及所有权，而存款名义人则取得对银行的债权，存款名义人固然可以凭存单而随时向银行主张这一债权，取出存款，但该债权与银行对金钱的所有权本身不应混同，基于此种理解，存款账户中余额的增加意味着存款债权数额的增加，相应的是银行所负担的债务的增加。而裁判理由则不仅混淆了所有权与存款债权在法律上地位之不同，而且认为存款名义人可以“通过存单来实现其对该款的处分权——可随时支取该款”这一观点实际将所有权等同于随时支取的可能性，这更是对所有权的严重误解。裁判理由将存款债权理解为所有权，固然可以《刑法》第92条将储蓄列入公民私人合法“所有的”财产的规定为依据，但使用存款所有权一词仍然存在一定的误解。《刑法》第92条的规定仅仅意味着刑法所要保护的公民财产并不限于物的所有权也包括具有重要性的债权等其他财产权利，而并不意味着刑法在民法之外构建了另外的财产权利体系，这并不是刑法的任务。因此虚增存款数额的行为使银行负担了原本并不存在的存款债务，从而导致银行财产受到损失。从这一误解出发，法院才得出了“自该资金被划入个人存款账户内时起，二被告人已经在事实上通过该存款账户取得了划入款项的所有权”的结论，并进而认为该资金在划入行为人自己的账户之时盗窃行为便已实施终了，成立既遂。

其次，将虚增存款的行为认为是盗窃罪的构成要件行为并不符合传统理论关于拿走行为的解释，其中占有的归属也没有得到很好的澄清。盗窃罪在客观上是一个破坏他人占有从而建立新占有的行为，但问题在于，行

[1] 2007年颁行的《中华人民共和国物权法》第64条规定：“私人对其合法的收入、房屋、生活用品、生产工具、原材料等不动产和动产享有所有权。”第65条第1款规定：“私人合法的储蓄、投资及其收益受法律保护。”将《民法通则》第75条的规定分为两条，公民储蓄从所有权的范畴内划出来，尽管仍然受到保护但其法律地位不再是所有权。

为人侵入银行系统虚增存款债权数额的行为在何种意义上能够被评价为盗窃行为。也就是说侵入银行的计算机系统虚增存款的行为破坏了银行对现金的占有同时建立了自己的占有。但裁判理由对于虚增存款的过程同时是一个旧占有的破坏和新占有的建立过程这一点并没有提供论证。

与本案相类似，在钟某某等盗窃案[1]中，尽管采取的手段有所不同，但行为人同样是先虚增了自己账户上的存款数额再予以取出，法院同样将评价的重点放在了虚增存款数额这一行为之上，而认为后续的取款行为仅是盗窃行为的延续。在裁判理由中，法院对于占有的移转进行了一定的论述：在行为人潜入银行在借记卡上虚增了75万元存款时，“金融机构的75万元资金的控制权已发生转移，换言之，金融机构即时就产生了给付持卡人75万元存款的义务，持卡人无须办理任何证明手续，就可以随时持卡消费或者要求金融机构兑付现款，行为人为实现‘非法占有目的’而实施的主要行为已经完成，至于钟某某指使朱某某经过伪装后假冒‘黎某某’之名持卡到金融机构将此75万元款项领取出来的行为，实质上是其先前‘虚设存款行为’的继续，也就是通过此行为来达到对虚存的75万元款项的完全控制”[2]。本案中裁判理由使用了“控制权”这个十分模糊的说法，似乎意在基于存款债权而肯定存款名义人对资金的控制（占有），这一观点类似于日本的存款名义人占有说，同样是肯定基于存款债权对金钱的占有。而且将占有与非法占有目的的实现相混淆，使得这个论证变得并不清晰。

从事实占有的角度看，在取款行为之前，无论行为人账户上的存款余额是否增加，现金都处于银行的事实占有之下，虚增存款的行为并没有破坏银行对现金的事实占有。从法律上支配的角度看，如果采取日本最高裁判所以及山口厚教授将法律支配限于实质有效的正当存款债权的观点，这种情况下虚增存款余额的存款名义人与错误汇款中的收款人一样，都不拥有实质有效的正当债权。账户名义人并不能通过这种虚增存款余额的方式

[1]（2001）梧刑初字第29号刑事判决书；（2001）桂刑终字第176号刑事裁定书。

[2] 同上注。

建立自己对现金的法律上支配，也就不能肯定其对现金的占有。只有认为只要在形式上拥有对银行的债权便足以肯定存款名义人对现金的法律上支配，则虚增存款余额的行为可以被认为是一个建立法律占有的行为。

即便如此，这仍然不是一个典型的盗窃行为：

首先，在盗窃罪的构成范围内，占有仅限于事实上的控制支配，法律上的控制支配在盗窃罪的构成要件范围内并没有得到这个理论源头即日本理论的承认，而银行对现金的事实占有并没有被破坏。换言之，仅以债权的增加来肯定盗窃罪的完成，便又要修正占有的概念，也就是说不仅在侵占罪内，而且在盗窃罪、诈骗罪等占有移转型犯罪中同样肯定占有的概念不仅包括事实上的而且包括法律上的控制支配。

其次，即便修正占有的概念，在盗窃罪中承认法律上支配可以肯定占有的成立，银行对现金的法律占有在取款之前也很难认为已经被破坏了。的确，银行由于存款余额的虚增而承担了本来没有的债务，但在取款之前，这个余额的虚增就像是银行在错误记账中的撤销权一样，银行有权随时对此进行修正，从这个意义上看，银行也并没有丧失对现金的法律控制。

只要讨论的焦点仍然集中在作为有体物的现金的占有及其移转过程中，便应当以最后的取款行为而非此前的增加存款债权的行为视为盗窃罪的构成要件。但是，我们是否可以考虑将本案的行为对象解释为存款债权本身呢？既然我国语境中存款的含义不仅包括了存放在银行的现金，而且包括了存款债权本身，我们能否考虑一种以存款债权本身为对象的占有及其移转呢？从存款债权作为对象的角度处罚，本案的虚增存款余额的行为就是一个非法增加银行债务负担而使自己取得对银行存款债权的行为，实务上作为非难重点也正是这种非法增加银行债务负担使自己取得对银行存款债权的行为，但这种行为能否通过对盗窃罪的构成要件的解释纳入本罪的处罚范围？

在这个解释过程中势必碰到两个问题：第一，作为财产性利益的存款债权能否作为盗窃罪的对象；第二，存款债权如何被占有？对于这两个问题，不仅需要扩张财物的概念，同时需要改变传统的事实控制支配意义上的“占有”概念。理论上已经开始尝试从存款债权的角度来考察相关案件。这两个问题在后续的案件处理上仍然会遇到。对于实践中许多案件的法院判决处理、我国立法和司法解释上的规定，现金的占有归属以及移转这个体系在很多问题上是难以做出一贯的解释的，而只有从侵害存款债权的角度看，逻辑上才能贯通起来，虽然如此，侵害存款债权的行为能否纳入盗窃罪的处罚范围之内，却存在根本性的困难。

（四）存款名义人侵占自己存折、银行卡项下的他人存款的行为

1. 概述

现金的占有归属问题还存在于这样的案件中：存款名义人将自己的账户借给第三人，比如将自己的银行卡和密码交给他人，该他人将自己的现金存入这个账户中并随时从这个账户中支取现金，存款名义人通过挂失、补办新卡并设置新的密码等行为，使他人无法从账户中支取现金。这种情况下，现金的事实占有属于银行，虽然现金是第三人存入的，但是存款名义人是这笔存款名义上的债权人，因此存款名义人至少在形式上拥有对第三人存入现金的存款债权，其在实质上是否拥有对这一现金的存款债权也是值得讨论的。实务上因为试图将这种情况纳入盗窃罪的处罚范围内，而认为债权实质上是归属于第三人而非存款名义人的。

但所谓的“实质”是很不清楚的，我们到底是在什么意义上说这笔钱在“实质上”是不属于存款名义人而属于他人的呢？这种情况与错误汇款案件存在差异，这笔现金的存入不是因为错误而产生的。第三人在法律上也并不存在正当的请求权基础去要求银行撤销这笔存款，因此至少在民法上这是一笔实质上也正当有效的存款债权。民法上在存款名义人和银行之间成立储蓄合同关系，无论存款名义人与第三人之间的民法法律关系如何（如银行卡的租赁关系，也可以是一种隐名代理的关系），都不会影响存款名义人与银行之间的关系，因为债权合同的效力仅限于合同双方，除非双方在合同中约定了使第三人负担义务或向第三人履行债务，显然我们所讨论行为的存款合同中并不存在后面这种情况。因此无论形式上还是实质上

这都是正当有效的债权。基于这个有效的存款债权，存款名义人对现金拥有法律上支配，至于这个法律上支配能否成立占有则取决于不同的占有概念。实务上也试图通过占有概念的变相解释将这种情况纳入盗窃罪的处罚范围内。

2. 仇某某、崔某、张某某盗窃案[1]

（1）案件事实

上海市黄浦区人民法院一审查明：被告人仇某某委托被告人崔某在沪帮其办一张可以透支的银行贷记卡，并将身份证等证件交给崔某。该卡由崔某保管。崔某通过罗某某将该卡出租给被害人牟某某使用。6月下旬，牟某某在银行ATM机上使用该卡时，因操作不慎被吞卡。牟某某即通过罗某某请求崔某、仇某某帮助领卡。崔某得知后，即与仇某某、另一被告人张某某商议，由仇某某到银行挂失并趁机侵吞卡内钱款，张某某、仇某某均表示同意。随后，被告人崔某、仇某某、张某某到上海市中国工商银行股份有限公司延长中路支行（以下简称工行延长支行），由仇某某出面办理涉案银行卡的挂失、补卡手续。7日后，三被告人再次来到工行延长支行，由仇某某出面办理领取新卡，卡内存有人民币298742.09元。随后，三被告人到上海市延长中路790号工商银行延长新村支行提取现金人民币68700元，仇某某、张某某各分得人民币1万元，余款由崔某占有。

（2）裁判理由综述

上海市黄浦区人民法院一审与二审均肯定了公诉机关所指控的罪名，而针对辩护人所提出的辩护意见一审法院对于行为人构成盗窃罪进行了论述：

一审法院首先肯定了三名被告人的非法占有目的：

三被告人均明知仇某某名下的涉案银行卡内的钱款不属仇某某所有，而是牟某某存储的个人财产。当涉案银行卡被吞、牟某某要求仇某某帮助领取银行卡时，三被告人不是协助取回涉案银行卡并交还牟某某，而是积

[1] 参见《最高人民法院公报》2011年第9期（总第179期）。

极实施挂失、补卡、取款、转账等行为，将卡内钱款瓜分，明显具有非法占有他人财物的目的。[1]

随后肯定了三名被告人的行为属于“转移他人占有”的秘密性：

根据本案事实，被告人崔某、仇某某与被害人牟某某之间存在以POS机和“e时代卡”为标的物的特殊租赁关系，即与POS机捆绑的涉案“e时代卡”属仇某某名下，而出租给牟某某使用。牟某某因操作失误致卡被吞，故请求崔某、仇某某帮助取卡。此后，当牟某某通过罗某某仍无法联系崔某、仇某某时，牟某某已预感卡内钱款可能会被崔某、仇某某取走，且在经查询确认卡内钱款已被转移时，牟某某当即断定系崔某、仇某某等人所为。据此，三被告人的辩护人认为，三被告人挂失、补卡、取款等行为，因实际已被被害人觉察而不具备秘密窃取性质。[2]

从论述的逻辑先后顺序上看，首先应当明确的是“卡内钱款”的占有归属以及在此基础上能否肯定占有转移存在的问题，非法占有目的作为盗窃罪的主观超过要素，应当在肯定了盗窃罪的客观实行行为之后进行认定；行为的秘密性是对占有转移的限定，二者都须以“占有转移”的存在为前提。但一审判决却将这部分放在了最后，而是先肯定了非法占有目的的存在和盗窃行为的秘密性，在前提未得到论证之前便肯定了结论，在逻辑上存在一定的瑕疵。盗窃罪是占有转移型的犯罪，占有的归属直接影响对行为的定性分析。法院肯定了被害人的占有进而认为行为人侵害了这一占有而构成盗窃罪，对于被害人的占有，法院认为：

本案中，被害人牟某某从被告人仇某某处租用与POS机捆绑的涉案“e时代卡”后，更改了密码，通过持有涉案银行卡并掌握密码，形成对卡内钱款的实际占有和控制。此后，虽然因操作失误致使涉案银行卡被吞，但被害人基于对密码的掌握，依旧保持对卡内钱款的实际控制。涉案银行卡被吞后，被害人牟某某虽然失去了对卡的实际控制，但基于掌握密码，

[1] 参见《最高人民法院公报》2011年第9期（总第179期）。

[2] 同上注。

并未丧失对卡内钱款的占有和控制。被告人崔某、仇某某、张某某如果仅仅协助被害人取回涉案银行卡，不可能控制卡内钱款。三被告人是通过积极地实施挂失、补办新卡、转账等行为，实现了对涉案银行卡内钱款的控制和占有。上述行为完全符合盗窃罪“转移占有”的法律特征。[1]

裁判理由关于占有的归属以及移转问题上存在以下几个问题：

首先，法院基于“被害人在与被告人订立了租用合同后，占有了银行卡这一存款债权凭证，并且更改了密码”这一事实肯定了被害人的占有，而行为人“通过挂失、补办使被害人的密码失效并取得新的存款债权凭证就已经形成了对卡内钱款的占有和控制”。裁判理由似乎认为，只要掌握了存折、银行卡并知悉密码就能够肯定占有的成立，但这种对占有的肯定既不是建立在现金的事实上支配基础上，也不是建立在存款名义人的法律上支配基础上的，因为本案的被害人并不是存款账户的名义人。被害人仅仅是该银行卡的租用人，而行为人才是该银行卡真正的账户名义人，仅仅通过行为人持有银行卡并掌握了密码就能肯定他的占有吗？仅以对存折银行卡的占有和密码的知悉就肯定对现金的占有，是从一种事实上的取出可能性角度来肯定占有的，一如前文肯定存款名义人对错误汇款的占有的观点一样，前文中已经指出了这个观点所存在的问题。

其次，被告人的行为是否构成拿走行为也存在疑问。拿走行为不仅是新占有的建立而且是对旧占有的破坏。本案中对占有的破坏应当体现于何处？如果我们在本案中承认被害人也就是银行卡的租用者凭借银行卡和密码形成了“对卡内钱款的实际控制支配”，那么在被害人银行卡被吞时就已经失去了对卡内钱款的实际控制支配，因为在没有银行卡的情况下，被害人就已经丧失了现金的事实取出可能性了。但其失去控制支配是由于自己不慎使银行卡被吞造成的，并不是三名被告人造成的。在这个意义上，即便三名被告人的行为建立了对卡内钱款的占有，这种挂失、补办行为也并不就此构成破坏占有，并不符合拿走行为的成立条件。法

[1] 参见《最高人民法院公报》2011年第9期（总第179期）。

院认为即便失去了银行卡，由于存在密码仍然不失去控制，这似乎是说，只需要密码就能肯定对卡内钱款的控制支配，但这种控制支配已经太弱了。之所以仅以知悉密码就肯定对卡内钱款的占有是为了论证被告人行为也构成对占有的破坏。为了使被告人的行为看起来符合盗窃罪破坏占有和建立新占有的客观构成要件，不惜弱化占有概念所要求的事实上支配强度，而仅以密码的知悉作为占有归属及其移转的标准，整个论证是十分牵强的。

3. 评述："谁"的"钱"——占有的对象及其归属

理论上也有观点试图从存款债权的占有移转而非现金的占有移转角度来考察这个问题。黑静洁博士在《存款的占有新论》中援引了一个类似的案件认为，这类案件应当从存款债权的准占有的角度来考察，所谓判断存款债权的占有归属应当以谁能够排他性地行使存款债权为标准。

李某因为自己没有身份证，便借同学韩某的身份证办理了一张农业银行的借记卡，并一直使用。2005 年年底，韩某通过偶然的机会得知了这张借记卡的卡号和密码。2006 年 3 月 10 日，韩某通过查询知道该卡上有现金 1.5 万元，便于次日持自己的身份证，到银行谎称借记卡丢失，将该借记卡挂失并补办了一张新卡，将原卡上的 1.5 万元转入新卡中，供自己使用。2006 年 4 月底，李某发现自己所持的借记卡已被韩某挂失，便找到韩某要求归还卡上的金额，此时，韩某已经将卡上的 1.5 万元现金挥霍一空，拒绝了李某的还款请求。[1]

黑静洁博士在文中认为，李某虽然持有借记卡并设置了密码，但对存款债权的占有并不是排他性的，不能对抗韩某同时向银行提出支付请求，而韩某却可以凭借存款名义人的身份随时剥夺李某对存款的占有。因此韩某的占有是排他性的，才能够成立刑法上的占有，而李某只是韩某占有存款的辅助人。[2] 从这一观点出发，黑静洁博士认为，这种情况下行为人的

---

[1] 丁巍、汪彦：《占有他人用自己身份证办理的银行卡中存款如何定性》，载《检察日报》2006 年 7 月 31 日，第 3 版。

[2] 黑静洁：《存款的占有新论》，载《中国刑事法杂志》2012 年第 1 期。

行为属于“将代为保管的他人财物据为己有，拒不归还”的行为，成立《刑法》第 270 条侵占罪。由此存款债权的占有又再次进入我们视野中。存款的占有既指现金的占有，也指存款债权的占有。如果从现金的占有及其移转角度无法对案件作出合理的解释和处理，就转而从存款债权的占有及其移转的视角寻找解决的方案。

盗窃的构成要件行为是未经他人同意的占有转移行为，在存在他人同意的情况下不成立盗窃罪，如果这一同意是因受到欺骗陷入认识错误所致，则可能成立诈骗罪。无论成立哪一罪名，首先需要确认，应当将哪一部分行为评价为占有转移的行为，然后再考虑该占有转移是未经他人同意的，还是虽经他人同意但同意存在瑕疵。

从法院的判决看，仇某某、崔某、张某某盗窃案的三名被告人通过积极地实施挂失、补办新卡、转账等行为，实现了对涉案银行卡内钱款的控制和占有，因而符合了“占有转移”的特征，其中涉及了挂失—补办—转账—取款这一连续的过程，这一整体行为过程是否都能占有转移，实有分析的空间，取决于占有的对象和对占有本身的理解。

如果用日常语言表达，被害人的主张就是行为人“偷了我的钱”，但在法理上却有检讨的必要：首先是“钱”，如前所述，在日常生活中，人们不仅把现金视为“钱”，存在银行的储蓄也是“钱”，但是在法理上，现金和存款却属于两个不同的法律关系，人们对自己所持的现金拥有所有权，但存款却是在公民个人与银行之间成立的债权债务关系，也正如前文所讨论的那样，存款债权本身在法律上拥有不同于其他债权的特殊性，以银行的信用为担保，具有更强的流通性和可变现性。其次还需要讨论的是这究竟是谁的钱，被害人主张钱是自己的，但行为人也可以主张自己是该账户的名义人，至少形式上拥有行使该债权的正当性，即使实质上不具有正当性，那也仅仅是违背了双方之间的合同关系。与刑法、与犯罪无关。占有的归属仍然是核心争点。占有的对象影响到占有归属的判断，在德日刑法理论中，占有的对象只能是有体物，占有的归属就只需就有体物进行判断即可，但在占有的对象既包括有体物又包括债权的时候，不同的对象会导致占有归属的不同判断标准。

首先需要界定，行为人的行为所侵害的对象究竟是现金还是债权，在此基础上才能够进一步探讨该对象的占有归属。正如本文前述所讨论的那样，就银行现金而言，作为有体物本身应当认为其归属于银行，就存款债权而言，则原则上应当归属于存款的名义人占有。法院将对象表述为“卡内钱款”，这里的钱款也可以作两种理解，一是现金，二是存款债权。裁判理由的论述仍然是围绕着现金的占有及其移转来展开的，而在黑静洁博士一文中，占有的对象就变成了存款债权。

若在现金的意义上理解“卡内钱款”，而现金的占有归属于银行。从银行占有出发，能够视为占有转移的只有行为人的取款行为，即现金从银行的占有转移到行为人的占有之下。然而，行为人作为该账户的存款名义人，在名义上拥有对银行的存款债权，因而他以自己名下的银行卡和自己的真实身份取出现金，这是一个正当的取款行为，而就银行方面而言，持真实的存款凭证和真实的身份证明或输入真实的密码便要付款，这是基本的银行交易规则，银行在形式审查了这些要件之后，不仅存在对占有转移的同意，且该同意也不存在瑕疵。因此，单就取款行为而言无法被评价为盗窃行为或者诈骗行为。

法院的判决也并没有仅就取款行为进行单独评价，而是将挂失、补卡、取款、转账的行为都放在了盗窃罪构成要件行为中加以考察，这显然没有采取“银行占有”的观点。法院认为，被害人租用行为人的银行卡并掌握了密码便控制了卡内的现金，这并非是在银行占有说的观点下进行解释的，甚至不是在“存款名义人占有说”的观点下进行解释的。因为就名义而言，被告人才是该银行卡的真正名义人，被告人与被害人之间存在银行卡的租借关系，法院所谓的对卡内钱款的控制实际上是通过银行卡和密码能够随时取出金钱这样一种“不受障碍的取出可能性”作为定义占有的手段，这既非法律上的控制支配，也非事实上的控制支配，而至多是事实上控制支配的可能性。将这种事实上支配的可能性作为肯定占有的依据极大地扩张了占有成立的范围。因此就银行现金而言，无论是从银行占有说还是存款名义人占有说的角度都无法肯定被害人对该现金的占有，被告人的挂失、补办、设置新密码的行为也很难被认为是一个破坏占有建立新占有的拿走行为。

将“卡内钱款”理解为存款债权虽然是可能的，但需要进一步讨论存款债权的归属与占有转移。理论上虽然已经提及了存款债权可以被占有并转移，但却没有具体地讨论和论证该占有的具体含义。黑静洁一文中将排他性地行使存款债权的可能性视为存款债权占有归属判断的标准，但在这个标准下，只有存款名义人才是存款债权的占有人。既然只有债权人才是债权的占有人，在概念上就没有在债权人之外另设债权的占有人的必要。民法上设立权利准占有制度是为了解决债务人向债权人以外的第三人清偿债务时的清偿效力问题，即只有债权的准占有人是债权人以外的第三人时，这个概念才有存在的意义，如果只有债权人才是债权的占有人，这个概念就变得多余。在刑法中引入债权的准占有概念，是否只是为了将侵害存款债权的行为解释为针对存款债权的盗窃行为的一种文字游戏？这一点将会在下文中进一步讨论。

（五）案件评述

上述四类案件理论或实务上对于存款占有的归属做了不同的回答：在利用自动取款机故障取款的行为中，存款的占有归属于银行；在错误汇款案件中，存款的占有归属于存款名义人；在存款名义人侵占自己账户内的他人存款中，法院认为存款的占有归属于持有存款名义人卡的人也就是存折银行卡的占有人，而在存款名义人侵入银行系统存款时占有的归属又回到了银行。存款占有归属的不确定性从中可见一斑。下文将尝试对这几类案件中的存款占有做一个梳理并找出其中存在的问题：

存款的占有以存款所包含的两种含义可以分为现金的占有和存款债权的占有。理论上关于许霆案与何鹏案中存款占有的争论，主要是关于前者即现金占有归属的争论，受日本的存款名义人占有说中所谓法律上支配概念的影响，这个争论中占有归属的标准处于较为混乱的状况之中。许霆案中虽然通说在结论上认为现金的占有属于银行，但这种占有的归属究竟是基于事实上的控制支配还是基于法律上的控制支配并不明确。

更不明确的是错误汇款中的占有归属，理论上一方面认为现金的事实占有归属于银行，但另一方面又试图将现金的法律占有归属于存款名义人即错误汇款的收款人，从而达到能够将取款行为认定为侵占罪而非盗窃罪或诈骗罪。但只要现金的事实占有仍然归属于银行，行为人即便拥有对现金的法律占有，也只能与银行对现金成立共同占有，取款行为便成为一个结束这种共同占有关系、将共同占有转为单独占有的过程，它仍然构成对他人占有的破坏。仅采纳存款名义人占有说也不足以排除盗窃罪、诈骗罪的成立，甚至导致了盗窃罪、诈骗罪与侵占罪构成了一种想象竞合的关系，由于前两者处刑较重，最终也无法达到理论上试图将行为定性为侵占罪的目标。

之所以存在这种问题，源自日本的存款名义人占有说及作为其立论基础的法律上支配概念本身存在的问题，以及理论在继受的过程中有意无意地扩张了存款名义人占有的适用范围（从侵占罪到其他占有移转罪），而这种扩张是缺少论证的。这一点在第二章对日本理论的分析中已经进行了详细的论述，尤其是其据以认定存款名义人对现金的占有的根据，究竟是法律上正当的债权还是仅仅是一种事实上的取出可能性：如果是前者在错误汇款案件中本就必须否定存款名义人对现金的占有。只有在后一种意义上才能肯定存款名义人对错误汇款的占有。但这种事实上的取出可能性并非仅存款名义人一人拥有，而是所有持有存折、银行卡且知悉密码的人都具有这种事实上的取出可能性。从这种事实上的取出可能性出发，存款名义人占有便扩张为了“存折、银行卡占有人占有”，即所有占有存折、银行卡并知悉密码的人都占有了相应的银行现金。后者在我国是一个普遍的问题，即占有存折、银行卡与占有存折项下财物之间的同一性问题，在非存款名义人的犯罪行为定性中具有核心的意义，因此将在本章第三部分中进一步讨论。

在本章第二部分所讨论的另外两类案件中，即存款名义人侵入银行计算机系统增加自己的存款余额并取款的行为，以及存款名义人侵占了自己账户内的“他人”存款的行为中，从现金的占有及其移转的角度出发，很难对法院最终定性意见构成有力的理论支撑。

在前者，对于存款名义人侵入银行计算机系统增加自己的存款余额并取款的行为，如果以现金的占有及其移转作为出发点，评价的重点必然落到取款行为之上，而法院却认为侵入以及修改存款余额的行为本身已经构成盗窃行为，而后续的取款行为则仅仅只是最终确保自己通过盗窃所取得的占有，属于不可罚的事后行为。虽然从取出可能性的角度看，行为人通过侵入计算机系统修改存款余额就已经取得了对存款的法律占有，但此时银行的占有尚没有受到破坏，因此很难认为此种情况下存在拿走行为。

在后者，法院先认为被害人通过银行卡和密码对卡内财物进行控制，后来又将这个实际控制的条件减少到只剩下掌握密码这一个条件，来勉强论证行为人挂失、补办银行卡以及设置新密码的行为而非取款行为构成盗窃罪。从现金的取出可能性来看，非存款名义人通过银行卡和密码可以对卡内财物进行实际的控制支配，但这种取出可能性在作为被害人的非存款名义人失去银行卡的时候就已经失去了，仅知悉密码并不具备这种取出的可能性。但在本案中，这种占有的失去却不是被告人的行为所造成的，很难认为成立盗窃罪。虽然现金的事实占有属于银行，但取款行为本身也是合法的主张债权的行为，不构成对银行对现金占有的侵害，而存款名义人在法律上占有现金就更能排除盗窃罪的成立了。

黑静洁博士试图从存款债权的角度来考察这类案件中的占有归属。在他看来，除了现金以外，存款债权本身也可以成为占有的对象，只有拥有排他性地行使该存款债权的存款名义人才拥有对现金的占有，因此当存款名义人通过挂失、补办银行卡的方式使他人不再能够取得存入存款名义人账户的现金时，此种行为实际上是“将代为保管的他人财物非法占为己有拒不归还”的行为，应当成立侵占罪。只要我们的观察视角仍然停留在现金的占有上，评价的重点就应当在最终的取款行为之上，法院试图将取款行为之前的侵入计算机系统行为、挂失补办行为解释为盗窃罪是很牵强的，无论是现金的银行占有还是现金的存款名义人占有都无法满足实务上将此类案件定性为盗窃的观点。将这类案件从存款债权的侵害的角度加以理解，在以存款债权为对象的占有及其转移的角度考察这类案件是否能够成立针对存款债权的盗窃是一个值得尝试的制度。但由于对于存款债权的占有概念仍然缺少系统的探讨，使得这个概念在很大程度上仍然处于十分模糊的状态之中。

三、非存款名义人的滥用行为

（一）概述

存款的占有问题除了在存款名义人的各种权利滥用行为中具有意义之外，在非存款名义人的各种非法行为中也具有重要意义。在这一问题上不同观点导致了实践中在相关案件中定性上的重大分歧，本书从《刑事审判参考》《人民法院案例选》《中国审判案例要览》以及《最高人民法院公报》中摘录了 14 起先取得存款债权凭证而后予以转账或消费的案件的定性结论，表格见下：

案件	起诉罪名	法院认定罪名	存折、信用卡取得手段	密码取得手段	取款方式	法院评价重点	特殊情况
王某某盗窃案	盗窃	无罪	捡拾信用卡	内附密码	柜台取款	信用卡取得行为	
张某某信用卡诈骗案	信用卡诈骗	信用卡诈骗	捡拾他人信用卡	修改密码		取款行为	信用卡遗忘在柜员机上
余某某盗窃案	盗窃	盗窃	捡拾他人信用卡	无	转账	转账行为	信用卡遗忘在柜员机上

续表

案件	起诉罪名	法院认定罪名	存折、信用卡取得手段	密码取得手段	取款方式	法院评价重点	特殊情况
张某某盗窃案	盗窃	盗窃	捡拾他人信用卡		转账	转账行为	信用卡遗忘在柜员机上
林某某等盗窃案	盗窃	盗窃	盗窃银行卡			取得行为+取款行为	
李某某等盗窃案	盗窃	盗窃	盗窃存折	骗取		存折取得行为	
张某某、屈某某盗窃案	诈骗	盗窃	盗窃存单		在柜台取款	存单取得行为+取款行为	窃取身份证明
陈某某、陈某、孙某某盗窃案	盗窃	盗窃	调换存折			存款行为	使被害人在不知情的情况下向自己控制的账户存款
李某某等盗窃、抢劫案	抢劫	抢劫	盗窃存折	暴力逼问		暴力获取密码行为	
刘某某诈骗案	诈骗	诈骗	骗取存折	偷看密码		存折取得行为	
孙某等盗窃案	盗窃	信用卡诈骗	骗取存折	骗取		存折取得行为	
张某某等盗窃案	盗窃	盗窃	骗取银行卡	骗取		取款行为	
刘某某等盗窃案	盗窃	盗窃	骗取银行卡	骗取		取款行为	

续表

案件	起诉罪名	法院认定罪名	存折、信用卡取得手段	密码取得手段	取款方式	法院评价重点	特殊情况
李某某盗窃案	盗窃	盗窃	截留他人信用卡		冒用信用卡	信用卡取得行为	受托办理银行卡与存折

行为人取得财产权利凭证的手段主要有盗窃、诈骗、抢劫三种手段，获取密码的手段也可以包括偷看、骗取和暴力逼问，最后在取款行为上，行为人主要是在银行柜台取款和在 ATM 机上取款的情形。

从上表的简单罗列中可以看出：首先，司法实践中在对行为人之行为的定性问题上并没有形成统一的观点，检方起诉之罪名与法院最后的定性意见乃至不同法院对类似行为的定性都存在不同的意见。刑法评价的重点摇摆于个案的具体情况之间，既有以取款行为作为评价重点的，也有以财产权利凭证的取得行为作为评价重点的，这对法安定性构成极大的威胁。此种存在于评价重点上的分歧与下文所要讨论的一体性见解与分离性见解有关。其次，即便部分从分离性见解出发将评价的重点放在了后续的取款、转账或其他形式的使用行为之上，这种使用行为的具体定性也没有引起司法实践的足够重视，司法实践中并不认为行为人究竟是在银行柜台取款还是在 ATM 机上取款的问题对于行为定性具有重要性。在许多案件中，行为人同时使用这两种取款方式，但法院也仅仅只是将取款的数额简单相加，而并不在定性上作出区分，实务上关心的仅仅是最终实质的数额计算规则并根据数额进行量刑，定罪问题在实践中并未得到细致的探讨。综上所述，实务部门在这类案件的定性逻辑上意见并不统一，对于同类行为却有定性上的差异，不利于法治的统一与同案同判的实现，将重点置于量刑而非定罪环节则体现了实践中的实质主义与实用主义倾向，这两点都是值得理论重视和反思的问题。

本书的讨论将集中在前一个问题上，即在理论探讨和实务观点中尝试寻找一个统一的判断标准。理论上认为，在这类案件中定性的关键问题在于如何回答“占有存折、银行卡是否就等于占有了存折、银行卡项下的存款”这个问题。从对这个问题的不同回答中可以区分出不同的立场：

一体性的观点认为，占有存折、银行卡时与占有其项下的存款是同一的，从而刑法评价的重点位于存折、银行卡的取得行为，后续的使用行为只是不可罚的事后行为，由于使用行为是不重要的，也就不区分各种不同的存折、银行卡使用场合，而只对最终数额进行最终的评价。分离性的观点则认为，在占有存折、银行卡之后行为人还需要通过其他进一步的行为才能够建立对项下存款的占有，应当对取得行为与使用行为进行分离评价。这种分离性评价在一定程度上遵照了德日刑法理论的基本思路，但另一方面又由于我国同种数罪并罚的立场而不具有彻底性。这两种观点在行为定性评价上、行为人数额的计算规则上得出了不同的见解，这在实践中也均有表现。

（二）行为定性

1. 一体性观点

在一体性的见解看来存折、信用卡等财产凭证与其所记载的财物之间具有一体性，因此占有存折、信用卡与占有存折、信用卡项下的财物具有同一性。按照此种观点，刑法评价所关注的重点将落在存折、信用卡等财产凭证的取得行为上，罪名的确定取决于取得行为的定性。同时基于一体性的观点，行为人在取得存折、信用卡时就取得了对存折、信用卡项下财物的占有，根据盗窃罪“打破占有一建立新占有”的教义学规则，行为在取得存折、信用卡时达到既遂，对于后续的取款行为则被认定为“不可罚的事后行为”。由于其违法性已经被对前行为的违法评价所包含，不具有独立的评价意义。如陈兴良教授在“程剑诈骗案”中认为被告人程剑的行为包括了猜配密码和取款两个行为，在程剑猜配密码之后就已经使存折原所有人丧失了对财物的控制，后续的取款行为只能被认为是不可罚的事后行为。“先盗窃后采用欺骗手段取款的，使存折所有人丧失对财物控制的主要是盗窃行为，而诈骗则只是进一步实现非法占有目的的行为，在刑法理论上称为不可罚的事后行为。”[1]

也有学者认为，对于在取款时银行并不审查取款人身份的存折，控制了存折就控制了存折项下的财物。“应该说，捡拾存折与捡拾财物或者现金当然是有所不同的，存折是一种财产凭证，将其转换为现金尚需办理兑现手续。我国学者认为，对于定期已到期的、活期（没设密码）的、定活两便的存单由于在兑现时，银行不审查取款人的身份，而是在存折余额范围内按照取款人的要求付款，取款人无须用虚构事实或隐瞒真相的方法即可凭存单取款。上述存单的持有人由于能即时兑现现金，说明控制了存单实际上就控制了该存单所载存款，如果受托人受委托保管这种存单，或者拾得人拾得上述存单后去银行取款，非法据为己有，拒不退还的，则构成侵占罪。”[2]

司法实务部门对于实践出现的窃取、骗取、拾得存折银行卡并取款的案件也多是基于一体性的观点，而将取得存款凭证的前行为作为评价的重点从而成立相应的罪名。例如，在王某某盗窃案[3]中，公诉机关认为行为人捡拾存折与密码袋后的取款行为属于窃取他人财物的行为构成盗窃罪。法院判决则认为，本案行为人王某某拾得附有密码的银行储蓄卡，是属于合法持有。由于储蓄卡中现金是由银行代为保管的，不是持卡人实际保管，持他人的储蓄卡到银行支取现金，是从银行公开将他人的现金取走，因此，持他人的储蓄卡到银行支取现金的行为，不是秘密窃取。因此，王某某的行为不符合盗窃罪的构成要件，不构成盗窃罪。王某某用拾得附有密码的银行储蓄卡到银行柜员机提取现金的行为应视为侵占行为。本案中，法院

[1] 陈兴良：《捡拾存折后猜配密码冒名取款行为之定性研究——程剑诈骗案》，载《判例刑法学（下）》，中国人民大学出版社 2009 年版。

[2] 参见于世忠：《侵占罪研究》，吉林人民出版社 2002 年版，第 156 页，转引自陈兴良：《捡拾存折后猜配密码冒名取款行为之定性研究——程剑诈骗案》，载《判例刑法学（下）》，中国人民大学出版社 2009 年版。

[3] 参见（2002）将刑初字第 121 号刑事判决书。

认为行为人拾得银行卡便是拾得现金，其背后便是认为银行卡的占有与对现金的占有具有同一性，在这一观点下，后续的取款行为便属于以占有为前提的侵占行为而非转移占有的行为。

一体性观点所存在的问题是非常明显的，其所肯定的是一种“扩张的”存款名义人占有说，即所有占有存折、银行卡并知悉密码的人都能肯定其对现金的占有。这个观点的基础在于，占有存折、银行卡的人已经取得了从存折、银行卡的账户中取出现金的可能性。日本理论上的确有观点认为单纯的取出可能性就足以肯定在存款名义人的占有，但这种取出可能性既不足以肯定事实上支配，也很难被认为是法律上支配。而且从目前翻译过来的日文文献以及其他相关讨论来看，并不明确的是，这种取出可能性理论是否仅局限于有权取款的存款名义人，还是说所有拥有取出可能性的人都对现金拥有占有。而我国的一体性理论显然认为这种取出可能性就已经足以肯定对现金的占有，而不限于存款名义人一人之上，这就形成了修正的、扩张的存款名义人占有说。

2. 分离性观点

分离性的见解受到德日刑法理论区分“物”与“债权”的基本立场的影响，强调财产凭证与其项下所记载的财物之间的分离性。基于此种分离性，由于财产凭证本身的价值微薄，财产凭证的取得行为不应作为刑法评价的重点，之后的取款行为便理所当然地成为刑法评价的重点。只有在存折、信用卡项下财物的物理意义上的事实占有最终由银行移转至行为人手中时，行为才达到既遂，因而数额的计算应当以最终兑现的数额计算。对债权凭证的刑法评价，决定了不法取得该凭证的前行为和利用该凭证不法取得财物的后行为哪一个才是刑法评价的重点。主张债权凭证和其记载的财物具有一体性的见解存在着较为显著的缺陷。债权凭证中除了提单、仓单等物权性债权凭证之外，都和其记载的财物具有分离性。相关实务中的难题也应当在分离性见解的框架下解决，刑法评价的重点不在于不法取得债权凭证的前行为上，而在于利用债权凭证不法取得财物的后行为上。[1]

分离性采纳了民法上认为存款名义人与银行之间存在的是以一定数额金钱为标的物的债务债权关系的观点。用户在将钱存入银行之后，金钱的占有乃至所有权都移转给了银行，金钱处于银行的物理性、事实性以及法律性的支配（银行可以再对存款进行处分，从事贷款业务等）之下，存款名义人所取得的仅仅是对银行的债权，而且存折、银行卡仅仅是证明此种债权存在的证明凭证。

基于此，分离性观点在两个层面上对此问题进行了分解：首先，存款名义人所享有的存款债权与银行现金之间的分离；其次，存折、银行卡等存款债权凭证与存款债权本身相分离。从这两个层面，分离性见解完成了占有存折、银行卡与占有银行资金之间的分离。因此，存折、银行卡的遗失不等于存款债权的丧失，存款人仍然能够通过其他方式如出示身份证明等来宣示自己对银行所拥有的债权，并通过挂失补办程序重新办理该存款债权凭证。因为存款名义人是通过其对银行的存款债权来实现其对银行卡中相应数额的金钱的占有的，而存款债权凭证的失去并不意味着存款债权的失去，因而仍然保有对该银行资金的占有。[2]反之，非存款名义人仅取得了该存折、信用卡也并不当然地取得了该债权，因而不可能从法律上控制支配该财物。从这个意义上说，后续的取款行为才构成对存款名义人对现金的法律占有的破坏，此乃非存款名义人得以实现其对银行现金占有的必要过程，至少具有独立于存款债权凭证取得行为的评价意义。分离性的观点因而通常主张应当对后续的取款行为进行单独评价，而与前财产凭证取得行为成立牵连关系，实行从一重处断。

存款人将钱款存入银行后，银行有义务向存款人出具存折、银行卡，这时银行获得了对该钱款的物理性以及法律性支配，而存款人尽管将存款

[1] 王海涛:《论财产犯罪中债权凭证的刑法评价——以存折、银行卡等债权凭证为例的说明》，载《政治与法律》2010 年第 4 期。

[2] 当然这仅仅是法律上控制支配意义上的占有，这种意义上的占有是否得到承认，按照日本理论的传统观点需要根据不同的构成要件进行回答。

转移给了银行，但仍然对存款存在法律性支配占有，存折、银行卡只不过是存款人提款时应出具的证明而已。即使丧失存折、银行卡，也不过是丧失这种证明本身而已，而不是丧失对存折、银行卡上财物占有的地位。存款人只要能够以其他方式证明自己是钱款事实上的权利人，就不会妨碍其对财物的管理支配。[1]

非权利人合法或不法地获得存折、银行卡，并不等于控制、支配了存折、银行卡上的财物。取得存折、银行卡之后，要获得对这些金融债权凭证上欠款的管理、支配，必须向银行行使债权请求权，只有在银行履行相关的义务以后，存折、银行卡的占有人才能获得对该债权凭证上记载的财物的占有，并且债权凭证的给付义务人也会现场或采用电子手段对债权人身份进行验证、核实，以防止错误履行给自己带来财产损失。[2] 在完成了存折、银行卡与其所记载的财物的分离之后，分离性的观点进一步认为，盗窃存折、银行卡的行为本身并不值得刑法上的重点评价，因为就存折、银行卡本身而言，其价值是极其微薄的。而且存折、银行卡本身从交易的实践来看不具有可以处分的经济价值。行为人在窃取他人的存折、银行卡以后不能像转让现实的财物那样顺利转让给他人。根本原因在于，从社会的一般观念看，存折、银行卡等此类债权凭证和现实的财物有较大差别，不能相提并论。[3]

在司法实践中也开始有部分法院采纳了分离性的观点。如在“刘某某盗窃案”[4] 中，被告人刘某某假扮出租车车主伙同他人将被害人游某骗上车，当车行驶一段距离后，由被告人曾某假扮刚下车的乘客拦下出租车，谎称其装有 1 万余元的钱包丢失在车内，假装找包，并提出怀疑钱包被车上乘客拾得。在其他被告人的“劝说”下，被害人游某被迫将行李交给曾

[1] 王海涛:《论财产犯罪中债权凭证的刑法评价——以存折、银行卡等债权凭证为例的说明》，载《政治与法律》2010 年第 4 期。

[2] 同上注。

[3] 同上注。

[4] 基本案情参见《人民法院案例选》2007 年第 2 辑，第 76 页。

某检查。被告发现行李中有两张银行卡，便称怀疑游某将拾得的现金存入银行，而要求核查银行卡上的存款。游某被迫将两张银行卡交给曾某，并说出卡的密码。刘某某便冒充中间人提出由其持卡到银行查询，骗得被害人信任后，刘某某持被害人的银行卡分别从农业银行、邮政储蓄的自动取款机上取走 8450 元。[1]

本案中公诉机关与法院在行为人定性上发生了分歧：长沙市雨湖区人民检察院以诈骗罪提起公诉，基于银行卡与卡上的钱款具有一体性的考虑，公诉机关认为被告人刘某某骗取他人的银行卡就等同于骗取了卡上的欠款，该前行为已经符合了诈骗罪的构成要件，利用银行卡从自动柜员机上取款的后行为，只是获取诈骗收益的行为，不宜另行评价。[2] 相反，长沙市雨湖区人民法院最终认为被告人的行为构成盗窃罪，实质上是认为骗取银行卡并没有获得对卡上钱款的支配，该前行为不是刑法评价的重点，而利用骗得的银行卡在自动柜员机上取款的后行为，才侵害到被害人银行卡内钱款的占有，应当作为刑法评价的重点，因而以盗窃罪定罪量刑。[3]

实践中此种以“丢钱捡钱”的手法骗取被害人的存折、银行卡及其密码并在事后取款的案件也有作出不同裁判的案例。2011 年杭州市中级人民法院审理的孙某盗窃、诈骗案[4] 中，与前述刘某某案相反，公诉机关对于骗取被害人存折、银行卡及其密码的行为部分是以盗窃罪提起公诉的。但法院却采纳了辩护人提出的应认定为诈骗罪和信用卡诈骗罪的辩护意见，认为“银行卡和存折虽是被害人银行存款的载体，需要储蓄密码才能支取存款，但被告人在骗取到被害人储蓄密码的情况下，通过诈骗手段占有银行卡和存折的行为实质上已经侵犯了被害人的财产所有权，之后的取款行为只是之前行为的延伸，应定性为诈骗类犯罪，且司法解释将骗取信用卡并使用的行为特别规定为信用卡诈骗罪”，因而分别将骗取存折并取款行为

---

[1] 基本案情参见《人民法院案例选》2007 年第 2 辑，第 76 页。

[2] 同上注。

[3] 同上注。

[4] 基本案情参见（2011）浙杭刑初字第 207 号。

认定为诈骗罪，而将骗取银行卡并取款的行为认定为信用卡诈骗罪。此类行为定性的分歧不仅发生在控辩双方之间也发生在不同的审理法院之间，此种分歧的背后是对于存折、银行卡的占有与其项下财物的占有的同一性采取了不同的观点。

同样采取了分离性见解的案件还有余某某盗窃案[1]，本案中法院将行为人见他人将银行卡遗忘在柜员机上而予以转账的行为认定为盗窃罪的实行行为。就银行卡本身而言，行为人的行为只属于捡拾银行卡，如果采取一体性的见解则捡拾银行卡并取款或转账，则只能构成侵占遗忘物罪。而法院则基于分离性见解对转账行为本身进行了单独的评价，裁判理由指出："行为人拾得信用卡并不意味着其可以占有信用卡内所存储的等额钱款"，因此"本案行为人非法占有财物的实质性动作在于其将银行卡内金额转账到其自己信用卡账户的动作"，"行为人积极转账的行为不但改变了等额钱款的占有，同时也违背了银行占有的主观意愿，而且在行为人转账成功后，由于其拥有自己的银行卡及其密码，可以说这笔钱款即已处于行为人排他性支配之下"，从而肯定了盗窃罪的成立。与本案类似，同样是见他人将银行卡遗忘在柜员机上而转账的张某某盗窃案[2]中，法院也因为"被害人遗失后可以通过挂失等程序重新主张权利，并不必然丧失对储蓄卡内财产的控制，被告人张卫兵利用被害人的过失，通过银行转账的方式，实施了非法占有他人财物的行为，已构成盗窃罪"。在法院看来因为挂失补办的可能性导致行为人在取得银行卡时并没有完全控制其项下财产，因此只有通过转账将资金转入自己名义的账户之下才能够完全控制该钱款，转账的行为具有独立的评价意义，进而被法院认定为盗窃的实行行为。

在分离性观点的内部，占有归属的认定标准仍然是不明确的。部分观点从事实上支配出发，认为现金处于银行占有之下。部分观点则认为，存款名义人基于对银行的存款债权而对存款拥有法律上支配，或者二者兼而

[1] 基本案情参见（2008）浙杭下刑初字第76号。

[2] 基本案情参见（2005）翔刑初字第162号。

有之。如果二者兼而有之，非存款名义人的取款行为就可能构成盗窃罪和诈骗罪的想象竞合：现金处于银行事实占有之下，非存款名义人持他人的银行卡和伪造的身份证件到银行取款，柜员基于对取款人身份的认识错误而向非存款名义人交付现金，这是诈骗罪成立的典型情况。现金处于存款名义人的法律控制支配之下，非存款名义人的取款行为同时是违背其意志的对其法律上控制支配的破坏，成立盗窃罪。导致这种想象竞合的原因在于在盗窃罪的构成要件中认为占有也包括法律上支配，这在日本理论上也是不允许的。

此外，分离性观点的问题还在于，取款行为成为刑法评价的重点进而构成诈骗罪或者盗窃罪。[1] 由于强调财物处于银行的实际控制支配之下，犯罪行为变成了仅涉及银行与行为人双方的行为，而忽视了存款名义人所承受的实际损失。对此，分离性观点又试图通过三角诈骗的模型来进行解释：

鉴于存折、银行卡等金融债券凭证和其记载的财物的分离性，盗窃、骗取存折、银行卡的前行为不能在刑法上评价为盗窃罪或诈骗罪，而应当把从银行提款的后行为作为刑法评价的重点，根据其对财产的侵害行为，论以相应的犯罪。因此，如果行为人持盗窃、骗取的存折、银行卡到银行柜台取款的，在和银行的关系上，是欺骗银行工作人员，使其陷入错误，并基于错误认识交付了处于支配范围内的存款人的财物，该诈骗行为属于被骗人和受害人并非同一主体的三角诈骗，应以诈骗罪论处；如果从自动柜员机上取款的，由于不存在对银行的欺骗行为，仅侵害到存款人、银行

[1] 尽管对于行为人持信用卡在 ATM 机上取款的行为定性存在信用卡诈骗罪与盗窃罪之间的分歧，但对于分离性观点而言，就该取款行为本身应成为刑法评价重点这一点而言是一致的。对于在 ATM 机上取款行为的争论参见刘明祥：《论信用卡诈骗罪》，载《法律科学》2001 年第 2 期；刘明祥：《浅析盗窃信用卡并使用的行为》，载《中南大学学报》（社会科学版），2003 年 10 月第 9 卷第 5 期；刘明祥：《用拾得的信用卡在 ATM 机上取款行为之定性》，载《清华法学》2007 年第 4 期；张明楷：《也论拾得的信用卡在 ATM 机上取款的行为性质——与刘明祥教授商榷》，载《清华法学》2008 年第 1 期；刘明祥：《再论用信用卡在 ATM 机上恶意取款的行为性质——与张明楷教授商榷》，载《清华法学》2009 年第 1 期。

对存款的共同占有，应构成盗窃罪。[1]

使用三角诈骗这一理论模型固然可以解释行为人持他人之信用卡刷卡消费的案件，但对于持他人之信用卡或存折向银行主张债权的案件则存在解释上的问题。所谓三角诈骗，不同于普通诈骗之处在于受骗者与被害人不同一，因而产生了行为人、受骗人、被害人三方关系，故名三角诈骗，日本判例和学说上通常认为，在三角诈骗中，处分财产的人与财产权利人分离，因此必须是在"受骗者具有可以替被害人处分其财产的权能或地位"[2]，而在德国，对于三角诈骗问题主要包括客观的代理权限理论、主观的代理权限理论、阵营理论（Lagertheorie）以及主观的代理权限加审查义务四种观点。[3] 典型如诉讼诈骗中，法院基于国家强制力处分被害人的财产，但该财产的所有权仍然属于被害人。

在使用他人存折、银行卡冒领存款的案件中，一方面受到财产损失的是存款名义人；另一方面银行向行为人给付一定金额的钱款这一过程中，银行处分的是自己所有的而非被害人所有的金钱，被害人所享有的仅是一定数额的存款给付请求权而非对银行资金的处分权。以三角诈骗来解释冒领存款的行为要么背离了三角诈骗的基本结构，要么便是混淆了银行现金的所有权归属。

在行为人领取现金的过程中，尤其是在使用密码取款的行为中，行为人的行为是否表现出欺骗性质以及银行是否真的陷入认识错误也存在问题。

[1] 王海涛：《论财产犯罪中债权凭证的刑法评价——以存折、银行卡等债权凭证为例的说明》，载《政治与法律》2010 年第 4 期。

[2] [日] 山口厚：《刑法各论》，王昭武译，中国人民大学出版社 2012 年版，第 305 页。

[3] 德国对于三角诈骗的研究始终是与以间接正犯形式实施的盗窃（Diebstahl in mittebaren Täterschaft）的区分相联系。客观代理权限说认为，只有被骗者在客观上拥有代理所有权人处理财物的权限时才能构成诈骗，否则便仅成立以间接正犯形式实施的盗窃。而主观代理权限说则认为，只要被骗者在主观上相信自己是拥有处分财物的权限即可。而阵营理论则认为，只要被骗者属于所有权人的"阵营"即可，采取事实的观点判断是否属于"所有权人的阵营"。而第四种观点则是对主观理论的修正，认为被骗者除了相信自己拥有处分权限之外，还应当对这种权限的有无尽到谨慎审查的义务。理论上的通说仍然是客观的代理权限理论，但联邦最高法院在判决中也开始逐渐采用阵营理论加以判断。参见 Klaus Tiedemann, in: Leipziger Kommentar-StGB, 12.Aufl., § 263, Rn. 112-116.

根据银行的交易规则，银行实际上并不关心取款人是否是真正的存款名义人，只要输入的是真实的密码，银行所承担的给付存款的任务也就完成了。因为不需要任何责任，因此银行也就不会对取款人的真实身份予以关注，我国台湾地区学者指出："在盗用真卡的情形，只要提款卡为真卡、密码输正确，而于盗领时原持卡人也未办理停卡止付，则银行的给付便非出于重大过失，这一笔被盗领的款项就要由原持卡人自行负担。随而，即便行为人持此卡向一名银行职员提款，银行职员也不会在乎领款人是否为持卡人本人，是否有权提领，因为这些事实根本不会影响到银行的责任，业者也不会想要承担维护社会正义的职责，从而不会有类似诈欺之行为可言。"[1]日本刑法理论中经常用三角诈骗来讨论的是信用卡的名义人滥用自己所持之信用卡案件，相反德国刑法理论中则认为信用卡名义人的滥用行为不构成诈骗罪，而是通过专门的构成要件即《德国刑法典》第 266 条 b 支票卡与信用卡滥用罪来进行规制。对此我国刑法在信用卡诈骗罪项下已经明确增设了"恶意透支"的行为类型，再采取如此复杂的理论模型将其解释为诈骗，其在实践上的意义也并不显著。[2]

（三）数额计算

在数额的计算问题上，从一体性观点出发，既然占有存折、银行卡与占有项下财物是同一的，数额就应当以存折、银行卡的票面价值进行计算，而从分离性观点出发，数额则应当以实际取得的数额为准。这两种观点在最高法院关于盗窃财产凭证中的数额计算规则均有体现，但最高法院在司法解释中显然是从一种实用主义的观点出发对这两种观点进行了取舍扬弃。

---

[1] 蔡圣伟:《论盗用他人提款卡的刑事责任》，载《刑法问题研究（一）》，元照出版公司 2008 年版，第 309 页。

[2] 当然理论上还需要解决的一个前提问题是，《刑法》第 196 条信用卡诈骗罪是否是诈骗罪的特殊构成，还是有别于诈骗罪构造的独立罪名，这关系到信用卡诈骗罪的成立是否以满足诈骗罪的一般要件为必要。

1998 年《最高人民法院关于审理盗窃案件具体应用法律若干问题的解释》（已失效）中将“有价支付凭证、有价证券、有价票证”等财产凭证作为盗窃罪的犯罪对象并单独规定了其计算数额的标准，是一体性观点得到实务部门认可的重要体现。

这一观点在 2013 年《最高人民法院、最高人民检察院关于办理盗窃刑事案件适用法律若干问题的解释》中得到了延续。该司法解释第 5 条规定，盗窃不记名、不挂失的有价支付凭证、有价证券、有价票证的，应当按票面数额和盗窃时应得的孳息、奖金或者奖品等可得收益一并计算盗窃数额；盗窃记名的有价支付凭证、有价证券、有价票证，已经兑现的，按照兑现部分的财物价值计算盗窃数额；没有兑现，但失主无法通过挂失、补领、补办手续等方式避免损失的，按照给失主造成的实际损失计算盗窃数额。

从司法解释将财产凭证作为盗窃罪的一类犯罪对象并将取款的问题归为数额计算的问题而言，的确可以认为其接受了“一体性”的见解。陈兴良教授指出，法律和司法解释的规定都体现了一体性观点的倾向，因此存折、信用卡的取得行为而非后续的取款行为应成为刑法评价的重点：

以法律规定而言，《刑法》第 196 条第 3 款规定：盗窃信用卡并使用的，应以盗窃罪论处。在这种情况下，按照立法精神，只要窃取信用卡，就意味着非法占有了信用卡上的款项，而不能认为只有取款才是占有。以司法解释而言，最高人民法院关于盗窃罪的司法解释，盗窃能即时兑现的存折，无论是否取款，都应按照存折上的票面数额计算盗窃数额。显然，在这种情况下，也不以取款为定罪根据。[1]

我国学者也进一步指出：

根据该规定，盗窃活期存折、已到期的定期存折以及可以随时提款的银行卡，即使没有从银行提款，也应当以存折、银行卡上的数额认定为

[1] 陈兴良：《捡拾存折后猜配密码冒名取款行为之定性研究——程剑诈骗案》，载《判例刑法学（下）》，中国人民大学出版社 2009 年版，第 368 页。

盗窃数额。这实质上是认为，存折、银行卡和其上所记载的财物具有统一性，窃取上述债权凭证等同于窃取凭证上的财物，即使行为人没有利用该债权凭证从银行提款的，也应按照凭证上记载的财物数额以盗窃罪定罪量刑。[1]

但是，从最高法院司法解释的规定中区分不同类型的有价支付凭证的角度看，实务部门的态度似乎仍然认为，对于记名可挂失的财产凭证，由于失主可以通过挂失、补办等方式避免损失，因此行为人在窃得这些财产凭证时又并不当然地控制了财产凭证项下所记载的财物。

司法解释对于财产凭证的区分标准经历了从“能否随即兑现”到区分“记名可挂失与不记名不可挂失”的过程。其中关于盗窃财产凭证案件中犯罪数额计算的规定，最早见于1984年《最高人民法院、最高人民检察院关于办理当前盗窃案件中具体应用法律的若干问题的解答》：

盗窃有价证券的，如国库券、股票、已盖印或签字的支票和汇款单、不留印鉴的活期储蓄存折和已到期的定期储蓄存折，一般应按票面数额计算。盗窃不能随即兑现的证券，或将能随即兑现的证券销毁的，不宜按票面数额计算，可以作为情节予以考虑。盗窃粮票等无价证券的，视数额与具体情节，处罚时应予适当考虑。

1984年的司法解释在犯罪数额的认定方面关注的是能否随即兑现，如果是能够随即兑现的有价证券，则应当以票面数额计算犯罪数额。在当时的司法解释看来，财产凭证所记载的财物是关注的重点，只有能够随即兑现的财产凭证才能够被认为是同时控制了财产凭证项下的财物，因而以票面数额计算。这些财产凭证包括了国库券、股票、已盖印或签字的支票、汇款单、不留印鉴的活期存折和已到期的定期储蓄存折。但随后就出现盗窃定期债券的情形，虽然不能随即兑现但却是不记名、不挂失的，在债券到期之后就能够兑现，因此1986年、1988年、1989年最高人民检察院、

[1] 王海涛：《论财产犯罪中债权凭证的刑法评价——以存折、银行卡等债权凭证为例的说明》，载《政治与法律》2010年第4期。

最高人民法院的三个答复对于这种不记名不挂失的债券，都认为尽管不能随即兑现，仍然应当按照票面数额计算。而没有兑现则作为一个从轻考虑的情节，“经我们与最高人民法院协商认为，中国工商银行发行的金融债券是一种有价证券，此种金融债券还本付息的期限为一年。虽然一年期满以前不能提前兑现。但此种债券不记名，不挂失。盗窃金融债券分子未被捉获前，就无法阻止其获得债券的本金和利息。因此，同意你们提出的意见。即盗窃工商银行发行的金融债券，应按票面数额计算盗窃数额。未兑现的，可作为量刑时予以考虑的情节”[1]。

此后，1988 年 3 月 14 日《最高人民法院研究室关于盗窃有价证券数额计算问题的电话答复》（已失效）、1989 年 1 月 24 日《最高人民法院研究室关于盗窃不能随即兑现的金融债券、奖债券的计算问题的电话答复》（已失效）都对于盗窃“虽不能即时兑现，但却是不记名不挂失的”金融债券的犯罪数额计算做出了类似的规定：

盗窃银行发行的金融债券、有奖债券，虽然不能随即兑现，但这类债券不记名，不挂失，其性质与国库券、股票相类似，一般应按票面数额计算。对于未兑现的，处理时一般可作为从轻考虑的一个情节。

最高人民法院、最高人民检察院上述三个司法解释在盗窃金融债券的犯罪数额计算规则的规定上发生了转变，关注的重点从“能否随即兑现”转移到了“是否是不记名、不挂失的”。对于不记名、不挂失的金融债券，最高司法机关认为，虽然在期限届满之前不能提前兑现，但行为人只要等到期限届满即可以获得债权的本金和利息，仍然应当按照票面数额计算盗窃数额，而“是否兑现”则作为酌定从轻情节在量刑时予以考虑。而这一转变到 1992 年《最高人民法院、最高人民检察院关于办理盗窃案件具体应用法律的若干问题的解释》（已失效）最终完成，该司法解释对于前述司法解释所确立的原则作了系统性的阐述：

[1] 1986 年 12 月 1 日《最高人民检察院关于盗窃中国工商银行发行的金融债券是否应按票面数额计算的批复》。

三、（二）有价支付凭证、有价证券、有价票证，按下列方法计算：

1. 不记名、不挂失的有价支付凭证、有价证券、有价票证，不论能否随即兑现，均按票面数额和案发时应得的利息、奖金或者奖品等一并计算。股票应按照被盗当日证券交易所公布的该种股票成交的平均价格计算。

2. 记名的有价支付凭证、有价证券、有价票证，如果是票面价值已定并能随即兑现的，如活期存折、已到期的定期存折和已填上金额的支票，以及不需证明手续即可提取货物的提货单等，应按票面数额（有利息的应包括案发时应得的利息）或者可提货物的价值计算。如果是票面价值未定，但能随即兑现的（如已盖好印章的空白支票等），则以实际兑现的财物价值计算。

不能随即兑现的记名有价支付凭证、有价证券、有价票证，或者将能随即兑现的有价支付凭证、有价证券、有价票证销毁或丢弃，而失主可以通过挂失、补领、补办手续等方式避免实际损失的，不按票面数额计算，可作为量刑考虑的情节。

1998 年与 1992 年司法解释关于盗窃有价证券、有价票证的数额计算的规定在内容上基本相同。区分的标准不再是能否随即兑现，而是该财产凭证是不记名、不挂失的还是记名的、可挂失的。对于不记名、不挂失的，不论能否随即兑现，均按票面数额计算。但股票则按其当日价格计算(股票的特殊性）记名的有价证券，能够随即兑现且票面价值已定的，以票面数额包括利息计算。如果能够随即兑现，但票面价值未定的，则以实际兑现的财物价值计算。如果是记名的有价证券且不能随即兑现，失主可以挂失以避免损失的则不按票面数额计算。该司法解释中仅消极地规定这种情况不能按照票面数额计算，但却没有给出在这种情况下数额的计算方法。

只是在对于记名的有价支付凭证、有价证券且票面价值未定的情况，1992 年解释规定的是，“如果能随即兑现的，按已兑现的价值计算”，而 1998 年解释则是“已经兑现的，按照实际兑现的财物价值计算”。就基本内容而言，两则司法解释在记名有价证券的问题尤其是在票面价值未定的情况下，更为关注的是财物的实际兑现，这也说明司法实践中对于此类财产凭证并没有完全接受一体性的见解，而是更为强调对于财产凭证项下所记载的财物的最终的、事实的占有。从上述对司法解释历史沿革的分析来看，司法实践在财产凭证与财产凭证项下所记载的财物的关系这一问题上的观点并非一以贯之，而是在“一体性”观点与“分离性”观点之间摇摆、寻求折中。在定性上将评价的重点放在财产凭证的取得行为之上，而在数额计算上则又强调行为人最终所取得和占有的现金数额。

分离性的观点虽然能够很好地论证最高法院历届司法解释中在“记名、可挂失且票面价值未定但已兑现的情况下”以兑现的财物价值计算的规则的理论合理性，但却与其中在计算“不记名、不挂失的财产凭证”如已到期的定期存折、可以即时兑现的活期存折的犯罪数额时采用“以票面数额计算”的规定不符。对此分离性观点提出了质疑，如张明楷教授认为：

盗窃可以即时兑现的活期存折、已到期的定期存折后，即使没有支取存款也应按照存折上的数额认定为盗窃罪。但这种解释存在疑问，本书发表一下看法：首先，盗窃不能即时支取存款的存折，然后欺骗银行职员，支取他人存款的，应认定为诈骗罪。其次，盗窃可以即时兑现的活期存折等但并不取款的，不成立犯罪。因为盗窃存折并不等于盗窃了存折所记载的存款；被害人丧失存折，并不意味着同时丧失了存款债权，如果不将存折本身评价为财物，便难以认定盗窃存折的行为本身构成盗窃罪。利用所盗窃的存折通过银行职员提取存款的行为，都属于对银行职员的欺骗行为，成立诈骗罪。最后，盗窃他人支付凭证后，通过自动取款机支取存款的，成立盗窃罪。概言之，行为人盗窃存折、储蓄卡、汇款单等债权凭证后，使用欺骗手段通过银行或其他金融机构的职员、邮政工作人员取得财产，导致他人遭受财产损失的，成立诈骗罪，但是，利用盗窃或拾取的债权凭证通过自动取款机提取现金的，应当认定为盗窃罪。[1]

---

[1] 张明楷：《刑法学》（第三版），法律出版社 2007 年版，第 732—733 页。

（四）《刑法》第196条第3款的解释

一体性和分离性的见解在《刑法》第196条第3款关于盗窃信用卡并使用的行为以盗窃罪论的规定上也存在解释上的困难。从分离性的观点来看，使用行为具有进行独立评价的意义，也不应简单地与此前的盗窃行为进行合并。而从一体性观点看，此条规定也仍然存在解释上的困难。虽然本条规定似乎表明了立法者想要对盗窃行为和使用行为进行整体评价，这种整体评价倾向还体现在1998年《最高人民法院关于审理盗窃案件适用法律若干问题的解释》第10条的规定中，该条规定盗窃数额应当根据行为人盗窃信用卡使用的数额认定。一体性观点认为这一规定是“占有财产凭证便占有了财产凭证项下财物”这一一体性观点的重要立法例证。因为按照法律条文所体现的意图是将盗窃信用卡以及其后的使用行为一并评价为盗窃罪而没有对其后的使用行为进行单独的刑法评价，这意味着立法者的立场是“一体性”的。1997年《刑法》之前的司法解释中也曾经体现了一种一体性的观念。1986年最高人民法院《对上海市高级人民法院就王平盗窃信用卡骗取财物如何定性问题的请示所作的答复》指出：“被告人盗窃信用卡后又仿冒卡主签名进行购物、消费的行为，是将信用卡本身所含的不确定价值转化为具体财物的过程，是盗窃行为的继续，因此，不另定诈骗罪，应以盗窃罪一罪定性。”在这一答复中，使用行为被认为是将“不确定价值转化为具体财物的过程”，是“盗窃行为的继续”，与前行为被视为一个整体，但这也意味着，仅盗窃信用卡行为本身也难以被认为是完成了对具体财物的占有，“盗窃并使用”被视为一个完整的整体以盗窃罪论，那么仅有盗窃信用卡的行为就意味着行为的不完整，那么进而又可以理解为仅盗窃信用卡并没有占有信用卡项下财物是无法成立盗窃罪既遂的，这与按照一体性的论证逻辑“取得财产凭证”时行为就达到既遂的结论相悖。

（五）中间路线——相对分离

在财产凭证与其所记载的财物之间是同一还是分离的观点之间，尚存在一种模糊的路线，此种观点认为与传统上对财物的控制不同，对于财产凭证的控制存在双重性：

我们关于财物控制的观念基本来自于对实物控制的观察，并不完全符合信用控制的情况。在日常生活中，财物控制是直接对财物本体即实物的控制。这种控制关系一般具有排他的特征，例如一沓现钞、一架照相机、一辆汽车，一方将其置于自己的实力支配之下，意味着另一方失去对该财物的控制。在这个意义上讲，控制与失控如同一个问题的两面或者一张纸的两面。而对于金融财产而言，存在着两种控制，其一是事物控制，即银行控制作为财产本体的实物。其二是金融票证控制，即银行通过记账和凭证确认客户的权利；客户则持有相关权利凭证，支配自己账户上的财产。信用凭证控制是“双重”“多元”的。所谓双重是指：银行和客户对账户及信用凭证的控制；银行对财物本体的控制。所谓多元是指：金融财产的本体虽然总是在银行的实力支配之下，但是持有权利凭证的人，经过一定的验证程序有权随时支配、支取有关账户上的财产，他们在一定程度上也控制着权利凭证上载明的财产。[1]

在这种折中的观点看来，存折等财产凭证与其所记载的财物之间既有分离性的一面，也具有一体性的一面：分离性的一面体现在，被害人丧失对存折的占有并没有丧失存款债权；一体性的一面表现在，占有存折的人也取得了对存折上钱款的一定程度的控制。

行为人持有相关金融票证的确是具备了支配账户存款的条件，但是这并没有排除银行和权利人对存款的控制。因为存款仍在银行的管理控制之下，从银行支取，仍然需要具备权利人或者经合法授权的人这一实质条件；而权利人也随时可以挂失避免损失。这说明金融票证的失控，并没有导致银行和权利人对财产的完全失控。金融财产这种权利凭证与存款的分离，正是银行存款让人们感到比较安全的因素之一。行为人使用持有的他人金融票证骗取、窃取他人账户存款的，仍然应当视为在取得财产的控制上使

[1] 阮齐林：《金融财产控制的特点与侵犯财产罪的认定》，载《法学》2001 年第 8 期。

用了犯罪性手段。所以，应当以盗窃罪或诈骗罪论处，不应当以侵占罪论处。[1]

相对分离性的观点看到了现代社会经济生活中对信用的控制很难用实物控制的观念来解读的特殊性：从物理的、事实的角度看，存款的实体仍然处在银行的事实控制支配之下；从权利的角度看，存款的名义人也并没有因此失去对银行主张存款债权的权利；从财产凭证的角度看，行为人持有存折、信用卡等财产凭证意味着他拥有能够以该财产凭证为依据向银行主张给付一定数额金钱的事实可能性——此种控制的复杂多元化是现代经济财产概念分化的产物。

但相对分离性的见解并没有在解释结论上有所突破，在盗窃存折、信用卡等财产凭证后取款的案件中，认为即使没有取款也取得了对存折、银行卡上的财物的共同占有，应当以盗窃罪论处，同时犯罪数额的计算原则上也应当以票面数额计算，这与一体性观点的结论是一样的，仍然会遭到分离性观点所认为的“违背刑法责任主义原则”的批评。此外，相对分离性的观点尽管看到了信用控制与财物控制之间的区别，但在解释这种控制时仍然采用了“共同占有”的概念来解释银行、存款名义人以及占有存折的其他人对于存款的控制以及相互之间的关系。但共同占有本身仍然是一种实物控制的方式，因而又回到了财物控制的观点之下。

四、一种尝试：从存款债权角度对一体性见解的修正

（一）存款债权侵害行为与财产犯罪的成立

民商法上，财产凭证是一个过于笼统的概念，不同的财产凭证在民法上具有不同的地位和性质，也会带来不同的法律后果。如提单、仓单等物权凭证被认为具有物权的效力，根据《海商法》第71条规定：“提单，是指用以证明海上货物运输合同和货物已经由承运人接收或者装船，以及承

[1] 阮齐林：《金融财产控制的特点与侵犯财产罪的认定》，载《法学》2001年第8期。

运人保证据以交付货物的单证。提单中载明的向记名人交付货物，或者按照指示人的指示交付货物，或者向提单持有人交付货物的条款，构成承运人据以交付货物的保证。”

再如票据法所谓的票据，包括汇票、本票、支票，根据票据法的规定，汇票、本票、支票作为票据法所指的票据具有严格的格式性，必须按照法定的记载事项记载，否则票据无效。[1]“汇票是出票人签发的，委托付款人在见票时或者在指定日期无条件支付确定的金额给收款人或者持票人的票据。”“本票是出票人签发的，承诺自己在见票时无条件支付确定的金额给收款人或者持票人的票据。”“支票是出票人签发的，委托办理支票存款业务的银行或者其他金融机构在见票时无条件支付确定的金额给收款人或者持票人的票据。”[2]票据法上所规定的汇票、本票、支票，尽管仍然被认为是对银行或对特定人的债权的记载，但其所具有的无因性使得它们的流动性接近于货币，并在一定程度上能够代行货币的职能。[3]

以上两种财产凭证都有很强的效力，对于提单、仓单而言，作为物权凭证，提单的交付可以视为财物的交付，财物与提单具有同一性。票据法上的票据则在很大程度上是货币的另一种存在形态，只要票据符合法定的格式和记载事项，出票人、银行或者受委托的付款人只要完成形式审查就可以无条件支付确定的金额给收款人或持票人，其与所记载的金钱具有一体性。

问题出现在存折、银行卡等在效力上弱于上述财产凭证的债权凭证。传统的一体性见解认为占有存折、信用卡便可以肯定对存折、银行卡项下财物的占有。但是首先存折、信用卡仅仅只是记载这种权利的权利凭证，它能证明债权的存在，但债权的存在并不以此为必要条件，占有存折、信用卡不等于取得了对银行的债权，取得了对银行的债权能否成立对存款的占有也存在争议。而这正是分离性观点所批评的。

[1] 参见刘心稳:《票据法》(第三版)，中国政法大学出版社 2014 年版，第 16 页。

[2] 同上注，第 4 页。

[3] 同上注。

无论是分离性的观点还是一体性的观点，现有的解释仍然是从财物的角度来观察盗窃、骗取存折、银行卡等财产凭证的行为，盗窃财产凭证的最终目标是获取财产凭证项下所记载的财物，这是从财物观点来解释此类行为的理由。但盗窃存折、信用卡等债权凭证的行为就像实践中经常发生的暴力抢劫或窃取欠条案件一样其实是对债权的侵犯，只不过与欠条这样的任意的债权凭证相比存折、信用卡是以银行信用为担保的，它具有更高的信用等级、流通性和变现可能性。但无论如何存折、信用卡在性质上属于债权凭证，窃取、骗取、使用暴力夺取债权凭证并取款的行为，无非是在无权取得他人债权凭证之后向银行主张了他人的债权，账户上的存款余额相应减少，使得存款名义人所拥有的存款债权的价值相应减少，行为人究竟是在柜员机上取款、在银行柜台上取款，还是刷卡消费，都会导致该存款债权价值的减少，现金的取得或是购得商品只是这一行为的后果，而非评价的重点，因此这类行为与其是看成针对存放在银行的现金实体的犯罪，毋宁是侵害存款名义人的存款债权的行为，基于此种理解，若要论证此类行为成立相应的财产犯罪，则需要解决两个解释论上的问题：其一，存款债权必须属于财产犯罪的犯罪对象，即“公私财物”；其二，如何解释存款债权的占有与转移。本书在此将要讨论解释存款债权的占有与转移的问题，笔者曾经在《“存款占有问题”研究》一文中提出了一些初步的构想，下文是对这个构想的一些具体化。而对于存款债权是否属于财物的范畴，以及存款债权的占有是否能够纳入盗窃罪等传统财产犯罪的构成要件之内，则是一个需要从罪刑法定原则出发进行检讨的问题，这两个问题本书将在后文中专章进行讨论。

（二）从“基于存款的占有”到“对存款债权的占有”

1. 法律上的控制支配：基于存款的占有

前文在第二章对日本刑法理论中的存款名义人占有说的分析中已经提及，此说的立论基点在于，结合侵占罪所保护的法益和规范目的，应当在处分可能性的观点下理解占有概念，因此侵占委托物罪中的占有，根据客体的性质、对客体的管理样态，不仅包括事实上的支配，还扩张至法律上的支配。正如我国学者所分析的那样，此种观点是基于存款债权的占有，占有的对象仍然是银行所拥有的资金。因为存款名义人所拥有的存款债权，而在法律上肯定存款名义人对其也保有占有。因此日本刑法理论上，仍然是在围绕着银行现金实体展开讨论的，只是在占有的方式上进行了扩张。这与日本刑法规定以及刑法理论基于财物与财产性利益的二分而严格在有体物意义上解释“财物”概念有关：财物是占有的对象，而财物又只能是有体物，因而只有在不改变财物的有体性概念的同时扩张占有的概念。但在金钱的占有问题上，财物的有体性仍然受到了质疑，在一定程度占有方式的改变势必影响到其对象的性质，在金钱占有的场合，金钱的特定性并没有实际的意义，并非是“特定金钱的所有权”受到刑法保护，而是一定金额的所有权值得刑法保护。[1]

2. 对存款债权的占有

如前所述，围绕对存款债权凭证与其所代表的财产的占有是否同一的问题，我国理论和实践中主要有一体性与分离性两种观点，应当采取何种分析的立场，需要重新回到此类案件的行为特征上，如前所述，行为人以存款债权凭证为对象实施窃取、骗取、抢劫行为后取款，行为人的行为通常包括两个阶段，一是取得存款债权凭证，二是从银行取款或者刷卡消费。在分析问题时涉及三个层面占有：第一，对存款债权凭证的占有；第二，对存款债权的占有；第三，对银行现金的占有。进而所谓的一体性或者同一性发生在两个方面：其一，对存款债权凭证的占有是否必然意味着取得了存款债权；其二，若能肯定其拥有存款债权时是否就取得了对银行现金的占有。

日本所谓的对存款名义人占有的讨论是在第二个层面进行的。但存款名义人占有说应当区分于持卡人占有，也就是说，即使是存款名义人占有说，也是以存款名义人所拥有的对银行债权为基础的。非存款名义人并未

---

[1] [日] 山口厚：《刑法各论》（第二版），王昭武译，中国人民大学出版社 2012 年版，第 352 页。

取得存款债权，无法肯定对现金存在占有。取得银行债权就相当于占有银行的现金，这是在第二个层面和第三个层面进行的统一，此为日本存款名义人占有说。存款名义人以外的其他人并不拥有该存款债权而无法占有银行现金。

我国的讨论则是跳过了第二个层面的占有，而直接讨论第一个层面的占有和第三个层面占有的一体性问题，将两方面的同一性问题合为了一个一体性问题，导致了逻辑上的断裂。

跳过第二个层面占有的讨论，直接讨论债权凭证占有与财物的占有之间是否同一，使得“存款名义人占有说”被偷换为“持卡人占有”。按照原本的一体性见解，认为任何存款债权凭证的占有人都占有了银行的现金，而无视了存款名义人占有说是奠基在存款债权存在的基础上的。取得存款债权凭证并不当然取得存款债权。一体性见解将存款债权凭证的占有与存款债权的占有的同一视为理所当然是存在疑问的。除此之外，以持卡人占有为代表一体性观点，还可以从根本上将法律上控制支配偷换为事实上的取出可能性，持卡人只要能够凭该存款债权凭证取出存款，就能够认为是存在对银行现金的占有。上述概念上的偷换都是因为直接跳过了“存款债权的占有”这一问题。就存款债权的占有与银行现金的占有的同一而言，存款债权凭证的占有与存款债权的占有之间的同一性才是逻辑上在先的问题。因此此类案件讨论的重心也应当放到存款债权上来。

因此，区分这三个层面上的占有问题尤其是存款债权的占有就成为问题解决的关键。就第一个层面存款债权凭证的占有和第三个层面银行现金的占有而言，由于对象是有体物，因而只要在传统占有概念下就可以理解。但就存款债权的占有而言，由于占有的对象是非有体物的权利，无法借鉴德日刑法理论以有体物为对象所形成的占有概念。因为债权本身的特点而不同于有体物的占有，要重新解释对于存款债权的占有方式。

日本刑法理论上认为占有的对象只能是“有体物”而不能是“权利”的观点来自于民法。在民法上，占有作为物权制度的一部分，仅对有体物适用。但是民法上这一传统观点目前也出现了修正，“准占有”概念已经出现。民法理论认为某些不因物之占有而成立的财产权，也应当纳入保护范围，所谓“准占有”就其字面含义是“准用占有的规则”的意思，也就是对于不能作为占有的对象“权利”准用占有制度中的某些规则，因而产生了“准占有”制度。其中典型的就是债权的准占有，即以债权为标的的准占有。

财产权不因物之占有而成立者，行使其财产权之人为准占有人，债权内不因物之占有而成立之财产权之一种，故行使债权人之权利者，即为债权之准占有人。此项准占有人，如非真正之债权人而为债务人所不知者，债务人对于其人所为之清偿，仍具有清偿效力。[1]

从民法的角度看，存款名义人与银行之间成立债权债务关系，存款名义人拥有对银行的债权，是存款债权的准占有人。但是同时持有存折、输入密码取出金钱的其他人也被认为是存款债权的准占有人。如台湾地区学者王泽鉴先生所言：

真正债权人，故为准占有人，其非真正的债权人而行使债权人的权利时，如第三人持真正存折并在取款条上盖存款户真正印章向金融机关提取存款，亦属债权准占有人。虽非债权人，事实上行使债权者，亦为债权准占有人。如表见继承人、债权证书的持有人、债权让与无效的受让人。[2]

准占有制度的意义在于，如果债务人对非真正之债权人的债权准占有人进行清偿，也发生债务清偿的效力，“对于债权准占有人，善意所为的清偿有清偿效力”。这一制度对于当今的银行交易活动具有尤为重要的意义。民法上，基于债权的相对性，原则上要求债务人只有对债权人本人履行债务才能够发生清偿效力，这对于私人的债权债务而言尚且适用，但对于以不特定公众为交易对象的银行系统而言，如果要严格地审查每个债权人的真实身份将会造成银行交易成本的增加与交易效率的下降，并且容易将银行卷入私人之间的民事纠纷之中。但准占有制度使得银行系统能够从私人

[1] 王泽鉴：《民法物权 2 · 用益物权 · 占有》，中国政法大学出版社 2001 年版，第 384 页。

[2] 同上注，第 387 页。

的纠纷之间跳脱出来，只要行为人持有存折、信用卡并向银行出示并输入密码或是出示身份证明，银行对其支付一定数额金钱的行为便发生清偿的效力，而账户上的金钱数额也会相应地减少，银行相应的付款义务也随之消灭。准占有制度也与银行的形式审查规则保持了一致性。基于此项规则，以非法手段取得了存折、银行卡的行为人到银行柜台去取钱的行为并没有损及银行的利益，因为银行在交付现金的同时也相应地消灭了相应的付款义务，真正遭受损失的是存折、银行卡原本的存款名义人而非银行本身，将后续的取款行为理解为对银行的诈骗，不仅无视了存款名义人的被害人地位，而且也难以解释在何种意义上存在对银行的诈骗。基于形式审查的规则，银行只需要审查行为所持凭证的真实性、密码的真实性甚至是身份证明的真实性，而不需要确认其是否为存款名义人本人，在完成形式审查后银行支付了相应金额的金钱即完成了对此项债权的清偿，银行的交付并非基于错误的认识而转移财物的行为，所以认定诈骗存在一定的障碍。

正如台湾地区学者王泽鉴先生所述，财物的占有与财产权利的准占有之间存在一定的区别："占有的发生，须以对于物有事实上管领力为要件。准占有的发生以对不因物之占有而成立的财产权，行使其财产权为要件。"[1] 准占有概念的出现使得在解释上构造"以债权为对象的盗窃行为"的模型成为可能。中国刑法对于盗窃罪采用的是简单罪状的规定，并没有具体的描述，从刑法教义学的规则来看，盗窃罪在客观上是一个典型的"打破占有进而建立新的占有"的行为过程，由于占有的对象只能是物，因而传统上认为盗窃罪的犯罪对象应当限于有体物。但是准占有概念的出现使得债权也能够准用占有的规则，进而构建以债权为对象的盗窃这一模型成为可能。从刑法的观点看，债权准占有意味着行使债权的现实可能性，如存折、银行卡的持卡人所拥有的对银行主张债权的可能性。

在民法的准占有制度来看，准占有成立的要件有二，其一，准占有的

[1] 王泽鉴：《民法物权 2·用益物权·占有》，中国政法大学出版社 2001 年版，第 387 页。

标的是不以占有为要件的财产权；其二，准占有人行使该权利。[1] 与对占有财物的静态状态不同，准占有的成立不是一个静态的事实，而是一个动态的过程，如行为人在窃取存折、信用卡之后，他就拥有了对银行主张债权的可能性，但他尚未成为准占有人，而必须在他冒用存款名义人的身份，提供虚假的证明文件向银行主张债权要求银行给付相应金额的时候，他才成为对银行的债权准占有人。因此从债权的准占有角度来看，盗窃信用卡并使用的行为是一个完整的转移存款债权的准占有的行为过程。从这一角度而言，1986 年的司法解释中将取款行为理解为“将不确定的价值转化为现实的财物的过程，这一过程是盗窃行为的继续”这一叙述就可以理解了，在此既不需要用不可罚的事后行为理论作为解释的理论依据，也不需要将两个行为割裂开来分别评价进而构成牵连犯。在犯罪数额的计算上，只有行为人真正取得的数额才能作为其犯罪数额加以计算，因此最高人民法院的司法解释所规定的“盗窃信用卡并使用的，以使用的数额计算犯罪数额”的规定也是有其合理性的。

值得注意的是，分离性的见解不仅主张存款债权与存款债权所对应的财物的分离，而且主张存折、信用卡等债权凭证与其所记载债权的分离。普通银行存单、信用卡的性质仅仅是证明存款名义人与银行之间存在债权债务关系的证权凭证而非设权凭证，存单的丢失并不意味着对银行债权的丧失，行为人窃得存折、信用卡也并不意味着当然地取得了对银行的债权。由于窃得或者拾得信用卡的行为人并没有当然地取得对银行的债权，窃得债权凭证的行为并不具有评价的意义，而利用该存单或信用卡冒用存款名义人的身份去取钱的行为才具有刑法上的评价意义，这是分离性观点的立论基础。但是此种观点是值得商榷的，按此逻辑，在普通的盗窃财物的场合，被害人也并没有因此而丧失对物的所有权，行为人也并不能因此而取得所有权，由此看来，这个窃取财物的行为也没有评价的意义，而是在占有该财物之后的利用处分行为才具有刑法上的评价意义。

---

[1] 王泽鉴:《民法物权 2・用益物权・占有》，中国政法大学出版社 2001 年版，第 85 页。

分离性的观点的问题源于民法上权利的观念性、形式性与刑法上所提供的实质性、事实性保护之间的差异。权利是观念的产物，除了物绝对灭失的场合，所有权的取得、移转、丧失都必须通过行为人的意思行为来进行，现实的占有转移及交付只是所有权转移的形式要件。从民法的观点来看，行为人窃取财物并不导致被害人所有权的丧失，因此被害人得主张所有物返还请求权，请求财物的返还，这是一种比债权请求权更强的物权请求权，意在保护所有权人的权利。民法上要解决的是当财物被他人不法取得之后，财物所有人与行为人之间的关系问题。而从刑法的观点来看，行为人窃取财物的行为已经现实地打破了原所有权人的占有，构成了对所有权人行使其所有权的现实可能性的威胁，窃取行为本身具有可罚性，因此这个行为构成盗窃，这种观点同样适用于其他的他物权人。所以，行为人的行为是打破“占有”这一事实，而不是“夺取所有权”，但这种打破已经足以威胁到所有权的正常行使。

同样的，行为人在窃取存折、信用卡的时候，并没有直接地导致存款名义人对银行债权的丧失，存款名义人甚至可以按照银行的工作章程挂失并补办新的存折、信用卡，但这并不意味着此种窃取行为不具有刑法上的评价意义，尽管存款名义人在观念上仍然拥有对银行的债权，但这种债权因为行为人的窃取行为而无法正常地行使，存款名义人因此而在一定时间内失去了主张自己债权的现实可能性，因此并不能说窃取行为本身完全不具有评价的意义。

在存款名义人侵占卡内他人钱款的案件中，存款债权的占有也具有一定的解释力：存款名义人固然是存款债权的准占有人，但他人也可以通过持存款债权凭证向银行主张或刷卡消费等方式行使该债权，从而侵害存款债权的占有。在侵害存款债权的案件中，通常存款名义人是作为被害人出现的，其所持之对银行的债权因他人取得了存款债权凭证并行使而导致价值上的减损，存款名义人遭受了财产上的损失。本案的特殊性在于，存款名义人本人是作为本案的行为人出现的，遭受损害的是租用银行卡并从中取款的人。本案中，在考虑存款债权的占有归属问题上所需要考虑的特殊问题在于行为人与被害人之间的信用卡租用关系。首先，行为人作为该存款账户的名义人，以其名义拥有在这一账户名义下的金钱的对银行债权，因而其占有该存款债权。其次，从存款债权的准占有角度来看，在他人持存款债权凭证并行使的场合也可以承认其对存款债权的准占有，因此，被害人同时占有该存款债权，双方以不同的方式占有存款债权，实现共同占有，行为人的挂失行为使被害人的密码失效而失去对该债权的占有，属于变共同占有为单独占有，仍然属于侵占存款债权的占有行为，从而得以成立盗窃罪。

从这种存款债权的准占有出发，行为人尽管没有参与盗窃存折、信用卡的行为，但却明知存折、信用卡是盗窃所得而帮助取款的行为就不需要另行以信用卡诈骗罪认定，而直接以盗窃罪的共犯论处。相关的司法实践对此也是以盗窃罪的共犯论处的。

犯罪嫌疑人张某同事主廖某合租一套住房，两人各住一间，共用客厅。某日下午廖某外出，张某遂窜入其房间，将廖某的钱包盗出，包内有廖某的信用卡、身份证各一张。当张某在客厅内翻动钱包时，被在此玩耍的女友朱某看见并问张某为何要拿廖某钱包，张某叫朱某不要声张。随后，张某持廖某的信用卡到银行自动取款机上取款，因密码不符未果。次日，朱某受张某指使持廖某信用卡、身份证到银行办理了账户密码重置手续，并在张某授意下，持廖某的信用卡在银行自动取款机上提取廖某账户上人民币 2800 元，将钱交给张某。[1]

对此法院的意见认为：

张某盗窃他人信用卡只是完成了盗窃行为的一部分，朱某在主观明知的前提下实施使用信用卡取款的行为，是盗窃行为的另一部分，两个行为的结合齐备了盗窃犯罪的构成要件，从而达到既遂状态。因此朱某的行为

[1] 刘劲松：《明知信用卡系盗窃所得仍帮助挂失取款的行为如何定性》，http://www.chinacourt.org/public/detail.php?id=199822，最后访问时间：2017 年 11 月 7 日。

构成盗窃共犯，应当以盗窃罪定罪处罚。[1]

在此本书所试图构建的“以债权为对象的盗窃”这一模型是另一种一体性的观点，与原本的一体性理论从财物的角度来将存折、银行卡等债权凭证与其所记载的财物视为一体不同，本书试图从债权的角度来观察盗窃存折、银行卡等债权凭证的行为，并将盗窃行为与其后的取款行为通过“债权准占有”——行使债权的现实可能性——这一概念来将其视为一体，进而将此类案件中既遂的标准后移至债权的最终实现。当然这一努力仍有改进的空间，如在并没有参与盗窃行为而只是帮助取款的共犯的情况下，是否以盗窃罪的共犯论处这一问题上仍存在可改进的地方。

（三）无权利凭证的侵害存款债权案件

基于侵害存款债权的视角能够更好地解释当前出现的通过计算机信息网络而实施的“盗窃、诈骗”等财产犯罪行为。通常的情况下，行为人必须先取得存折、银行卡等存款债权凭证，然后去银行取款或刷卡消费。德日刑法对于此类行为主要是通过将存款债权凭证作为犯罪对象的方式加以解决，同时在非法占有目的上，采取综合理论（Vereinigungstheorie），即认为“非法占有目的”所指向的对象不仅包括权利凭证本身而且包括其上代表的价值。随着计算机技术的兴起，已经出现了并不需要通过取得存款债权凭证而直接侵害存款债权的行为。对此，德日刑法尽管设立了计算机诈骗罪，仍难以应对全部的情形。

而如果直接以存款债权为犯罪对象而非通过债权凭证来论证行为成立债权，则此类行为成立财产犯罪便没有障碍。

李某某盗窃案[2]

2004年8月至10月，被告人李某某利用深圳某信息技术有限公司派其为中国联合通信有限公司海南分公司（以下简称联通公司）和石家庄分

---

[1] 刘劲松：《明知信用卡系盗窃所得仍帮助挂失取款的行为如何定性》，http://www.chinacourt.org/public/detail.php?id=199822，最后访问时间：2017年11月7日。

[2] （2005）龙刑初字第73号刑事判决书。

公司维护、调试短信网关的工作之便，通过监控出入联通公司和石家庄分公司短信网关的手机短信，非法收集他人银行账号和密码。2004年9月19日至10月13日，被告人李某某登录中国工商银行网上银行系统，利用其非法收集到的中国工商银行储户的账号和密码，将被害人靳某某、魏某、李某某等24名储户账上的存款共计人民币25706元转账至其开设的名为张某某的账户上，并从2004年9月19日至10月11日在海口市和石家庄市的中国工商银行取款机上共取走现金人民币24150元。

本案中，行为人并没有先取得存折、银行卡等权利凭证，而是直接非法收集了储户的账号和密码，然后通过计算机网络系统进行转账完成对他人权利的侵害，法院直接援引了《刑法》第287条关于“利用计算机实施金融诈骗、盗窃、贪污、挪用公款、窃取国家秘密或者其他犯罪的，依照本法有关规定定罪处罚”规定，以盗窃罪论处，但却没有很好地说明行为人的行为在何种意义上构成盗窃罪。是非法收集储户信息和密码的行为还是转账行为本身？由于转账行为导致他人账户上存款数额的减少即存款债权价值的降低，在此意义上，转账行为可以被评价为破坏他人对存款债权的占有并置于自己占有之下的过程，从而构成盗窃罪。

类似的判决还见于2004年刘某盗窃案[1]中，北京市崇文区人民法院一审与北京市第二中级人民法院二审均认为，被告人刘某的行为属于《刑法》第287条所规定的利用计算机程序采用秘密手段窃取他人财产，数额巨大的行为，构成盗窃罪，应依法予以惩处。南京市玄武区人民检察院诉余某等四人盗窃案[2]中，法院认为被告人余某等四人以非法占有为目的，编写、传播“木马”病毒程序，利用“木马”病毒程序截取他人网上银行账号、密码，然后秘密窃取他人网上银行的存款，其行为触犯《刑法》第264条的规定，均已构成盗窃罪，但是本案中，公安机关追回了已经转入余某等人账户的部分存款，被告律师提出对此部分冻结的存款应当认定为

[1] 基本案情参见（2006）二中刑终字第02039号刑事裁定书。

[2] 基本案情参见《最高人民法院公报》2005年第8期。

未遂，该辩护意见并未为法院所采纳，法院认为：“余某等人秘密窃取的存款是17400元，被害人也相应的是对17400元存款失去了控制，因此余某等人的盗窃数额应当以17400元计算。由于被害人报案及时，17400元中的5540元尚未被余某等人提取，得以从‘周某’账户内追回。”如果着眼于现金的物质实体而认为只有在取出存款时才构成既遂，则本案中对于因被害人及时报案而追回的损失有认定为未遂的余地，但就存款债权的占有转移而言，在行为人将被害人账户上的存款转入自己账户之时，该占有转移即已完成，因而认定为既遂便是合理的。同样在前一章所讨论的侵入银行系统虚增存款数额导致银行损失的案件（郝甲、郝乙盗窃案[1]与钟某某等盗窃案[2]）中，在侵害存款债权的视角下，行为人虚增存款数额的行为，是非法虚增了自己所享有的存款债权的价值而给银行造成了不当的负担的行为，将虚增行为认定为盗窃罪的实行行为而非后续的取款行为便是可以理解的。

五、本章小结

从本章所总结的各种案件以及法院判决看，法院在处理涉及存折、银行卡的各种犯罪行为时存在泛盗窃罪的倾向，用一个盗窃罪解决所有的罪名而完全没有考虑盗窃罪的教义学结构。

某些案件从以银行现金为对象的占有移转的角度看，完全无法得出盗窃罪成立的结论，而应是一个存款债权的侵害行为，如若将对存款债权的侵害行为纳入盗窃罪的处罚范围，除了论证存款债权作为一种重要的财产性利益是一种值得刑法保护的法益之外，还需要就盗窃罪的构成要件进行检讨，其中的问题包括：存款债权是否能被视为公私财物以及如何解释存款债权的占有及其转移，即便能在理论上成功地解释存款债权的占有及其

[1]《刑事审判参考》（第二卷），法律出版社2001年版，第143页。

[2]（2001）梧刑初字第29号刑事判决书；（2001）桂刑终字第176号刑事裁定书。

转移，也仍然存在这是否是一种不允许的类推解释的问题。

日本刑法中所讨论的“存款的占有”问题是一个“基于存款而占有”的问题，占有的对象仍然是作为有体物的现金，尽管在一定程度上现金的有体性是被拟制的。这与日本刑法上将“财物”的概念限于“有体物”有关，我国刑法上由于扩大解释“财物”概念而使得存款债权也有纳入“公私财物”范畴的可能，在这一基础上，无须采用日本的“基于存款债权而占有”的讨论而毋宁是径直肯定“存款债权”本身的“占有”。

德日刑法理论中通常将盗窃存折、信用卡并使用的行为分作两段进行评价，前者成立盗窃罪，后者根据使用行为的具体情况以及两国不同的立法状况可以置于不同的构成要件之下（诈骗罪、计算机诈骗罪、侵占罪、信用卡滥用罪等）。这同其以“有体物”下的财物概念有着直接的关系，而在我国，理论和实务上普遍认为财物概念不限于有体物而包括其他财产性利益，这是我国与德日的不同也是值得反思的地方，但这种观点却为将侵害存款债权的行为纳入传统盗窃罪、诈骗罪的构成要件打开了出口。在财物概念的扩张解释基础上，以债权为对象的侵害行为成立财产犯罪是可能的。就这一点而言，对于存款债权凭证的窃取、骗取、抢劫并取款的行为，应当径直理解为侵害存款债权的行为，而非侵害现金所有权的行为。后一种理解不仅与现行民法的存款权属规则不符，也在刑法的解释结论上出现偏差，导致既遂时点的后置。将行为的结果严格地限定在了现金的取得上也无视了存款债权的其他使用可能性。

以侵害存款债权为视角能够很好地解释在不缺少债权凭证这一媒介时的行为定性问题，在我国现行刑法并未如德日刑法那样设置计算机诈骗罪的背景下，这个角度对于理解当前出现的各种针对存款债权凭证的行为是有帮助的。另一方面，尽管在我国扩张财物概念的背景下，将债权等财产权利解释为“公私财物”是可能的，但如何在财物概念内部对债权与有体物进行界分，并有效地分别设置与其特性相关的教义学规则仍然存在难度，在这一方面则很难从德日寻找借鉴与参照。我们是否要在这一点上发展出中国特色的盗窃罪教义学理论以及如何发展都是一个任重而道远的难题。

这种侵害存款债权的视角虽然对某些法条、司法解释更为方便，且对司法实践中的某些处理提供了理论上的论据，但这种将存款债权的侵害纳入盗窃罪构成要件处罚范围的做法建立在对财物概念和占有概念的扩张解释基础之上，这种扩张解释在罪刑法定原则的角度看仍然是很可疑的，虽然它对实践中案件的处理可能很好用，但在理论上应当保持警惕。

第五章

财物与财产之间：存款债权作为财物

本书第四章已经提到，存款占有在中国语境下的多义性源自于存款概念以及占有概念的多义性，其中存款概念的多义性的基础是我国刑法中对于财物概念的扩张解释。不同于德日刑法教义学传统中将财物限于有体物的基本立场，在我国无论是司法实务还是理论主流都倾向于突破有体物的限度对财物概念进行解释。本章的任务便在于全面而系统地检索在中国语境下之所以能够甚至是必须进行这种扩张解释的根据，这种检讨将包括以下几个问题：

第一，罪刑法定原则是刑法理论在对构成要件进行解释时最重要的边界，本章无意讨论罪刑法定原则的形式侧面与实质侧面，也无意讨论国内理论界对于这两个侧面的不同解读。这里所要关注的只是一个在对财物概念解释的知识谱系梳理上较为有趣的现象：在横向上，早期德日刑法理论，受到实务中窃电案件的刺激，对于财物概念的解释一度选择了不同的方向，前者选择固守有体物的边界，而后者则选择突破这个边界，从管理可能性等其他方面寻找对财物的界定方式；在纵向上，日本刑法理论则经过了从有体性说到管理可能性说，最后又退缩回有体性说的过程。其中立法上的变动固然是一个重要的影响变量，但并不能被简单地当作唯一的原因，因为解释上的立场也会反过来推动立法。日本刑法理论提出管理可能性说之时正处于对罪刑法定原则进行反思甚至突破的时代，同一时期牧野英一提出了进化的罪刑法定原则概念。这在今天看来已经不是对罪刑法定原则的发展，而是弱化乃至放弃。这也验证了陈兴良教授所指出的，对于罪刑法定原则的不同理解最终会影响在解释上究竟采取何种立场。[1] 从这一历史背景来看，援引管理可能性作为在有体物之外寻找其他定义财物的可能性就很难说具有正当性，因为它或许原本就根植于对罪刑法定原则的误解之中。

第二，当前关于财物作如何解释的讨论可以归结为张明楷教授所提出的“财物概念是否包括财产性利益”这样一个基本问题。这个命题以日本刑法上关于财物与财产性利益这对范畴的二元对立以及建立在这种二元对立基础上的二项犯罪设置模式，但这种区分带有鲜明的日本色彩。这是不是一个在对其他国家的刑事立法进行讨论上也普遍有效的区分是需要讨论的，而不能想当然地将之作为普遍性的范畴。也就是说，我们在回答前面这个问题时，首先应该对问题本身进行一定的反思，我们的提问方式本身是否已经因为使用了日本法条规定的范畴而自始为日本刑法的语境所束缚？

第三，当我们将财物概念是否包括财产性利益作为一个问题来讨论的时候，我们似乎已经预设了一个前提，即我们过去的刑法理论与德日刑法理论一样，都将财物概念限于有体物的范围内，随后我们来讨论这个解释在现代社会中是否过于狭窄。从本章对于我国刑法教科书论述的检讨中，我们可以看到，这基本是一种错觉。我国理论传统上对财物概念的解释一

---

[1] 参见陈兴良：《形式解释论的再宣示》，载《中国法学》2010 年第 4 期；陈兴良：《形式解释论与实质解释论：事实与理念之展开》，载《法制与社会发展》2011 年第 2 期。

直并未局限于财物。理论上真正应该讨论的或许是，过去对财物概念的宽泛理解在引入德日刑法理论的相关解释之后是否有必要进行一定的限制。

第四，从目的论解释的角度看，法益概念具有指导构成要件解释的功能。[1] 作为财产犯罪的对象，财物概念的范围与侵犯财产犯罪所保护的法益范围有着密不可分的联系。财产犯罪的保护法益因而也成为论证财物概念扩张的一个最有力的根据。当前讨论财产犯罪的保护法益的理论资源无非是日本刑法上围绕本权说与占有说而展开的争论以及德国刑法上关于财产概念的讨论。但是当我们说财产犯罪不仅保护本权而且保护占有，不仅保护法律上承认的财产也保护事实上的财产时，是否就必然得出财物概念应该突破有体物界限的结论？德日理论虽然在财产法益上存在着扩张或限缩的理论倾向，但并没有放弃有体物的财物概念，那么这些财产犯罪法益理论在中国究竟发生了何种基因突变而能够成为支撑财物概念扩张的根据呢？

第五，从中国的刑法语境出发，审视扩张解释财物概念在中国刑法法条上是否有其根据。除此之外，司法实务上的见解也应当加以考虑。在面对涉及所谓虚拟财产的案件以及侵害债权等非有体物的财产性利益的案件中，司法实务将虚拟财产、债权都认定为财物的根据是什么——这是一个实然问题；这些根据在教义学上是否能够站得住脚，还是只是一种不受教义学约束的刑事政策上的需要和实用主义的考量——这是一个应然的问题。

第六，财物概念是财产犯罪的元命题。当我们采取了不同于德日的解释时，其在整个财产犯罪解释上会带来何种体系上的影响与后果，是否会影响到我们对德日刑法知识的继受。

最后，如果最终原则上仍然应当将财物限制在有体物的范围内，我们是否能够从存款债权的特殊性中寻找只是将存款债权例外地纳入财物概念

[1] 关于法益概念的构成要件解释指导机能参见 Claus Roxin, Strafrecht Allgemeiner Teil, Band I, Grundlage: Der Aufbau der Verbrechenslehre, 4 Aufl, 2006, § 2, Rn. 2 ff.

内的可能性。

一、罪刑法定原则作为财物概念的解释边界

对于具体构成要件的解释可能会因为各国法律规定、司法实践传统乃至不同语言对具体语词字义日常理解的差异而有所不同。但只要涉及的是对刑事立法规定的解释，罪刑法定原则都是刑法解释不可逾越的终极边界。另一方面，对罪刑法定原则的不同理解同样也会反过来影响在对具体构成要件解释时的弹性。这一点在德日两国刑法理论发展过程中所出现的对“财物”概念的不同解释上体现得尤为明显。

除了本书在上一章提及的德日两国对于财产价值是否是财物概念的构成性因素问题上存在分歧之外，两国在理论发展史上对“财物”概念的解释上也曾采取了截然相反的立场。传统上刑法所规制的侵犯财产犯罪以财物为对象，德日刑法理论传统上以民法物权制度所规定的“有体性”为“财物”的范围，一方面与民法制度保持一致，另一方面“有体性”也为限定财物的范围提供了一个物理性的、有形的、确定的边界，从而能够保障罪刑法定原则的贯彻并限定刑法的处罚范围。但随着现代社会的发展，主要是现代科学技术的发展，各种无体物的出现，不断挑战着财物概念的边界，并给刑法上的认定带来了困难。对此，德国和日本两国采取了两种截然不同的解决方法，几乎在同一时期，两国都出现了窃电的案件，由此而展开了对于电力能否构成盗窃的对象的争论。

最终，德国联邦最高法院拒绝将电解释为“物”(Sache)，司法上的严格解释态度推动了立法上的修正。而与之相反，日本刑法理论则对传统的“有体性说”进行了反思，认为有体性说所限定的财物范围过于狭窄，进而采取了管理可能性说，认为只要能够为人所控制管理，即可以构成刑法上的“财物”，因此对于能够为人所控制管理的电力，基于此种理解而轻易地纳入了“财物”的范围。日本大审院曾在1902年的窃电案件中采用了“管理可能性”说对财物的概念予以扩张，将电力包含在“财物”的范畴之内。

这一判决得到了当时日本刑法理论界与司法实务界的接受和认可。[1]这与当时的日本刑法并没有对电等无体物作出规定且在窃电案件出现后立法上反应也滞后于社会现实的发展有关，为了使现有的法条规定能够满足惩治窃电行为的需要，通过“管理可能性说”来对“财物”的概念进行扩张一度成为通说，得到了学界和实务部门的认可。

但是随后1962年日本新刑法修订时增加了“电，视为财物”的规定，于是“有体性说”又重新成为通说。在通过立法解决了无固定形状而存在的电的法律地位之后，理论界又开始了对“管理可能性说”的反思。“有体性说”批评“管理可能性说”有违反罪刑法定之虞，他们认为新刑法特别地规定了“电，视为财物”表明在立法者看来，财物应当限于有体物，而电这种无形的存在只是在刑法上特别地被看作物，其他无形之物皆不可视为财物，因此本条规定是一条特别规定。如日本学者西田典之教授认为：

管理可能性说认为财物概念并无限制，实质上有违罪刑法定主义。那么，作为对现行法的解释，就不应该包括物理性管理可能性说在内的管理可能性说，而应该把第245条（窃电）理解为例外规定，采取有体性说。[2]

观诸前述德日刑法在此问题上的理论和实践发展可以看出，对于“财物”的扩张解释并不具有当然的正当性与合理性，而更多的是由于在一国立法与司法活动的互动过程中，在立法的滞后性与社会的迅速发展之间，在保守的主观解释立场与更为灵活的客观解释立场的张力之间找到某种平衡。是否出现关于“财物”概念的新的解释，取决于很多不确定的因素，或是当时的立法活动的频繁性，或是学者以及法官对于解释论的立场选择，或是当时司法实践对处罚此类案件的诉求强烈与否，具有很大的偶然性。19世纪末20世纪初日本刑法理论和实践发展出的管理可能性理论来修正“财物的概念”，其明确的实践指向就是为了解决当时出现的窃电案件

[1] 黎宏：《日本近现代刑法学的发展历程及其借鉴意义》，载《法学评论》2004年第5期。

[2] [日] 西田典之：《日本刑法各论》，刘明祥、王昭武译，中国人民大学出版社2007年版，第109页。

的可罚性问题，且这在一定程度上是因为其刑事立法修改的滞后，其后的“事务管理可能性说”则走得更远，甚至将债权、电力等都纳入了“物”的范畴之内。而与此相反，德国的判例则在立法没有明确规定的背景下，严格地坚持了“有体性说”，以电力不是财物为由，判定盗用电力的行为不构成盗窃罪。司法上的强硬态度最终迫使立法通过特别的规定将窃电行为予以犯罪化，刑法条文中明确规定“电”可以例外地成为盗窃罪的犯罪对象。而随着日本刑法在这一问题上的修改，理论上对有体性说的回归也立刻成为主流的观点，而管理可能性说再次由于存在违反罪刑法定之虞而日渐式微。

两国在财物概念解释上的不同立场一方面取决于两国刑事立法状况的不同，日本刑事立法修正上的迟滞固然是理论上寻求从解释论上予以突破的重要原因。但另一方面这种解释上的扩张与这一时期日本刑法理论中在罪刑法定原则理解上的变化一脉相承。大审院以盗窃罪定罪的窃电案件发生于 1902 年，而也就是在这一时期日本刑法理论中以牧野英一为代表的刑法学者受到刑事近代学派的影响，对罪刑法定原则从总体上进行了批判和修正。牧野英一认为，在 20 世纪的刑法已将罪刑法定主义的基础由犯罪行为主义向犯罪人主义转变的背景下，虽然罪刑法定原则是刑法的基本原则，但罪刑法定主义的内涵却在不断地进化。19 世纪后期，刑法开始以刑事政策为其自身的内容，从国家论的立场上看，法律作为文化国的产物，应当更加有效地发挥国家的作用，必须在传统的意义上赋予罪刑法定原则以新的内涵。应当以新法治国或文化国的内涵促进罪刑法定主义的不断进化，对此牧野英一称之为“罪刑法定主义中法治国思想的展开”[1]。此一“进化了的罪刑法定主义”较之古典的罪刑法定主义原则而言，对刑法解释的扩张具有更强的可容纳性，换言之，在古典时代的罪刑法定主义原则下看来应被禁止的解释，在被修正之后的罪刑法定主义看来就成为被允许的。当

---

[1] ［日］牧野英一著：《刑法研究》第十五卷，有斐阁昭和三十一年版，第 282 页，转引自鲁兰：《牧野英一刑事法思想研究》，中国方正出版社 1999 年版，第 66 页。

时，不仅在对财物概念的解释上，而且在对于北海道渔业管理规则中的“钓”之含义的司法解释，以及滋贺县令中“保护水禽”的司法解释中，日本判例都采取了扩张解释的立场[1]，而被赋予了新的内涵的罪刑法定原则恰恰是进行此种扩张解释的合理性与正当性的根据所在。

这种对罪刑法定原则的不同理解与对具体构成要件的解释灵活性之间的关系也同样为中国学者所接受，形式解释论的第一个层面便是对罪刑法定原则的形式侧面的强调，相反，对罪刑法定原则的实质侧面的深化也是实质解释论者证明自己正当的根本根据之一。[2]

反观中国，立法规定的稳定性与社会生活的日益发展变化这对基本矛盾以及罪刑法定原则的约束构成了刑法解释的基本背景。主观解释论者认为应当探寻立法者的立法原意，对解释的扩张持保守的态度，而客观解释论者认为应当对根据社会现实客观地解释法律条文的含义以顺应变化。但另一方面也不应忘记的是，罪刑法定原则始终是刑法解释不可逾越的界限，理论上，形式解释论与实质解释论对于罪刑法定原则的解读尚存在分歧且各有其理论与现实上的合理性，而中国当下语境应当采取一个什么样的罪刑法定原则，又直接影响到对于具体法律条文含义的可解释空间，本书试图在这种张力之下寻找折中的解决之道，但折中也可能意味着与上述两种立场的背离。

二、财物与财产性利益的二元区分

本章的分析将从财物与财产性利益这对范畴出发，因为从学界目前对《刑法》第五章侵犯财产罪下所规定的公私财物这一概念的解释的探讨来看，主要的争论集中在这样一个问题上，即“公私财物的概念能否包括财

[1] 鲁兰:《牧野英一刑事法思想研究》，中国方正出版社 1999 年版，第 70 页。

[2] 参见陈兴良:《形式解释论的再宣誓》，载《中国法学》2010 年第 4 期；邓子滨:《中国实质刑法观批判》，法律出版社 2009 年版。本书对围绕着关于形式解释论与实质解释论的争论不再赘述，这里只是想要说明，对于罪刑法定原则的不同理解在根本上决定了对具体构成要件的解释范围。

产性利益”，并进而在这一问题下展开债权凭证、虚拟财产等近年来涌现出来的财产的特殊存在形式能否纳入侵犯财产罪的保护范围内，对于侵犯类似对象的行为能否视为侵犯财产罪而受到处罚等问题。

在对“公私财物的概念能否包括财产性利益”这一问题进行回答之前，我们首先要对这一问题本身进行一定的检讨。这个问题似乎隐含了这样一种预设，即在我国刑法传统公私财物概念中原本不包括财产性利益，只是当前社会的发展变化出现了许多新型的财产存在形式，因而需要探讨扩张解释公私财物概念的问题。但问题在于：第一，“财物”与“财产性利益”这对范畴是否具有普适性，它是否完全不受制于个别国家的具体刑法文本和语境？第二，我国刑法理论原本对于“公私财物”的解释真的是限缩性的吗，传统理论上所理解的“公私财物”是否真的不包括以有体物以外的形式存在的财产性利益？

就第一个问题而言，张明楷教授从日本刑法的这一区分出发观察世界各国的立法例认为，这种区分是各国立法例的共性：

其一，财物与财产性利益（或财产上的利益、不正当利益）是两个不同的概念。如果刑法明文规定的对象为财物或者动产，侵犯财产性利益的行为就不构成犯罪。根据上述所列规定，在日本、韩国、德国、意大利等国，盗窃财产性利益不成立盗窃罪；至于抢劫财产性利益的行为是否成立犯罪，则取决于刑法分则有无明文规定。其二，诈骗罪对象宽于盗窃罪对象，即盗窃罪对象仅限于财物，而诈骗罪对象包含财物与财产性利益。[1]

这一结论在一定程度上是合理的。因为各国立法例上的确对于盗窃、抢劫、诈骗、侵占等财产犯罪的对象作了不同的表述，不同的表述在一定程度上对应着不同的范围，因此说诈骗罪的对象范围广于盗窃罪并不存在问题。但如果说各国的立法例都明确区分“财物”与“财产性利益”，则可能忽略了日本财产犯罪刑事立法上的某些特殊性，也在一定程度上制约了我们对其他国家财产犯罪立法和理论的理解。而且所谓利益盗窃完全不可

[1] 张明楷：《财产性利益是诈骗罪的对象》，载《法律科学》2005 年第 3 期。

罚的立场也仅是日本刑法的立场，许多国家的立法例都通过部分地承认使用盗窃在例外情况下的可罚性。如《俄罗斯联邦刑法典》第166条便规定了日本刑法理论认为属于不可罚的利益盗窃的使用盗窃行为，即“没有盗窃目的的不正当侵占汽车或其他运输工具”。《瑞士联邦刑法典》在盗窃、侵占、诈骗等传统财产犯罪之外规定了“非法占有他人动产，意图使自己或他人非法获利”[1]，第141条规定了“为有利于自己或他人而使用出乎行为人意志之外的财产价值的”等。可见各国对于以财物以外的形式存在的财产性利益并非不保护，而是基于财物的有体性认为财物与以其他形式存在的财产性利益存在差异，应当设置不同规则以适应各自的特殊性从而有效地提供保护。

反观各国立法的规定，明确区分财物与财产性利益这两个概念的仅仅见于日韩刑法以及我国台湾地区刑法规定中。从《德国刑法典》与教义学理论来看，盗窃与诈骗的根本区别并不在于对象范围的不同，而在于保护法益的不同。日本刑法对财产罪法益作了统一的解读，盗窃与诈骗的区别仅在于对象范围的不同，而德国刑法则认为盗窃与诈骗之间分别属于侵犯所有权犯罪（Eigentumsdelikt）与侵犯整体财产犯罪（Vermögensdelikt）。德国刑法学者指出，财产（Vermögen）较之所有权（Eigentum）而言，是较为模糊与宽泛的概念。[2]因为保护法益上的区别，而在结论上出现了两者在对象范围以及最终处罚范围上的区别。虽然也可以认为，德国刑法中诈骗罪的对象范围同样广于盗窃罪，但犯罪对象层面关于财物与财产性利益的二分在教义学体系建构上并不具有其在日本刑法理论上同样的根本性。

德国的立法模式见诸更多的国家立法例中。《瑞士联邦刑法典》将盗窃规定为“盗窃他人动产，意图使自己或他人非法获利”[3]，将诈骗规定为“以使自己或他人非法获利为目的，以欺骗、隐瞒或歪曲事实的方法，使他人陷于错误之中，或恶意地增加其错误，以致决定被诈骗者的行为，使被

---

[1] 徐久生、庄敬华译:《瑞士联邦刑法典》，中国方正出版社2004年版，第47—50页。

[2] Gunter Arzt/Ulrich Weber/Bernd Heinrich/Eric Hilgendorf, Strafrecht Besonderer Teil, 2. Aufl., 2009.

[3] 徐久生、庄敬华译:《瑞士联邦刑法典》，中国方正出版社2004年版，第47—50页。

诈骗者或他人遭受财产损失的”[1]。与《德国刑法典》第 242 条盗窃罪的规定一样，盗窃的对象限于“动产”，排除了不动产作为盗窃罪对象的可能性。对于诈骗罪的对象，瑞士刑法上并没有正面做出规定，只是规定诈骗罪的成立以他人遭受财产损失为要件。《意大利刑法》规定，盗窃是指为自己或其他人获取利益的目的，使他人的动产脱离持有人的控制，将其据为己有的行为（第 624 条），[2] 而诈骗则是“利用计谋或圈套致使他人产生错误，为自己或其他人获取不正当利益并且使他人遭受损害”（第 640 条）[3]。与德国瑞士刑法相类似，意大利刑法也将盗窃的对象限于他人的“动产”，而诈骗则不以此为限，而只以行为人或他人获取不正当利益并造成他人财产损失为要件。《法国刑法典》第 311-1 条规定“盗窃系指欺诈窃取他人财物行为”[4]，而第 313-1 条规定“用假名、假身份或者滥用真实身份，或者采取欺诈伎俩，欺骗自然人或法人，致其上当受骗，损害其利益或损害第三人利益，交付一笔资金，有价证券或任何其他财物，或者提供服务或同意完成或解除某项义务之行为，是诈骗”。又如《俄罗斯联邦刑法典》在第 158 条规定“偷窃，即秘密侵占他人财产的”[5]，将偷窃的对象规定为他人财产。第 159 条则规定“诈骗即以欺骗或滥用信任的方法侵占他人财产或取得他人财产权利的”[6]，将诈骗罪的对象规定为他人财产或他人财产权利，将这两条进行比较可以得出结论。在俄罗斯刑法上，财产是在狭义上理解的，即财物，而财物以外的其他财产权利则不属于财产的范畴。

明确区分财物与财产性利益的范畴并不是各国的普遍做法。这对范畴源于日本刑事立法的规定，而并不能够对其他国家的财产犯罪立法提供充分的解释。以这对范畴来解释其他国家的立法规定反而可能导致理解上的

[1] 徐久生、庄敬华译：《瑞士联邦刑法典》，中国方正出版社 2004 年版，第 47—50 页。

[2] 黄风译注：《最新意大利刑法典》，法律出版社 2007 年版，第 222—234 页。

[3] 同上注。

[4] 罗结珍译：《法国新刑法典》，中国法制出版社 2003 年版，第 210 页。

[5] 黄道秀译：《俄罗斯联邦刑法典》，北京大学出版社 2008 年版，第 75—81 页。

[6] 同上注。

误区。建立在这对概念区分基础之上的“财物是否包括其他财产性利益”这一问题便也可能是一个伪问题，或者说这是一个用日本刑法所预设的范畴来解释我国刑法而产生的问题。离开这一对范畴，对于我国刑法中的“公私财物”概念的解释真正的问题不过是能否将“公私财物”等同于更为宽泛的“财产”。例如张明楷教授一方面介绍日本的有体性说与管理可能性说，另一方面对于中国刑法中“公私财物”的解释则仍然与通说保持一致。他认为，虽然章标题与具体条文的表述有所不同，但应当认为我国刑法上财物的概念与“财产”的概念是等同的。

三、中国刑法中的“公私财物”

从日本刑法理论的发展脉络看，之所以要扩张财物的概念，从有体性说到管理可能性说，从物理管理可能性说发展至事务管理可能性说，很大程度上是为了回应实践中要求扩大处罚范围的要求。这意味着日本刑法条文所规定的以及刑法理论在有体物概念下所理解的“财物”这一概念过于狭窄了。反观我国，我国《刑法》第五章侵犯财产犯罪将本章犯罪的犯罪对象统一规定为了“公私财物”，这在表述上与本章的章标题“侵犯财产罪”有所不同。传统理论上理所当然地将二者等同起来进行解释，财物是否限于应当限于“有体物”似乎从来不是一个问题。以盗窃罪的犯罪对象为例，杨春洗、杨敦先教授主编的《中国刑法论》一书中认为，盗窃罪的犯罪对象即财物，具有以下特点：

（1）财产本身必须是具有一定的经济价值的物品或者是有权领取财产的物品。（2）人们能够控制和享有。否则，即使具有经济价值，例如无线电波等，因不能为人们所控制，就不能视为盗窃意义上的财产。（3）一般是动产，不动产不能成为本罪的对象。但与不动产可以分离而又不丧失原物价值的附着物，仍可成为本罪侵犯的对象。根据法律规定，本罪对象还包括某些无形物，如电力、煤气、天然气、科技成果、长途电话账号、电信号码等。此外信用卡、增值税专用发票等也可以成为盗窃罪的对象。

（4）依照刑法的有关规定，盗窃某些特定对象，也构成其他犯罪的，应按刑法分则有关规定处罚。[1]

而在高铭暄、马克昌教授主编的《刑法学》下编中认为盗窃罪的犯罪对象“一般是动产，即可以移动位置转移到行为人手中的财物，包括不动产上可移动之部分，如房屋上的门窗。不动产是否可成为盗窃的对象，国内外学者观点不一。肯定论者认为，刑法规定盗窃公私财物，没有限定为动产，而且不动产也可以用秘密的方法占为己有。……否定论者认为，窃取是指将他人控制下的财物秘密转移到行为人手中，不动产不能移动，故不能成为盗窃的对象。……我国刑法没有明文规定盗窃的财物仅限于动产，从有利于保护公私财产所有权的角度，不对财物作限制解释为宜”[2]。

从刑法理论传统通说对于“公私财物”的解释看，首先，我国刑法理论传统上对于财物与财产在语词上并没有做出区分。这使得我国刑法对公私财物的解释一直是最宽泛的。其次，结合刑法以及有关司法解释的规定考虑，通说认为，电力、天然气乃至电话号码、智力成果等无形物和权利均可纳入公私财物的范畴内。最后，从我国倾向于打击犯罪保护公民人身权利、财产权利、民主权利的刑法任务出发，理论上同样认为对于“财物”的解释不应作过多的限制。换言之，传统理论一方面并没有对“财物”与“财产”进行概念和语义上的区分，另一方面也立足于我国刑法侧重打击犯罪的刑事政策考虑而认为应当对公私财物做较为宽泛的解释。这一点与始终立基于罪刑法定原则基础上而对解释保持限制态度的德日理论是不同的。

近年来受到德日刑法理论的影响，有学者开始主张应当将财物限定在有体物的范围内，其观点的根本立论基础便在于罪刑法定原则所保障的法安定性的要求。有体性给财物概念的范围认定提供了一个有形有象的、可掌握可确定的边界，此外将财产性利益纳入财物的范畴内，意味着财产性利益成为财物的下位概念，“这也不符合刑法和社会生活的用语习惯，从刑

---

[1] 杨春洗、杨敦先、郭自力主编：《中国刑法论》（第四版），北京大学出版社 2008 年版，第 382—383 页。

[2] 高铭暄、马克昌主编：《刑法学》（第三版），北京大学出版社 2007 年版，第 566—567 页。

法解释原则的角度，必须尊重刑法原文的可能含义，这是罪刑法定原则和刑法安定性的必然要求”[1]。

与之相反，最早引介日本刑法理论进入我国的张明楷教授却在结论上赞同了传统理论的立场。在《财产性利益是诈骗罪的对象》一文中，张明楷教授一方面肯定了德日等国立法例上肯定财产性利益作为诈骗罪的对象而否定其作为盗窃罪的对象的合理性[2]，但面对中国刑法将财产犯罪的对象一致规定为公私财物的现实，他认为在中国刑法当前的语境下“盗窃罪的对象应当包括财产性利益”[3]。张明楷教授将法条中所表述的公私财物扩大解释以包括财产性利益的理由在于从刑法分则的表述看，刑法分则第五章的标题是侵犯财产罪，从标题上刑法已经明确了刑法设置财产犯罪所保护的法益是财产，因此在解释上可以将财产性利益纳入这个概念之下。在实质上，无论是以有体物形态存在的财物，还是有体物以外的其他财产形态都表现为一定的财产价值或财产利益，在许多情况下是可以相互转换的，在这个意义上有体物以外的其他财产性利益同样也是值得刑法保护的。[4]

其后，在《也论拾得的信用卡在 ATM 机上取款的行为性质》一文中，张明楷教授进一步提出可以考虑将财产性利益纳入盗窃罪的犯罪对象之中。他认为财产性利益不能成为盗窃罪的对象是一种已经过时了的 19 世纪观念。随着金融工具、手段的发达，出现了通过计算机等手段转移他人债权等财产性利益的案件，对此在我国并未增设计算机诈骗罪的背景下，应当将其作为盗窃财产性利益的行为而纳入盗窃罪中予以处罚。[5] 同样对于财产犯罪造诣极深的刘明祥教授在《财产罪比较研究》中也指出，“在我国作为财产罪侵害对象的财物是从广义而言的，当然包括了财产性利益”[6]。

---

[1] 高巍：《盗窃罪基本问题研究》，中国人民公安大学出版社 2011 年版，第 30 页。

[2] 张明楷：《财产性利益是诈骗罪的对象》，载《法律科学》2005 年第 3 期。

[3] 同上注。

[4] 同上注。

[5] 张明楷：《也论拾得的信用卡在 ATM 机上取款的行为性质——与刘明祥教授商榷》，载《清华法学》2008 年第 1 期。这一观点也可见于张明楷：《刑法学》（第五版），法律出版社 2016 年版。

[6] 刘明祥：《财产罪比较研究》，中国政法大学出版社 2001 年版，第 38 页。

该财产性利益包括“财物以外的有财产价值的利益，这种利益既可能是永久的利益，也可能是一时的利益，既可能是积极的利益也可能是消极的利益”。当然刘明祥教授同时指出，就立法论而言，明确规定利益罪，确定财产性利益可以成为哪些罪的侵害对象，更符合罪刑法定主义所要求的明确性原则，同时也可以避免在解释上发生分歧，维护法秩序的统一性。

从目前理论讨论的现状来看，对财物概念做最宽泛的解释居于主流地位，德国以及日本刑法理论通说所坚持的有体性说因其无法满足司法实践中的处罚需要而显得不合时宜因而失去市场。如果说在日本，传统的有体性说造成解释和处罚范围过于狭窄，因而有了后来的管理可能性说以扩张财物的概念，那么在我国，传统上原本就在最为宽泛的意义上理解公私财物。在这一背景下，对于我国的刑法理论而言，需要反思的是传统理论径直将财物与财产作同一理解的这种思路是否合理，是否会不当地扩大处罚范围，是否需要根据不同的财产犯罪类型而相应地作出限缩。理论上讨论的重点并不在于对“财物”概念如何进行扩张解释，反而是对这种最宽泛的理解的重新反思与检讨，这种理解是否与罪刑法定原则相适应、是否在教义学体系上能够自洽以及是否在刑事政策上有其合理性。在这个意义上，日本与我国在理论解释的方向上其实是相反的。

四、作为财物的虚拟财产与债权

此外我国的司法实践也普遍地认可了这样一种扩张的解释，这种扩张解释的倾向在面对新出现的以虚拟财产和债权为对象的侵害案件中表现得尤为明显，理论和实务主流的意见均突破了有体物的边界，并试图从财产价值、价值与使用价值、财产损害、管理可能等多个角度论证有体物之外的财产存在形态能够纳入刑法所规定的公私财物的范畴之内。在财物概念的扩张中，引起人们关注的主要是两种类型的财物，一为虚拟财产，二为债权。

虚拟财产问题伴随着网络时代的到来而产生，存在于网络空间中的虚拟财产是通过计算机数据信息所构建起来的，无法满足有体性说的要求。对于现实世界而言，虚拟财产仅仅是记录在电脑中的电磁记录，因此，对于针对虚拟财产的侵害行为，实践中对于是否将其认定为财产犯罪存在一定的分歧。有观点认为，该侵害行为只是对计算机信息系统的侵入与破坏，应以相应的计算机犯罪罪名如破坏计算机信息系统罪、非法获取计算机信息系统数据罪定罪处罚。但学说和实务上的主流看法主要立足于此一侵害行为给被害人所带来的财产损失，因而认定其成立财产犯罪。在认定财产犯罪中，关键的障碍莫过于如何解释虚拟财产属于公私财物。理论和司法实践对于此两类事物的财物性论证已经抛弃了“有体性”作为限制财物范围的界限标准。对财物概念的无限制扩张应当保持警惕并重新找到“财物”概念的边界。

除了虚拟财产之外，广受关注的还有有体物以外最重要的财产存在形态——债权。在德日刑法理论中，权利不能成为盗窃罪的对象，但作为其载体的财产权利凭证本身具有有体性而可以成为盗窃罪的对象。由于我国财产犯罪有数额设置，就财产权利凭证本身难以达到入罪数额的要求，财产凭证所代表的财产权利或价值是否能够成为盗窃罪的对象就成为问题。日本刑法对于债权的问题是将其作为财产性利益而纳入第二项犯罪之中的，对此我国刑法并没有二项犯罪的设置因而无法采取上述途径，只能从“公私财物”概念内部进行扩张以容纳财物。实践中对于以欠条、借据为对象导致被害人财产损失的案件，多是从论证债权属于“公私财物”的范畴来论证该行为成立财产犯罪的。本书所讨论的存款，从民事法律关系来看，也属于债权的一种。储户将现金存入银行之后，银行取得现金的占有与所有权，而储户仅取得对银行的存款债权，此存款债权记载于存折、信用卡等财产权利凭证之上，存款名义人凭借该财产权利凭证与密码或身份证明便可以向银行主张债权。存折、信用卡在根本上属于债权凭证，但是司法实践中对于大量出现的盗窃、骗取、抢劫乃至捡拾存折、信用卡并取款的案件却并非以侵害存款债权为犯罪对象，而是直接以存放在银行中的现金作为犯罪的对象。就作为债权凭证的性质而言，欠条与存折并无差别，只是前者限于以个人信用为担保的私人债权，而后者则是以银行信用为担保的债权，但是前者被定性为侵害债权而后者则被认为是侵害公民所有权，这在逻辑上缺乏一致性与连贯性。

如果坚持有体物的观点，则或以该权利凭证本身作为对象，或以存于银行的现金作为对象，前者因为其自身价值微薄而无法成立犯罪，而后者则意味着只有取款行为才是真正值得刑法予以否定评价的重点。这与我国司法实践和理论的一般做法不符，更何况司法解释已经肯定了盗窃财产凭证成立盗窃罪的做法。当然此类案件的具体处理还与本书所讨论的存款占有问题的整体有关，因此容后再论。若仅以存款债权而非作为有体物的凭证或现金为侵害对象，则必须解释此种存款债权能够纳入“财物”的范畴内。这一点只有突破“有体物”的界限扩张财物的解释才可能做到。实践中将债权纳入“财物”的范围，使侵害债权的行为成立相应的财产犯罪，并不限于存折、信用卡这类财产凭证，还包括本票、汇票、支票、仓单、提单、各种充值卡、电话卡、游戏点卡，甚至是债权人与债务人之间私人制作的欠条、借据等证明债权存在的凭证，都被纳入财产犯罪的保护范围内。将债权纳入“财物”的范围意味着侵害债权的行为在刑法上可以成立相应的财产犯罪，但由于侵害债权行为与一般的债权违约行为难以区分，最终导致处罚范围的不明确，因此对此应当做必要的限定。

（一）虚拟财产

所谓网络虚拟财产，是指存在于网络服务器的存储空间之中的，可供游戏玩家用于运行游戏的各种数据资料或参数[1]，从实践中出现的案件看，主要是网络游戏中的游戏装备、角色、账号、QQ账号以及各种虚拟的货币，如Q币。在网络空间中，由于拥有一定的虚拟财产是参与网络游戏的必备条件，而虚拟物品并不像免费电子邮箱那样随时可以获得，虚拟物品

[1] 王志祥、袁宏山:《论虚拟财产刑法保护的正当性——与侯国云教授商榷》，载《北方法学》2010年第4期。

逐渐被财产化，虚拟财产应运而生。先是游戏者参与游戏需支付上网费用、购买游戏点卡换取游戏时网络虚拟财产的法律保护，在游戏过程中，游戏者需付出一定的脑力劳动，才能逐步提升虚拟人物的等级和获取各种虚拟物品。此外，一些游戏者为了获取高等级的游戏角色和虚拟物品，还可以通过交易的方式从其他游戏者手中购买高等级游戏角色的游戏账号，或者购买一些自己需要的武器装备等虚拟物品。从这一意义上说，网络游戏中的游戏角色、虚拟物品已经具备了现实社会中商品的某些属性，因而游戏角色和虚拟物品又被广称为“网络虚拟财产”。我国学者将侵犯网络虚拟财产的行为类型概括为三种主要形式：一是盗用账号以获得虚拟财产；二是非法伪造网络虚拟财产；三是针对虚拟财产进行诈欺而获利。[1] 在论证此三种行为类型构成相应的财产犯罪时，遇到的首要问题便是如何证明虚拟财产属于公私财物。

诚然，实践中虽然网络游戏的发展和各种网络线上交易的发展，对于虚拟财产的保护必要性日益显著。我国台湾地区法院曾经指出，“线上游戏之账号角色及宝物资料，均系以电磁记录之方式储存于游戏服务器，游戏账号所有人对于角色及宝物之电磁记录拥有支配权，可任意处分或移转角色及宝物。上述角色及宝物虽为虚拟，然于现实世界中均有一定之财产价值，玩家可通过网络拍卖或交换，与现实世界之财物并无不同，故线上游戏之角色及宝物似无不得作为刑法之盗窃罪或诈欺罪保护客体之理由”[2]。但从具体的保护路径看，我国台湾地区刑事立法和司法主要是将虚拟财产作为电磁记录加以保护的。[3] 根据 1997 年台湾地区现行“刑法”修正时规

---

[1] 王玉珏：《刑法中的财产性质及财产控制关系研究》，法律出版社 2009 年版，第 121 页。

[2] 台湾地区“法务部”2001 年 11 月 23 日作（90）法检决字第 039030 号函释，转引自赵秉志、阴建峰：《侵犯虚拟财产的刑法规制研究》，载《法律科学》（西北政法大学学报）2008 年第 4 期。

[3] “虚拟‘宝物’或‘货币’，在刑法上均应当被认为属于‘电磁记录’。换句话说，不论玩家在游戏中所‘看’到的是‘宝剑’‘盔甲’抑或‘斗篷’，法律一视同仁，将它们全部定位为电磁记录，而非实际上看得见或摸得着的财产。”参见许华伟：《别当夺宝奇兵！》，台湾地区电脑犯罪防制网 2002 年 11 月 11 日文章，转引自于志刚：《论网络游戏中虚拟财产的法律性质与刑法保护》，载《政法论坛》2003 年第 6 期。

定了“电磁记录，以动产论”，并增设了窃盗电磁记录罪之罪名，虚拟财产反映到现实事件中体现为记录在电磁介质上的信息和数据，侵害虚拟财产一定伴随着对于该电磁介质上的数据信息的变动，由此，可认为台湾地区通过保护电磁记录来保护虚拟财产。在此意义上，台湾地区强调的仍然是虚拟财产在现实世界的客观形态，但将电磁记录视为动产本身已经是一种拟制，电磁记录就其本身而言只是信息，而非“有体物意义上的动产”，在缺少法律的明文规定时，这种电磁记录能否归属于动产也存在疑问。这与大陆的学说与实践中的做法有所不同，从具体案件的论证看，法院并不是从“电磁记录属于财物”这个角度进行论证，而是直接从虚拟财产属于财物的角度进行论证，因此与客观世界的联系只是证明虚拟财产的财物属性的理由，其本身并非刑法所保护的对象。

对于虚拟财产的侵害行为，实践中也并非一开始就将其作为公私财物予以保护，对于虚拟财产的侵害行为也并非一开始便认为其成立财产犯罪。公安部 11 局 2002 年 9 月 16 日以《关于对〈关于如何处罚盗用他人网上游戏账号等行为请示的答复〉》（公信安〔2002〕445 号）作出答复如下：“行为人直接或间接盗用他人网上游戏账号以及利用黑客或其他手段盗用游戏玩家在网络游戏中获得的‘游戏工具’等，属未经允许，使用计算机信息网络资源的行为，违反了《计算信息网络国际联网安全保护管理办法》（以下简称《办法》）第六条第一项之规定，可在查明事实的基础依据《办法》第二十条进行处罚。”此答复中并没有将盗用他人游戏账号的行为理解为侵害财产的犯罪，而更多的是将其视为扰乱计算机网络环境秩序的行为，实践中对于虚拟财产的认定也存在一定的分歧。

编号	案件	对象	是否财物	罪名	理由
1	黄某某等盗窃案	游戏装备和游戏币	是	盗窃	虚拟财产作为一种电磁记录，其载体是客观存在的，并且虚拟财产与现实社会具有客观的联系
					在现实世界中能够找到对价，能够实现虚拟世界与现实世界之间的自由转换
					玩家的时间、智力、资金等形式的投入同样凝结着人类无差别的劳动
					虚拟财产能为人力所控制，具有可支配性，即通过账号、密码进行控制
					虚拟财产具有流通性
2	周某盗窃案	游戏点卡	是	盗窃	游戏点卡不同于游戏世界中的装备等物，游戏点卡在现实市场中也可以流通，实际上是一种充值卡，与电话充值卡一样，在现实生活中有明确的相对应的财产数额，即网络公司与经销商的合同价格，体现网络公司提供的网络服务的劳动价值，应当属于刑法保护的客体
					法律未将 QQ 号码、Q 币等纳入刑法保护的财产之列
					Q 币是用于计算机用户使用腾讯网站各种增值服务的种类、数量或时间等的一种统计代码。Q 币必须依附于腾讯网站中各用户的 QQ 号码使用，不能用于腾讯网站增值服务以外的任何商品或服务
					侵犯公民通信自由和通信秘密

续表

编号	案件	对象	是否财物	罪名	理由
3	颜某某盗窃案	游戏装备	是	盗窃	与有形财产一样具有价值和使用价值，具有财产属性
					玩家不但投入了体力和脑力劳动，耗费了游戏时间
					继续支付上网费用和游戏充值卡（如网易公司的“点卡”），才能操控虚拟人物在游戏环境中获取虚拟装备
					具有使用价值。游戏装备能帮助玩家所操纵的虚拟人物在虚拟环境中发挥作用，为玩家带来精神上的愉悦
					具有流通性
4	孟某、何某某网络盗窃案	Q币与游戏卡	是	盗窃	Q币和游戏点卡是腾讯公司、网易公司在网上发行的虚拟货币和票证，是网络环境中的虚拟财产
					以支付真实货币的方式购买Q币和游戏点卡后，就能得到发行Q币和游戏点卡的网络公司提供的等值网上服务，体现着网络公司提供网络服务的劳动价值
					在现实生活中对应的财产数额，可以通过其在现实生活中的实际交易价格来确定
5	金某等侵犯通信自由案	QQ号与Q币	否	侵犯通信自由	罪刑法定原则是我国刑法的一项基本原则

续表

编号	案件	对象	是否财物	罪名	理由
6	曾某某等盗窃案	QQ号码	否	侵犯通信自由	财物通常具有经济价值，并且其经济价值能够以客观的价值尺度进行衡量
					QQ 号码是一种即时通信服务代码，本质上是一种网络服务，并且这种服务自申请 QQ 号码时起通常就是免费的
					罪刑法定原则是《刑法》的基本原则，《刑法》第 92 条规定中的“其他财产”应当包含哪些内容，只能由立法机关通过立法来确定。我国现行的法律、法规和司法解释对“财物”的内涵和外延均有明确的界定，但尚未明文将 QQ 号码等网络账号纳入刑法保护的财产之列
7	王某某诈骗、张某销售赃物案	虚拟货币“骏币”	是	诈骗	骏币虽然是一种网络上的虚拟符号，但欲得到这种虚拟符号，需支付一定的对价，骏币和人民币的兑换比例为 1∶1
					在骏网公司的虚拟网络上，骏币事实上承担着一般等价物的功能，即承担着交易双方支付手段的功能，且客户与骏网公司的合作终止时，可以要求退回现金
					骏币体现着一定的货币价值，具有真实的财产性特点，属于财产的范畴
8	胡某、李某破坏计算机信息系统案	游戏币“银子”	是	敲诈勒索	对于那些爱好网络游戏的人甚至职业玩家来说，不仅投入了感情，更具有商业价值
					花费了大量的时间、精力、金钱
					可以用现实的金钱来交易的
					具备了商品的属性

续表

编号	案件	对象	是否财物	罪名	理由
9	林某某盗窃案	域名	是	盗窃	无形物也能够被人们所控制与占有
					满足网络运营商或游戏玩家的某种需要
					具有经济价值的利益，凝聚了权利人大量的时间、金钱与精力
					具有了财产的属性，是财产的一种形态
					域名的取得需交付真实的货币

如上表所显示，九起涉及网络虚拟财产的案件中，行为人的行为对象主要包括了Q币以及其他虚拟货币（骏币、银子）、游戏点卡、游戏装备和域名四种类型，有两起案件直接否定了行为人的行为对象属于“公私财物”的范畴，但应注意的是周某盗窃案中，并没有一般性地肯定游戏中的装备属于财物，而只是认为游戏点卡本身具有与充值卡同样的性质，属于财物，就此而言，一般性地肯定虚拟财产属于财物的只有六起案件。就否定虚拟财产属于公私财物的案例而言，法院多援引了罪刑法定原则以及《刑法》第91条、第92条对于公私财物范围的界定，认为在立法上没有采取修正的情况下，无法肯定“虚拟财产”的财产属性，对于此类行为通常以其他罪名，如侵害通信自由罪、破坏计算机信息系统罪定罪处罚。

如2004年广东省深圳市南山区人民法院所审理的曾某某等盗窃案[1]中，公诉机关以行为人通过网络盗窃QQ号码的行为构成盗窃罪向法院提起公诉，法院认为“QQ号码是一种即时通信服务代码，用户通过QQ号码及设定的密码确定用户在互联网上的身份，从而在互联网中实现与他人通过文字、语音、视频交流和进行网络游戏等功能，其本质上是一种网络服务，并且这种服务自申请QQ号码时起通常就是免费的”。同样在2005

[1] 基本案情参见（2006）深南法刑初字第56号刑事判决书。

年金某侵犯通信自由案[1]中，公诉机关认为被告人通过木马程序盗窃Q币的行为构成盗窃罪，而辩方则以Q币不具有刑法所界定的公私财物的特征为由，认为其不是公私财物。Q币仅是腾讯公司为开展增值服务而提供的一种预付费手段，本身不具有使用价值，这一辩护理由为一审法院所采纳。一审法院基于罪刑法定原则指出："依照法律规定，盗窃罪的犯罪对象是'公私财物'，但在我国《刑法》第91条、第92条及最高人民法院《关于审理盗窃案件具体应用法律若干问题的解释》对公私财产的含义及其种类所作界定中，均未将QQ号码、Q币等纳入刑法保护的财产之列。因此，QQ号码和Q币不属于刑法意义上的财产保护对象。"因此，一审法院认为公诉机关指控罪名不当，最终以侵犯通信自由罪对被告人定罪处刑。

与之相反，在另外的五起案件中，法院则否定了辩护人提出的虚拟财产不属于财物的辩护意见，而肯定了财产犯罪的成立，且成立的罪名多为盗窃罪。典型的判决如2004年颜某某盗窃游戏装备案[2]中，辩护人以网络游戏装备并不具有现实的财产属性作为辩护理由。对此广东省广州市天河区人民法院认为，"本案涉及的装备属于虚拟财产，与有形财产一样具有价值和使用价值，具有财产属性，属现行法律，包括《刑法》的调整范围"。法院首先从网络游戏装备具备使用价值和价值这一理由出发论证了网络游戏装备属于"财物"，游戏装备能够在网络虚拟世界中发挥作用并给玩家带来愉悦，此其使用价值；玩家为获得该游戏装备，必须投入大量的时间、金钱以及脑力劳动，其中凝聚着无差别的人类劳动，此其价值。此外，个体玩家可以通过网络账号、密码对该游戏装备进行控制，具备可管理性，在虚拟网络社会中此游戏装备可以在玩家之间进行买卖交易流通。再如2005年上海市黄浦区人民法院审理的孟某、何某某盗窃案[3]中，辩护人以Q币和游戏点卡都是网络游戏中的虚拟财产，并非刑法要保护的国有财

---

[1] 基本案情参见（2007）深南法刑初字第653号刑事判决书。

[2] 基本案情参见（2005）天法刑初字第1230号刑事判决书；（2006）穗中法刑二终字第68号刑事裁定书。

[3] 基本案情参见《最高人民法院公报》2006年第11期。

产、劳动群众集体所有的财产以及公民私人所有的财产作为辩护理由，却没有为法院所采纳，法院认为："Q 币和游戏点卡是腾讯公司、网易公司在网上发行的虚拟货币和票证，是网络环境中的虚拟财产。用户以支付真实货币的方式购买 Q 币和游戏点卡后，就能得到发行 Q 币和游戏点卡的网络公司提供的等值网上服务，因此 Q 币和游戏点卡体现着网络公司提供网络服务的劳动价值；茂立公司付出对价后得到的 Q 币和游戏点卡，不仅是网络环境中的虚拟财产，也代表着茂立公司在现实生活中实际享有的财产，应当受刑法保护。"该裁判理由的论证重点有二：其一，作为虚拟货币的 Q 币可以购买网络公司提供的有偿服务；其二，被害人茂立公司为获得 Q 币需要支付相应的现实金钱作为对价。

上述拒绝将虚拟财产纳入财物范畴从财产犯罪的角度对相关的行为进行保护，而是将此类行为视为破坏计算机系统类的犯罪加以处理的判决，对财物的扩张解释持较为谨慎的态度，虚拟财产是否属于财物在理论上仍然有讨论和进一步论证的空间，更何况"虚拟财产"概念本身也存在一定的模糊之处，从罪刑法定原则所保障的法安定性，与国民对自己行为的可预期性角度而言，此种较为谨慎的态度在此类案件兴起之初也是值得肯定的。但是从破坏计算机信息系统罪的构成要件设置以及其在分则中的体系安排来看，本罪旨在保护整体网络环境秩序这种公共法益，行为人的行为所导致的被害人的财产损失本身并没有被评价在内，其行为的法益侵害性没有得到充分的评价，这是理论上致力于论证侵犯虚拟财产构成财产犯罪的根本动机。学说上的大部分观点也主张虚拟财产应当可以解释为"公私财物"，如前所述，我国刑法对于财物的解释一贯没有采取过"有体物"的解释立场，而是将财物等同于财产，因此对于虚拟财产的财物性论证是较为容易和没有障碍的。

从法院在判决中对于虚拟财产属于财物的论证来看，论证所动用的理论资源主要有二：一是马克思经济学的商品概念，商品具有使用价值和价值，在市场交易中自由流通，在此意义上游戏装备能够成为"商品"，法院往往以"商品"的概念取代了"财物"的概念，这样，只要是符合商品的本质属性特征，即具有使用价值和价值，便可以成为财产犯罪的对象。这一路径的问题在于，商品的概念来自于马克思主义政治经济学的界定，这是自外于刑法的对商品、财物的社会学视角的考察，刑法能否不加过滤地直接接受这样的定义，着实值得商榷。二是借鉴了日本理论中的管理可能性说，认为只要能够为人所控制管理，便能够被认为是财物。因此，由于网络用户能够通过账号和密码对虚拟财产进行一定的控制，因而肯定其财物性，但这种控制本身已经逸脱了传统所理解的物理上、事实上的控制，泛化了管理可能性说，应当说采取的是接近于最宽泛的事务管理可能性说，而非物理管理可能性说。此外，对财物的控制管领支配属于财产罪理论中的另一重要概念，即占有所要讨论的范围。管理可能性说无非是用“能否被占有”这一标准来界定财物，物理管理可能性与事务管理可能性之间的差别大致相当于事实上支配与法律上支配之间的分歧。这种界定财物概念的方式本身便存在循环论证的疑问。不仅如此，在占有概念的讨论中，这种通过账号密码对虚拟财产的控制管领能否称为占有尚且存有疑问，以“可以被占有”来肯定虚拟财产的财物属性就更缺少正当性了。

虚拟财产案件所涉及的对象主要为 Q 币等虚拟货币、游戏点卡以及游戏装备。就虚拟货币而言，一方面考虑到该虚拟货币在网络交易中所发挥的一般等价物功能，另一方面虚拟货币与现实货币之间的转换关系，肯定其财物属性是相对容易的。如 2005 年王某某诈骗、张某销售赃物案 [1] 中，法院认为，王某某所骗取的虚拟货币在网络交易中发挥着一般等价物的功能，且获取该虚拟货币必须支付对价，从而肯定其财物属性。而 2009 年的胡某、李某破坏计算机信息系统案 [2] 也同样肯定了虚拟货币“银子”的财物属性，认为构成破坏计算机信息系统罪与敲诈勒索罪的牵连犯。相对而言，肯定游戏装备和 QQ 号码的财物性则存在一定的困难，在 2006 年周某

[1] 基本案情参见（2007）一中刑终字第 1743 号裁定书。

[2] 基本案情参见（2009）虎刑初字第 0363 号判决书。

利用木马程序盗窃游戏点卡案[1]中，法院虽然认为游戏点卡属于财物，但是依据游戏点卡类似于充值卡而作出判断，并且在判决理由中区分了游戏点卡与游戏装备，由此而言，本案法院实际上对于游戏装备的财物属性仍然持较为保守的态度。而对于QQ号码在不同的法院同样存在分歧。

无可否认的是，从应然层面考虑，盗窃各种游戏装备、游戏币等虚拟财产的行为不仅给被害人造成了财产损失，也扰乱正常的网络秩序，将虚拟财产纳入刑法的处罚范围有其现实的合理性。但是理论界和法院判决中对于这种说理尚未形成系统性，在拒绝以有体物作为财物概念的边界之后，仍然要为公私财物的概念寻找一个边界，论证虚拟财物属于公私财物的过程同样也是一个为公私财物确立边界的过程。就目前的论述而言，仍然停留在强调虚拟财产的现实的财产价值这一点上，但这一边界是否过于宽泛，是否会导致盗窃罪这一罪名的过分泛化，以及我们是否能够在公私财物与财产价值之间画上等号都是值得检讨的问题。此外，由于虚拟财产存在形态的特殊性，从传统的占有的概念也很难加以理解。如对于单机游戏而言，由于玩家是先购买软件安装在自己的电脑中进行控制的，占有的认定固然容易。但对于网络游戏而言，一方面，玩家可以通过游戏账号和密码控制其所拥有的游戏装备，似乎是可以认定其对该游戏装备的占有和控制，但是另一方面作为游戏公司开发的游戏，相关的数据存储在游戏公司的终端服务上，就此而言，也可以认定游戏公司对游戏装备的占有。究竟应当如何在游戏公司与玩家之间分配这种占有的认定，尚存在问题，而即使建立了一种占有的分配规则，其在很大程度上也要根据游戏的运行规则以及游戏公司与玩家之间所订立的协议甚至是相关的计算机技术进行认定，这在多大程度上能够认为是一种事实性的控制支配关系也很成问题。在下一章所要讨论的占有的一般概念及其修正中我们就可以看到，随着财物概念的扩张，占有的方式实际上也在发生变化，占有的对象与占有的方式本身存

---

[1] 基本案情参见国家法官学院、中国人民大学编：《中国审判案例要览·2007年刑事审判案例卷》，第301—305页。

在一种互相作用的关系，这种变化是否会超出罪刑法定原则的边界而成为一种被禁止的类推呢？

（二）债权与债权凭证

债权作为有别于有体物的另一种财产利益的存在形式，在现代社会经济中的重要性日益凸显。日本民法学者我妻荣教授曾经指出，债权在近代社会经济中占据优越地位，“所有权色彩递减而债权色彩递增”[1]。相应地，对债权加以保护的必要性也逐渐增大。德日刑法中债权与记载了债权的凭证是相互区别的，前者因作为财产权而非有体物而不能成为盗窃罪的客体，而作为有体物的后者则可成为盗窃罪的客体，因此，德日刑法中实际上是通过保护债权凭证的所有权来保护其上所代表的债权。张明楷教授指出，由于德日刑法中盗窃罪“不以数额较大为成立起点，所以，许多盗窃财产性利益的行为，事实上被评价为盗窃了有体物而认定为盗窃罪”[2]。台湾地区学者林山田教授也明确指出，“权利固不能成为窃盗罪的窃取客体，惟记载权利的有体证件或文书，例如银行存折或邮局储蓄存款簿、支票、股票、借据、车票、入场券等，则又可成为本罪的窃取客体”[3]。德国刑法上对于物的定义独立于物中所具有的财产性价值，因此，即便财产凭证作为物本身的价值极其微薄，由于其也是所有权的对象，因而可以作为盗窃罪的适格客体。日本刑法理论虽然认为财产价值是财物概念中不可或缺的因素，但理论和判例上也通过对财产价值的重新解释而肯定了体现财产性利益的证明文书的财物性[4]。日本判例通常也认为存折、银行卡等财产权利凭证能够成为财产犯罪的客体，因此盗窃他人存折、银行卡的，就存折、银行卡

[1] ［日］我妻荣：《债权在近代法中的优越地位》，王书江、张雷译，谢怀栻校，中国大百科全书出版社1999年版，第16页。

[2] 张明楷：《也论拾得的信用卡在ATM机上取款的行为性质——与刘明祥教授商榷》，载《清华法学》2008年第1期。

[3] 林山田：《刑法各罪论（上）》（修订五版），北京大学出版社2012年版，第212页。

[4] ［日］山口厚：《刑法各论》，王昭武译，中国人民大学出版社2012年版，第318页。

这种有体物本身成立盗窃罪；如果事后又从银行柜台取出现金或者在特约商户消费的，另成立诈骗罪，而且属于并合罪。[1]

另一方面，由于我国刑法对于财产犯罪存在犯罪数额的限定，而财产凭证就其本身而言价值微薄而无法达到定罪数额。如果仍沿用上述德日刑法中以保护财产凭证的所有权来保护其他财产权的做法，则将导致取得财产权利凭证的前行为无法纳入刑法评价之中，显然这一结论并没有为司法实践所接受。1997 年 11 月 4 日最高人民法院发布的《关于审理盗窃案件具体应用法律若干问题的解释》（已失效）中明确规定了“有价支付凭证、有价证券、有价票证”的犯罪数额计算标准，这意味着我国最高司法机关承认了这些财产权利凭证能够成为财产犯罪的犯罪对象，而且财产凭证的价值并不以其物质实体的价值为内容，而是以其所代表的财产权的价值作为计算的标准。除了司法解释所明确规定的有价支付凭证外，司法实践中对于借据、欠条等私人订立的债务债权关系证明凭证的财物属性仍然存在分歧。就盗窃欠条的情况而言，实践中的观点认为欠条、借据作为债权凭证，应当属于司法解释中所规定的“有价支付凭证”，从而肯定盗窃罪的成立：

侵犯财产罪的客体是社会主义社会的财产关系，即公私财产的所有权，欠条是当事人在交易中债务人向债权人出具的权利凭证，属于债权。债务人通过犯罪手段获取欠条，使债权人的权利灭失，造成财产权益的损失，侵犯了债权人的财产权。债务人恶意取得欠条，消灭自己的债务，达到非法占有通过交易先行获得的对方财产，具有社会危害性，应当追究刑事责任。欠条作为支付对价的凭证，可视为有价支付凭证，债务人非法获取欠条，可将其通过交易先行获得的对方财产，视为欠条的兑现，故欠条可成为犯罪侵害的对象。[2]

但实践中也存在相反的观点，如认为欠条借据仅作为证明债权债务关

---

[1] 张明楷：《也论拾得的信用卡在 ATM 机上取款的行为性质——与刘明祥教授商榷》，载《清华法学》2008 年第 1 期。

[2] 基本案情参见杨联文、吴明霞：《赊销购物后盗窃欠条构成何罪》，载《人民法院报》2008 年 4 月 16 日，第 6 版。

系存在的证明文书，不具有财物性，且盗窃欠条、借据也并未侵犯其债权人的债权，因而否定其属于财物：

盗窃罪的犯罪对象必须是公私财物，即具有经济价值的财物而非一般物。本案中的欠条只是证明债权债务关系的一种凭证，其最主要的功能是证明功能，其法律地位只是一种比较重要的证据。若欠条丢失或被盗，债权并不当然丧失，只要债务人同意继续履行欠条上所载明的债务或双方达成新的协议，债权完全可以实现，只是在提起诉讼时存在因证据欠缺而导致主张债权不能获得法院支持的可能。可见，欠条的丧失对债权是否造成侵害，具有不确定性。因此不能简单地将欠条与有价证券、有价票证相等同……欠条作为反映原因法律关系的重要证据一般是不能够及时兑现，或必须提供相关证明才能兑现，其本身并不具有财物属性，不能成为盗窃罪的犯罪对象，因此盗窃欠条的行为不能认定为盗窃罪。[1]

顾名思义，财产权利凭证代表着一定的财产权，但不同种类的财产权利凭证与其上所记载的财产权利之间的关系紧密程度则有所不同。因此需要在财产权利凭证内部进行区分。根据财产权利凭证性质之不同，其与其所代表的财产权之间存在不同的关系，由此可以区分物权凭证与债权凭证，前者如提单、仓单。物权凭证的特点在于物权凭证的转移可以取代所有权的转移，是为了促进交易的方便和效率而发展出来的方式，此类物权凭证能够成为财产犯罪的对象并没有问题。而对于债权凭证而言，则存在两个层面的问题：首先，与德日刑法中通过保护债权凭证的所有权进而保护债权以及其他财产权利的做法不同，我国理论以及实务在解释上都将这类犯罪直接视为侵害债权的行为，由此，讨论的问题就变成了以“债权”为代表的而非以有体物形式存在的财产性利益能否纳入刑法的保护范围内；而在解释上就变成了债权以及其他财产性利益能否纳入“公私财物”的范围内。其次，即使肯定债权属于财产犯罪的对象，单纯的盗窃、诈骗、抢劫财产凭证是否必然导致其上所代表的债权以及其他财产性利益的实际受损也仍然存在疑问。

---

[1] 基本案情参见张传军:《窃取欠条收取欠款的行为该定何罪?》，载《中国审判》2008 年第 10 期。

前一个问题涉及的是财物概念范围的扩大。在通常理解中，物与债权是相区分的两个概念，只有在扩大财物概念的范围并将部分财产性利益纳入其中才能够加以解决。后一个问题则涉及的是如何理解债权受损。正如否定盗窃欠条、借据的观点所言，欠条本身只是证明文件，不具有财物属性，只要债权人能够提出其他证明债权存在的证据即能够继续行使其权利。诚然，作为一个观念性存在，债权债务关系是通过债权关系双方的意思表示设定的，外部证明文件的灭失并不必然导致债权的消灭或转移。但这其实是基于对刑法的误解。如果说，只要债权没有转移或灭失便不存在损害，那么依此逻辑，盗窃有体物本身也无法转移物的所有权，那么所有人也便不存在损害了。民法通过一系列物权规则来确定物的权利归属，这一权利归属并不因为刑法上的犯罪行为而受到损害，受到损害的是权利人行使债权的现实可能性。正如盗窃了财物之后，财物所有权并不当然转移给盗窃行为人，但所有权人要对该物行使占有、使用、收益、处分等所有权权能的现实可能性便丧失了。在盗窃权利凭证的情况下，虽然权利本身在法律上并未灭失，但权利人行使权利的现实可能性已经受到了妨碍。原本直接可以通过欠条、借据来主张的债权现在需要通过其他方式主张，而在欠条、借据是债权的唯一凭证的情况下，其他途径主张债权完全不可能时，债权人甚至可能会完全丧失主张债权的机会。在这一意义上讲，才是刑法所理解的损失。正是基于此，在省级司法机关的解释中已经在一定条件下肯定了将欠条借据上所代表的债权视为债务的可能性，例如“债务人以消灭债务为目的，抢劫、盗窃、诈骗、抢夺合法有效的借据、欠条等借款凭证，并且该借款凭证是确认债权债务关系存在的唯一证明的，可以抢劫罪、盗窃罪、诈骗罪、抢夺罪论处”[1]。

而对于前者，债权能否解释为“公私财物”的问题是伴随着日益增长的对债权的保护必要性与实践中对于侵害债权案件进行处罚的诉求相联系

[1] 2002年1月9日，浙江省高级人民法院、浙江省人民检察院、浙江省公安厅《关于抢劫、盗窃、诈骗、抢夺借据、欠条等借款凭证是否构成犯罪的意见》。

的。即使肯定债权受到损失，也无法直接得出该行为应被评价为相应的财产犯罪，因而必须正面回答债权能否纳入公私财物的范畴这一问题。从现行刑法对于侵犯财产犯罪的规定来看，在章标题中使用财产一词而在具体条文中则统一使用公私财物一词，的确可以认为立法者并没有严格区分这两个词的使用。扩张财物的概念并不存在如日本刑法那样的立法上的障碍，且严格限定于有体物的财物概念在很大程度上过于僵化而不能适应社会生活的变化发展，这都是有体性说在中国没有市场的原因。

以农业为主要经济形态的前市场经济时代，财产的流动性并不强，财产的价值主要固定在静态的有体物之上，尤其是土地、房屋等不动产是社会财富的主要象征。因此，法律制度对于财产的保护集中在对静态的有体物的保护上，而在罗马法上物权制度已经非常发达。随着工业社会时代的到来和市场经济的发展，财产的流动性日益增强，财产不再仅以静态的有体物为其主要载体，而是广泛地表现为各种财产权利，以债权为代表的各种财产权利在日常交易中的重要性日益增强，其所承载的财产价值也不断增大，因而对于有体物以外的其他财产存在形态的保护的必要性也日益增强。诚如我国民法学者所指出："'谁所有、谁利用'的财产利用安排是一种财产的单极利用，即一个物上只有一个利用人（即所有权人）。这种利用方式在经济上只能表现为自给自足的小生产方式。而人类社会发展过程中，一直朝着建立财产利用多极安排而努力。所谓财产的多极利用，就是一个物上存在多个利用主体，共同分享同一物的利益，而物权法的主要任务或目的则是为这种多极的物之利用关系进行制度安排，建立多极物之利用秩序。物权法解决多极利用问题的制度工具就是他物权制度。"[1] 实现财产的多极利用和社会化利用并不仅仅是物权法的演进方向，也是整个私法发展的轨迹。实质上，整个司法制度除了保护财产所有权这一崇高使命外，就是创制多极利用或社会化利用社会中的财产的多样规则并保障这种利用的

---

[1] 参见高富平：《平等保护原则和私人物权制度检讨》，载《法学》2007 年第 5 期。

安全。[1] 与民法上对于财富的多极利用相对应，也衍生出刑法对这种多极利用的可能性与安全性进行保障的必要性，这是要求刑法保护债权的现实合理性所在。相对于社会现实的变化，法律制度则表现出相对的稳定性和滞后性，在以其他形态存在的财产性利益的重要性日益凸显的现代社会，法律对于财产秩序的保护仍然是以对有体物的保护为中心的，如物权法上，较之债权制度具有更多的强制性条款，侵权法上，对于物权的侵害与对于债权的侵害提供了不同等级的保护。而从各国刑法区分财物和财产性利益的规定来看，同样表明了各国刑事立法凸显“财物”的重要地位这一价值取向。

但是在现代的观点看来，无论是对物权的侵害还是对债权的侵害都损及了现实的财产秩序，并且随着以有体物以外形式存在的财产性利益所承载的价值及其在社会生活中的重要性日益增强，侵害以有体物以外的其他形态存在的财产性利益同样具有相当的社会危害性，从而具有了刑事可罚性的基础，应当予以惩罚。中国刑法传统上对财产秩序的保护同样是以有体物为中心展开的，在 1997 年《刑法》制定时，立法者在规定各种财产犯罪时，首先想要保护的也是各种静态的有体物，即各种动产和不动产，各种看得见摸得着的实实在在的物理存在的“物”。但是随着社会的发展，有体物以外的其他财产形态的重要性与日俱增，并且承载着日益巨大的财产价值。现代社会中，人们对物权需求已经从享用（使用价值）转向流转(价值)。“在现代社会，人们大多是以资本的方式运作自己的财物，而金钱是资本的最好表现形式。这样，物的价值主要体现在它能够为他创造多少价值，而不在于是否可以永久地拥有该物或使用该物，追求价值和价值增值成为人们行使所有权的目的。”[2] 在此背景下，保护财产性利益的要求也变得更为迫切。因此，面对现代社会财产价值载体的重大变化，扩张财物

---

[1] 高富平：《从实物本位到价值本位——对物权客体的历史考察和法理分析》，载《华东政法学院学报》2003 年第 5 期。

[2] 高富平：《从实物本位到价值本位——对物权客体的历史考察和法理分析》，载《华东政法学院学报》2003 年第 5 期。

概念确有其社会现实性根据，这是毫无疑问的。然而，刑法对于概念的解释并不仅仅取决于社会现实，罪刑法定原则仍然是刑法不可逾越的边界。仅仅以其他形式的财产与有体物一样具有财产价值为由真的能够构成扩张解释财物概念的理由吗?

五、财产犯罪法益与财物概念的解释

我国刑法对第五章侵犯财产犯罪的构成要件的解释总体上呈现出扩张解释的倾向。在罪刑法定原则看来，这种解释是否具有正当性与合理性，是否逾越了罪刑法定原则所设定的法治国底线，仍然受制于对罪刑法定原则的解释以及罪刑法定原则下刑法解释边界的界定，而这两个算得上是刑法理论的“元问题”的理论在目前的刑法学界仍然没有达成基本的共识。本书试图站在形式解释论的立场上批判性地看待这种扩张的趋势，但另一方面又必须面对实务中所迫切需要解决的问题。

这种扩张解释的倾向与德国刑法中盗窃罪、侵占罪等传统上以保护所有权为目标的构成要件在实践中意义的萎缩趋势恰恰是相反的。以盗窃罪为例，在德国刑法传统中，盗窃罪是一个典型的侵犯所有权的犯罪，这个构成要件，伴随着在现代经济生活发展过程中物之所有权，以及以所有权为基础衍生出来的他物权在整体财产体系中的衰落而逐渐失去其重要性。福格尔教授指出:“在经历从前工业社会向后工业社会的转型之后，禁止盗窃的禁令已经日渐失去意义。过去财产主要以财物所有权的形式存在，丢失的财物很难轻易得到补偿。而在后工业社会时代，所有权只具有次级的财产价值，几乎所有的财物都能够获得相应的补偿。价值贵重的财物通常会针对盗窃而投保相应的保险。这一社会—经济现象对于社会伦理以及刑法对盗窃的评价并不是没有影响的，例如显著地降低了盗窃罪的法定刑，在前现代法律中盗窃行为人可能会被处以死刑，而在今天有很大一部分盗窃案件已经放弃了制裁，剩下的也将制裁手段限于罚金刑以及极少数的短期自由刑，且这些自由刑也很少被实际执行。”[1]与之相反，以保护整体财产为目标的诈骗罪及其他特殊构成要件的重要性则显著提升。简单地去翻一翻德国重要的刑法法条评注如《莱比锡评论》《慕尼黑评论》以及其他教科书就会发现，盗窃罪与诈骗罪两个条文注释在篇幅上有着明显的差异。与这个趋势相反的则是我国刑法理论和实践在对盗窃罪的构成要件解释中的扩张倾向。同样是以物上所有权在社会经济生活以及财产法律秩序中重要性的衰落为背景。理论上转而认为，因为有体物以外的其他财产性利益具有更强的要保护性，所以应当扩张盗窃罪的保护法益以及对相关的构成要件做扩张解释，这背后是以处罚必要性为基础的实质解释论立场。但是这种以处罚必要性为根据的扩张解释的边界具有很大的不确定性，这也正是形式解释论者对实质解释论者的批评之一。

以中德两国在盗窃罪中完全相反的解释倾向为背景，我国理论很难在接受德日刑法理论对于分则构成要件解释的同时，从现实的处罚必要性的角度擅自对某些概念进行修正，而必须从刑法财产犯罪所保护的法益出发，系统地、审慎地进行这种修正。从目的论解释的角度看，法益对于构成要件的解释具有指导性的意义，这一点在财产犯罪构成要件解释中同样适用。法益对于构成要件解释的影响体现在客体范围的界定上。因为客体是法益的承载者，理论上扩张财物概念、使财物等同于财产或者包括有体物以外的财产性利益的基本立论根据在于构成要件所保护的法益。财物概念限于有体物与财产犯罪所保护的法益仅限于所有权有着密切的关系，因为只有有体物才能成为所有权的标的物。因此理论上要扩张财物概念的边界要在

[1] Joachim Vogel, in: Leipziger Kommentar-StGB, 12. Aufl., 2010, Bd. 8, Vor § 242, Rn. 3. 另外还可参见 Peter-Alexis Albrecht/Winfried Hassemer/ Michael Voß (Hrsg.), Rechtsgüterschutz durch Entkriminalisierung, 1992, S. 51 f. 所有权对于个人和社会的意义的下降表现在，在现代工业大规模生产的背景下，所有权人所受的损失可以轻易地通过同样的产品来替代和补偿，而且由于现代保险业的发展，所有权人因为犯罪而受到的损失也在降低，此外，物之所有权本身在整个财产体系中的意义和价值也在相对下降。19 世纪盗窃等对所有权的侵犯曾经被视为与身体伤害同样严重的犯罪，而今其法定刑也已经今非昔比。同样，我妻荣教授在《债权在近代法中的优越地位》一文中也做了类似的阐述。

保护法益层面对所有权说进行批判和否定，其所借助的理论资源则主要是日本刑法理论以“本权—占有”为核心以及德国以财产概念为核心所展开的讨论。

（一）本权与占有

1. 日本

日本刑法理论中，主张本权说的观点认为，财产犯罪保护的法益是财物的所有权及其他本权[1]。刑法设置财产犯罪正是为了对民法上有正当权原基础的有权占有提供保护，因此行为人对于财物的占有须有法律上的正当依据才能够获得保护。而对于并非基于本权的占有（即无权占有，如不当得利）以及非法占有（如通过犯罪手段或其他非法手段取得的占有）则都不属于刑法所保护的法益。“行为只有侵害了他人的这种本权，才构成财产犯罪；如果只是侵害了他人对财物的单纯占有，则不构成财产犯罪。”[2]

占有说认为，财产犯罪的保护法益，是占有事实本身，不仅包括有权占有，也包括无权占有[3]。在占有说看来，刑法的保护着眼于作为权利征表的占有事实本身，而不问此种权利是否真实存在以及是否正当，即刑法通过保护占有事实来保护权利。虽然最终是为了保护正当的财产权利，但由于这种权利的存在以及正当与否都是一个难以判断的问题，因而只有所有的对物的控制支配事实都纳入刑法所保护的范围，才能够周延地保护正当的财产权利。因此财产犯罪应当“以保护对于财物之人之所持为着眼，而不问所持财物权原之如何”[4]。

本权说与占有说在以下三个问题上存在争论：(1) 盗窃赃物的行为是

---

[1] 民法上，本权（Original Right）是与占有相对而言的，是指占有事实以外的所有权、土地使用权、土地承包经营权、典权、质押权、留置权等，都是本权。此外应为占有的债权，如租赁权、借用权等也都属于本权。（北京大学法学百科全书编委会：《北京大学法学百科全书·民法学、商法学卷》，北京大学出版社 2004 年版，第 61 页）。

[2] 张明楷：《外国刑法纲要》（第一版），清华大学出版社 1999 年版，第 580—581 页。

[3] 张明楷：《外国刑法纲要》，清华大学出版社 1999 年版，第 581—582 页。

[4] ［日］牧野英一：《日本刑法通义》，陈承泽译，中国政法大学出版社 2003 年版，第 216 页。

否成立盗窃罪；(2) 盗窃自己之物的行为是否成立盗窃罪；(3) 盗窃违禁品是否成立盗窃罪。日本刑法理论中，本权说对于上述三个问题均持否定回答，而相反，占有说则对上述三个问题持肯定回答。

2. 德国

某种意义上日本刑法在本权说和占有说之间的争议在德国也是存在的。但是这个问题的重要性也仅仅限于盗窃罪的构成要件解释内部。作为侵犯所有权犯罪，盗窃罪首要保护的法益毋庸置疑是所有权，存在争议的仅仅是，在所有权之外，能否将占有本身视为独立法益，从而使得盗窃罪的构成要件行为，即拿走具有独立的法益侵害内涵，而不仅仅是行为不法的体现。详言之，德国现行法所规定的盗窃罪结构总，所有权侵害这一核心不法内涵体现在主观的不法领得目的之中而尚未在客观构成要件得以实现。占有是否是独立法益直接关系到应当将拿走行为仅仅理解为行为不法，还是也可以具有独立的法益侵害意义。一种观点认为，盗窃罪所保护的仅仅是所有权，占有并非独立的法益，而另一种观点则认为占有是作为独立法益加以保护的，后者在理论和判例上一度成为通说。[1]

现代刑法上将占有视为独立法益的观点始于韦尔策尔。与其对占有概念的理解相应，韦尔策尔认为，占有本身意味着一种外部的安宁状态，这种事实上的、外部的安宁状态具有独立于所有权的要保护性。[2] 韦尔策尔在文章中指出，占有这个概念在词源上源于古德语上的 Gewere 一词，古日耳曼法上 Gewere 意味着外部的公共秩序，其本身就具有独立的保护价值。从法制史的角度来看，德国法上的盗窃罪受到了罗马法和日耳曼法的双重影响。罗马法上所规定的盗窃罪（furtum）是私犯（Privatdelikt），是

---

[1] 参见 RGSt 2, 73; 4, 346; BGHSt 10, 400; 29, 319,323; BGH NJW 2001, 1508; Thomas Fischer, Strafgesetzbuch und Nebengesetze, 57. Aufl., 2010, § 242, Rn. 2; Karl Lackner/Kristian Kühl, Strafgesetzbuch Kommentar, 27. Aufl, 2011, § 242, Rn. 1; Andreas Hoyer, in:Systematischer Kommentar-StGB, 8. Aufl., 2010, § 242, Rn. 1. 不过尽管理论认为占有是独立法益的观点是理论和实务的通说，但在重要法条评注中撰写者本人几乎都对这一通说持批判态度，认为盗窃罪的保护法益仅仅是所有权，占有并非独立法益。因此至少在理论上占有是法益的观点是否仍然居于主流地位尚待商榷。

[2] Hans Welzel, Der Gewahrsamsbegriff und die Diebstähle in Selbstbedienungsläden, GA 1960, 257, 264.

对私人法益的侵犯，其中包括了现在被认为是使用盗窃以及侵占的行为。与此相反，日耳曼法上盗窃罪则是公共犯罪（öffentiches Delikt），是对公共秩序的扰乱。[1] 梅耶指出，普通法时代的盗窃罪毫无疑问地源自国家安全法（Landesfriedensgesetzgebung）。[2] 虽然现行德国刑法所规定的盗窃罪仍然是一个私犯罪，但日耳曼法对于盗窃罪的理解仍然影响着对于占有的理解以及对于是否将占有作为独立的法益加以保护这一问题的回答。福格尔教授指出，从法制史的角度看，盗窃禁令往往与对安宁秩序的保护（Friedensschutz）之间有着紧密的刑事政策上的联系。对于他人占有的破坏是对私人甚至是公共安宁的破坏。因此破坏占有行为本身将受到刑罚处罚，而不需要考虑所有权的归属状态。现代刑法虽然没有采纳这种观点，但对安宁秩序的保护这种刑事政策上的考虑仍然极具生命力，并且是盗窃罪的刑罚之所以重于侵占罪的原因；另一方面，在刑法将入室盗窃（《德国刑法典》第 243、244 条）规定为从重情节或者是加重构成上也扮演着重要的角色。[3]

主张将占有视为独立法益的观点在法律条文上的根据主要在于，《德国刑法典》第 242 条盗窃罪相对于第 246 条侵占罪而言设置了更高的法定刑，如果不将占有作为盗窃罪所保护的第二法益，则不能存在升高刑罚的不法的提升。[4] 但似乎也有充分的理由认为，侵占罪不仅是对他人所有权的侵犯，而且也同时欺骗了被害人并滥用了被害人对自己的信赖，从信赖滥用和被害人保护的角度来看也可以认为侵占罪是比盗窃罪更为严重的犯罪。[5] 不过，目前理论上的通说已经逐渐放弃了这一观点，而认为占有并不是独立的法益，拿走行为中所体现的对占有的破坏，毋宁是一种针对所有权侵犯方式。反对占有作为独立法益的主要理由在于，刑法上的占有并不以占

---

[1] Heinrich Janssen, Der Diebstahl in seiner Entwicklung von Carolina bis zum Ausgang des 18 Jahrhunderts, 1969, S. 4 ff., 26 ff., 31 ff.

[2] Hellmuth Mayer, Zum Begriff der Wegnahme, JZ 1962, 617 ff.

[3] Joachim Vogel, in: Leipziger Kommentar-StGB, 12. Aufl., Vor §§ 242, Rn. 18.

[4] Walter Kargel, Gewahrsamsbegriff und elektronische Warensicherung – BayObLG, NJW 1995, 300, JuS 1971, 971, 973.

[5] Julius v. Soden, Geist der peinlichen Gesetzgebung Teutschlands, 2. Aufl., 1792, § 310.

有的正当权限为前提，行为人能够通过拿走行为建立新的对行为客体的占有。由于这一新建立的占有，与所有权相连的支配力已经受到了侵害，因此占有不能被视为所有权之外的独立的法益加以保护。对于盗窃罪而言，占有的重要性并不在于它是否具有正当权利，而在于它对所有权的功能性意义。所有权以占有作为其形式的和实质的支配前提，而且占有这一事实具有推定所有权的效力，例如在善意取得的情况下（《德国民法典》第929条）。在历史发展中，盗窃罪曾经被作为对占有的破坏加以理解，但这是因为在占有之中，所有权是可见的，而不是因为占有与所有权是分离的。[1]而针对法定刑升高这一论据，理论上也认为所保护法益的多少与刑罚的升高之间也并没有必然的关联，立法者完全可以基于其他的理由与考量对盗窃罪设置更高的刑罚。福格尔教授指出："关于占有是否是独立的法益这一争论是毫无成果的。《德国刑法典》第242条意义上的拿走究竟是一种特定的侵犯方式还是一种独立的法益侵害对于解释第242条的构成要件并没有相关性。原则上，在法益与刑罚幅度的问题之间并不存在必然的关联，因为刑罚幅度的设定遵循的是刑事政策以及量刑规则的相关标准，而远远超出了法益侵害的范围。需要补充的是，这一争论对于《德国刑法典》第77条所规定的告诉权在第247条、第248条a中具有实践上的意义。"[2]同样地，施密茨教授也指出："盗窃罪仅仅是因为其相对于侵占罪而言是一种具有社会显著性的对所有权的侵害方式，因为它与对安定的损害即拿走行为相联系。对于盗窃罪设置较高的刑罚并不意味着将侵害安定的对象视为独立的法益。因此占有原则上也并不受到第242条盗窃罪的保护。"[3]

综上，尽管德国盗窃罪理论中也存在关于占有是否作为独立法益受到保护的争论，但与日本不同的是，这一争论对于财产犯罪体系整体而言并不具有根本性的意义。这只是一个局限在盗窃罪的构成要件之内的构成要件解释问题，对这一问题进行争议的意义仅仅在于，在亲属间盗窃案件中

---

[1] Urs Kindhäuser, in: Nomos Kommentar- StGB, 4.Aufl., 2010, vor §§ 242 bis 248c, Rn. 3.

[2] Joachim Vogel, in: Leipziger Kommentar-StGB, 12.Aufl., 2010, Bd. 8, vor § 242, Rn. 60.

[3] Roland Schmitz, in: Münchnener Kommentar-StGB, 2.Aufl., 2012, Bd. 4, § 242, Rn. 8.

拥有告诉权（《德国刑法典》第247条）的人员范围。虽然判例上在过去一直强调占有也是盗窃罪所保护的法益，但判决在判断告诉权的拥有者范围时得出的结论往往与占有说并不一致。例如帝国法院判决中认为，当亲属间盗窃案件中，仅仅只有前占有人或所有权人是行为人的亲属的，并不符合第247条所规定的条件。[1] 相反，联邦最高法院则认为当所有权人是行为人的亲属时，便符合告诉权存在的结论。[2] 而在文献上，霍耶尔教授认为，当所有权人或者前占有人其中之一与行为人之间存在亲属关系时，便应肯定符合第247条的规定。相反，对于第248条a而言，他则认为需要同时有所有权人与前占有人的告诉，才能够符合刑事追诉的条件。而判决就第248条则认为，只需要有前占有人的告诉即可。[3]

日本理论中本权说与占有说所争论的三个问题，德国刑法上也作出回答，但这个回答与刑法保护的是本权还是占有无关，这只是一个如何认定“他人之物”的问题：(1) 盗窃赃物的行为成立盗窃罪，因为即便是赃物，对于作为第三人的行为人而言仍然是他人之物。(2) 盗窃自己之物因为缺少物之他人性的要件而自始排除盗窃罪的成立。(3) 盗窃违禁品的行为则要区分不同的情况。对于只是被禁止流通的财物，德国理论上认为，这种流通上的禁止（verkehrsunfähig）并不意味着这些财物上的所有权没有受到盗窃禁令的保护，因此拿走象牙制品的行为也可以成立盗窃罪。虽然根据德国的法律规定象牙制品是被禁止流通的。存在疑问的是，当一个财物不仅是被禁止流通，而且占有该物本身也是被禁止的时候——这里首先涉及的是各种麻醉品以及动植物——理论通说认为这种违禁品仍然是盗窃罪的适格客体。因为，立法禁令原则上并没有否定其上所存在的所有权。相反的观点则认为这是不正确的，因为盗窃罪构成要件所保护的并不是抽象的所有权，而是《德国民法典》第903条所规定的与所有权相连的各种可能性。在盗窃违禁品的案件中或者完全没有侵害到所有权人，或者所涉及的只是一个空洞的所有权。在

[1] RGSt 73, 151.

[2] BGHSt 10, 400.

[3] Andreas Hoyer, in: Systematischer Kommentar-StGB, 8 Aufl., 2010, vor §§ 242, Rn. 12.

前一种情况下，例如行为人拿走了一个毒品交易者（Dealer）手中的毒品，后者所失去的只是对毒品的占有，因为在毒品上并不能根据《德国民法典》第 134 条的规定而二次取得所有权，因此毒品的生产者仍然是毒品的所有人。而后一种情况，即从毒品的生产者手中偷走了毒品，其根据《德国民法典》第 903 条所具有的各项权能实质上看也是不存在的。[1]

3. 德日两国刑法中的占有说

首先应当指出，与日本刑法理论不同的是，占有是不是独立的法益受到刑法保护的问题仅仅限于盗窃罪的构成要件范围内，对于其他的财产犯罪的保护法益并不产生影响，因此即便承认占有是一种独立的法益，也不应高估这种观点在解释上的影响。

其次，虽然都承认占有是一种独立的法益，德国的“占有说”与日本的占有说也有着本质的不同，这种不同在于二者对于占有与所有权的关系做了不同的安排。在德国，问题仅仅在于，盗窃罪是否在保护所有权的同时保护占有，或者在构成要件层面来看，除了主观的不法领得目的体现了对所有权的攻击之外，客观的拿走行为是否还体现了对占有的攻击，拿走行为究竟是包含了额外的法益侵害内涵，还是仅仅是侵害所有权的一种特殊方式。这其中并不涉及其他本权，因为对于基于自物权亦即所有权衍生出来的他物权的侵害都可以还原为对自物权的侵害，而且由于他物权中仅仅包含了所有权的部分权能，对于他物权的侵害也并不等于对于所有权的全面侵害，因此并不符合领得罪作为对所有权的全面侵害的本质。（例如担保物权中仅仅包含了所有权的担保功能，对于担保权人的担保权的侵害并不是对所有权的侵害，就像单纯的使用盗窃也是因为其仅仅侵害了物的使用权能而否定其可罚性的一样）。而其他的财产权则根本不在盗窃罪构成要件的保护范围内，如果将盗窃罪的法益扩张到其他财产性利益是背离侵犯所有权犯罪的立场的。这一点与日本刑法理论将本权说与占有说的对立视为财产犯罪解释论中的根本命题是截然不同的。

---

[1] Roland Schmitz, in: Münchener Kommentar-StGB, 2. Aufl., 2012, § 242, Rn. 16, 17.

即便认为占有是一种独立的法益，也并不因此就意味着盗窃罪的性质从侵犯所有权犯罪变成了侵犯占有的犯罪。在法益保护的层面，占有与所有权之间构成并列的关系，盗窃罪在侵害所有权的“同时”也侵害了占有。相反，日本最纯粹的占有说认为，即便没有侵害正当权利，单纯的侵害占有行为本身就可以成立盗窃罪，盗窃罪所保护的正当权利和占有之间是一种选择的关系，行为“或者”侵害了正当权利，“或者”侵害了占有本身。只要侵害了占有就已经足以成立盗窃罪。也就是说，德日理论中虽然都有占有说，但这个占有与所有权之间的逻辑关系是不同的。从逻辑上看，当所有权和占有之间构成并列关系，那么盗窃罪构成要件成立范围应当是限制性的，侵害占有是盗窃罪成立的必要条件。而当所有权与占有之间是一种选择的关系，那么盗窃罪的成立范围也就随之扩张了，侵害占有成为盗窃罪成立的充分条件。单纯侵害占有行为不成立盗窃罪，这是德国现代刑法的一贯立场，虽然在古代从侵害公共安宁秩序的角度出发曾经将纯粹的占有侵害纳入刑罚处罚范围内，但这个观点早就已经被放弃。[1]从日本最彻底的占有说出发，不法领得意思不要说是必然的结论，因为不法领得意思所体现的就是对所有权的侵害，既然在法益侵害上盗窃罪并不以对所有权的侵害为已足，那么这种不法领得意思也就没有必要存在，更何况日本原本在立法上就没有明文规定不法领得意思。

再次，本权说与占有说在三种具体案件情况下得出了相反的结论，但其中的论证却不甚清楚，二者直接省略了构成要件该当性的判断步骤，以盗窃赃物排除盗窃罪的构成要件为例，从盗窃罪保护的法益仅以正当本权为限到盗窃赃物不该当盗窃罪构成要件之间是缺少中间环节的，因为认定行为是否成立盗窃罪首先应当进行构成要件该当性的判断。法益只具有指导构成要件解释的功能，却不是构成要件本身，而本权说与占有说在具体案件处理的争论中恰恰没有明确指出盗窃赃物的行为中究竟该当不该当哪

[1] Heinrich Janssen, Der Diebstahl in seiner Entwicklung von Carolina bis zum Ausgang des 18 Jahrhunderts, 1969.

个具体构成要件要素。

在德国，因为盗窃罪保护的是所有权，所以构成要件层面上他人之物的范围以民法上的所有权归属状态为标准，因此，所有权人盗回自己所有之物的情况排除了物之他人性的要件而否定成立盗窃罪：这样一个从保护法益，到构成要件解释，再到具体案件适用之间的逻辑关系是十分清楚的。相反，在日本，所有权人盗回自己之物该当盗窃构成要件与否的论证就显得十分不明确：本权说只是笼统地认为因为保护的是本权所以不构成盗窃罪，占有说认为因为占有本身值得保护所以此行为该当构成要件。

在构成要件层面，本权说与占有说的争论在于他人之物的范围，由于《日本刑法典》第242条的规定将他人之物扩张为了他人占有之物，这就成为一个刑法所保护的占有范围的判断。本权说认为占有的范围仅以有正当权原为基础的占有为界限，因此所有权人从有权占有人处盗回财物的行为成立盗窃罪，而从无权占有人处盗回财物的行为则否定盗窃罪成立，在这个意义上，本权说的保护范围已经较之德国的所有权说更为宽泛了，在德国只要是单独所有权人的行为无论侵害的是有权占有还是无权占有都否定盗窃罪的成立。相反，占有说认为所有权人从无权占有人处盗回自己所有之物成立盗窃罪的理由有二，其一是占有本身是值得保护的，其二是法律禁止私力救济的。第一个理由意味着，盗窃罪构成要件所禁止的是单纯的占有破坏而不是对所有权的侵犯。当然这是占有说的主张之一，但这将导致包含了对所有权侵害这一不法内涵的不法领得意思在占有说的体系中是没有其体系位置的。第二个理由则意味着盗窃罪从一个禁止侵害他人财产（不论这个财产的范围有多大）的构成要件变成了一个禁止私力救济的构成要件。

本权说认为所有权人从有权占有人处窃回财物的行为也成立盗窃罪，日本学理上的关键分歧仅仅在于侵害无权占有的情况是否成立盗窃罪。本权说认为应当否定盗窃罪的成立，而占有说则持相反的见解。但盗窃赃物案件在德国并没有成为在盗窃罪保护法益问题上所争论的问题。如果是所有权人自力取回被盗赃物的行为，因为欠缺物之他人性要件，而排除盗窃罪的成立。如果是第三人从盗贼处再次盗走财物，该当盗窃罪构成要件也毫无疑问，无论占有是否作为独立的法益受到盗窃罪构成要件的保护。这使人不禁产生疑问，在盗窃罪保护法益的取舍与盗窃赃物行为的定性之间是否真的存在必然的联系？主张刑法仅保护本权就必然得出盗窃赃物不成立盗窃罪的结论，而主张刑法保护的是占有就必然得出相反的结论吗？如果以德国为参照，这种保护法益与具体行为之间的必然关联似乎并不成立。如果决定盗窃赃物行为成立盗窃罪的关键不在保护法益的范围上，那么关键性的因素又在哪里？

让我们重新回到本权说否定盗窃赃物成立的盗窃罪的论证中：本权说认为盗窃赃物的行为之所以不成立盗窃罪是因为赃物的占有者对于赃物没有值得保护的正当本权，所以盗窃的客观行为虽然侵害了占有却没有侵害本权；而与之相反占有说则认为，即便是无权占有，占有本身就是值得保护的，侵害占有本身便足以该当盗窃罪的构成要件。如前所述，本权说和占有说的分歧在构成要件层面主要体现于如何界定“他人占有之物”的范围，在本权说看来，刑法保护的是正当本权，那么他人占有之物的范围应当限于基于正当权原的范围之内，在这个意义上由于赃物的占有人的占有是无权占有，不在他人占有之物的范围之内，因而盗窃赃物的行为排除构成要件；而在占有说看来，因为占有本身值得保护，那么他人占有之物的范围就不限于有权占有，而应当包括无权占有的情况。但是本权说所界定的占有范围，与事实上的占有概念，即一种事实支配意义上的占有概念相悖：在本权说看来，他人占有之物的范围以正当权利为限，而根据占有的概念，占有的归属则以事实上之支配为标准，后者实际上更接近占有说的观点，而本权说则更接近规范的占有概念（即占有的认定以正当权利的存在为前提）。正如后文对德国的规范占有概念介绍所言，规范的占有概念虽然认为占有的存在以权利的归属为前提，但在无权占有上又放弃了这一观点，而重新回归到事实的控制支配观点之下来考虑占有，从而在其判断占有的标准和想要达到的结论之间发生矛盾，这种矛盾最终导致了规范占有概念在占有判断标准上的分裂，有权占有以正当权利归属为标准，无权占有以事实上支配为标准。从这个角度看，本权说对于他人占有之物的限缩，实际上是一种更为彻底的规范占有概念。

要解决本权说与通行的事实占有概念之间的矛盾方法有三：其一，放弃本权说采取占有说，从而与事实上的占有概念保持一致；其二，放弃事实上的占有概念，而采取规范的占有概念，从而与本权说保持一致；其三要同时承认本权说与事实上的占有概念，则只能认为在他人占有之物范围上，需要进行两次判断。首先，根据事实上之支配来界定占有的范围，其次，根据盗窃罪保护的法益限于本权来二次限缩他人占有的范围，将无权占有从构成要件中排除出去。最后一种做法可能更为接近日本的本权说的做法，因为日本对于盗窃罪中的占有是事实上之支配这一观点基本是没有争议的，通过在事实上支配的基础上以本权说进行二次限缩，本权说才能够成功地将盗窃赃物的行为排除在盗窃罪的构成要件之外。而这种二次判断也与日本刑法上占有的功能所具有的二重性相对应，基于《日本刑法典》第 242 条的规定（处于他人占有下的财物视为他人之物），财物处于他人占有之下，不仅是客观的拿走行为的前提，而且是物之他人性的判断标准。对于前者而言事实上的控制支配就足以界定占有的归属，而物之他人性则与盗窃罪的法益紧密相关，如果认为盗窃罪保护的本权，那么他人之物的范围就应当限制于基于本权而处于他人占有之下的财物。

由此至少可以认为，本权说之所以否定盗窃赃物行为成立盗窃罪是因为本权说从保护法益的实质角度限缩了他人占有之物这个构成要件的范围。但是盗窃罪所保护的法益与他人占有之物的范围之间是否有必然的限缩关系？与日本相反，德国采取的虽然是更具限制性的所有权说，在占有的归属上却没有采取规范的占有概念，而仍然以事实一社会的占有概念为判断的标准。正因为在所有权说中，占有本身不是独立的保护法益，所以占有的判断才不以正当权利存在为前提，而仅以事实上支配作为占有归属的判断标准。从这一点出发，赃物占有人对赃物的占有也属于他人占有的范围。德日在保护法益与占有范围的判断之间的关系上正好采取了两种完全矛盾的看法：其中的原因何在？

这并不是一个李约瑟式的伪问题，而恰恰反映了德日两国刑法理论对于盗窃罪构成要件构造的不同理解。德国刑法理论认为，盗窃罪是以不法领得为目的拿走他人动产的行为，盗窃罪是对所有权的侵害。需要注意的是，盗窃罪的不法内涵核心即所有权侵害体现在主观的不法领得目的（Zueignung）上，因此理论上将盗窃罪和侵占罪合称为领得罪，以表明其不法内涵在于对所有权的全面夺取。由于盗窃罪的不法核心体现在主观面上，而不以客观上的法益侵害实现为要件，所以盗窃罪才被认为是断绝的结果犯（kupiertes Erfolgsdelikt），因为法益侵害的结果还没有实现。而客观面的拿走行为只是一个客观的破坏占有并建立新占有的行为，由于拿走行为并不表征盗窃的不法内涵核心，也就没有必要以所有权的有无来限缩占有的范围，客观的拿走行为只是一个侵害占有的行为，至于侵害占有是否具有独立的法益侵害意义则是德国法上的占有说所讨论的内容。客观上体现了盗窃罪保护的所有权的构成要件是物之他人性，但这个要件并不要求占有人与所有人的同一性，而只要求有体物至少处于行为人以外的其他人的共同共有或区分共有之下。

而日本刑法理论之所以认为盗窃罪的保护法益与他人占有的范围之间存在必然的关系，是因为理论上实际上认为对于他人占有的破坏已经体现了盗窃罪的法益侵害内涵。[1] 如果盗窃罪保护的是本权，对他人占有的破坏就应当限于基于正当权限的占有；如果盗窃罪保护的是占有，则对无权占有的破坏本身就已经足以该当盗窃罪的构成要件。如果采取占有说，作为侵害所有权之反映的不法领得意思就是不必要的。如果采取本权说，由于客观行为不仅是对占有的破坏而且已经是对正当权利的侵害，那么不法领得意思也就不是独立于盗窃罪故意而存在的主观超过要素了。不法领得意思作为不成文的构成要件在日本刑法的盗窃罪构造中是十分尴尬的，它要么是一个不必要的因素，要么已经为盗窃罪的故意所包含了。这一点与

---

[1] 山口厚教授在教科书中谈到非所有权人的第三人盗走赃物的“行为是对所有权的再次侵害”，参见山口厚:《刑法各论》，第 223 页，这些表述中都反映了日本理论上认为盗窃罪的不法内涵体现在客观行为面，而非主观目的面。

松宫孝明教授认为不法利得意思在诈骗罪中的地位非常相似，不法利得意思不是超越的主观要素，而是诈骗罪故意的内容。

在盗窃罪客观行为上已经体现了对所有权的侵害，日本所采取的盗窃罪构造与德国通行的盗窃罪结构不同，但却非常接近于少数派的观点。在德国，拿走行为与不法领得之间的关系是存在争论的，通说认为，盗窃罪是以不法领得为目的的拿走行为（Wegnahme mit Zueignungsabsicht），而少数观点则认为，盗窃罪实际上是以拿走行为为手段的领得（Zueignung durch Wegnahme）。前者更符合法条的叙述逻辑而成为通说，而后者仍然不乏支持者。例如金德霍伊泽尔教授认为，如果按照通说的理解，以不法领得为目的的拿走行为只是一个断绝的结果犯，那么盗窃罪相当于是侵占罪的预备行为，对预备行为的处罚重于实行行为是说不通的。因此，盗窃罪中拿走与领得行为之间的关系应当被理解为同一个客观事实的不同侧面，领得既非外在于构成要件的结果也并不等同于拿走。领得与拿走的关系毋宁是，二者尽管与同一客观事件相连，却具有不同的意义。拿走的法律关联在于对物上的原占有的破坏，而领得所涉及的则是在建立新占有时对所有权的攫取。因此，一方面拿走的违法性独立于领得的违法性，而另一方面正当权利人可以在对行为人做出移转占有的同意的同时而不同意所有权的移转[1]（此时可以成立侵占罪，例如前文德国最高法院在 BGHSt 35,154 ff. 这份判决中认为在使用他人银行卡从自动取款机上取款的行为成立侵占罪）。

将盗窃罪的不法侵害内涵体现在客观行为面而非主观目的上，与日本刑法理论一贯的强调客观不法的立场是一致的。笔者并不认为德国刑法将盗窃罪的不法内涵核心放在主观目的层面的做法必然优于日本的结构，但指出二者在盗窃罪结构上的不同是必要的。因为学理传统上认为德日共享了“以不法领得为目的，以拿走为客观行为”的盗窃罪教义学结构，两者的差异仅仅是对具体概念的解释差异。但正如上文所论述的，两者的差异很可能是全局性、结构性的。如果我们倾向于采纳日本的盗窃罪构造，那

[1] Urs Kindhäuser, in: Nomos Kommentar zum StGB, 4. Aufl., § 242, Rn. 4.

么不法领得意思的体系位置就需要重新安置。当然从逻辑的通顺性来看，相比于日本刑法理论上一方面名义上继受了德国主流的盗窃罪构造，另一方面在解释上却又更接近德国少数观点所主张的结构，使得不法领得意思在日本理论上被虚置，德国的盗窃罪构造是更为清晰和明确的。

4. 本权说与占有说在中国

如前所述，我国学界借鉴日本刑法理论中的占有说对传统的所有权说进行了批评。这种批评主要是在具体案例中展开的，主张占有说的理论认为，传统的所有权说会导致：(1) 所有权人盗回自己所有之物的行为不成立盗窃罪；(2) 盗窃赃物的行为不成立盗窃罪；(3) 盗窃违禁品的行为不成立盗窃罪。而在法条根据上，则援引《刑法》第 91 条第 2 款的规定，在国家机关、国有公司、企业、事业单位和人民团体管理、使用或者运输中的私人财产，以公共财产论，认为该条规定与《日本刑法典》第 242 条处于他人占有之下的财物视为他人之物的规定类似，都体现了立法上将占有作为独立法益加以保护的立场。

虽然本条规定与《日本刑法典》第 242 条的规定具有一定的相似性，但却并不完全相同，因为它仅仅规定了处于公共占有之下的私人财产以公共财产论，而没有规定私人之间，个人财产处于另一个人的占有之下是否也以他人之物论，从罪刑法定原则出发也不应对第 91 条第 2 款做如此的类推解释。主张所有权说的学者也认为，占有说的论据并不充分，有附会之嫌。《刑法》第 91 条第 2 款不足以成为支持占有说的规范依据。该款的真实含义是对公私财产之间临时性质转换的立法宣示，暗示侵犯此类财产的犯罪行为，将被定性为侵犯公共财产的犯罪行为，而不会再被定性为侵犯私人财产的犯罪行为，其立法本意并没有侧重于保护占有权的意思。事实上，财物是公共财产还是私人财产的区分，对认定财产犯罪的成立没有任何意义，因为侵犯财产罪的犯罪对象为一切公私财物，公私财产是受法律的平等保护的。因此没有必要强调哪些是公共财产，哪些是私人财产。遵循系统解释的规则，刑法总则做出这样的拟制性规定必然是对应分则以公共财产作为其犯罪对象的罪名，如贪污罪。贪污罪所侵犯的客体是国家工作人员职务的廉洁性和公共财产的所有权，其中前者为主要客体[1]。如果国家工作人员以非法占有为目的，利用职务上的便利窃取、骗取、侵吞处于自己控制之下的私人财产同样破坏了其职务的廉洁性，并且国家机关、国有公司企业、集体企业和人民团体丢失了其管理、使用中的私人财产，与侵犯公共财产别无二致，对行为人应以贪污罪定罪处罚。但对于普通的侵犯财产罪而言，该规定则没有意义，只要是侵犯他人的财物，无论该财物的权属为公有或私有，都构成侵犯财产罪。[2]

对于所争论的三类案件：

（1）在所有权人盗回所有财物的情况下，应当排除物之他人性而否定盗窃罪的成立，至于在盗回所有物之后隐瞒该事实并向他人主张权利要求赔偿的，可以考虑成立诈骗罪或敲诈勒索罪的可能性，如果是从政府机关盗回被扣押的财物，则可以考虑构成《刑法》第 314 条非法处置查封、扣押、冻结的财产罪。正如所有权说的主张者所指出：“按照占有说的观点必然得出这样的结论：擅自取回或毁损法院扣押财物的行为，同时构成侵犯财产罪和非法处置扣押财产罪，构成想象竞合，应从一重罪出发。非法处置查封、扣押、冻结财产罪最高刑为 3 年，故意毁坏财物罪最高刑为 7 年，盗窃最高刑为无期徒刑，侵犯财产罪的法定刑显然更重，最终只能适用侵犯财产罪，这将直接导致《刑法》第 314 条对非法处置查封、扣押动产的行为永无用武之地……出现明显的量刑失衡问题。”[3]

---

[1] 参见张明楷：《刑法学》（第四版），法律出版社 2011 年版。

[2] 高翼飞：《侵犯财产罪保护法益再探究》，载《中国刑事法杂志》2013 年第 7 期；相同的观点参见于志刚、郭旭强：《财产罪法益中所有权说与占有说之对抗与选择》，载《法学》2010 年第 8 期：“这一条款的主要目的是将此类私人财产视为公共财产，以保护国有单位对私人财产的合法占有以及清晰地界定贪污罪等职务犯罪，也就是说，《刑法》第 91 条第 2 款的真实含义，恐怕是对公私财产之间临时性性质转换的立法宣示，按时侵犯此类财产的犯罪行为将被定性为侵犯公共财产的犯罪行为而不会再被定性为侵犯私人财产的犯罪行为。这只是公有制经济模式在刑法中的历史烙印也是其立法本意所在，根本没有侧重于保护占有权的立法意思在内。”还可以参见徐光华、郭晓红：《我国财产犯罪的保护法益应坚持所有权说——以非法取回自己所有而为他人占有的财产类案例的“同案异判”为例》，载《政治与法律》2013 年第 3 期。

[3] 高翼飞：《侵犯财产罪保护法益再探究》，载《中国刑事法杂志》2013 年第 7 期。

（2）对于盗窃赃物的行为，主张盗窃罪的法益是所有权并不影响对盗窃赃物行为成立盗窃罪的认定，这在德国刑法理论来看是很清楚的。盗窃罪保护法益是所有权只是将行为人本人是单独所有权人的情况排除在外，而并没有对占有的认定构成限制，也并不是只有所有人对财物的占有才是刑法意义上的占有。

（3）就盗窃违禁品的情况而言，应当视所涉及的违禁品是否存在所有权而定。典型的违禁品，如毒品，并不存在民法意义上有效的所有权。但我国司法解释中却明确规定了盗窃违禁品的行为以盗窃罪定罪处罚并设置了相应的数额计算标准，这似乎意味着刑法所设置的盗窃罪构成要件不仅保护所有权，而且保护国家对于违禁品的追缴权，这种追缴权并不能等同于国家对于违禁品的财产所有权。这种将国家对违禁品的追缴权也纳入盗窃罪的保护范围内的做法，这将改变盗窃罪作为侵犯财产犯罪的特性，而变成一个侵犯公权力的犯罪。除此之外，我国《刑法》第 92 条明确规定受保护的公民个人财产以公民“合法”享有的各类财产权为限。从第 92 条对于财产“合法性”的要求看，司法解释将违禁品纳入财产罪保护法益的做法不仅背离了盗窃罪作为财产犯罪的本罪，而且也存在背离罪刑原则的疑虑。

最后，与本书关于财物概念扩张解释更为相关的一点在于，本权说与占有说的争论，在构成要件层面首先涉及的是他人之物范围的判断，而非财物概念本身的重新解释。虽然占有说在日本理论上渐成通说，也并没有动摇通说在财物概念解释上的有体性说立场。即便我们采取占有说的立场，也只是扩张了他人之物的范围，而并非扩张财物概念本身的充分论据。财物概念扩张与否与刑法保护的是本权还是占有并没有关系，因此理论上需要寻求新的理论资源来进行论证，于是德国刑法理论上围绕财产概念的争论也成为重要的借鉴因素。

（二）财产概念之争

财产概念对于《德国刑法典》第 263 条诈骗罪、第 263 条 a 计算机诈骗罪等侵犯整体财产罪而言具有核心的意义，构成要件层面财产处分（Vermögensverfügung）、财产损害（Vermögensschade）以及主观上的不法获利意图（Bereicherungsabsicht）的解释都会涉及如何理解财产的问题。

1. 法律的财产说（juristische Vermögensbegriff）

19 世纪主流观点认为财产指的是个人所拥有的财产权利的总和，这一理解构成了法律财产说的基本观点。帕夫立克在此基础上进行了新的诠释，在不考虑金钱价值和可流通性的情况下，财产包括了个人所拥有的、所有直接体现了个人自我实现权利的法律地位。财产是已经被对象化了的个人行动自由。因此应当根据民法和公法对于财产权利的分配来判断特定的利益是否属于财产的范畴内。[1] 法律的财产概念根据民法的财产权利体系来确定财产的范围，因而有助于刑法与民法等其他部门法的规定保持一致，避免一个整体法秩序内部在财产问题上的观点矛盾。但这一观点因为过分强调个人的主体权利而受到批评。法律的财产概念一方面过分宽泛，因为并不是所有的主体权利都具有财产权的特征；而另一方面又过于狭窄，因为许多财产利益并没有以财产权利的形式而存在，例如客户信息、商业秘密、劳动力等。[2]

2. 经济的财产概念（wirtschaftliche Vermögensbegriff）

经济的财产概念则将财产理解为“经济上的能力”（wirtschaftliche Können），它包括了一个人在事实上可支配的金钱价值的总和。与法律上的财产概念相反，法律上的财产归属并不是财产概念的关键因素。[3] 各种纯粹事实上的利益期待，以及基于违反善良风俗或者被禁止的法律行为而产生的、无效的请求权，或者是以存在瑕疵的法律行为为基础的请求权，只要它们在事实上可以实现，也可以被认为具有财产价值[4]。这在一定程度

[1] Michael Pawlik, das unerlaubte Verhalten beim Betrug, 1999, S. 263.

[2] Urs Kindhäuser, in: Nomos Kommentar zum StGB, 4.Aufl., 2010, § 263, Rn. 19; Klaus Tiedemann, in: Leipziger Kommentar zum StGB, 12. Aufl., 2010, Bd. 9, § 263, Rn. 128.

[3] Urs Kindhäuser, in: Nomos Kommentar zum StGB, 4. Aufl., 2010, § 263, Rn. 23.

[4] BGHSt 2, 364, 365 ff.

上极大地拓宽了财产的范围。但经济的财产概念由于缺少法律上的边界导致其内容与范围不甚确定而受到批评。[1] 一个对象是否具有金钱价值往往具有偶然性，因而很少能够长期地确定一个对象是否属于财产，经济的财产概念因此在判断一个对象是否属于财产时往往具有不确定性。[2]

3. 法律经济的财产概念（juristische-ökonomische Vermögensbegriff）

当前的主流观点所采取的是法律一经济的财产概念，一方面其与经济的财产概念一样将财产视为市场交易价值的总和，另一方面在利益的秩序上则采取的是法律的判断标准。[3] 部分观点积极地要求能够被视为财产的各种利益应当是个人在法律上有权支配处分的[4]，或者至少是为法秩序所承认的。[5] 而部分观点则只是从消极面上要求根据刑法之外的判断标准将某种利益归属于财产范畴内是不会被反对的。[6] 判例上也倾向于采取这种法律一经济的财产概念，认为没有受到法律保护的利益期待（Exspektanzen）[7]、违反善良风俗的给付（sittenwidrige Leistung）[8] 等都不包含在刑法的财产概念范畴之内。在罚金刑中，国家所拥有的支付请求权鉴于罚金刑这一刑罚措施本身特殊的目的设定也不能被认为是国有财产的一部分，[9] 得出这个结论既不是出于一种事实的、经济的考量，也不是因为在法律上没有承认罚金刑，而只是因为罚金刑本身并不在《德国刑法典》第263条诈骗罪的保护范围内。法律一经济的财产概念对纯粹的经济财产说进行了限缩，将违法的财产地位排除在了财产概念的范围之外。金德霍伊泽尔教授认为，这个概念所存在的问题主要在于它并没有对于被害人的个

[1] Wolfgang Naucke, Zum Lehre von strafbaren Betrug, 1964, S. 117 ff.

[2] Karl Lackner, in: Leipziger Kommentar zum StGB, 10. Aufl., § 263, Rn. 122.

[3] Joahnnes Nagler, Bezugscheine als Objekte von Vermögensverbrechen, ZAkDR 1941, 294 ff.

[4] Peter Cramer, Vermögensbegriff und Vermögensschaden im Strafrecht, 1968, S. 100.

[5] Bernd Heinrich, Die Arbeitsleistung als betrugsrelevant Vermögensbestandteil, GA 1997, 24, 33.

[6] Klaus Tiedemann, in: Leipziger Kommentar zum StGB, 12. Aufl., 2010, Bd. 9, § 263, Rn. 132.

[7] BGH NStZ 1986,455 f.

[8] BGH JR 1988, 125.

[9] OLG Karlsruhe NStZ 1990, 282; BayObLG JR 1991, 433.

人目的设定、需求以及经济上的特殊性予以考虑，而且与经济上的财产说一样，它在体系上同样无法很好地将侵犯所有权犯罪与侵犯整体财产犯罪联系起来，前者对所有权进行形式的保护，而后者则从经济的角度对财产进行定义。

4. 个人的财产概念（Personale Vermögensbegriff）

文献上还有少数观点主张所谓的个人的财产概念，认为刑法对于财产的保护着重于财产作为个人人格实现的基础这一功能。与之相应，个人所拥有的经济潜能的削弱也被认为是一种财产损害。[1]

5. 功能的财产概念（Funktionale Vermögensbegriff）

金德霍伊泽尔教授认为，诈骗罪中财产的概念必须与诈骗罪构成要件的功能相一致，并以此为出发点提出了功能的财产概念。功能的财产概念认为，财产指的是一个人所拥有的对其在法律上归属于自己的、可移转（即具有财产价值的）利益进行支配的力量的总和。[2] 功能的财产概念一方面强调这种利益应当是在法律上归属于个人的，因而与传统的法律财产概念较为接近。另一方面，与传统的法律财产概念不同的是，功能的财产概念认为，刑法所保护的并不是形式的法律地位本身，而是与这种法律地位相对应的产生的、对利益或使用可能性的事实上的处分可能性。[3] 由于理论上通常认为，侵犯所有权犯罪构成要件所要保护的是基于所有权而产生的支配可能性，而功能的财产概念则将财产理解为基于各种法律上的财产地位而产生的支配可能性。因此金德霍伊泽尔教授认为，功能的财产概念符合所有权作为财产的一种特殊形式的一般观念，从而较好地整合了侵犯所有权犯罪与侵犯整体财产犯罪在德国法上判断标准的分裂。

---

[1] Paul Bockelmann, der Unrechtsgehalt des Betruges, Festschrift für Kohlrausch, 1944, S. 226 ff.; Bockelmann, Zum Begriff des Vermögensschadens, JZ 1952, 461 ff.; Lampe, Personales Unrecht im Betrug, Festschrift für Harro Otto, 2007, S. 623, 636; Hans Achenbach, Vermögen und Nutzungschance, Festschrift für Claus Roxin, 2011, S. 1009 ff.; Detlev Geerds, Wirtschaftsstrafrecht und Vermögensschutz, 1990, S. 34 ff; ders, Schadensprobleme beim Beturg, Jura 1994, 311 ff.

[2] Urs Kindhäuser, in: Nomos Kommentar-StGB, 4. Aufl., 2010, § 263, Rn. 35.

[3] Urs Kindhäuser, in: Nomos Kommentar-StGB, 4. Aufl., 2010, § 263, Rn. 38.

6. 小结

以诈骗罪、敲诈勒索罪为代表的侵犯整体财产犯罪中，财产概念构成了讨论的核心问题。应当选择何种概念并不是本书所要探讨的问题。德国在财产罪中采取了法律标准与经济标准并行的双轨制模式，在盗窃、侵占等侵犯所有权犯罪中采取的是纯粹的法律标准，即以民法上的所有权归属为基本依据判定他人之物的范围；而在侵犯整体财产犯罪中，经济性的标准则居于主导地位，法律视角主要用于在特定情况下对具有经济价值的利益进行限缩与修正。德国关于财产概念的解读适用于诈骗、勒索等侵犯整体财产的犯罪，而并不适用于侵犯所有权犯罪。尽管理论上一直尝试弥合两种类型的财产犯罪因标准不统一而带来的价值悖论，但通说仍然认为，在侵犯所有权犯罪中对象的经济价值并不具有重要性，即便是窃取经济上毫无价值的物品也可以成立盗窃罪，但骗取同样的物品则会因为财产损害要件的缺失而排除诈骗罪的成立。这与宪法上所保障的所有权所具有的特殊地位是相适应的，从这种双轨制的角度来看，德国刑法对于财产法益的保护具有区分性和阶层性，在广义的财产犯罪内部，不同的具体的构成要件所保护的法益并不是共同的，而是区分性的，它可能以个别的财产权利为限，也可能及于个人所拥有的全部财产。更重要的是，对财产概念内部定义的争论无助于解决中国刑法侵犯财产罪保护法益的范围和客体界定的问题。德国刑法上侵犯整体财产罪保护的是财产，这是财产概念之所以成为争议问题的前提。与此相反，我国理论上所争论的问题首先在于刑法第五章所规定罪名保护的法益范围究竟是所有权还是财产。只有认为这些罪名保护的是财产而非所有权，德国刑法理论上所提出的各种财产概念的定义才是有借鉴意义的。

（三）中国财产犯罪的保护法益

关于财产犯的法益，日本刑法理论上以盗窃罪为中心展开的是本权说、占有说及各种中间说的争论；德国刑法理论上以诈骗罪为中心展开的是法律的财产说、经济的财产说与法律—经济的财产说的见解。[1] 中国理论试图同时继受这两个财产法益的理论脉络却没有很好地处理这两个理论体系之间的关系：一方面以盗窃罪为中心的本权说与占有说之争并没有局限于盗窃罪内部，而成为财产犯罪共同的法益之争。另一方面，财产概念之争同样也是财产犯罪共同的法益问题。财产犯的法益究竟应当以本权说与占有说的争论展开，还是应当以财产概念的争论展开就成为必须解决的问题。例如张明楷教授认为，财产犯的法益首先是财产所有权及其他本权，其次是需要通过法定程序改变现状的占有，但在非法占有的情况下，相对于本权者回复权利的行为而言，该占有不是财产犯的法益。[2] 这一观点一方面认为财产犯的法益不限于所有权及其他本权，另一方面又对受刑法保护的占有进行了一定的限定，以防止占有说所带来的处罚范围的扩张，因而这是一种介于占有说与本权说之间的折中做法。而在财产的概念上，张明楷教授则采取了以经济的财产说为基础的折中说，原则上只要造成了他人经济损失就可以认定为财产损失，但是造成他人经济损失的行为如果挽回了更大的或同等的法益，则不能认定为财产损失；单纯使他人免除非法债务的，不应认定造成了财产损失。[3]

但既然都是财产犯的法益，折中的占有说与以经济的财产概念为基础的折中说之间究竟是何种关系，张明楷教授并没有予以明确的说明。当然从对具体问题的处理来看，可以看到折中的占有说与折中的财产概念之间并不存在矛盾，二者之间可以相互对应，准确地说，采取折中的占有说是折中的财产概念的必然结论。通过以经济财产概念为基础的折中说使得在本权说与占有说之间进行的折中有了理论上的根据：盗窃犯对于赃物的占有具有经济价值，是值得保护的。但是所有权人盗回自己财物的行为不存在财产损失。但如此一来，折中的占有说就只是折中的财产概念的演绎推理结果，其在财产犯保护法益问题上的核心意义也就丧失了。无论采取本

---

[1] 张明楷：《刑法学》（第四版），法律出版社 2011 年版，第 838 页。

[2] 张明楷：《刑法学》（第四版），法律出版社 2011 年版，第 838 页。

[3] 同上注，第 840—841 页。

权说还是占有说，无论采用哪一种财产概念都无助于解决这里所要讨论的财产犯罪所保护的法益到底是什么的问题，以及基于这个法益是否能够对财物概念进行扩张解释的问题。对于这一问题的回答既然不能简单地借鉴外国理论，就只有重新回到我国社会经济现实与法律条文规定之中。

我国刑法理论传统上认为，刑法第五章“侵犯财产犯罪”项下所规定的犯罪所保护的法益是公私财产所有权。[1]对于这一曾经的通说，理论上提出了诸多的批评。张明楷教授认为，如果认为财产犯所保护的法益是所有权将会导致刑法的保护范围过于狭窄：“所有权说认为，盗窃等大部分财产罪所侵犯的并不仅仅是四项权能中的某一项，而是侵犯了财产所有权整体，使财物所有人在事实上永久、完全地丧失对财产占有、使用、收益和处分的可能性。一方面，既然占有、使用、收益、处分是所有权的权能，故只要侵害其中一个权能就是对所有权的侵犯；另一方面，商品经济的发展使得所有权的部分权能与作为整体的所有权在一定时空条件下发生分离，这种分离是有条件的、暂时的，它既可能给所有人带来相应的价值，也会给占有、使用该财产的非所有人带来利益。对于这种相对独立的从所有权中分离出来的权能，刑法当然应予保护。如果认为刑法只是保护所有权整体，结局只是保护处分权，那么实际上就否认了所有权的权能可以分离，也过于缩小了刑法的保护范围。”[2]第一，这个批评对于德国刑法框架内的所有权说并不成立，前文中已经提及德国对于财产法益的保护是区分性的。只有特定罪名以所有权为保护法益。采取所有权说只是缩小了盗窃罪等个别具体构成要件的保护范围，而非缩小了刑法对于财产的保护范围。所有权的单独权能或是通过所有权保护而间接受到保护，或是虽然处在盗窃、

---

[1] “我国刑法理论一直没有争议地认为，财产犯的法益是财产的所有权，即财产罪所侵犯的是公私财产的所有权，除挪用资金罪、挪用特定款物罪以外，其他犯罪都是对所有权全部权能的侵犯，对所有权整体的侵犯，是绝大部分侵犯财产犯罪的最本质特征。”[张明楷:《刑法学》(第三版)，法律出版社 2007 年版，第 701 页]。相关的论述也可见于高铭暄、马克昌主编:《刑法学》(第五版)，高等教育出版社、北京大学出版社 2011 年版。

[2] 实践中所有权说会导致的处罚漏洞则参见张明楷:《刑法学》(第四版)，法律出版社 2011 年版，第 837 页。

侵占构成要件的保护范围之外，但并不一定必然的在刑法的保护范围之外。这些权能是否受到刑法保护取决于刑事立法是否设置了相应的构成要件，例如《德国刑法典》第249条的规定就是对单纯侵害所有权使用权能行为可罚性的例外性设置，而对于所有权人取回自己之物同时损及他人财产权的行为，则通过《德国刑法典》第289条取回抵押物（Pfandkehr）来予以单独规制。第二，所有权说并不否认所有权的权能可以被分离，而只是认为，完整的所有权与被分离出来的单独的所有权权能所受到的刑法保护等级应当是不同的。将单独的所有权权能纳入统一的财产犯罪保护法益范围内意味着，个别所有权权能与所有权整体具有相同的要保护性，这种全面保护的观点不仅在具体结论上将得出使用盗窃即对所有权使用权能的侵害是一般地可罚的，而且也与刑法作为最后手段辅助性保护法益的功能不符。第三，中国的问题在于，从我国刑法第五章的章标题以及具体条文来看，并没有看到与德国刑法上一样的对财产法益的阶层性区分。区分性的财产法益至少从刑法规定的角度看是缺少条文根据的。我国财产犯保护的法益只有一个，即财产。如果将财产限于现代物权法意义上的所有权，的确会导致法益保护过于狭窄，但如果认为不限于所有权，这个保护的范围又失之过宽。

支持侵犯财产罪保护的财产不限于现代民法意义上的所有权的根据主要有二：其一，现代社会中所有权在财产体系中的地位下降，而其他财产权利尤其是债权的重要性日益增加。其二，我国《刑法》第92条规定："本法所称公民私人所有的财产，是指下列财产：（一）公民的合法收入、储蓄、房屋和其他生活资料；（二）依法归个人、家庭所有的生产资料；（三）个体户和私营企业的合法财产；（四）依法归个人所有的股份、股票、债券和其他财产。"这一条文中所规定的"公民所有"的财产并不能在民法所有权上加以理解，而是包括了各种其他形式的财产利益。在这个意义上，针对我国传统理论上的所有权说的批评实际上是对所有权说的误解，传统理论主张刑法保护的是公私财产所有权毋宁是主张刑法保护所有的公私财产，这里的"所有权"概念毋宁是一个政治概念而非民事法律概念，这与我国社会主义公有制经济体制相对应。结合刑法第五章的章标题为侵犯财产罪来看，与德国刑法上不同财产犯罪构成要件保护的财产法益不同相区分，我国刑法第五章所规定的财产犯罪拥有共同的保护法益，即整体财产。从这种理解出发，盗窃罪、诈骗罪、抢劫罪都不是侵犯个别财产的犯罪，而是侵犯整体财产的犯罪，但如果将这些罪名都定位为侵犯整体财产的犯罪，那么个别财产的得失对于罪名成立与否就变得不重要了，重要的仅仅是被害人所拥有的整体财产价值的减损。这个定位意味着，我国刑法对于盗窃罪、诈骗罪的定位与德日完全不同，对于诈骗罪的定位与德国相同而与日本不同。体系定位的不同最终将会影响对盗窃罪、诈骗罪这些传统的财产犯罪构成要件在教义学上的重新建构，现有的对德日刑法理论的继受将被全部推翻和重新洗牌。这至少在解释论上会带来以下后果：

第一，财物概念不必以有体物为限，因为财物已经与财产等同，财物甚至不是个别的财产权利，而只是整体财产价值的另一个说法。相应地，占有概念也便不再是德日传统教义学上所理解的对有体物的事实上支配，而只是一种广义的对财产的控制力。中国刑法中的占有概念具有多义性，占有这一概念既能指称对物的控制支配，又能指称侵占罪的侵占行为，还能指称非法占有目的。即便将占有限制在德日刑法理论的所讨论的占有概念，也就是对物的控制支配，问题同样存在。如果占有的对象，也就是财物的概念不再限于有体物，则对于占有的解释同样会受到影响，占有原本被认为是对物的控制支配，当控制支配的对象不再是有体物时，德日理论上所坚持的事实上的支配概念在多大程度上能够适用于以有体物以外形式而存在的财产或“财物”便存在疑问。纵观德日理论的发展，虽然最初都强调占有的事实性，但在认定占有过程中对规范性因素的考虑几乎是不可避免的。这种规范性的考量反过来是否也在一定程度上导致了财物概念的扩张。在这一问题上最为典型的是本书所讨论的存款的占有问题，所谓存款，既可以表示存款债权本身，也可以指代存款债权所指向的现金实体，对于后者，事实上的支配概念固然可以适用于作为有体物的现金，但对于前者，所谓的对于债权的占有，则很难采用事实上的支配概念，因为债权本身即是抽象思维的产物，因此在扩张公私财物概念的同时也必然意味着对占有概念的重新修正：作这样解释的财物概念与占有概念的确能够最大限度地迎合实务中对具体案件的处罚需要，但这种对处罚需要的满足能否被认为是一个理想的结论却值得存疑。

第二，使用盗窃与盗窃之间没有区分的必要，利益盗窃也并非不可罚，中国刑法下所规定的毋宁是“大盗窃”的构成要件，盗窃罪成为所有导致他人财产损失的行为的兜底条款。

第三，非法占有目的需要重新解释。理论上将非法占有目的解释为“排除权利人并根据物的经济价值进行利用处分的意思”，这是将非法占有目的等同于德日盗窃罪中的不法领得意思而得出的结论。在德日盗窃罪理论中，不法领得意思之所以是盗窃罪的主观构成要件，其根据在于盗窃罪是侵犯所有权犯罪，当盗窃罪不再是侵犯所有权犯罪时，不法领得意思相应的也就没有存在的必要。但是司法解释在盗窃罪上所要求的非法占有目的，以及刑法条文在集资诈骗、贷款诈骗罪、合同诈骗中明文要求的非法占有目的应当如何理解就成为问题。在德国法上，对非法占有目的的解释是与盗窃罪、侵占罪、抢劫罪作为侵犯所有权犯罪以及这些罪名的行为客体限于有体物的规定紧密相关的。如果我国刑法理论希望扩张财物的概念，那么简单地将我国司法解释中的“非法占有目的”置换为德国刑法上的“不法领得意思”就会存在问题。

第四，由于上述德日传统教义学上的相关构成要件在结合我国刑法文本的特殊规定之后受到了修正、偏离、扩张以及观念化，由这些具体构成要件要素所建构起来的财产犯罪在我国也就失去了必要的构成要件定型性，对于刑事处罚范围的限制也就不再是通过构成要件的类型化功能实现的，而首先是由情节、数额这样的罪量要素来实现的，这一点在盗窃罪中体现得尤为明显。在本书所讨论的各种涉及存折、银行卡案件中，行为人的行为对象不同、方式不同，但多以盗窃罪来定罪处罚（如利用自动取款机错误取款的行为、明知是错误汇款而取出的行为、侵入计算机系统增加自己账户余额的行为、将自己银行账户下的他人存款据为己有的行为、非法获取他人银行账户信息伪造银行卡取款的行为，最终都以盗窃罪来定罪处罚）。行为对象在现金和存款债权之间摇摆，占有的认定在事实上控制和法律上控制之间摇摆。这一方面说明我国的盗窃罪具有很大的解释可能性，从而能够满足司法实践的处罚需要，另一方面也说明我国的盗窃罪已经完全丧失了构成要件的定型性，刑事制裁手段是否介入仅仅取决于行为人最终的获利数额（参见最高法院关于盗窃有价证券的数额计算标准）。我国刑法上所谓的“定性加定量”的犯罪概念[1]至少在某些构成要件中已经完全矮化为纯粹的定量概念。

这种将财产犯罪统一为侵犯整体财产犯罪再通过定量要素对处罚范围进行限制的做法，与德日刑法的财产犯罪设置在根本上是两条道路，这种根本性的分歧给学理上对德日刑法理论的继受带来了更大的困难和挑战。最理想的状态当然是一方面保留我国刑法的定量规定，另一方面通过对德日刑法教义学的继受来对相关财产犯罪构成要件进行进一步的精确化，从而实现在定性和定量两个层面上对刑事可罚性进行限定。但学理上的继受与精确化还是会遇到立法规定所带来的解释困境：在保护法益层面，既然刑法上规定的是统一的财产法益，那么在解释上在财产法益内部对不同的构成要件进行区分就缺少法条的根据，其结果是一荣俱荣、一损俱损，或者导致保护范围过窄或者导致保护范围过宽；同样在行为对象方面，既然刑法第五章罪名的对象都是公私财物，也就很难认为盗窃罪中的公私财物限于有体物，而诈骗罪的公私财物则包括财产利益，[2]而如果要从不同罪名的具体功能来对同一个概念进行不同解释——正如日本在及时侵占和盗窃罪中的占有概念的做法那样——又仍然要诉诸法益来进行目的论解释，但中国刑法法益又只是统一的财产，最终使得这个论证是内部的自我循环。

因此，即便在笔者看来，德国刑法的财产犯罪体系设置及其教义学解释有其精确性与合理性的优势，但直接的理论继受仍然存在许多的问题。

---

[1] 参见储槐植：《我国刑法中犯罪概念的定量因素》，载《法学研究》1988 年第 2 期。

[2] 参见张明楷：《财产性利益是诈骗罪的对象》，载《法律科学》2005 年第 3 期；王骏：《抢劫、盗窃利益行为探究》，载《刑事法杂志》2009 年第 12 期。

理论在解释精确化的同时也需要立法上的相应保障。我国现行刑法对于财产犯罪的简单罪状规定从罪刑法定原则衍生出来的明确性原则角度看是十分可疑的。这种简单罪状所导致的解释上的问题在于，它既可以支持肯定的结论，又同时可以支持相反的结论。由此，财产罪的解释最终沦为不同国家财产罪理论竞相角逐的修罗场。

本书在论述中采取的各种财产犯罪定义都是源自德日刑法上的相关定义。尤其是在盗窃罪中，盗窃行为是以不法领得为目的拿走他人动产的行为，本书所有关于盗窃的论述都是从这个概念出发的。笔者认为，财物概念应当限于有体物，而占有应以事实上支配作为判断的根据，因此存款的占有问题上应当坚持以现金的银行占有为原则。但这个论点是以德国的盗窃罪定义展开的。这个概念很精确，有助于论述的体系性和清晰性，但这仍然是一个外来的概念。无论如何在中国的解释论中直接采取一个外来的、他国刑法中的法定定义，其合法性与正当性都是很成问题的。毕竟并没有一个超越时空条件的普适性的盗窃罪的定义。简单翻翻西方法制史、中国法制史，英美法上的盗窃、罗马法上的盗窃、日耳曼法上的盗窃以及中华法系传统上定义的盗窃，其内涵和外延的不确定性都表明了“盗窃”这个概念所具有的弹性，从来不存在一个普适性的、超越时代背景的盗窃罪的定义、侵占罪的定义和诈骗罪的定义。即便是同为大陆法系的德日两国关于这些财产犯罪罪名的定义也存在诸多的分歧。

一旦中国在立法上采取了不同于这个定义的其他定义方式，比如像瑞士刑法典那样将盗窃罪的主观构成要件设置为不法获利目的，非不法领得目的，或者明文规定将存款债权视为财物，本书的这些论点都将被全部推翻。但本书仍然只能采取这个定义，因为中国立法者在盗窃罪、诈骗罪中所采取的简单罪状中可以容纳任何一个关于盗窃罪的定义。中国的立法者认为，这些植根于日常生活之中的常见罪名是每个有常识的普通人都能够理解和判断的，于是采取了简单罪状的模式，并没有给这个罪名提供一个精确的立法定义。这种简单罪状的立法模式与改革开放之初所倡导的立法上的宜粗不宜细的基本方针是相吻合的，标准尽量定得宽泛一些，这样就能在对具体问题的处理上获得更大的灵活性，但是这一方针与罪刑法定的法明确性要求之间的紧张关系却始终存在。在这个意义上简单罪状与空白罪状在性质上其实是相近的，空白罪状将构成要件的认定诉诸其他法律规定甚至行政规章，而简单罪状则将构成要件的认定诉诸日常生活经验。尽管在德日理论中，诉诸日常生活经验其实都是不可避免的，但关键在于以对法条解释为基础所建立起来的教义学体系能够对这种诉诸日常经验的方式进行限定，并时刻保持反思与警惕。因此，罪刑法定原则在中国贯彻与实践的根本前提仍然是法律规定的明确化。实务中有观点认为：

以简单罪状规定的犯罪维护了法条的稳定性，涵盖了社会发展过程中此类犯罪的不同行为类型。但由于其描述的犯罪通常较为常见多发，其内涵和范围往往出现很多难以准确界定的概念和行为形式，在犯罪客观方面经常会出现一些非典型性的行为手段、行为对象等状况，导致在司法认定中存在许多争议和模糊地带，从而又违背了法律的明确性要求。通常情况下，首先应依一般的社会观念来理解常见自然犯简单罪状的内容，在此基础上要注意对实践中一些非典型性案例和违法犯罪行为进行总结和归纳，并根据简单罪状的法律规定和法学基本理论对归纳的内容进行检验和协调，才能够全面地从本质上完善对简单罪状内涵和范围的理解，从而更有效地协调民意与法制的要求；同时，也应注意常见自然犯简单罪状与相关特定犯罪罪状的法条竞合关系。在法学理论和司法实务对某一非典型行为类型有了较为成熟的经验之后，应注意适时以司法解释的形式加以固定，以理论研究和社会一般观念指导合乎法治和常理的司法实务工作；在简单罪状难以全面准确指导司法实务的情况下，应突破简单罪状的禁锢，适时增加新的构成要件要素，以司法助推立法的完善。[1]

这种观点虽然认识到了简单罪状缺乏明确性的问题，但却认为可以通过总结司法实践检验的方式予以克服，但是如何能够保证司法实践对于新

[1] 陈明、赵宁：《简单罪状的司法认定和解释规则研究——以盗窃罪的司法认定为例》，载《政治与法律》2013年第4期。

出现的行为方式的总结不是在刑事立法之外另行创设新的构成要件呢？虽然德日刑法中在很多构成要件的判断上都以日常生活经验作为重要的判断标准，但是如果将整个简单罪状都按照日常生活经验来理解，这又将刑法理论解释置于何地？

由于缺少一个精确的立法定义，使得我们在实践中对于行为是否构成某一具体财产犯罪的判断实际上依赖于日常知识的判断，但且不说这种日常知识本身的模糊性与不确定性，尤其近三十多年的中国社会经济发展、社会观念变化与价值多元化亦即科技的迅速发展导致了各种新鲜事物的出现，比如所谓的“虚拟财产”都导致对于具体案件的定性在观点上会有极大的分歧。这一点在许霆案上表现得极为明显，民间意见与理论以及司法实务的观点都体现了很大的差异。这并不表明民意本身便必然是非理性的，其本身自有其自身的逻辑。于是公说公有理婆说婆有理成为当前理论内部讨论以及理论与公众对话时的基本现状，意见的分歧在根本上无法避免且在一定程度上有益于知识的积累，但这种分歧仍然需要一定的共识作为讨论的基础，否则这个讨论便是无效的。理论所给出的理由之所以很难为日常观念所接受，在很大程度上是由于在简单罪状的情况下，根本不存在一个专业的标准来判断什么是盗窃，立法者自其设置简单罪状开始，就把定义和标准的制定权交给了日常知识。这个问题在处理盗窃虚拟财产这类新出现的财产存在形式时同样存在。理论上为了论证虚拟财产、债权能否作为盗窃罪的对象的问题绞尽脑汁，但是按照日常的直觉性经验，这与“窃书不算偷”一样是个显而易见的问题。按照物权法所定义的有体物来解释刑法上的公私财物会出现处罚漏洞。于是理论开始论证，刑法盗窃罪这个构成要件保护不止保护所有权而是保护所有的财产，于是有体物的解释在这样的法益理解下就变得不合时宜。

另一方面，立法上定义的缺失，使得理论在对这些具体构成要件的解释需要依赖于对德日刑法理论的移植。正如盗窃罪的定义，本书所讨论的实际上都是一个德国刑法典所定义的盗窃罪，“盗窃是以不法领得为目的的拿走他人财物的行为”，“拿走”（Wegnahme）是德国刑法对盗窃罪客观构成要件行为的表述，而破坏占有继而建立新占有则是理论上对拿走的进一步细化。但德国刑法在这一问题上的讨论永远是围绕这其立法规定展开的，而盗窃罪在主观上也并不一定非得以“不法领得为目的”，比如在瑞士刑法典中，盗窃罪在主观上所要求的也仅仅是一个“获利的目的”。这最终将构成本书的全部讨论的一个瑕疵所在，正如本书在文中批评直接用日本刑法中的财物与财产性利益这对范畴区分来理解中国乃至其他国家财产犯罪的规定一样，一个以德国刑法所界定的盗窃罪为基础对中国财产犯罪所作的解释又在何种程度上具有正当性呢？但本书却仍然只能以此为基础来展开讨论，否则所有的理论讨论都无法建立在一个共同的平台之上。

就目前对德日刑法理论的继受来看，在财产犯罪这一具体领域中一个非常明显的特征在于，我们一方面试图接受某些德日刑法理论的结论，比如使用盗窃不可罚，并引用德日的文献来为自己的观点提供论据。另一方面又试图根据中国的特殊国情来对推导出这些结论的一般原则进行修正，比如不再认为盗窃罪是对所有权的侵犯，或者盗窃罪的对象限于有体物，盗窃罪等构成要件所保护的不限于所有权而是在内涵和外延上都更为宽泛和丰富的财产。这最终在理论逻辑上是无法自洽的，如果教义学本身已经在个案问题的处理上丧失必要的原则性，那么其对实践的约束性也便不存在了。分则教义学的首要任务仍然是对一般性原则的体系性的精确化的阐述，而非在个案中得出理想的结论。物有本末，事有终始，其本乱而末治者否矣。

六、财物概念的扩张及其反思

尽管在现行刑法的语境下，对财物概念的扩张有其理论传统和实践上的正当性，但是对公私财物的扩大解释、实质解释必须面对的问题是其是否违反罪刑法定。

日本刑法理论界批评管理可能性说尤其是事务管理可能性说违反罪刑法定的主要原因在于它模糊了财物与财产性利益的边界。但这一批评的前提正是日本刑法在条文表述上已经明确区分了财物与财产性利益，且对于针对财物和针对财产性利益的犯罪行为如何处理在刑法上也有不同的规定。与之相反，我国刑法上则并没有对这对范畴进行区分，因此主张我国刑法下的公私财物概念可以包括财产性利益的论者便认为，既然我国刑法没有区分这对概念，那么使财产性利益包含于财物之内便不存在违反罪刑法定原则的危险。

问题在于，立法上明确区分财物与财产性利益与解释上的限缩之间是否具有必然联系。从历史的角度看，在管理可能性说几乎成为通说而扩张财物概念的时代，日本刑事立法规定中同样存在财物与财产性利益的区分。解释上重回有体性说的根本动因是立法上关于将电视为财物这一拟制性规定，我们固然可以说有体性说有助于使财物与财产性利益的边界更为明确，因而在日本的二项犯罪体系下更值得提倡，但这个区分并不构成财物概念以有体物为限的绝对限制。反过来说，没有这个区分也不能成为扩张财物概念的当然理由。主张因为我国刑法中没有区分财物与财产性利益便可以当然地使财产性利益包含于财物概念之内仍然需要进一步的论证与说理。对于财物概念的解释仍然受制于基于罪刑法定原则所划定的语词“可能的含义”范围之内。尽管日本刑法理论对于管理可能性说的批评的前提——财物与财产性利益的严格区分——在中国刑法条文上并不存在，但是以一种实质的观点对财物的概念进行扩张仍然是危险的，并且这也为突破形式解释的限制进行实质解释打开了缺口。无限制地扩张财物的概念以包括所有形式的财产性利益也会带来解释上的困难。例如物的使用可以被视为一种使用利益，如果认为财物包括所有的财产性利益，那么盗用的行为就变成了盗窃使用利益的行为，于是刑法上一般认为不可罚的使用盗窃就成为可罚的盗窃行为。因此对于财产犯罪的财物一词的解释，一方面应当扩张到财产性利益，另一方面则应当对侵害“财产性利益”成立财产犯罪的行为作适当的现实。

理论上有试图从对公私财物进行扩大解释，使财产性利益纳入公私财物的范围内，从而使得财产犯罪的犯罪对象不仅限于有体物，而且包括各种侵犯债权的犯罪行为。如前所述，张明楷教授曾经提出了“财产性利益能够成为诈骗罪犯罪对象”这一命题，开财产性利益能否成为财产犯罪对象的讨论之先河。[1] 此后，又有学者进一步认为财产性利益可以成为抢劫、抢夺、盗窃等其他财产犯罪的犯罪对象，[2] 并以此来解释盗窃、抢劫、抢夺欠条、解决等其他证明债权存在的权利凭证的行为成立相应的财产犯罪，司法实践中也往往将抢劫、盗窃欠条、借据的行为视为抢劫财产性利益的行为予以解读。浙江省高级人民法院曾经发布司法解释认为盗窃、抢劫欠条借据，如果无法通过其他手段证明债权存在的，可以成立盗窃罪或抢劫罪。[3] 笔者认为此种论证的路径是不成功的。

第一，财产性利益和财物是两个不同层面的概念。严格说来，在概念上区分财物与财产性利益，在逻辑上是存在问题的。财物与财产性利益并非同一个层面的概念，财产性利益是一个实质性的概念，而财物则是财产性利益的一种存在形式。正如马克思说商品之中凝结着无差别的人类劳动即价值一样，财物之中也凝结着无差别的财产性利益，从而能够以一个客观的普适的标准来衡量不同财物的价值大小，进而使交换成为可能。在学界的讨论中区分财物与财产性利益主要是日本的理论，而这主要是由于在日本刑法上针对财物与财产性利益设置了不同的财产犯罪。但实际上，这里的财产性利益的意思已经不是原初的那个“财产性利益”的含义了，从日本学理和判例上所讨论的案件类型来看，财产性利益的财物之外的存在形态，包括了债权、劳务等，财物与财产性利益只是一种“方便的说法”。

“财产性利益能够构成财产犯罪的对象”这一命题从根本上混淆了财产犯罪的法益与犯罪对象、保护客体与行为客体之间的关系。[4] 虽然具体构

[1] 参见张明楷:《财产性利益是诈骗罪的对象》，载《法律科学》2005 年第 3 期。

[2] 参见王骏:《抢劫、盗窃利益行为探究》，载《中国刑事法杂志》2009 年 12 期。

[3] 参见 2002 年 1 月 9 日浙江省高级人民法院、浙江省人民检察院、浙江省公安厅《关于抢劫、盗窃、诈骗、抢夺借据、欠条等借款凭证是否构成犯罪的意见》:“债务人以消灭债务为目的，抢劫、盗窃、诈骗、抢夺合法、有效的借据、欠条等借款凭证，并且该借款凭证是确认债权债务关系存在的唯一证明的，可以抢劫罪、盗窃罪、诈骗罪、抢夺罪论处。”

[4] 关于犯罪的保护客体与行为客体的区分参见［日］西田典之:《日本刑法总论》，刘明祥、王昭武译，中国人民大学出版社 2007 年版。

成要件所保护的法益与作为构成要件要素的行为对象的范围具有密切的关系。在目的论解释中，规范所要保护的法益在很大程度上决定了行为客体的范围，但在解释上保护客体与行为客体应当是相互区分的。以德国刑法为例，盗窃罪的对象是他人的有体动产，而法益则是物上的所有权，民法上所界定的所有权对理解何为有体、何为动产、何为他人之物都有决定性的意义，但这仍是两个层面的问题。所谓法益，是刑法所保护的各种利益，当然关于法益概念的讨论还有待深入，那么财产法益就是刑法设立财产犯罪所要保护的各种财产利益，直接将财产性利益纳入财产犯罪的犯罪对象中加以讨论，无异于是将构成要件所要保护的法益变成了构成要件本身，造成了概念的混淆，并且也会带来实质解释倾向在财产犯罪这一具体犯罪解释上的泛滥使用。[1]

第二，此种实质化的解释倾向在理论与实践中都已有大行其道之势，当前理论上关于盗窃欠条、借据行为的定性，以及关于侵犯网络虚拟财产行为的定性，无非是从虚拟财产在现实生活中也具有相对应的财产价值、财产利益，盗窃作为债权存在凭证的欠条借据也会导致被害人财产利益的损失，这里需要回头反省的是，如果说财产性利益是财产犯罪的犯罪对象，是否意味着所有造成财产损失的行为都应当纳入刑法圈的范围内，如果是将不合理的扩大刑法的处罚范围，因为即使是民法上也并非所有财产损失都需要予以赔偿，其中以纯粹经济损失理论为代表。当然主张财产性利益能够成为财产犯罪的犯罪对象的学者也意识到应当对此进行限制，如张明楷教授对造成财产性利益损失的犯罪提出了数条限制标准。但是，这些限制仅仅是对于司法实践的经验总结，过于零散而缺少体系性。

第三，这种解释在概念上造成逻辑上的混乱，对于财产犯罪的解释是以对财物的占有为核心展开的，财产性利益也纳入财物的范围内，则财产性利益也能够成立占有，但是占有本身也是一种财产利益，那么就可能出

[1] 张明楷教授在最近的论文中便将房屋的所有权本身作为财产性利益降为了盗窃罪的对象而非保护法益，这充分表明了财产性利益概念在法益与构成要件之间具有极大的误导性。参见张明楷：《论盗窃财产性利益》，载《中外法学》2016 年第 6 期。

现“占有利益的占有”这种逻辑上毫无意义的循环表述。

财产性利益和财物是两个层面的概念，财物仅是表征财产性利益的一种具体形态，因其有形性而最容易固定与控制，因而成为人类社会早期财产法律秩序的核心。随着现代社会的发展以及人类抽象思维能力的发展，财产利益的存在形态日益抽象和观念化，债权、知识产权等财产权利带来了更充分的财富利用，并更有利于实现价值的最大化，因而产生了对债权予以保护的需求。主张财产性利益能够成为占有的对象、能够成为财产犯罪对象的观点无非是希望能够论证，侵犯债权的行为与侵犯财物所有权的行为具有同等甚至更高的处罚必要性，应当纳入财产犯罪的范围内，笔者并不反对这种观点背后的社会现实性理由，但仅从财产性利益的角度论证这些非有体物的财产存在形式属于财物是不成功也是不合理的。财产性利益的概念过于抽象，越是抽象的概念就越能包含更广泛的内容，因此直接讨论财产性利益是否受刑法保护，会不适当的扩张刑法的处罚范围。诚然，刑法设置财产犯罪是为了保护公民的私人财产利益，但并不能反过来说所有的财产性利益都受到刑法保护，至于确有高度要保护性的财产利益通过立法的途径加以规定更有助于刑法上相关概念的明确性也有助于限制刑事处罚的边界。

财物概念的扩张，在具体案件的解释上，不仅会导致在对具体行为的定性上发生分歧，还可能会导致某些财产犯罪既遂时点的前移，以暴力强迫承担债务设立债权为例，理论上有观点认为，暴力逼迫他人承担债务的行为可以成立抢劫罪[1]。但是如果认为债权也纳入财物的范畴内，则强迫行为人写下欠条便构成了抢劫罪，此后便不存在中止或未遂的空间，对此实务部门对于暴力逼迫他人承担债务但在最后的取款行为时因为被害人逃跑、他人阻止或被警方发现而未能得逞的情况也有肯定成立未遂的案件。如在

[1] 在主张将财产性利益纳入财产犯罪的犯罪对象的观点下，有学者进一步主张“逼迫被害人写出无真实债权债务关系的欠条的行为，实际上就是使被害人无端背负债务从而遭受财产损失，与抢劫财物使被害人遭受财产损失并无差异，应当认定为抢劫罪”，参见王骏：《抢劫、盗窃利益行为探究》，载《刑事法杂志》2009 年第 12 期。

龙某抢劫案[1]中，行为人龙某虽然已经逼迫被害人黄某写下了1500元的欠条，但随后被害人黄某逃脱，该欠条并没有兑现，法院认为被告人龙某虽然使用暴力手段索财，但并没有得逞，且其犯罪没有得逞的原因出乎其意志之外，属于犯罪未遂，依法可以减轻处罚。同样在袁某某抢劫案[2]中，行为人抢劫了1000元现金并逼迫被害人写下8000元的欠条，对于8000元的欠条部分，法院同样认为，被告人已经着手实施犯罪，由于意志以外的原因而未得逞，属犯罪未遂，可以比照既遂犯从轻处罚。安某某抢劫案[3]中，对于行为人暴力逼迫被害人写下的5万元欠条，法院同样也没有肯定抢劫罪（既遂）而是以未遂减轻了处罚，甚至还有案件对此种行为并未以抢劫罪论处，而是将逼迫他人写下欠条而后索取钱财的行为认定为敲诈勒索，若最终未取得钱财则应当认定为敲诈勒索罪的未遂。[4]

如果将债权等财产性利益一概纳入公私财物的范畴内，则行为人迫使被害人写下欠条承担债务之时行为即已终了，便无成立未遂的可能，行为人在迫使被害人写下欠条后但最后又放弃主张该债权，也没有成立中止的余地，犯罪既遂时点的提前一方面对被告人是不利的，另一方面也可能在被害人并没有遭受实际损失的情况下对行为按照既遂案件进行处罚，也可能导致刑法处罚上的不均衡。反之，如果行为的既遂时点仍应以实际的取财为准，那么只需要以金钱这一有体物作为行为的对象即可而无须讨论债权本身能否作为抢劫罪的对象。至于在使用暴力强迫设置债权而后兑现时究竟是构成抢劫罪还是敲诈勒索罪则涉及对抢劫罪中“两个当场”的解释，本章中不再进行讨论。

较之日本刑法，尽管法条明文规定除了盗窃罪之外，财产性利益均可成为财产犯罪的对象，但也并非所有的财产性利益都被作为独立的犯罪对

[1] 深圳市宝安区人民法院（2011）深宝法刑初字第5099号。

[2] 河南省灵宝市人民法院（2010）灵刑初字第294号。

[3] 广东省佛山市中级人民法院（2006）佛刑二终字第264号。

[4] 参见杨健涛、詹英明：《抢劫过程中逼写欠条等行为应如何处断》，载《中国检察官》2009年第10期（总第88期）。

象进行保护。如物的给付请求权，典型的如债权请求权，尽管是一种财产性利益，但除了交付请求权的取得本身具有独立的价值、意义的例外情况之外，应当止于第一项犯罪的未遂，[1]而不单独成立第二项犯罪。在骗取不动产的案件中，判例认为，仅仅只是对方做出了转移所有权的意思表示还不够，只有现实发生了占有的转移或进行所有权登记转移，才能够构成第一款诈骗罪的既遂。此外对于迟延履行，虽然对于债务人意味着一定的迟延利益，但日本判例和学说上都认为必须“存在能够视为财物移转的具体性和确实性。因而暂缓履行债务的场合，必须发生因此而使得债权的财产性价值减少这一事实”[2]。

综上所述，笔者认为，从罪刑法定原则出发，在财物概念的解释上有体性说原则上应当坚持。只要刑法仍然是辅助性保护法益的最后手段，刑法对于财产法益的保护就只是片段性的而不是全面性的。只要仍然从这种财产保护的片段性和辅助性出发，仅其他财产性利益与财物在财产价值上的同一就不是扩张财物概念的充分理由。就在中国现行刑法的规定而言，由于刑法条文的表述一律是财物，而没有区分财物与财产性利益或者财物与财产，这使得解释论上对于财物的解释面临两难的处境：一方面，受到刑法文本本身的约束，应当对财物一词做大致一致的解释，而不能径直引日本刑法区分财物与财产性利益的做法，将中国刑法解释得与日本刑法一样，盗窃罪中的财物解释为有体物而将诈骗罪的中的财物解释为既包括有体物又包括财产性利益。另一方面，必须承认正视当今社会财产表现形式的多样性、财产流通的迅速性以及财产秩序的复杂性，仅仅保护有体物无法满足当前社会对于保护公民财产的需要这一现实问题。基于社会现实的

---

[1] ［日］山口厚：《刑法各论》，王昭武译，中国人民大学出版社 2012 年版，第 290 页。相同的见解参见［日］西田典之：《日本刑法各论》，刘明祥、王昭武译，中国人民大学出版社 2007 年版，第 148 页，“通过实施诈骗行为而使得被诈骗人同意交付金钱，但尚未获取这些金钱的场合，仅限于第一项诈骗的未遂”。

[2] ［日］西田典之：《日本刑法各论》，刘明祥、王昭武译，中国人民大学出版社 2007 年版，第 148—149 页。

考量，解释论上似乎也不宜采取德日刑法理论中将财物严格限制在有体物的解释路径，而必须对中国刑法语境下的财物概念作适当的扩大解释，应当允许在一定程度上扩张财物的概念。

从上述两点出发，一种折中性的、有限度的扩张似乎是最为可取的，即对于有体物以外的其他财产存在形态而言，则需要保持审慎的态度，扩张解释本身除了在法条上不存在障碍以外，还需要充分的论证，有体物以外的其他财产存在形式由于失去了“有体性”这一边界而显得漫无边界，失去限制的后果可能是，只要存在财产上的损失就存在刑法介入的可能性，不仅扩张刑法的处罚范围，而且也存在过度干涉意思自治为原则的民法领域进而过分限制国民的行动自由。也正是基于此种考虑，张明楷教授才会一方面主张将财产性利益纳入盗窃罪、诈骗罪的对象，另一方面又试图从各种角度来限定处罚的范围，如将财产性利益限定在财产权本身，且必须具有管理可能性，同时侵犯财产性利益的行为须使他人财产遭受损失。[1]但是解释上如何能保证在放开有体物这个边界之后的扩张是有节制、有限制的呢，张明楷教授虽然提出了一系列限制性的标准，但这些标准的法律根据何在，例如他主张财产性利益应当限定在财产权范围内，但这种主张实际上是与其对法律的财产概念的反对以及其所主张的以经济的财产说为基础的折中说的观念相悖。因此就目前的状况而言，在没有一个明确的、清晰的、有效的边界之前，财物的概念宜重新回到有体物的边界之内，这当然是对财产性利益保护的牺牲，但对于法治国原则而言，法安定性与明确性是更为重要的价值。

七、存款债权是否可作为财物

前文已经提及，将侵害存款债权的行为要纳入传统的财产犯罪构成要件之中首先必须论证存款债权是可以纳入财物的范畴之内，但现有的论证

[1] 张明楷：《财产性利益是诈骗罪的对象》，载《法律科学》2005年第3期。

仍然是不成功的。

例如我国学者认为：

从实践的角度来看，我以为，这种理论探讨只具有知识论上的意义。因为刑事立法和有关司法解释早已将财产性利益纳入了财产犯罪的规制范畴。比如，《刑法》第210条第1款规定："盗窃增值税专用发票或者可以用于骗取出口退税、抵扣税款的其他发票的，依照本法第二百六十四条的规定定罪处罚。"这条就很能说明问题。增值税专用发票从物质形态看价值微薄，不值得刑法保护。立法的用意在于保护有形发票所体现的财产利益，因为行为人借此可以向税务机关主张权利。再如2000年5月12日最高人民法院《关于审理扰乱电信市场管理秩序案件具体应用法律若干问题的解释》第7条规定："将电信卡非法充值后使用，造成电信资费损失数额较大的，依照刑法第二百六十四条的规定，以盗窃罪定罪处罚。"将电信卡非法充值后使用，意味着行为人以非法手段免除了其对电信部门的缴费义务，从而获取了财产上的利益。立法和司法解释清楚地表明，在立法者看来，财物和财产性利益没有质的差别，应当同等地受到刑法的保护。[1]

这一观点与其说是论证了财产性利益在应然层面应当纳入财物概念的范畴之内，毋宁是描述了一种实然的理论和实务现状，即我们都不假思索地认为财产性利益纳入财物的范畴内在我国现行刑法的框架内不存在任何障碍。此外，司法解释中的观点只能代表对法条的一种解释可能性而不能成为判断解释是否正确的标准。在司法解释中表达的是司法机关对立法者的理解，而不能直接将其等同于立法者的意思。这里有将司法解释上升为与刑法法条同等地位之嫌。而且《刑法》第210条的规定也可以被解读为在财产性利益是否纳入财产犯罪规制范围内的问题上，立法者只是想限于增值税专用发票或其他发票的情形，这一规定也不能为认为是立法者想要全面保护财产性利益的根据。

另一些观点则认为存款债权具有类物权的性质且与现金无异，因而能

---

[1] 黑静洁：《存款的占有新论》，载《中国刑事法杂志》2012年第1期。

够纳入财物概念之中：

问题是，行为人将钱存入银行仅仅是为了利息而与银行形成单纯的债权债务关系吗？恐怕不是。现在大街小巷到处都是自动取款机，家家户户不是个个都买保险柜存钱，而是通常在有了一定数额的现金后即时存入银行。因为将钱存入银行与将钱放入自家的保险柜中，几乎是同样的效果，甚至说存入银行更安全、便捷，即便存钱的银行分理处被烧、被抢，存入银行的钱都会安然无恙；相反，放在自家保险柜中还可能被盗。可以说，理论上之所以肯定存款的占有，其实质根据正在于银行具有作为存款人的保险柜的实质性机能。在现代社会，出现了物权债权化、债权物权化的现象，财物概念逐渐呈现缓和化趋势。经验也告诉我们，拥有存款与拥有现金无异。例如，极少有贪官因为对方不送装满麻袋的1000万元现金，而是送一张记载有1000万元存款的银行卡，因此不高兴的。[1]

但文中用以论证存款债权具有类物权性质的根据是不成立的：

第一，将钱存入银行比放在自己保险柜中更为安全不能作为将存款债权视为物权的理由。民法上债权与物权的区分在于效力的相对性与绝对性，而不在于安全性。

第二，将债权的物权化作为将存款债权视为物权的理由是对民法上的债权物权化概念的极大误解和无知。所谓债权物权化，是指在一定条件下基于某种特殊的利益考量而赋予原本仅具有相对效力的债权以对抗第三人的效力，典型的情况是房屋租赁合同中承租人所享有的买卖不破租赁，这意味着即便房屋的所有权移转，承租人所拥有的权利也可以对抗非合同方的房屋买方。而这个存款债权仅能向银行主张，而不能向其他第三人主张，存款债权虽然可以作为支付工具向第三人移转，这属于债权转让和债务承担的问题范围，而不能被认为是存款债权具有物权效力的理由。

第三，以贪官对于1000万元现金与1000万元存款的态度来论证存款与现金无异这个结论是极度不严谨的，这个论证逻辑思路下，贪官接受

---

[1] 陈洪兵：《中国语境下存款占有及错误汇款的刑法分析》，载《当代法学》2013年第5期。

1000万元的房产与1000万元的股权其态度也是一样的，难道也要认为房产、股权与现金无异吗？

这种思路的背后实际上是认为决定性的只有实质的财产价值甚至是价格，而财产的存在形式（财物、债权、劳务、股权）则是不重要的。因此这个论证虽然看似荒谬，其背后的逻辑却与所有主张财物概念中应当包含财产性利益或者说将财物等同于财产的观点中所包含的实质导向的思维是一致的。

问题又回到了应当如何界定财物概念以及刑法所设置的财产犯罪构成要件是否不加区别、毫无遗漏地保护所有的财产利益。对于这一个问题，德日两国通过不同的立法模式对此进行了回答：在日本刑法中，以财物与财产性利益这对范畴为基础所设置的二项犯罪模式对不同的构成要件的对象范围进行了不同的界定，例如盗窃罪的对象仅包括财物而不包括财产性利益，而诈骗罪则既有财物诈骗又有财产性利益。在德国刑法中，广义的侵犯财产犯罪之下又可以分为侵犯个别财产权利的犯罪与侵犯整体财产的犯罪，前者以侵犯所有权犯罪为典型（盗窃罪、侵占罪、抢劫罪），这些构成要件中犯罪对象限于有体物，而后者则是对被害人财产整体的保护，以财产损害为要件，而不考虑个别财物的得失（典型如诈骗罪）。

两国的共同之处在于，侵犯财产罪的构成要件对财产法益的保护是片段性的，或者是将对象限于特定的存在形式（有体物），或者是将构成要件的保护法益限于特定的财产权利（德国法上的侵犯所有权犯罪），或是对侵犯的方式进行规定（德国法上导致整体财产受损的手段限于诈骗、敲诈勒索等具体的侵害方式），这种片段性的保护与刑法谦抑原则、刑法作为最后手段对法益进行辅助保护的功能是相一致的。既然刑法对财产利益的保护并非不加区别、也并非毫无遗漏，那么仅仅以财产价值为导向的实质性观点是不足以说明问题的，而必须通过各种形式要件为刑法对财产法益的保护设置边界，这些形式也便不能仅仅通过实质性考量轻易地加以突破。也正是在这个意义上，在实质上强调各种财产形式之中所包含的财产价值的同一性并不能成为突破各种财产形式的边界的足够充分且正当的理由。换言之，我们不能因为1000万元的存款债权与1000万元的现金在价值上的相等就认为是该债权等于现金，具有同等价值的房产、债权、股权不因为其具有同等价值就被彻底同而视之。

前述这个结论是从刑法对财产法益的片段保护中推导出来的，我们当然以我国刑法对财产的保护是全面的这一点来反驳这个结论，关键在于如何从对我国财产犯罪条文的解读中考虑我国刑法的立法者究竟是向对财产进行全面的保护还是片面的保护，这种政策上的选择最终还是要由立法者来做出，只是我们在选择一条与德日完全不同的道路之后也必须接受这种选择的后果，例如放弃一些已经继受过来的既定结论（典型的是在财产犯罪构成要件中要求非法占有目的，这一要件本来就未为我国立法明文规定，且既然是对财产的全面保护也就不需要在使用利益与其他利益之间进行区别，也得不出利益盗窃不可罚的结论）。我国目前在公私财物这个概念上的争论处于进退两难的尴尬处境之中：扩张财物概念以囊括全部财产，将导致可罚性范围过广，虽然扩张性解释的观点也试图对这种扩张设定一定的条件，但这种设定往往只是实践经验的总结，而缺少法律上的根据，带有偶然性和任意性；限缩财物概念退守于有体物的范围内，则导致巨大的可罚性漏洞；在不同的构成要件中对财物概念作不同解释（如盗窃罪限于有体物，诈骗罪则可以包括财产性利益）又使同一个概念在不同的内涵和外延之间摇摆，既缺乏逻辑上的合理性也不符合法安定性的要求。从法治国原则对明确性和法安定性的要求看，限缩性的解释是这几种各有其不合理之处的方式中不那么坏的一种解释。而其遗留下的处罚漏洞通过有针对性的设立新的构成要件加以填补也不失为一种方法。

立法上的简单罪状以及解释上的实质性扩张解释倾向最终在我国刑法上形成了一个近乎于兜底条款的“大盗窃罪”构成要件，实践中以各种手段造成银行或其他被害人财产损失的情况，只要不存在使用暴力的情节或是欺骗行为，就可以被认定成立盗窃罪。如果不从立法上对财产犯罪构成要件加以具体化，仅从解释上很难彻底解决根本性的问题。如前文所讨论的财物概念的扩张与限制而言，在我国现行刑法下，对于财物的确存在扩张解释的必要性、现实合理性以及可能性。但是财物概念的扩张并不意味着所有的非有体物的财产存在形态都能够被纳入“公私财物”的概念之下。因此在一般性层面肯定所有财产性利益都能解释为财物的论证不仅不成功，而且容易扩大刑法处罚的范围，并导致刑法处罚的前置。鉴于刑法在财产保护上的片段性与辅助性，与其论证财产性利益应该一般地被纳入财物概念的范围内，不如单独地论证存款债权本身不同于其他财产性利益所具有的特殊性和刑法上的要保护性，仅仅将此种债权解释进财物概念中，而非将所有的侵害债权行为都纳入其中。

（一）存款债权在我国法秩序中的特殊地位与刑法对存款债权的保护

首先，存款债权的特殊性体现于我国刑法的明文规定之中。《刑法》第92条规定：“本法所称公民私人所有的财产，是指下列财产：（一）公民的合法收入、储蓄、房屋和其他生活资料；（二）依法归个人、家庭所有的生产资料；（三）个体户和私营企业的合法财产；（四）依法归个人所有的股份、股票、债券和其他财产。”从条文表述看，刑法将公民储蓄视为公民“所有”的财产，与公民的合法收入、房屋、其他生活资料置于同等的地位予以规定。尽管在这里使用了“所有”一词，但并不能因此认为刑法认可了公民私人对存款的“所有权”，而应当理解为我国刑法上对于公民的存款债权给予了特殊的保护。笔者以为，刑法的任务是保护法益，而非构建财产权利归属的等级和秩序，因此，就财产权利的区分与体系构建应当尊重民法上的规定，这不仅是基于法秩序统一性的考虑，也是基于效率的考虑，在民法之外重新在刑法上构建新的财产权利体系，不仅浪费理论和思想资源，同时也容易导致讨论上的混乱而必须不断地重新对相关的权利进行重新定义。

由《刑法》第92条的规定衍生出来的问题在于我国刑法规定侵犯财产犯罪所要保护的法益的问题。我国刑法传统通说认为刑法所确立的财产犯罪所保护的法益是所有权[1]，称为所有权说，张明楷教授曾经对此进行了批判，认为按照所有权说使得他物权以及债权都无法纳入刑法的保护范围内，显然具有无法克服的缺陷，他指出，“根据所有权说，他物权不是刑法所保护的法益，这显然过于缩小了刑法保护的范围，不利于发挥刑法保护法益的作用”[2]，此外“民法上的所有权是与债权并列的，如果认为刑法只保护所有权，就意味着刑法不保护债权，这当然不符合刑事司法精神与司法实践”，因此所有权说、本权说、法律的财产说，“都是财产关系极为简单时代的产物，计划经济体制下，财产关系极为简单，所以所有权说得以流行。然而，在实行经济体制改革建立发展市场经济体制以来，财产关系日益复杂化，德日以及英美学说和判例的变化均表明财产关系的复杂化是占有说、中间说、经济财产说得以存在乃至成为通说的原因”[3]。进而他提出，财产犯的法益首先是财产所有权及其他本权，其次是需要通过法定程序恢复应有状态的占有。[4] 但是传统的所有权说实际上是根据《刑法》第 91 条、第 92 条所确定的公共财产、公民合法所有的私人财产的范围来确定自己的保护范围的，从该条文表述看，所谓的公民“所有的”财产要广于当前民法上所理解的“所有权”，这是刑法上的“所有”与民法上的“所有权”之间的断裂和脱节。张明楷教授实际上立足于民法所确定的所有权概念来指责刑法所保护的公民“所有”财产过于狭窄，因而存在一定的误解。当然这种误解实际上是有其历史原因的。早在改革开放初期，社会主义法制体系建设初期，民法上关于存款的所有权存在银行所有与存款人所有上的争议，其中前一种观点占据优势地位，认为“存款是存款人在保留所有权的条件下，把使用权暂时转让给银行的资金和货币。储蓄是所有权与使用权相分

---

[1] 我国刑法的传统通说认为，刑法第五章所规定的侵犯财产罪侵犯的犯罪客体是公私财产所有权。财产所有权是指所有人依法对自己的财产享有占有、使用、收益和处分的权利，包括占有、使用、收益和处分四项权能。侵犯财产的犯罪就是不同程度侵犯这些权能的犯罪。参见高铭暄、马克昌主编：《刑法学》（第五版），高等教育出版社、北京大学出版社 2011 年版，第 496 页。

[2] 张明楷：《法益初论》，中国政法大学 2000 年版，第 592、594 页。

[3] 同上注，第 595 页。

[4] 同上注，第 596 页。

离的信用行为，通过契约的方式，个人把或货币存入银行后，货币的使用权暂时让渡给银行，存款人仍然享有所有权”[1]。这一观点与当时的法律规定相一致，《民法通则》第 75 条第 1 款规定：“公民的个人财产，包括公民的合法收入、房屋、储蓄、生活用品、文物、图书资料、林木、牲畜和法律允许公民所有的生产资料以及其他合法财产。”1993 年中国人民银行《关于执行〈储蓄管理条例〉的若干规定》第 1 条规定：“储蓄存款是指个人所有的存入中国境内储蓄机构的人民币或外币存款。”第 3 条强调：“国家宪法保护个人合法储蓄存款的所有权不受侵犯。”因此就当时而言，刑法对于公民合法所有的财产的规定与民法对于存款所有权的规定是一致的，但随着社会经济的发展，存款所有权归属于存款人的观点日益妨碍了市场经济交易的发展，因而学说和立法上转而均接受了货币的占有即所有规则以及存款所有权归属于银行的观念，2007 年的物权法便不再把存款列为公民所有权的对象，因此《物权法》在第 64 条规定了私人所有权的对象范围，即“私人对其合法的收入、房屋、生活用品、生产工具、原材料等不动产和动产享有所有权”，其中公民储蓄并未如《刑法》第 92 条那样列入在内，而是另外在第 65 条规定“私人合法的储蓄、投资及其收益受法律保护”。这是民法上对于存款的所有权归属问题上的转变。

但与之相对刑法并没有因此而修改，而是延续了 20 世纪 90 年代的观念。这一刑法与民法上的差异导致了刑法在存款问题上说理的混淆，固执于公民对存款的所有权这一观念上，使得理论和实践中的讨论需要不断地回到存放在银行内的现金实物本身。理论上，或是引进德日理论将占有解释为“事实上的控制支配”，而认为取款行为对现金的占有转移，因而将评价重点放在取款行为上，或是继受了后来发展出来的法律上控制支配理论而肯定存款名义人的占有，或是进而误解法律上控制支配理论而认为非存款人的名义人也拥有法律上的控制支配。但是理论却忽视了一个问题，盗窃存款债权凭证，在现今的语境下不再是侵犯存款所有权的行为，而是侵

[1] 参见公孙致远：《中国金融法律实务全书》，中国经济出版社 1994 年版，第 582 页。

害存款债权的行为，存款债权只是对应一定的金额的银行资金，而非对应作为被特定化的货币。事实上的控制支配很好地坚持了德日的刑法理论以及民法关于所有权的概念，但却使得银行成为这类案件的受害人，而忽视了存款人存款债权的受损。民法对于存款的所有权归属的变化并未影响刑法对此进行保护，只不过由刑法保护公民个人的“存款所有权”变为了刑法保护公民的存款债权。考虑到刑法条文特别强调了对公民储蓄即存款债权的保护，将存款债权本身纳入“公私财物”的范畴内并不存在解释上的障碍。

从民法上看，存款债权是由银行信用所担保的，较之商业信用而言，存款债权具有最大程度的清偿可能性，也就是说存款债权的信用程度是最高的，法律制度对于此种债权赋予更多的优先性考虑，在银行破产的情况下，存款债权要优先于其他普通债权而获得清偿。从经济学角度看，银行的活期存款被纳入广义货币的计算当中。各种财产权利凭证、金融产品的产生，都促进了存款债权的流通，其流通性要大大超过普通债权。就刑法而言，刑法第 92 条中，将公民的存款从其他一般债权中分离出来，表明刑法上对其保护的重视。

（二）存款债权的货币功能

从现代经济社会的发展来看，存款人对银行的存款债权实际上发挥着货币的功能。这与现代社会中货币的符号化、抽象化有关，从金属货币到纸币，再到各种金融衍生品，货币日益呈现出抽象化、符号化的特征，货币具有与其他有体物不同的特征和属性，它本身就是财富的象征，发挥着流通手段、支付手段的功能，是人与人交易的物化表现等，随着现代金融业的发展，人们的支付并不一定需要通过纸币进行，银行同时也为存款人提供各种转账、支付结算的服务，因此可以认为存款债权实际上发挥着与货币相同的功能。而对于货币而言，其功能相对于其有形存在而言，具有更本质的意义，19 世纪末 20 世纪初德国著名社会学思想家西美尔在其著作《货币哲学》一书中指出，现代社会中随着人类理智和抽象思维的发展货币日益脱离其质料性、物质性的概念而日益功能化与符号化，“理智能力和抽象思维的发展是我们这个时代的特征，在这个时代里，货币越来越变成一种纯粹的符号，就其内在价值而言变得越来越中性”[1]。据此，货币的功能才是其本质特征：现代社会的金钱早已没有什么实物的概念，而唯独是履行交换功能的载体，恰好印证了这一事实。所以，货币的双重本性在现代社会中的分野越来越加大，货币的功能化倾向就越来越显著。对此马克思也同样强调了货币在社会经济中的功能，他将货币的基本职能理解为价值尺度与流通手段，作为一般等价物的货币并不是在质料的、有体物的层面上被理解的。在价值的理解上马克思与西美尔存在一定的分歧。西美尔认为在中世纪物质的一绝对的世界观之下，与物物交换经济相适应，价值被视为客观的性质。但在相对主义的世界观之中，价值并不是客观存在于对象之中为对象所固有的性质，而是相反地具有主体性。而在马克思看来，价值是凝聚在商品之中的无差别的人类劳动，它仍然是对象的性质。西美尔所谓的价值在马克思的学说之中被称为交换价值。或者说，对于西美尔而言价值就是交换价值，而对于马克思而言，二者并不说等同的。但就货币的功能性本质而言，二人却是共同的。西美尔比较了中世纪经济与现代信贷经济之中对于货币的不同理解：

在信贷经济中汇票是作为货币来使用的。中世纪的主导思想是货币的物质性，而不是它的效用性；尽管货币的效用性还不能被完全消除掉，但在事实上已经被缩减到了最小的程度。在奠基于金属之上的现代货币概念中，最关键的一点是物质的运作；最终，在信贷经济体系中，存在着一种彻底去除货币物质性的趋势，而把效用视为唯一重要的事情。[2]

因此在去质料化、去物质化而日趋功能化、符号化的货币概念的发展中，除了具有物质实体的纸币之外，其他具有支付功能能够成为流通工具的有价支付凭证都可以被理解为广义的货币，而社会生活中公民所拥有的

[1] ［德］西美尔：《货币哲学》，陈戎女、耿开君、文聘元译，华夏出版社 2007 年版，第 85 页。

[2] ［德］西美尔：《货币哲学》，陈戎女、耿开君、文聘元译，华夏出版社 2007 年版，第 102 页。

存款债权尤其是活期存款或多或少都发挥着一定的支付功能，人们可以直接刷卡消费购买商品和服务。因此在这个意义上，将其理解为广义上的货币是可能的。而这种理解在现代经济学上已经得到了认可，经济学上所谓通货（M0）指的是银行体系外的纸币或铸币；狭义货币（M1）是流通中的现金加上支票存款（以及转账信用卡存款）；而广义货币（M2）则包括了M1和储蓄存款（包括活期和定期储蓄存款）。之所以经济学上将支票存款、储蓄存款、国库券、银行承兑票据等纳入广义货币之中，就是因为作为一种支付手段，存款债权实际上发挥着一种类似于货币的功能。[1]

在这一广义的功能化的理解的货币概念下，新兴出现的电子货币、企业货币等替代性支付手段同样可以在一定意义上理解为货币，以企业货币为例，日本银行将电子结算方法分为登录型产品与储存价值型产品两类，其中登录型产品中包括了网上银行、信用卡和电子支票，储值型产品中则包括了IC卡和网络型产品。[2]网上银行是通过网络对拥有电子价值的存款账户发出转账指令来进行计算的方法；而信用卡则是利用密码将信用卡信息安全地发送到零售商店，然后就如同真正刷了卡一样可以在存款账户之间进行资金转移的方法。电子支票型产品，是通过网络传递支票的信息，就可以如普通支票一样进行存款账户间资金转移的方法。而储存价值型产品是指替代现金或活期存款发行的电子信息，它是具有金钱意义上价值的资金，储存在资金所有者自己保管的IC卡或计算机软件上，在购买商品或服务时将其递交给交易对方，或者通过改写其中的信息进行电子结算的方法。对于储值型结算产品而言，由于一定的现金价值已经固定在IC卡之上因而其货币的属性更为明显，因而被称为电子货币。

刑法中货币显然是典型的财产犯罪的对象，因此将这类货币的替代性支付工具和手段纳入财产犯罪的对象范围内也是可行的。也正是在这个意

[1] 关于广义货币的定义参见中国人民银行网站：http://www.pbc.gov.cn/publish/main/851/3002/30024/30024_.html，最后访问时间：2014年3月7日。

[2] ［日］野村综合研究所编著：《新时代的企业货币》，吕廷杰、韩海生译，北京邮电大学出版社2008年版，第21—22页。

义上，实践中，对于公交一卡通、移动电话充值卡、游戏点卡等具有一定的商品和服务购买力的支付工具的侵害行为能够成立相应的财产犯罪。对于前文所提及的虚拟财产，尤其是虚拟货币而言，如果具有现实的购买力和作为支付手段的功能，将其纳入财产犯罪的对象亦有其现实的合理性。

（三）可能语义的范围

尽管我国法律上从多个方面强调了存款债权所具有的不同于其他债权或财产性利益的特殊性，并多次强调了法律对于公民储蓄的保护，而且从社会经济角度看存款债权日益成为一种可以替代纸币进行使用的支付工具。从这两方面看都表明存款债权在法律上和经济上都具有更高的要保护性，刑法上对存款债权对其进行保护有其现实合理性。

但基于罪刑法定原则的禁止类推原则，刑法的解释必须受到必要的限制，刑法禁止类推但允许扩张解释，因此类推与扩张解释之间的界限一直是刑法解释论上争论的根源性难题。[1] 德国学者考夫曼教授曾经批评区分类推与解释是不可能的，但即便如此，考夫曼教授也必须基于罪刑法定原则为解释限定边界。

对于扩张解释的界限，刑法理论通说认为应当以“可能的口语语义”作为解释的最大边界，德国刑法学者罗克辛教授指出：“立法者通过法律条文的文本，规定了一个将由法官加以具体填补的规则性框架，这个规则性框架的范围是由法律文本可能的口语化词义加以标定的。”而以“法律文本可能的口语语义”作为边界的根据在于，“立法者只能在文字中表达自己的规定，在立法者的文字中没有给出的，就是没有规定的和不能适用的。超越原文文本的刑法适用，就违背了在使用刑罚进行干涉时应当具有的国家自我约束，从而也就丧失了民主的合理性基础。另外，公众也只能根据法律的文本才能得知法律的意思，从而才能考虑根据法律规定来安排自己的

---

[1] 刑法解释论上关于类推解释和扩张解释最新的研究参见曲新久：《区分扩张解释与类推适用的路径新探》，载《法学家》2012 年第 1 期。

行为”[1]，因此在可能的语义范围内，罪刑法定原则所追求的法安定性是能够得到保障的。

具体到存款债权的财物性解释上，需要考虑的是将存款债权解释为财物是否会超越可能的语义范围成为一个不允许的类推解释。这个判断是非常模糊和不确定的，尤其是在社会价值观念剧烈变化的当前社会中，其实很难存在一个共识性的判断，从这个角度看，存款债权是否具有财物性的问题上虽然有可能被认为没有超出可能的语义范围，但也可能有人认为超出了，与其在解释论上进行没有结果的争论，更好的办法或许是在立法上明确地将存款债权纳入财物范畴内。

八、本章小结

对于德日刑法理论尤其是日本刑法理论中，以管理可能性说为代表的对财物概念的扩张解释应当置于该理论发生的历史背景中予以考察，并在借鉴该理论时应当对该理论产生的历史条件及其局限性保持清醒的认识。管理可能性说诞生于“进化的罪刑法定主义”的背景之下，该理论对于刑法解释的扩张具有更强的容纳力，而日本刑法在战后对于有体性说的回归同时也是对于古典的较为严格的罪刑法定原则回归。注意到日本刑法理论中罪刑法定原则的嬗变与财物解释上的变化后，首先需要反思的或许是我国刑法理论应当采取何种对罪刑法定原则的理解。

有体性说对财物作较为严格的解释，认为这是罪刑法定原则所保障的法安定性原则要求，这是德日刑法理论的传统观点，之所以在后续的实践和理论发展中有扩张解释的诉求，也是因为这种传统的解释对于财物的边界有较为严格的限制。反观我国，理论传统上就认为考虑到打击犯罪的需要而不应对财物的解释作过多限制，且将财物与财产等而视之，对此理论

[1] Claus Roxin, Strafrecht Allgemeiner Teil, Band I, Grundlage: Der Aufbau der Verbrechenslehre, 4 Aufl., 2006. 中文译本参见［德］克劳斯·罗克辛：《德国刑法学总论》（第1卷），王世洲译，法律出版社2005年版。

上需要反思的不是是否需要扩张解释财物的问题，而是是否需要对不受限制的解释进行限制。

从我国现行刑法对于财产犯罪的规定看，尽管采取了公私财物的表述，但理论和司法实践中一贯倾向于将财物与财产等同理解，并将各种不符合有体物标准的财产纳入财物的概念之中，其中便包括虚拟财产以及债权。这种扩张解释的倾向，虽然有部分的体系上依据以及实践中处理案件上的现实合理性，但仍然应当注意到，在失去了有体性这一个边界之后，目前尚不存在一个体系性的对财产性利益的限制措施，这已经构成了对法治国原则的威胁。财物概念被泛化的危险在于，中国刑法所规定的财产犯罪构成要件的任务是全面的、不加区分地保护任何形式的财产，而这与刑法作为保护法益的最后手段的地位是相悖的。只要刑法所提供的保护是片段性的，公民在交易过程中所遭受的损失并非全都需要刑法的介入，在民事和行政手段的介入足够有效的时候，刑法应当保持克制。构成要件的任务恰恰在于为刑罚手段的介入设置条件并提供边界。在这个意义上，从财产价值这一实质性角度所进行的论证并不是将财产性利益纳入财物概念之中的充分条件。形式判断应当先于实质判断，这是从刑法的辅助保护法益功能中得出的必然结论。

尽管在财物的解释上，现行法的框架为将财物等同于财产提供了一定的解释空间，但这种扩张在教义学体系上的结论并不一定是可接受的。如前所述，财物概念的扩张不仅是扩张相关财产犯罪构成要件中的客体范围，而且代表着相关构成要件所保护法益的扩张，即从所有权扩展到其他形式的财产。保护法益范围的扩张必然地影响到对相关构成要件要素的解释。

德国将财物限制在有体物范围的重要依据在于，盗窃罪、侵占罪、抢劫罪都是针对所有权的犯罪，从这种立场出发才有不法领得意思的设置，在德国，领得，作为对所有权的全面侵害，被认为是领得罪（Zueignungsdelikt）的核心，体现了领得罪构成要件的不法内涵，其中领得是侵占罪的客观构成要件行为，而盗窃罪则只以主观上的不法领得意思为已足。不法领得意思的设置与盗窃罪作为所有权犯罪有着密切的联系，当盗窃罪不再只是保护所有权，那么不法领得意思也就失去其体系上的存在意义了。同样，当财物等同于财产，那么财物与财产性利益这一对在日本刑法中所预设的区分范畴在中国刑法下被消解，或者说通过将财产性利益内化为财物的办法将二者统一，那么，利益盗窃不可罚不适用于我国刑法，进而用于区分利益盗窃与有体物盗窃的非法占有目的丧失其功能，进而丧失其在财产犯罪中的地位。因此无论是从德国刑法的角度还是从日本刑法的角度看，在我们偏离了有体物概念的解释，扩张了盗窃罪的保护范围的同时，就同时意味着必须放弃我们原本想要继受的一些重要立场，比如被理论上公认为是不成文构成要件的、具有将利益盗窃与盗窃相区分的重要功能的“非法占有目的”即本书所称“不法领得目的”（Zueignugnsabsicht）。

具体到本书所讨论的存款债权本身能否视为财物的问题，本书认为，在将财物概念限制在有体物之内时，存款债权便不宜被理所当然地认为是财物。正如本书在论述章所指出的，在我国的法秩序中，存款债权即公民的储蓄具有不同于其他债权的特殊地位。从这种地位出发，刑法单独地加强对存款债权（而非其他普通债权）的确有其法律体系上的根据和现实的合理性。但与其在解释论层面加强对存款债权的保护，不如从立法上进行强化，在解释论层面上处理这个问题很难把握好概念边界的明确性。

如果将财物等同于财产，而财产不仅以有体物形式存在，也以其他无体物、财产权利等形式存在，存在形式的变化意味着控制形态的变化，正如侵犯虚拟财产犯罪所表现的那样，物理性的现实控制支配是不可能的，网络用户必须通过网络账号和密码进行控制，侵害虚拟财产的行为也必须通过网络技术手段改变此种控制，控制是在很大程度上是抽象的、观念化的。占有概念的抽象化不仅意味着要修正原有的事实上支配的观念同时也修正了占有转移或拿走的概念。德国刑法上盗窃罪的核心是拿走（Wegnahme）要件，该要件以占有（Gewahrsam）的明确为前提。

占有观念化的同时意味着拿走行为的观念化，这是下文所要处理的问题，即在财物概念扩张的同时，刑法上所坚持的事实上的控制支配意义下的占有概念不得不几经修正，而出现了观念化的趋势。即便存款债权因其所具有的不同于普通债权的特殊的要保护性而被例外地纳入刑法对财物的保护范围内，侵害存款债权的行为能否成立相应的财产犯罪则仍然要就具体的构成要件规定加以认定，尤其是在盗窃罪的成立上存在着各种问题。盗窃罪以旧占有的破坏和新占有的建立为客观构成要件，在这个过程占有核心的问题，即便承认存款债权是一种财物，这种不同于有体物的财物的占有及其移转势必不同于与对有体物的占有及其移转。存款债权能否占有以及如何占有？前文已经就存款债权的准占有的问题进行了一些讨论，下一章则将讨论，这种存款债权的准占有概念在整个盗窃罪的关于占有的教义学体系中是否具有正当性并能够找到其恰当的位置。

第六章

占有的一般概念：偏离与回归

在侵犯财产罪构成要件的解释中，占有是除了财物以外的又一核心概念。[1]理论往往同时在不同的意义上使用占有这一概念，如本章所论述的那样，我国刑法理论中大致在三个意义上使用占有这一概念：这既包括了“事实上的支配力”这一意义上的传统占有概念，也包括了“非法占有目的”中的占有，以及非法占有目的在客观上所对应的“占有”行为。占有所具有的这三个含义上相互区分，固然在讨论问题之前可以先对自己所讨论的问题进行界定从而免于概念上的混淆，但这在一定程度上增加了论述以及交流的成本。而在实践中也往往存在将非法占有目的的占有等同于客观的事实上的支配力意义上的占有，并导致了法院在论证说理上的不清，在司法实践的说理中法院往往将非法占有目的等同于将财物非法置于

[1] 关于占有概念的讨论参见周光权、李志强：《刑法上的财产占有概念》，载《法律科学》2003年第2期；黎宏：《论财产犯中的占有》，载《中国法学》2009年第1期；徐凌波：《论刑法上的占有》，载陈兴良主编：《刑事法评论》2009年第2期。

自己或第三人的控制支配之下，这就与事实上的控制支配力相混淆。[1] 本章中仍然使用“非法占有目的”这一表达，主要上为了将理论上占有的所有意义予以列出，随后才能够对不同的意义进行区分。鉴于理论在概念使用上的重复，首先需要明确的是本书所讨论的占有概念的范围，将看起来相关但实际上不属于本书讨论内容的东西剔除出去，才能够保证论述的清晰性与有效性。其次则需要对刑法上的占有（Gewahrsam）与民法上的占有（Besitz）两个概念进行一定的比较，从而明确占有概念在刑法财产犯罪体系中的地位与功能。随后本章将对占有的事实概念与规范概念进行讨论，并进一步讨论规范性因素在占有概念发展过程中的地位演变及其作用。

一、我国刑法中的占有概念再梳理

（一）占有的三重意义

刑法上，占有一词最为广泛的含义是指一种“事实上的对物控制支配状态”(tatsächliche Sachherrschaft)。《德国刑法典》第 242 条将盗窃罪(Diebstahl）定义为“行为人以使自己或者第三者违法地占有的意图而拿走他人可移动的物品”[2]。这个定义在两个层面上涉及了“占有”一词。就客观构成要件层面而言，盗窃罪的构成要件行为被定义为“拿走”。德国学理将“拿走”一致定义为“破坏他人的占有并建立新的占有”[3](Bruch

[1] 例如在“林某盗窃案”中，裁判理由在开头指出：“对于盗窃罪这种典型的窃取型财产犯罪，当行为人通过秘密窃取的手段实现了非法占有财物的主观目的时，就认定为盗窃既遂。这种既遂实际上也就是行为人犯罪目的的实现，即非法占有的实现。因此行为人非法占有他人财物应是盗窃罪既遂与未遂的标准。”如果裁判理由所理解的“占有”是指对物的事实上的控制支配状态，则以其为盗窃罪的既遂标准并无不妥。但径以此种占有来理解行为人的主观目的则是混淆了“非法占有目的”与客观的“占有”状态，导致了理解上的偏差。（参见《刑事审判参考》，2009 年第 3 集，总第 68 集。）这种混淆在实务部门关于盗窃罪的判决中非常常见，常常将盗窃罪的既遂等同于非法占有目的的实现，要清理这种误解首先应当在用词上将非法占有目的和占有的事实状态相区分，因此本文才使用了不法领得目的这个概念。

[2] 《德国刑法典》，冯军译，中国政法大学出版社 2000 年第一版，第 147 页。

[3] Joachim Vogel-Leipziger Kommentar zum StGB, 12.Aufl., 2010, Bd. 8, § 242, Rn. 49.

fremden und Begründung neuen Gewahrsam)。因此占有的界定直接关系到如何理解盗窃罪的客观构成要件行为。而在主观构成要件层面上，盗窃罪以行为人主观上具有“使自己或第三人违法地占有的意图”即通常所说的“非法占有目的”（rechtswidrigen Zueignungsabsicht）为成立要件。在德文中，上述两个层面的“占有”使用的是不同的单词，前者为Gewahrsam，而后者为Zueignung。前者主要用于定义盗窃罪的构成要件行为即“拿走”，而后者则是侵占罪的构成要件行为。对于盗窃罪而言，并不需要存在客观上的Zueignung的行为，而只需要有相应的主观意图即可，即前述的非法占有意图（Zueignungsabsicht）。[1] 由此，便可能出现三个意义上的占有：对物的事实控制支配状态（Gewahrsam）、客观的侵占行为（Zueignung）、非法占有目的（Zueignungsabsicht）。

1. 作为状态的占有

在第一个层面上占有指称的是主体对物的事实上的控制支配状态，其所表示是占有人与占有物之间当下的静态的占有关系，往往表述为“某人占有某物”“某物为某人所占有”或是“某人占有的物”等。各国刑法往往将盗窃罪、侵占罪的犯罪客体[2] 规定为他人财物，如《法国刑法典》第331-1条：“盗窃系指欺诈窃取他人财物的行为。”[3]《日本刑法典》第235条：“窃取他人之财物者，为窃盗之罪。”[4] 这里的他人财物通常被理解为他人“所有的”财物，但《日本刑法典》第242条的拟制规定，将“处于他人占有之下的财物”也视为“他人财物”，这就使得日本刑法中的他人财物范围扩展到了“他人占有的财物”的范围，占有不仅用以定义“拿走行为”，而且用以定义盗窃罪的客体。类似规定同样存在于我国刑法规定中，

---

[1] 参见Joachim Vogel, in: Leipziger Kommentar zum StGB, 12. Aufl., 2010, Bd. 8, vor §§ 242 ff, Rn. 66.

[2] 在我国刑法理论上在犯罪客体的理解和使用上存在一定的分歧，有将犯罪客体理解为“犯罪行为所指向的人或物”，也有将犯罪客体理解为“犯罪行为所破坏的社会主义社会关系”，而使用“犯罪对象”一词来指称前一种意义上的“犯罪客体”，本书在前一种意义上使用“犯罪客体”一词。

[3]《法国新刑法典》，罗结珍译，中国法制出版社2003年版，第106页。

[4] ［日］牧野英一：《日本刑法通义》，陈承泽译，中国政法大学出版社2003年版，第233页。

我国《刑法》第 91 条第 2 款规定："在国家机关、国有公司、企业、集体企业和人民团体管理、使用或者运输中的私人财产，以公共财产论。"[1] 这一规定实际上是将处于公共占有之下的私人财产视为了公共所有财产。但其作用是否与《日本刑法典》第 242 条的拟制规定一样同样扩大了盗窃罪等侵犯财产犯罪的客体范围是有待讨论的，因为它并没有将所有处于他人占有之下的财物都视为他人财物，而只是在处于公共占有之下的私人财物视为公共所有财物，这种扩大仅仅限于这一种情形。更何况，我国《刑法》第 264 条盗窃罪、第 266 条诈骗罪原本也没有将犯罪对象限定在"他人的"财物上，只有第 270 条侵占罪才明文提及了他人财物，勉强将第 91 条第 2 款解释为对他人之物范围的扩张在我国刑法下是完全没有必要的。

这里首先需要区分的是"物之他人性"与"物处于他人占有之下"这两个问题。笔者曾经一度忽略了《日本刑法典》第 242 条的拟制规定的特殊性而认为二者是等同的，《德国刑法典》《日本刑法典》以及我国台湾地区现行"刑法"中所规定的"他人财物"就等于是"他人占有之下的财物"。[2] 但这一理解实际上是、至少是对德国刑法的误解。在德国刑法中，所谓他人财物指的是他人所有的财物而非他人占有的财物，即盗窃罪以及侵占罪的客体只能是他人的财物，对于"物之他人性"的解释遵循严格的民事从属性，一个具体的有体物是否是他人之物，仅仅取决于民法上对于所有权归属的安排。而相反，物处于他人占有之下，则是对德国刑法典中盗窃罪的客观构成要件行为——"拿走"行为的解释，拿走意味着破坏他人的占有并建立新的占有，在这个意义上，物处于他人占有之下构成了"拿走行为"存在的前提。将物之他人性与物处于他人占有之下相混淆，而将原本属于在"物之他人性"这一构成要件要素下解决的问题，错误地置

[1] 参见于志刚、郭旭强：《财产罪法益中所有权说与占有说之对抗与选择》，载《法学》2010 年第 8 期。

[2] 参见徐凌波：《论刑法上的占有》，载陈兴良主编：《刑事法评论》2009 年第 2 期。其中笔者认为，为了明确财产犯罪的客体并非仅限于"公共、私人所有的财物"或"他人所有的财物"，在解释时一般将"他人财物"明确化为"他人占有的财物"。这一观点现在看来是非常有问题的，在此特加以修正。

于物是否处于他人占有之下的判断之中，一方面导致了说理上的混乱，另一方面也导致了占有这一概念在理论上意义的过度膨胀。以物的所有权人从盗窃行为人处窃回自己财物的案件为例，日本刑法理论上往往在盗窃罪的保护法益层面进行讨论，从而有所有权说与占有说。而在德国刑法理论中，对于所有权人而言，自己所有的财物自始便不是盗窃罪的适格客体，只要从物之他人性这一要素排除盗窃罪的成立即可。当然这在一定程度上涉及德日两国刑法理论对于盗窃罪构成要件解释上的差异。应当说在具体构成要件要素的解释上，二者所存在的差异不可谓不大。

德国刑法理论所讨论的占有便是这一意义上的占有。德国刑法理论通常认为，占有是占有人对特定物的一种事实上的控制支配关系，这一关系为占有人主观上的支配意志所包括，这是所谓的“事实上的占有”概念。日本刑法理论同样在这个意义上使用这个词，强调占有的事实属性，强调占有是对物的事实上的控制支配。但是，理论和实践中往往会偏离这一立场，对占有概念进行修正，甚至提出另外的占有的定义。这将会是本书所阐述的重点问题。

如前所述，占有概念包含在“拿走”这一盗窃罪的构成要件行为之中，因此占有概念的准确界定对于拿走行为的界定具有核心意义。原占有人的占有何时受到破坏而行为人又何时建立了新占有，都取决于占有的一般概念如何界定，占有概念直接影响到对于盗窃罪既遂时点的确定。韦尔策尔关于占有概念的经典表述，也是在其关于盗窃罪的既遂的讨论中进行的。[1]而占有概念的意义也仅在于此，此外对于占有的讨论所指称的并不是这一意义上的占有。对于这一意义上的占有概念的讨论较少，清华大学法学院黎宏教授曾经在《论财产犯的占有》一文中对这一概念进行了统一的清理，但限于文章的篇幅，主要限于对占有的概念的一般性界定以及占有概念下的几个特殊问题的讨论。[2]

与这个意义上的占有相关的另一个问题是对破坏占有界定。德国理论

---

[1] Hans Welzel, Der Gewahrsamsbegriff und die Diebstähle in Selbstbedienungsläden, GA 1960, 257 ff.

[2] 参见黎宏:《论财产犯的占有》，载《中国法学》2009 年第 1 期。

上认为盗窃罪与以物为对象的诈骗罪之间的界限在于前者是通过破坏占有的拿走行为实施的，而后者则需要存在被害人对于财产的处分在这里首先是被害人对于自已所拥有的占有的处分。破坏占有与处分占有之间的界限取决于原占有人的意志因素，破坏占有是在违反或者缺少原占有人的同意的情况下擅自进行的对占有的移转，而处分占有则是原占有人基于同意交付财物或者对占有的移转予以容忍。北京大学法学院车浩教授在《盗窃罪中的被害人同意》一文中对此进行了研究。[1] 以何种标准认定对占有移转的同意，与占有本身的事实属性直接相关，在盗窃罪中对于占有的同意只需要存在原占有人的自然意思即可，而不以原占有人存在民事责任能力为前提，因此，儿童以及精神病患者都能够做出这种同意。在同意问题下讨论更多的问题则是涉及自动售货机、自动取款机时的有条件同意的问题，在现行德国刑法下，以他人的或者伪造的银行卡在自动取款机上取款的行为主要是在第 263 条 a 计算机诈骗罪之下讨论可罚性的问题，而对于自动售货机则主要涉及第 265 条 b 自动售货机滥用罪。但在 1998 年第六次刑法修正案增设这两个罪名之前，刑法理论上也曾经在盗窃罪下讨论此类行为的可罚性，尤其是对于机器设置者的同意的讨论。这些讨论对于我国刑法理论与实践处理类似问题具有借鉴的意义，因为与 1998 年之前的德国刑法类似，我国现行刑法下尚不存在相应的计算机诈骗这一罪名。人民大学法学院刘明祥教授曾经提出我国《刑法》第 186 条的信用卡诈骗罪这一构成要件中包含了计算机诈骗的内容，但这一罪名所设置的构成要件能否真的满足计算机诈骗罪的构成仍然存在商榷的余地，取决于对于这一具体构成要件的解释。[2]

---

[1] 参见车浩：《盗窃罪中的被害人同意》，载《法学研究》2012 年第 2 期。

[2] 参见刘明祥：《用拾得的信用卡在 ATM 机上取款行为之定性》，载《清华法学》2007 年第 4 期；《再论用信用卡在 ATM 机上恶意取款的行为性质——与张明楷教授商榷》，载《清华法学》2009 年第 1 期；反对意见参见张明楷：《也论用拾得的信用卡在 ATM 机上取款的行为性质——与刘明祥教授商榷》，载《清华法学》2008 年第 1 期；《非法使用信用卡在 ATM 机取款的行为构成盗窃罪——再与刘明祥教授商榷》，载《清华法学》2009 年第 1 期。

2. 作为行为的占有

在这种情形下占有所描述的是行为人的行为，即占有行为。占有行为和之前所说的占有状态往往都会被简称为占有，但占有行为意义上的占有与上述占有状态意义上的占有是不同的。[1] 刑法对于某些特定情形下的犯罪，会将事实上的控制支配状态即占有状态直接规定为分则中的构成要件行为，于是在刑法理论上也就出现了不同于作为与不作为的第三种行为样态即持有，而以“持有特定物品”为构成要件行为的犯罪就被称为持有型犯罪，常见的如非法持有枪支弹药罪、巨额财产来源不明罪等。占有状态在持有型犯罪这种特定情形下被刑法直接规定为构成要件行为，但本书所谓的占有行为并不是这种意义上的行为（即在持有型犯罪中直接被规定为构成要件行为的占有状态），它不仅区别于静态的占有状态，也不同于简单的占有状态的移转行为。占有行为所强调的并非是占有状态的移转，而是对财物的利用和处分。

刑法条文中在占有行为的意义上使用占有一词主要是在侵占罪、职务侵占罪以及贪污罪 [2] 中用以描述构成要件行为。我国刑法将侵占罪规定为“将代为保管的他人财物非法占为己有或将他人的遗忘物或埋藏物非法占为己有”[3] 的行为，学理上将其概括为“已然持有继而占有”[4]，在此“占有”一词并非指称某种“静止的、事实上的控制支配状态”，而是用以指称以已经存在某种控制支配力（即已然持有）为前提继而占为己有的行为。此外《德国刑法典》第 246 条也将“侵占罪”界定为“行为人使自己或第

---

[1] 参见徐凌波：《论刑法上的占有》，载陈兴良主编：《刑事法评论》2009 年第 2 期。

[2] 我国《刑法》第 271 条职务侵占罪与第 382 条贪污罪都使用了“非法占有”公私财物或公共财物的表述。就目前的理论共识而言，职务侵占罪的行为方式仅包括侵占是毫无疑问的，但是贪污罪则包括了“窃取、骗取、侵吞”三种行为方式，但在盗窃、诈骗中通说认为非法占有是以主观目的形态出现的。在同时囊括了窃取、骗取、侵占三种行为方式的贪污罪中，非法占有的体系位置究竟如何尚不明朗。从条文表述上看应理解为贪污罪的构成要件行为，但在 2003 年《全国法院审理经济犯罪案件座谈会纪要》中最高人民法院则明确地将贪污罪理解为了“以非法占有为目的”的财产性职务犯罪。

[3] 《刑法》第 270 条的规定。

[4] 陈兴良：《口授刑法学》，中国人民大学出版社 2007 年版，第 661 页。

三者违法地占有他人可移动的物品”[1]。在此“占有”一词被用以描述“侵占罪”的犯罪行为。如前文所述，考察《德国刑法典》原文，对于侵占罪的构成要件行为“占有”所使用的 Zueignung 一词，而非前文中所提及的通常意义上的占有概念，后者在德文原文中使用的 Gewahrsam 一词。德国理论上通常认为 Zueignung 是盗窃罪和侵占罪的不法内涵核心，是对所有权的侵犯，其中侵占罪以 Zueignung 为其客观的构成要件行为，而盗窃罪只需要在主观上以 Zueignung 的意图。在这个意义上，我国刑法中作为侵占罪构成要件的“占有行为”实际上是盗窃罪的“非法占有目的”的客观面。当然德国刑法理论上对于 Zueignung 与 Gewahrsam 进而与拿走亦即 Wegnahme 之间的关系也存在一定的争议。[2]

而在《日本刑法典》中，则将侵占罪的构成要件行为表述为侵占[3]：例如第 252 条界定侵占罪为侵占自己占有的他人的财物[4]，因为侵占罪的犯罪客体被表述为自己占有的他人财物，如果在同一条文里再次使用占有一词来表述侵占罪的行为就无法准确地揭示侵占罪的行为特点甚至导致理解上的混乱，

---

[1]《德国刑法典》，冯军译，中国政法大学出版社 2000 年版，第 148 页。

[2] 关于客观的改变事实支配状态也就是“拿走”行为（Wegnahme）与客观的侵占行为（Zueignung）之间的关系，当前的理论普遍认为二者是两个不同的行为，对于盗窃罪而言，在破坏旧占有建立新占有之外，还需要一个超出的主观的非法占有意图，从而盗窃罪被认为是“断绝的结果犯”（kupiertes Erfolgsdelikt）。但始终存在一部分少数观点认为，Wegnahme 与 Zueignung 只是同一个行为的不同意义侧面，前者是对客观的事实支配状态的破坏，而后者则是对法律上的控制支配的侵害（也就是对所有权的侵害）如 Kindhäuser 教授认为盗窃罪的构成要件并不是“以领得为目的的拿走”（Wegnahme mit Zueignungsabsicht）而是“通过拿走行为实施的领得”（Zueignung durch Wegnahme），因此“领得”与“拿走”不是两个行为，而是同一事件的两个不同侧面，“领得”已经存在于拿走行为之中，而不是作为盗窃罪的主观构成要件以及超越的内心倾向（überschließender Innentendenz）而存在的，在行为人建立自己的新的自主占有之时，领得就已经完成了。由于“领得”才是对所有权的侵犯，而拿走行为之中就已经包含了领得行为，因此，拿走行为中所包含的对占有的破坏就不独立于对所有权的侵犯。（关于拿走（Wegnahme）与非法占有目的（Zueignungsabsicht）之间的关系参见 Manfred Maiwald, Der Zueignungsbegriff im System der Eigentumsdelikte, 1970; Urs Kinhäuser, in: Nomos Kommentar, 4.Aufl., 2010, vor § 242, Rn. 3 f.）。

[3] 参见［日］山口厚：《刑法各论》（第二版），王昭武译，中国人民大学出版社 2011 年版。

[4]《日本刑法典》（第二版），张明楷译，法律出版社 2006 年版，第 93 页。

因而日本刑法直接使用了侵占一词以区别于占有，而在日本刑法理论上也往往采用了横领或领得等词来描述侵占罪的犯罪行为。再如我国台湾地区“刑法”第335条将侵占罪规定为“意图为自己或第三人不法之所有而侵占自己持有他人之财物”[1]，条文中无论是对于行为的描述还是客体的界定都避免使用了占有一词。

如果对侵占罪的构成要件行为加以分析，可以清楚地看到占有行为（Zueignung）与占有状态（Gewahrsam）之间的分别。侵占罪的占有行为以财物已经置于行为人占有之下为前提，这意味着行为人对财物的占有状态（Gewahrsam）只是构成要件行为的前提，而非构成要件行为。同样地在侵占罪中也不存在占有状态的移转问题，因为财物本来就已在行为人的占有之下了。[2]侵占罪的占有行为是行为人对已经处于自己控制支配下的财物予以“占有”（Zueignung），进行利用处分的行为。较之盗窃罪，盗窃罪中的构成要件行为是破坏他人对财物的占有并置于自己的占有之下，实际上是一种占有状态的移转行为但并非占有行为。在盗窃罪中行为人在取得了对财物的占有之后，也存在占有行为，即行为人在财物处于自己控制之中的前提下对财物进行利用处分，但这种占有行为对于盗窃罪而言只是不可罚之事后行为而并非构成要件行为。

以占有行为为构成要件行为的情形大多仅出现在侵占罪以及相关的有限罪名（职务侵占罪等）之中，并不常见。在行为意义上使用占有一词更为常见的情形是在对非法占有目的这一主观违法要素的内容进行分析之中，即占有行为作为非法占有目的的客观实现而出现的情形。刑法理论上认为一般的财产犯罪如盗窃、抢劫、诈骗等须以存在非法占有目的为必要，但与之相应的客观实现行为即占有行为却往往不在犯罪成立所要考察的要件

---

[1] 陶百川编：《最新六法全书》，三民书局1990年增修版，第393页。

[2] 日本刑法理论中围绕“侵占行为”的解释有“越权行为说”与“取得行为说”之争。“取得行为说认为，用于实现非法取得之意思的所有行为，均是侵占；越权行为说则认为，侵占是违反委托之旨趣的僭越权限的行为。”其中以取得行为说为通说，而越权行为说则属于少数观点。参见山口厚：《刑法各论》（第二版），王昭武译，中国人民大学出版社2011年版，第355页。

之列，因而非法占有目的被成为超过的主观要素，下文中将继续讨论非法占有目的中的占有。

3. 作为目的的占有

所谓作为目的的占有，在本书中指的是在各种财产犯罪中作为主观违法性要素出现的非法占有目的，在有的国家的刑法典如《德国刑法典》和我国台湾地区“刑法”中都直接规定了非法占有目的作为财产犯罪成立要件之一的主观违法性要素[1]，但在我国《刑法》与《日本刑法典》中则并没有明确规定有“以非法占有为目的”，刑法理论通说仍然认为财产犯罪的成立应当以具有“非法占有目的”为必要，但由于法律条文中并没有明确的规定，因此理论上对于“非法占有目的”是否为财产犯罪成立所必要及其具体内容都存在争论。

作为目的的“占有”与作为客观行为意义上的占有行为是相对应的。德国刑法理论在解释盗窃罪与侵占罪的关系时通常认为，盗窃与侵占罪都属于占有罪（Zueignungsdelikt）（如果把 Zueignung 译为占有的话，为了与 Gewahrsam 意义上的占有相区分，这一词或许译为“领得罪”更为妥当一些。）Zueignung 是对所有权权能的全面侵犯，但盗窃罪并不以客观上具有“占有”的行为为构成要件，而以拿走作为其客观构成要件行为而“占有”只需要在主观上存在，相反，侵占罪则以“占有”作为其客观的构成要件行为。

综上所述，占有一词可在三种意义上使用，即占有状态、占有行为以及占有目的。[2] 本书所谓占有是在第一种意义即占有状态的意义上使用的。为了明确对上述三种含义进行区分，下文中仅在第一种意义上使用占有这一概念，而对于后两种含义中所指称的“Zueignung”则采用“领得”一

---

[1] 《德国刑法典》第 242 条规定：“行为人以使自己或者第三者违法地占有的意图而拿走他人可移动的物品”（见《德国刑法典》，冯军译，中国政法大学出版社 2000 年第一版，第 148 页）；台湾地区“刑法”第 320 条规定：“意图为自己或第三人不法之所有而窃取他人之动产”（见陶百川编：《最新六法全书》，三民书局 1990 年增修版，第 392 页）。

[2] 参见徐凌波：《论刑法上的占有》，载陈兴良主编：《刑事法评论》2009 年第 2 期。

词，即领得行为与领得目的。[1]

（二）刑法上的占有与民法上的占有

尽管在中国刑法与日本刑法中采用了与民法上相同的术语亦即占有，但在德文中二者使用的概念并不相同。民法上的占有概念以及民法对于占有所建构的相关规则能否以及在多大程度上影响对于刑法上的占有的解释，与如何处理刑法与民法的关系这个一般性问题相关。

德国刑法理论通说认为，占有是一个应根据刑法进行自主解释（strafrechtautonom）的概念，刑法上的占有并不取决于民法上的占有概念，在德文中二者也使用的是两个不同的词，尽管在词源上是接近的，在两个概念的核心之处也是一致的（im Kern identisch），这种一致主要是指刑法上的占有与《德国民法典》第854条所规定的直接占有（unmittelbarer Besitz）是相等同的，因为二者所指称的都是一种客观的、事实上的对物的支配关系。但即便二者相等同也并不意味着刑法上的占有的判断取决于民法的相关规则，刑法基于自身的规范目标而没有认可民法上的间接占有（mittelbare Besitz）与占有继承（Erbensbesitz）。

德文中，刑法上的占有使用的是“Gewahram”一词而在民法上的占有使用的则是“Besitz”。二者都源自古日耳曼语中的Gewere一词。Gewere这个概念所表达的是一种外部的安定秩序，与罗马法强调对私权的保护不同，在日耳曼法上强调对于私人以及公共领域的外部安定秩序保护。这一理解迄今仍然对于德国刑法在对Gewahrsam的解释上具有重要的影响，事实上刑法理论传统上强调Gewahrsam是一个事实性的概念，是对物的事实上的支配，便是基于这一基本的考量。而民法上的Besitz这一概念

[1] 当然对于“Zueignung”的译法仍然存在商榷的余地。或许可以将Zueignung译为侵占，但这就无法与Unterschlagung相区分，而如果译为取得，则很可能在与Zueignung的下位要素即积极面的Aneignung的译法相混淆。领得一词源自冯军教授所翻译的日本刑法学者大塚仁教授的《刑法概论（各论）》中的“不法领得意思”，即通常所谓的“非法占有目的”。当然是否还有更为恰当的译法，并不是本书讨论的重点，因此在此略过，还请方家指正。

则更多的受到了罗马法上的 possesio 这一概念的影响，因而 Besitz 相比于 Gewahrsam 其实更多的偏离了 Gewere 一词的原始内涵。民法占有制度中对于占有继承以及间接占有概念的发展，都是继受了罗马法的影响，这一发展被称为占有的观念化。[1]

许内曼教授认为，民法规则所构建的占有秩序构成了刑法上的占有的基础，尽管在某些特定情况下存在修正。对此毕特纳提出了相应的批评，刑法与民法的规则都建立在共同社会现实之上，因此二者会存在一致的地方，但直接将民法上的规则转移到刑法的判断上是错误的。[2]

在刑法上的占有与民法上的占有的关系的问题上，值得注意的是金德霍伊泽尔教授的观点，尽管在对刑法上的占有概念的解释中，他同样采取了主流的意见一致认为，对于刑法上的占有的解释并不依赖于民法上的占有概念，因而也不承认间接占有与占有继承。但对于金德霍伊泽尔教授而言，民法上的占有对于“领得”(Zueignung) 的解释却是有意义的，他将领得解释为“自主占有”的建立，这里所使用的是民法的占有概念。因此在盗窃罪的构成要件解释中，领得并非仅作为目的而存在，领得与拿走是与同一事件相关联的两个不同侧面[3]，拿走的不法性在对占有的破坏，而领得则体现在新占有的建立，而在侵占罪中，这种占有的建立不需要通过拿走行为，即便是间接占有也可以成立领得。

---

[1] 从外部的安宁秩序这一意义来系统地思考占有含义的是韦尔策尔。参见 Hans Welzel, Der Gewahrsamsbegriff und die Diebstähle in Selbstbedienungsläden, GA 1960, 257. 这一思考对日后德国的规范—社会的占有概念具有重要的影响。参见 Kargl, Gewarhsamsbegriff und elektronische Warensicherung, JuS 1996, 971.

[2] Bernd Schünemann, Methodenproblemer bei der Abgrenzung von Betrug und Diebstahl in mittelbarer Täterschaft, GA 1969, 46 ff. Bittner 的批评参见 Wolfgang Bittner, Der Gewahrsamsbegriff: und seine Bedeutung für die Systematik der Vermögensdelikte, 2009.

[3] Urs Kindhäuser, in: Nomos Kommentar zum StGB, 4. Aufl., 2010, § 242, Rn. 7, 30 f., 80 f.

二、占有的事实概念与法律概念

（一）事实上的占有概念

德日刑法理论中传统上将占有定义为“事实上的支配力”，即占有是个人基于主观上的支配意志而对于特定的物所拥有的事实上的支配关系。[1]基于这一定义，事实上的占有概念下通常区分客观的支配关系与主观的支配意思作为占有概念的两大构成要素。

所谓事实上支配关系，是指占有人对于物所具有的不受阻碍的直接作用可能性，占有人可以随时地对物行使这种支配。日本刑法理论中对于盗窃罪中的占有概念也是这样定义的。根据日本学者的总结，在下列情况下，均可认为存在事实上的控制支配状态：“①实际上掌握、监视着财物；②财物被自己支配下的机械、器具等确保；③财物在自己概括地支配的场所内；④根据财物的自然属性可以预料到它会返回到自己支配的范围；⑤从财物的性质、放置的区域等能够推定所有者。如果财物放在显眼的位置，从财物的性质等可以推断其所有者，那就应该认为财物属于所有者占有；⑥财物在难以被他人发现而自己知道的场所；⑦从财物的性质能够推断不是遗弃之物；⑧财物短时间与所有者分离，所在位置离所有者很近；⑨由于特殊事由使财物的占有形态发生变更；⑩有占有的特别习惯。”[2]

“事实上的支配关系”这一表述奠定了占有概念的事实基础，但仅仅从纯粹的事实支配力量角度来定义占有却可能得出无法令人满意的结论。德国刑法学者指出，纯粹的事实支配关系有时会导致对占有的认定过于狭窄，因为如果“对物支配”（Sachherrschaft）表现为一个有效的、随时能够行使的力量，则这一概念要求在空间上具有较为紧密的联系。基于这一概念，则旅行者在离开家之后便失去了对家中财物的占有。相似的还有可以随处自由跑动的家养宠物以及停放在停车位上的汽车。在这些案件中判断事实

[1] Roland Schmitz, in: Münchnener Kommentar zum StGB, 2. Aufl., 2012, Bd. 4, § 242, Rn. 43.

[2] ［日］大塚仁等编：《刑法解释大全》（第九卷），青林书院 1988 年日文版，第 187—198 页，（转引自刘明祥：《财产罪比较研究》，中国政法大学出版社 2001 年版，第 43 页）。

上支配关系的这一标准便显得过于狭窄了。[1] 上述日本学者所总结的情况中其实已经包括了一些仅从纯粹的事实支配关系角度看无法纳入占有范围内的情况，这些情况并非建立在客观的、物理性的支配力量基础上，而必须从其他的占有定义中寻找其根据。

另外"事实上支配"这一概念有时又是过于宽泛的，因为当一个人具有身体上的优势力量从而在事实上能够对物进行作用时，便要承认其对物的支配。这意味着在身体力量上处于优势者接近其所要拿走的财物时，原占有人在这一瞬间就失去了对物的占有。对于强力者而言盗窃与抢劫罪便通常要被否定，因为他（在行为前）已经取得了占有。[2]

基于"纯粹的事实上支配关系"在占有判断上所存在的瑕疵，事实的占有概念的主张者对于占有判断中的主客观两大因素的判断标准进行了修正，德国联邦最高法院强调，事实上的支配关系与主观的支配意思是否存在则需要根据日常生活的自然观念（natürlichen Auffassung des alltäglichen Lebens）予以判断，从而能够通过日常生活观念对纯事实的占有概念进行修正。

然而对"事实的占有"概念的修正最终导致了对"事实的占有概念"的否定。当在物上存在"空间上的、真实的"作用可能性时，则可以肯定事实上的支配关系的存在。因为它仅仅取决于作用的"可能性"，所以即便不存在现实的对物的作用也并不能否定此种支配关系的存在。与这一原则相偏离，当他人对于物具有更为优势的权利时，即便存在对事实的作用可能性也要否定对物的占有的存在。这种情形常常存在于社会隶属关系（soziale Abhängigkeitsverhältnis）之中。典型的情况例如雇主对于劳动工具的占有，[3] 因此即便雇员对于工厂内的各种劳动工具设备具有直接的作用可能性，也否定其具有独立的占有，至多根据双方的合同约定，可以认为雇

[1] Walter Kargl, Gewahrsamsbegriff und elektronische Warensicherung- BayObLG, NJW 1995, 3000, JuS 1996, 971 ff.

[2] A.a.O.

[3] Roland Schmitz, in: Münchnener Kommentar zum StGB, 2. Aufl., 2012, Bd. 4, § 242, Rn. 44, 45.

员可以拥有下位的共同占有，而相反即便雇主从来都不会实际接触到这些工具和设备，他基于其所享有的优势权利（besseres Recht），也能够肯定单独占有或是上位的共同占有。这种占有的基础实际上已经不再是某种事实，而是由法律规范所定义的权利义务关系。在不存在现实的作用可能性时仍然肯定占有，如出门旅行者在旅行期间仍然不丧失其占有，事实的占有概念的反对者认为，这种修正实际上是对现实的虚构，如果无论是否存在直接的作用可能性都可以随意地肯定或否定占有，那么事实的占有概念所强调的事实性便不复存在了。[1]

同样的修正也存在于主观支配意思之中。该支配意思可以是一般性的（generell），也可以是事先设定的（präpariert），甚至是潜在的（potentiell）。因此对于处于他人一般性支配领域中的财物，并不需要具有指向该物的具体意思，便能够肯定对于该物的支配意思进而肯定对该物的占有。[2] 典型的情况包括了熟睡中的、失去意识的人对于身边的财物并不丧失占有。对于陷入深度昏迷的人，德国判决上并不是一概地肯定其支配意思的存在，而是区分昏迷者随后是否不可逆转地进入死亡阶段，如果昏迷之后直接死亡，则否定其在昏迷阶段的支配意思从而否定其占有，但这一区分在理论上受到了批评，因为支配意思的有无，应当就当时的情况进行判断，根据随后的死亡结果回溯性地否定支配意思的做法是不妥当的。[3]

相比于其所得出的结论，事实上的占有概念受到更多批评的是其教义学论证过程。如果以纯粹物理意义上的支配关系以及一个明确的、具体的、现存的支配意思作为认定占有的要件在具体案件的处理上过于僵化，事实的占有概念通过引入日常生活观念这一社会性、规范性因素来对自身的理论进行修正。但这一修正也导致了占有概念无法保持其“事实性”，德国学

[1] 参见 Walter Kargl, Gewahrsamsbegriff und elektronische Warensicherung- BayObLG, NJW 1995, 3000, JuS 1996, 971 ff.; Andreas Hoyer, in:Systematischer Kommentar zum StGB, 8 Aufl., 2009, § 242, Rn. 25, 26.

[2] S Roland Schmitz, in: Münchnener Kommentar zum StGB, 2. Aufl., 2012, Bd. 4, § 242, Rn. 46.

[3] 参见 BGH NJW 1985, 1911.

者霍耶指出："无论是事实上的支配关系还是支配意思都是人为拟制的，这种拟制只是为了证明基于其他理由而被认为是正确的结论的合法性。实际上这些结论的合法性只能建立在其他的占有概念之上。"[1]修正之后的事实的占有概念由于已经不再强调物理上的力量对比关系，而是强调基于日常生活观念的判断，因而在很大程度上开始接近于后来的社会的、规范性的占有概念，而只是在口头上坚持占有的事实性，当然在这种修正的占有概念之中，社会的规范性的因素并不具有独立的意义而必须依附于各种事实性要素[2]，因而这种修正的占有概念也被称为"事实—社会的占有概念"。

（二）社会—规范的占有概念

规范的占有概念形成于对事实上的占有概念的批判之中。对于这一概念的系统批判最先见于韦尔策尔《占有概念与自助商店盗窃案》一文，但早在韦尔策尔之前对于事实上占有概念中的个别因素已经存在一定的反思，如佐尔特曼认为对于占有而言，物理性的关系本身并不是决定性的因素，他坚决地反对从身体力量的支配关系出发所形成的占有概念。但佐尔特曼将占有认定的重点放在占有人的主观意志之上，[3]因而仍然没有跳脱出事实上的占有概念的范围内，而只是将占有的认定从客观的占有状态转向占有人主观的占有意思。而从韦尔策尔开始，社会日常生活中的通行观念开始成为判断占有的独立性因素。

1. 韦尔策尔：占有概念中独立的社会性因素的发现

我国学界对于占有的讨论主要继受了日本刑法理论中的讨论，对于德国刑法理论的相关介绍较少，而且主要是对韦尔策尔的占有概念的介绍。如在黎宏教授的《论财产犯的占有》一文中提及，韦尔策尔在占有概念中

---

[1] Andreas Hoyer, in:Systematischer Kommentar zum StGB, 8 Aufl., 2009, § 242, Rn. 30, 31.

[2] Wolfgang Bittner, Der Gewahrsamsbegriff und seine Bedeutung für die Systematik der Vermögensdelikt, 1972.

[3] A. a. O, S. 9, 10.

区分了三个因素，主观因素、客观因素与社会性因素。[1]

但目前国内对于韦尔策尔所主张的占有概念的介绍仍然是过于简略的，这种简化在一定程度上导致了对韦尔策尔的误解。对于韦尔策尔而言，客观的支配关系与主观的支配意思都属于事实性因素，而事实性因素与社会性因素之间并非像上文的介绍那样是一种简单的平面关系。在《占有概念与自助商店盗窃案》一文中，韦尔策尔从对帝国法院一些判决的总结中反复地强调，传统的"事实的占有概念"存在着严重的个案主义问题，而且强调占有的事实性遮蔽了关键的一点：事实性因素并不是判断占有是否成立的决定性因素，客观支配关系与主观支配意思都必须根据社会的习俗观念来加以判断，因此习俗观念这样的社会性因素才是占有判断的决定性因素。

在德国刑法理论关于占有概念的讨论中，韦尔策尔的占有概念是极具代表性，并且在整个理论的发展过程中也是具有重要的地位，在韦尔策尔之前尽管理论上已经对事实上的占有概念展开了批判，但仍然没有完全脱离客观的支配事实与主观的支配意思这两个范畴所构建的框架，而韦尔策尔则在对事实占有概念以及诸多个案的具体分析之中，结合其整体的哲学以及刑法学思想，发现了社会性因素的独立性意义，开"社会—规范的占有概念"之先河。

韦尔策尔的占有概念同样起于对理论与实践中所主张的事实上的占有概念的批评。[2] 他认为现行的盗窃罪的构成要件中的占有概念欠缺明确性，最高法院以及通说理论的事实占有概念在实践中对于判断占有的有无实际无法提供任何具有可操作性的标准，通说与实务一方面在表面强调事实上的支配关系，但在个案中又往往偏离这一概念的基本原则，最终导致在占有的判断上陷入个案主义，这种个案性的考量尽管有其合理性但也存在着导致法官自由裁量权滥用的危险。他在《占有概念与自助商店盗窃案》一

[1] 黎宏：《论财产犯的占有》，载《中国法学》2009 年第 1 期。

[2] Hans Welzel, Der Gewahrsamsbegriff und die Diebstähle in Selbstbedienungsläden, GA 1960, S. 257 ff.

文中指出："最高法院判决中对于占有这一问题的判断根据个案的特殊性，而这些特殊性是由地方法院加以审查的而为最高法院所尊重。这种方法鉴于占有的多层次性在事实上是合理的，因为这一方法使裁判能够适应个案的具体情况，并获得合乎实际的判决结论。但另一方面不应忽视的是，这样一种'个案主义'（kasuistische）的方法也存在着严重的危险。这一方法对于个案的裁判必须建立在一个从一开始便得到清晰描述的、一般性的法律考量之上进行，否则便将导致法律思维的混乱并最终演变为神谕式的直觉性裁判（Kadijustiz）。即便只有考虑个案的特殊情况才能够对占有关系做出判断时，这一判断也必须视为一般法律考量的具体表现。在占有关系的判断上对于这种一般的法律考量的依赖并不少于其对于个案特殊情况的依赖。但这种法律考量事实上是很难形成的，这必须基于现行的盗窃罪构成要件中的占有概念而产生。……这一概念本身欠缺明确性是迄今为止的司法实践中产生各种矛盾与紧张关系的根源，但同时也导致即便判决结论本身正确其论证的理由也多是欠妥当的。" [1]

基于事实的占有概念在理论与实践中所存在的问题，韦尔策尔发展出了自己的占有概念，他回溯到刑法上的占有（Gewahrsam）与民法上的占有（Besitz）的共同词源——日耳曼语中的"Gewere"一词，二者所指称的都是一种本身就具有保护价值的外部安宁状态。"占有是独立的刑法概念，这一概念虽然与民法上的占有在核心上是一致的，但在细节上仍然有所偏差。二者在词源上都来源于古日耳曼语中的 Gewere，并都表达了将外部的安定状态本身视为值得保护的法律考量，因此即便是自力救济行为原则上也是不允许的。刑法与民法上的占有的核心都应被理解为一种事实上的安定状态。因此，盗窃罪区别于侵占罪之处在于，盗窃罪除了在侵犯了所有权之外还侵犯了这种事实上的安定状态。" [2]

作为外部的事实上的安宁状态，占有这一概念一方面是前法律的，另

[1] A.a.O.

[2] A.a.O.

一方面又是为社会习俗所规定的，因而是社会性而非纯事实性的。“所有权是一种纯粹的法律关系，而占有则是一种为法律所吸收的社会关系。这并非是‘所有法律上的重点都必然有其社会属性’这样的陈词滥调，而应当被理解为，法律对于已经存在的、并非由法律首先创设的社会结构予以承认与吸收。”[1]

由此以社会习俗、信念等为内容的社会性因素的独立意义被发掘出来，从而成为超越于事实上的支配关系与支配意志而决定占有的有无及其归属的决定性因素。“社会生活并非是毫无规定性的，而是通过习俗、传统、信念而包含了形成了自身的结构与秩序，这些结构秩序为法律所吸收，并受到法律的保护。这样的一种社会结构被称为占有：在这一空间领域内，个人能够行使其对财物所具有的支配。物理性的对物支配之上所存在的社会性因素是占有概念的必要组成部分，但这一要素也往往遭到忽视、误解与压制。帝国法院在其早期的判决中片面地强调占有概念中的事实侧面，认为占有只是一种事实状态，基于这一状态某人拥有支配某物同时排除他人作用的物理上的可能性。”[2]

韦尔策尔认为纯粹的事实性因素从来都不是决定性的因素。[3]“成年人所具有的身体上的优势本身并不当然地使其获得对儿童东西的占有。相反，日常生活中的风俗习惯，也就是社会性的因素对于占有关系的确定而言才是问题的关键。只有基于社会性的因素才能肯定农夫对于田地里的农具的占有。与村子里的居民相比，该农夫可能住在距离田地最远的地方，就身体力量而言他可能远低于其他大多数人，但在社会观念下他仍然保有对田地里的锄头的占有。在所有这些案件中，占有概念中的社会性因素都对占有的松弛进行了补强从而使得占有继续存在。”[4]这种社会性的因素才是实践中真正判断占有的有无、归属的关键性因素，但这一社会因素在司法实

[1] A.a.O.

[2] A.a.O.

[3] A.a.O.

[4] A.a.O.

践中从未被明示地肯定为独立于事实上支配或物理上的能够之外的因素。只在极少的情况下人们才认为交往观念、日常生活观念对于认定占有关系具有决定力。由于缺少对独立的社会性因素的强调，对于占有的“事实性”的强调便是片面且容易造成误解的。

但另一方面，韦尔策尔所主张的占有概念也并不因此就成为彻底的规范概念，这一点必须结合其整体的哲学立场以及刑法学立场加以理解。根据韦尔策尔所主张的物本逻辑结构，社会现实本身并不是杂乱无章的而是本身具有一定的秩序与结构的，这些在法律之前便存在的秩序结构是由社会的习俗与信念所建构起来的。因此韦尔策尔基于社会的习俗、信念来判断占有的有无，并没有放弃占有概念的前法学属性（vorrechtliche Natur）而成为彻底的法学概念（juristischer Begriff），韦尔策尔自己也强调“社会性因素是一个事实概念（faktischer Begriff）”，[1] 但这种事实的概念与纯粹客观的、物理的、价值中立的事实概念不同，他指出：“刑法的‘现实’（Realia）并不是诸如力量、强度、距离这样的物理概念而是社会概念，根据这一表述，占有应当被认为是根据习俗、观念、信念等所社会性地构建的一个人的生活领域，在这一领域内，个人能够排除他人的干涉而实现自己的意志。”[2] 概而言之，韦尔策尔将占有理解为一个社会事实而非物理事实，“因为社会性因素也是一个‘事实性’的概念。它根据社会生活中存在的有效的观念、习俗、信念加以确定。但这一事实与‘物理上支配’这一事实是相区分的两个问题。前者往往被忽略，而后者则成为占有概念中的支配性要素：由此占有概念不再是基于维护事实上安宁的考虑而产生，而是基于力量上的优势或者是空间上的远近而产生——这是一个被偷换的、被篡改的占有概念。在这个未被察觉的意义偷换过程中监视这一要素具有重要意义。监视这一要素因其与物理性要素的关联而始终具有重要性。如果被害人在物理上处于劣势，则行为人即便受到监视也能完成拿走行为，

[1] A.a.O.

[2] A.a.O.

同样当监视者并不想阻止拿走行为时这种监视也是不重要的。但即便监视者想要阻止拿走行为，当这种监视并不是一种确定的监视时也是不重要的。司法实践中‘监视’这一要素的功能是在事实的占有概念而非社会的占有概念的框架下实现的”[1]。

2. 社会一规范的占有概念：干预的社会不显著性（soziale Unauffälligkeit der Zugriff）

（1）社会一规范的占有概念

随着韦尔策尔占有概念中独立的规范性、社会性因素的发现，理论上开始逐渐形成了社会的、规范的占有概念。在社会的、规范的占有概念下占有被理解为将特定的物基于各种社会观念而归属于特定的个人，这种社会性的归属的特征在于，个人对于归属于自己的物的干预的不显著性，也就是说，占有人对于物的使用处分等各种行为从社会角度看来都是不言自明、理所当然的。[2] 通俗地讲，“占有”这个概念意味着，对于占有人以外的其他人而言，这个东西是不能随便碰的，只有占有人能随意地碰这个东西而不会引起他人的关注。也就是说，从社会一规范的占有概念看来，占有代表着的是一种社会观念下的禁忌领域（Tabubereich）[3]。

（2）占有区域的划分

基于社会一规范的占有概念可以区分出不同的占有领域。如韦尔策尔认为，首先在排他性的意志支配这一社会领域中，居于最优势地位的是房屋与住宅，这是一直为社会性视角所承认的，其中身体力量上的优势或直

---

[1] A.a.O.

[2] 参见 Wessels/Hillenkamp, Strafrecht Besonderer Teil 2, 35 Aufl., Rn.82.

[3] 韦尔策尔在对占有概念进行定义时借用了“塔布（Tabu）”这样一个人类学概念。塔布这个词源自波利尼西亚的宗教观念，原指被认为具有曼纳而不可接触的人或事物。后来在人类学中广泛被采用用以指代各种原始宗教中的禁忌观念。另外心理学学者同样对塔布观念产生了兴趣，最著名的是弗洛伊德的《图腾与塔布》一书。在宗教人类学的框架内，塔布是一种具有神圣性的禁忌观念，韦尔策尔借用这个概念来定义占有领域，在某种意义上也再三强调了这种占有领域的神圣不可侵犯性，这与他强调占有在古日耳曼法中作为一种外部的安定状态，其本身便是值得保护的，具有作为独立于所有权之外的另一法益的观点相一致。

接的距离都不具有意义。其次还包括了个人本人、其身着之衣物以及随手所拿的包或箱子等物品，这些领域甚至优先于住宅。房屋主人的支配领域并不及于在他家做客的客人的衣物或者行李。反过来当可客人将房屋内的物品藏于自己的衣物或行李内时，这些物品便不再处于屋主人的支配领域之下。物品的前占有人即便能够及时地阻止这一过程，如当他发现了这一情况并有能力阻止时，这种事实可能性也并不能改变对物的占有已经转移到拿走行为人的支配领域内的事实。在不同占有领域之间的转换并非由于力量以及距离的对比而是与社会性的支配领域相关。[1]

因此首先可以区分出的占有区域，是与个人联系最为紧密的身体领域，在这一领域内的所有财物都被归属于该个人。其次则是一般性的支配领域，例如房屋、机动车或者营业场所。根据社会观念所有位于这一领域中的财物，都处于这一空间所属的那个人的占有之下。当然在这一一般性的支配空间内也存在一定的例外。[2]

将财物从他人的禁忌领域（Tabubereich）中拿出，例如从他人的房屋、住宅、汽车以及随身携带的手提包或者穿在身上的衣服中拿出，这种行为是具有社会显著性的。这样的禁忌领域构成了他人的占有领域，该他人能够以社会所认可的方式对这一占有领域中所包含的财物进行干涉。在特定的情况下财物虽然进入某人的占有领域内，但该财物仍处于另一人的占有之下。这种情况下交错着两个不同的占有领域：空间上较为紧密的领域在空间上较为宽泛的领域之中成为所谓的“占有飞地”（Gewahrsamsenklave）。典型的情况是，在客人到主人家拜访做客时，客人对于自己随身所携带的财物并不因为其进入了主人的家中这个一般性的支配领域而丧失。但也存在相反的情况，即便财物进入了一个在空间上更为紧密的占有领域，也仍然认为其处于一般占有领域的拥有者占有之下，如在商场试穿服装时，店主对于用于试穿的服装的占有，并不会因为穿在了顾客的身上（也就是进

[1] Hans Welzel, Der Gewahrsamsbegriff und die Diebstähle in Selbstbedienungsläden, GA 1960, S. 257 ff.

[2] Roland Schmitz, in: Münchener Kommentar zum StGB, 2. Aufl., 2012, § 242, Rn. 48 f.

入了身体占有领域，这在空间上是更为紧密的）而失去。因此客人在到主人家拜访时，如果主人将手伸进客人随身携带的手提包中时，这个行为针对的是他人的占有，具有社会显著性。而基于双方之间所存在的特殊关系，较为宽泛的空间区域也可以具有作为禁忌区域的意义，从而能够对一方的占有领域进行侵害。社会的隶属关系同样也能成为这样一种特殊关系。因此矿工在工作期间对其所穿着的防护服并没有占有。[1]

(3) 社会—规范的占有概念所存在的问题

社会—规范的占有概念在很大程度上弥补了事实的占有概念所存在的问题，而能够更为灵活地应对实践中所出现的各种特殊情况。但在这种灵活性之中也潜藏着各种危险。霍耶指出，社会的占有概念能够毫无疑问地保证结论的正确性。但这种没有问题之中恰恰隐藏着社会的占有概念的问题。只要没有对社会规范这一不成文构成要件要素予以明确，而从这些社会规范中推导出相应的社会归属，就会存在恣意的嫌疑。[2]

就结论而言，社会—规范的占有概念与事实上的占有概念所得出的结论基本是相同的。由于社会归属的标准可以任意地适用，因此在得出这样结论的同时也不会陷入逻辑上的矛盾。但是存在疑问的是，个案中每个具体的社会归属究竟是建立在什么基础之上的。社会归属不是偶然而恣意地进行的，而必须建立在特定的事实或法律基础之上并始终与这一基础相呼应。社会的占有概念所强调的对特定的空间区域的禁忌化所表达的只是一种次级的现象，也就是说，它是以特定的事实或法律状况为导向的，而并不等同于这种特定的事实或法律状况。如果涉及的是基于法律的禁忌化，则陷入循环论证，因为对特定的区域进行基于法律的禁忌化通常是通过第 242 条的适用进行的，因此这个领域的社会禁忌化不可能既从第 242 条中推导出来同时又导致第 242 条的适用。[3]

上文中关于占有飞地的论述已经足以说明问题，两个占有领域发生重

---

[1] Andreas Hoyer, in: Systematischer Kommentar zum StGB, 8 Aufl., 2009, § 242, Rn. 28, 29.

[2] A.a.O. Rn. 31.

[3] A.a.O.

合时，即可能是较为紧密的占有领域优先于较为宽泛的占有领域，如到主人家拜访的客人对于其随身携带的财物，也可能是较为宽泛的占有领域优先于较为紧密的占有领域，如商场之于顾客试穿的衣物。如何判断何者优先的标准存在于内容广泛的社会规范和社会观念之中，而社会规范内容的不确定性最终导致了占有认定的不确定性。此外，由于社会规范内容的广泛，实际上仍然要就个案来确定具体案件中所涉及的社会规范的内容，这样一来韦尔策尔原本所要批判和试图解决的、事实上的占有概念所存在着的个案主义问题不仅在社会—规范的占有概念下无法得到解决，甚至还加剧了这种个案主义的倾向。

此外如果坚持彻底的规范占有概念，将导致仅承认有权占有而否认无权占有的结论。彻底的规范占有概念的主张者认为，占有的认定仅以存在特定的法律权限为基础。这就与韦尔策尔提出社会的占有概念时占有与法律之间的逻辑关系便完全颠倒了过来。在韦尔策尔那里，占有仍然是一个前法律的社会结构，这一社会结构是基于社会生活中所存在的习俗而构建的，法律只是对这一现存的社会结构加以承认并保护，因此在逻辑上作为社会事实的占有相对于法律上具有在先性的。而在规范的占有概念这里，法律权限成为占有的前提。基于这样的观点，盗贼、窝赃者、走私者对于赃物的占有便无从肯定了，因为这些人对于赃物的占有都是缺少正当的法律权限的。更严重的问题在于，如果完全否定无权占有，则大部分情况下盗窃罪的构成要件都会落空，因为盗窃以行为人对物建立新的占有为既遂的标准，如果基于规范占有概念只有存在法律上的正当权限才能肯定占有，则意味着行为人永远无法建立新的占有，盗窃罪也就永远无法达到既遂。

这一结论显然是荒谬而令人无法接受的，但实际上，规范占有概念的主张者在结论上也同样肯定了包括窃贼对赃物的占有在内的大部分无权占有。占有在法律上的正当根据在无权占有的情况下对于肯定占有并没有任何影响。但在缺少法律上的正当权限的情况下，能够作为肯定无权占有根据的，便只有外部的事实状态这一事实性因素。这意味着在无权占有的情况下，规范占有概念必须采取其他的判断标准，如回到事实上的占有概念所主张的支配可能性这一判断标准。由此占有概念便在内部发生了分裂：有权占有与无权占有，对于有权占有而言，占有是一个规范概念，而对无权占有而言，占有则是一个事实概念。批评者认为，规范占有概念的这种做法使得对建立在占有概念基础之上的拿走这一盗窃罪构成要件的解释完全脱离了罪刑法定原则的约束。[1]

（三）取法乎中，事实与规范之间的占有概念：霍耶所主张的"使用保留区域"理论（Nutzungsreservat）

无论是纯粹的事实的占有概念还是规范的占有概念在理论内部都存在无法完全自洽的问题，因而有学者试图整合认定占有的事实性根据与法律性根据，代表性的理论是霍耶所主张的"使用保留区域"理论。霍耶认为，占有既不完全建立在事实基础上也不完全建立在规范的基础之上，占有这一概念意味着将特定的物纳入个人的"使用保留区域"之中（als Eingliederung in ein Nutzungsreservat）。[2]

霍耶从对盗窃罪的构成要件结构的分析出发，认为对于拿走行为必须以领得意思为目的，因此对于拿走行为的核心——占有的解释也必须结合领得目的，尤其上下位的"取得"目的出发来理解占有。他指出："从《德国刑法典》第242条中可以看出，拿走行为总是以实现'取得'为目的的。因此拿走行为应当是作为实现领得目的的手段而存在的。任何一个取得都体现在对物的使用之中，因此行为人在实施拿走行为时就已经准备好对物进行此种使用，这意味着，他必须愿意并确保自己能使用该物。在这个意义上，获得对物的占有就意味着保留该财物以便于使用，而占有便体现在将财物纳入个人的使用保留领域内。这种使用保留领域既可以通过事实上

---

[1] Walter Kargl, Gewahrsamsbegriff und elektronische Warensicherung- BayObLG, NJW 1995, 3000, JuS 1996,971 ff.

[2] Andreas Hoyer, in: Systematischer Kommentar zum StGB, 8 Aufl., 2009, § 242, Rn. 32.

的占据该物也可以通过法律上的约定加以实现。”[1]

对于这一从“使用保留区域”的角度界定占有的尝试，理论上也提出了批评。施密茨教授指出，当人们在定义上认为将占有做如此理解，即就行为人一方来看占有的建立是对在未来使用该物的预备时，那么在被害人一方占有也是同样如此被定义的。但这就意味着，占有仅仅存在于那些所有权人或者占有人想要利用的物之上。即便通常情况都是如此，也不能就此认为，所有的、权利人尚不确定自己是否想要使用的物都自动变成脱离占有的物。[2]这一批评的论证过程是比较迂回的，施密茨教授的意思实际上是，因为判断行为人和被害人对于财物的占有采取相同的标准，以此为前提，如果按照霍耶所定义的“使用保留”意义上的占有概念，便会出现，只有当原占有人对于财物有利用打算时才肯定其对财物的占有。

此外，霍耶试图通过从“领得意思”的下位概念即“取得”这一要素中推导出占有的概念，从而能够整合肯定占有的事实根据与法律根据。[3]但这种整合最先面临的问题是当肯定占有的事实根据与法律根据同时并存时，以何者为优先，对此，霍耶强调事实所具有的优先性。但即便这样强调了，霍耶对于个案的处理中在很多时候并没有体现出这种事实的优先性，而是相反优先考虑将各种规范性要素作为肯定占有的基础。霍耶一方面强调“事实的优先性”，另一方面又根据法律状况进行判断占有的归属。在存在法律隶属关系时，通常有权做出命令的人保留了对物的占有。例如在自助超市事例中，移转对于商品的占有也取决于买卖合同是否存在而非该商品是否在事实上被获取。另外，当占有辅助人决定为自己利益而使用该物时，该占有便移转给占有辅助人。[4]占有辅助人的这一内心决定并不改变客观的事实状况也足以撤销此前存在的法律上的使用可能性。对于占有的移转而言，外部的占有移转过程是必要的，但霍耶则认为这是不必要的，

[1] A.a.O, Rn. 32, 33.

[2] Roland Schmitz, in: Münchener Kommentar zum StGB, 2. Aufl., 2012, § 242, Rn. 56.

[3] Andreas Hoyer, in: Systematischer Kommentar zum StGB, 8 Aufl., 2009, § 242, Rn. 32.

[4] A.a.O.

由此在这个意义上霍耶所主张的这个占有概念与其说是在事实与规范之间寻找中间道路，而毋宁完全将占有归属的判断诉诸相关人员的内心意思，于是占有的判断因缺乏足够的客观性而变得更加不确定了。

三、占有概念中的规范性因素及其评价

前文在介绍日本刑法理论时所提及的法律上支配同样也体现了一种类似的规范化倾向，即占有的认定不再取决于事实面的因素而从规范的角度予以考量。从两国学者的论述来看，二国的共同点在于，社会性、规范性因素被纳入占有的概念之中并逐渐成为一个独立的认定占有的因素而存在。规范性因素的发现与强调，使得占有的判断避免了基于物理上的力量关系认定占有的事实上的占有概念所导致的在个案处理上的僵化，从而能够适应不同案件的具体情况，做出更为合乎实际与国民法感情的判断结论。但对于规范性因素的过分强调本身也存在着各种问题。

诚然，占有一词，作为一个法律上的概念，包括了事实与规范两方面的因素。刑法理论通说一方面认为刑法上的占有只能是事实上的占有而不能是观念上的占有，即刑法并不承认民法上所发展出来的占有的观念化[1]。因此刑法上的占有在外延上排除了民法上的间接占有、占有继承等内容。另一方面，尽管将刑法上的占有限于事实上的占有，但这种事实上的占有并不仅指对物所具有的有形的物理性的支配力，而是一种结合社会一般观念所确认的事实上的支配力，从而也具有一定的规范色彩，“除了财物存在于占有者的物理性支配力所及的场所内之情形外，当财产在社会观

[1] “占有的观念化”，是指若人对物有某种法律关系存在，则即使人与物没有空间和时间上的结合关系，仍然可以成立占有，使占有由直接的实力支配而逐渐扩展至观念上的支配。“占有观念化”主要涉及的法律关系常见的有以下类型：1）基于租赁、借用、出质等而产生的间接占有；2）占有继承，占有可以成为继承的标的，继承发生时，继承人虽未在事实上管领其继承财产，仍然可以取得占有；3）依占有辅助人而进行占有。（北京大学法学百科全书编委会：《北京大学法学百科全书·民法学、商法学卷》，北京大学出版社 2004 年版，第 1174—1175 页）。

念上能够推知该财物的支配者之一定状态时，也认为存在对财物的事实的支配”[1]。因此，尽管与民法上的“占有”概念相比，刑法中的“占有”具有更现实的内容[2]，刑法上的“占有”仅限于“事实占有”而排除“观念占有”。但这种事实的占有又必须结合社会一般观念进行规范判断，因而又并非一个纯事实判断，而是一个包含事实与规范两方面因素的判断。

观察民法上的占有概念的发展，在罗马法上占有的原初含义被称为“自然占有”，这一名称意味着占有最初是一个自然的、裸的事实，“在任何情况下仅指一切占有关系中外在的、事实方面的要素”[3]，这个事实性的要素是成立罗马法上所认可的两种占有——市民法的占有与裁判官法的占有（又称为令状占有）的必要条件。[4]随着社会与法律制度的发展，在发展出了间接占有、占有继承等概念之后，民法上的占有日益观念化，占有的观念化意味着规范因素在占有的判断上日益重要，法律主体开始可以基于其所拥有的权利，如所有权所派生的所有物返还请求权而拥有对物的占有，即使“物”处于另一人的事实的控制支配下。

相较之下，在刑法上占有尽管也包含了事实与规范两方面的因素，但仍然是一个侧重于事实性的概念，规范性的因素只是在事实性的支配力减弱时的一种补强。而在完全丧失此种事实时，并不能因为某种权利的存在就肯定占有的存在。如农夫将农具遗忘在自家的田地上，尽管没有用手握持着，空间距离也较远，依据社会观念而认为其仍然拥有占有这是社会观念对占有事实存在的一种补强。

当然在围绕占有这一概念所进行的讨论中，有一点是毋庸置疑的，那就是排除规范因素去寻求一个纯粹的事实占有概念是不可能的。我们甚至

[1] [日] 大塚仁：《刑法概论（各论）》（第三版），冯军译，中国人民大学出版社2003年版，第185页。

[2] 同上注。

[3] [意] 萨尔瓦多·里科波诺：《罗马法中关于占有关系的理论——兼论现代法学理论及立法》，贾婉婷译，载《比较法研究》2009年第3期。

[4] [德] 弗里德里希·卡尔·冯·萨维尼：《论占有》，朱虎、刘智慧译，法律出版社2007年版，第44页。

可以说，纯粹以事实上的、物理性的力量关系对比来确定占有归属的所谓“纯粹的事实占有概念”从来不曾存在过或者至少从来没有在个案的司法实践中得以贯彻过。各种对占有进行定义的尝试，都需要在某种程度上考虑社会的、规范的因素。这一点在存在上下级隶属关系的共同占有中表现得尤为明显，上位的占有人往往并不与所占有的财物发生直接的关系，而只是基于其在工作中的优势权利而被认为其占有是更为优先的，下位占有人对上位占有人的占有的侵犯构成对占有的破坏，而反过来上位占有人则不可能侵犯下位占有的占有。[1] 同样借鉴民法上的占有辅助概念用以否定某些情况下在时空上更为接近财物、具有更高的作用可能性的人的占有，也不可避免地从主体所享有的正当权利的角度加以思考。韦尔策尔的观念与其说是创设了一个全新的占有概念，而毋宁是将法院在具体个案中如何认定占有的真相揭示出来。

自始至终，规范因素从来都无法单独成为决定占有的因素。车浩教授在《盗窃罪中的被害人同意》一文中指出：“占有概念具有事实与规范的二重属性，但规范的作用归根结底是在补强和支持在事实层面上人对财物的支配和控制关系，如果事实上的支配关系为零，规范关系再强，也无法独立支撑起占有的成立。”[2] 此外，彻底的规范占有论者以具体案件中所涉及的相关人员在物上所拥有的法律上的正当权利来决定占有的存在以及归属，都将导致在刑法上势必逐渐地接受以间接占有为代表的“占有观念化”趋势，除了在事实上控制财物的人拥有对物的占有之外，其他对物拥有权利的人都可能对物成立间接占有，而这最终导致同一个物上可能存在多个强度不同的占有。这种多种占有的共存并不能简单地等同于理论已经有所讨论的所谓“存在上下级关系的共同占有”，在后者上位的占有者与下位的

[1] 当然在这个意义上，“上下级的共同占有关系”这一概念是否还有存在的必要就成为问题。因为完全可以认为只有上位占有人具有占有而否定下位者的占有。参见 Bernd Schünemann, Methodenproblemer bei der Abgrenzung von Betrug und Diebstahl in mittelbarer Täterschaft, GA 1969, 46 ff.

[2] 车浩：《盗窃罪中的被害人同意》，载《法学研究》2012 年第 2 期。

占有者之间存在着工作上的隶属关系，而在前者不同的占有者不过是拥有了不同性质、不同强度的民事财产权利，他们之间更多地是一种对等的民事权利义务关系，而一种上下级的隶属关系则并不存在。由此庞大而复杂的民事财产权利体系在刑事占有的认定中便居于重要的地位。但问题在于，一个复杂的占有体系对于刑法的“占有”概念及其背后对财产秩序的保护是否真的是必要的？正如许内曼教授所质疑的那样，在“存在上下级关系的共同占有”中，既然下位占有人可以破坏上位占有人的占有而上位占有人不可能破坏下位占有人的占有，直接否定下位占有人的占有即可，一个简洁而清晰的刑事占有规则或许能够更好地为刑法财产犯罪制度服务。

吊诡的是，韦尔策尔在提出占有的社会性、规范性因素作为占有判断的决定性标准时，所针对的是理论与实践中所代表的事实上的占有概念在具体案件判断中所造成的不确定性与个案主义倾向，韦尔策尔认为这种就个案具体情况进行判断的做法虽然有其合理性，但却容易滑向个案主义，因此必须通过社会的、规范的因素的发现来为占有的判断提供一个一般性的标准，从而保证判断的一贯性。但尽管社会性与规范性的因素在理论与文献上逐渐得到承认，但并没有完全解决个案判断的不稳定性与不确定性，甚至恰恰加剧了这种不确定性，因为据以进行规范判断的标准也就是规范本身的范围恰恰是不确定的。这种不确定性虽然使得占有的认定能够适应日益丰富和灵活的社会生活关系，却始终存在违反罪刑法定原则的危险，这种危险是刑法教义学研究中始终值得注意和警惕的。要确保法治国原则所要求的明确性就必须对规范的范围进行明确，其中一种尝试在于将规范完全限制在法律规范之内，即占有的存在以得到法律规范肯定的权利为前提即以占有的合法性为前提，也便排除了非法占有存在的可能，反之，如果不以法律规范为唯一的判断标准而是以社会交易观念为标准则又要重新面临不确定性的问题：规范的占有概念与事实的占有概念同样面临着二律背反的处境——要么失之过宽，要么失之过窄。

四、本章小结

在占有概念中有事实的占有概念与规范的占有概念之争，这两种观点构成了关于占有概念的理解中的两极，或者我们套用韦伯的概念，这其实是两个在现实中并不存在的理想型，理论上既不会简单粗暴地仅仅以物理意义上的支配力大小来判断占有的归属，也不会完全从纯粹法律规范的视角认为占有的有无以正当权利的有无为前提条件，但这两个理想型对于我们认定占有的归属而言却都是重要的。在承认占有概念的规范性要素的前提下，同时需要对规范的范围进行明确，但纯粹以法律规范为标准在实践中却无法贯彻下去，中间的道路或许在于以类型化的方式来进行相对的明确化。

本书并不想彻底地将规范性的因素从占有的概念中排除出去，因为这既无必要也不可能。但必须要指出的是，承认占有的规范性要素并不能等同于将占有的判断完全诉诸财产权利的归属。这一点对于本文后续的结论至关重要，这意味着，在存款的占有归属判断上，并不能简单地诉诸存款债权的有无。那么究竟所谓的存款占有到底指的是什么呢，应当以何种标准来判断呢，这个问题将在下一章中进一步讨论。

第七章

结论：财产犯罪中存款占有的重建

一、存款占有的四重含义

当我们谈论“存款的占有”概念时，我们究竟在说什么？在我国，学界的主流观点认为，存款这个概念既指存放在银行的现金，又指账户名义人对银行所拥有的存款债权，以对象的不同至少可以区分出对现金的占有和对存款债权的占有两个类型。鉴于德日刑法理论中债权并不包括在财物的范围内，因而也不是占有的对象，那么德日刑法理论中所发展出来的关于占有的一般概念也是建立有体物作为占有对象的基础上而发展起来的，具体到本书所关注的问题，便意味着，德日理论中关于占有的讨论严格来讲只能适用于我们对于现金占有归属的讨论，而对于存款债权的占有，则是中国刑法理论必须独立面对和解决的问题。

就现金占有的归属而言，基于对占有一般概念的不同理解而有不同的观点，从事实的占有概念出发应当认为现金的占有归属于银行（现金的银行占有），而如果以日本理论上的所谓法律上之支配来理解这里的问题，则在一定程度上能够肯定账户名义人基于存款债权而在法律上占有现金（现金的存款名义人占有）。并不太清楚的是，从德国的社会一规范的占有概念出发应当如何判定现金占有的归属问题，因为在这个理论内部关于用以判定占有归属的社会规范的内容以及规范在这个判断中居于何种地位仍然存在一定的分歧，更不用说以社会日常观念作为占有归属判断的基本标准会因为具体社会文化、社会观念的不同而在不同国家的社会中得出不同的结论。当然最为彻底的规范占有概念与日本的法律上之支配已经极为接近，二者都是以法律权利的有无来判断占有是否存在，如果从这个占有概念出发似乎也可以得出与存款名义人占有说相似的结论。

而就存款债权的占有而言，目前德日理论中并不存在可以照搬的理论资源。国内学者的文章中以及本书在前面的论述中已经开始粗略地提及了考虑采用民法上关于权利准占有理论，形成存款债权的准占有概念。但这个观念目前尚不成熟，仍然有许多值得探讨和需要进一步阐明的问题。

如果同时在存款占有之下讨论现金占有与存款债权占有的归属问题，则必然会涉及如何处理二者之间关系的问题，存款债权的准占有人是否能够基于自己占有的债权同时占有现金就成为问题，我国理论上讨论的“占有存折、银行卡是否相当于占有了存折项下的现金”这个问题实际上是如何处理存款债权的占有与现金占有之间关系的问题，即当行为人在事实上取得了行使存款债权的可能性时（存款债权的准占有）能否直接肯定其占有了银行现金（现金的占有）。这个问题与日本的存款名义人占有说有着根本的不同，我们也不能够直接援引存款名义人占有说来论证上述这个问题的肯定回答。

从上面的分析可以看到，我们在存款占有的这个大命题之下其实讨论的是含义不同的“存款的占有”，这里至少包括了四种含义：现金的事实占有，基于存款债权的现金法律占有、存款债权的占有以及基于存款债权的准占有而产生的对现金的占有。前两个含义所要处理的是一个典型的、传统的有体物占有归属的问题，第三个含义中所要处理的是如何发展出一个新的以债权为对象的占有概念，第四个含义所针对的则是如何处理债权的占有与物的占有之间的关系问题。在这四种含义中，除了现金的事实占有之外，其他三种存款占有都或多或少与占有的一般概念相悖，现金的法律占有偏离了占有作为事实上支配的含义，而存款债权的占有则偏离了占有的对象是有体物，在这种偏离基础上形成的存款债权的占有实际上是对占有概念的类推。

二、现金的法律占有及其问题

如前文在第二章对日本学说的阐述中所述，日本理论在银行占有说与存款名义人占有说之间的争论，根本上是关于占有的一般概念的讨论，即我们究竟是在事实上支配的意义上还是在法律上支配的意义上理解占有，抑或二者兼有。主张现金归属于银行占有的观点是从事实的占有概念出发的，强调一种物理的、事实的对有体物的支配关系；相反主张存款名义人占有说的观点，其立论的基础则是占有的法律上支配意义，因为只有在肯定主体可以基于自己所享有的权利而对物产生占有这个大前提，以及存款债权属于法律权利的一种这个小前提之后，才能得出账户名义人基于自己的存款债权对现金享有占有这个结论。这个观点虽然在很多案件中看似有很强的解释力，但其立论的根基仍然是存在疑问的。

其一，前文在对存款名义人占有说的批评中已经提及，在日本理论中，仅在对侵占罪的解释中认为占有不仅包括事实上支配而且包括法律上支配的观点，而在盗窃罪以及诈骗罪的一般解释中仍然认为占有仅指事实上支配，因此以法律上支配意义上的占有概念以肯定存款名义人占有说进而在案件中否定诈骗罪的成立，这在逻辑上并不具有正当性。此外，这种在侵占罪中扩张占有概念而在盗窃和诈骗罪中仍然维持传统上的事实上支配概念，还会使占有这个概念失去界分占有转移型与非占有转移型犯罪的功能，因为当行为人仅存在法律上支配而缺少事实上支配时，行为人便有可能既存在（法律上支配）又不存在（事实上支配）占有，甚至导致盗窃罪、诈骗罪与侵占罪之间产生想象竞合关系，避免这一问题的方式便只有将法律上支配意义上的占有概念扩张适用到其他财产犯罪中或者是将侵占罪的占有概念重新回缩到事实上之支配——只有一个统一的占有概念才能发挥界分的功能，占有概念的内涵和外延在具体罪名上的不统一最终只会导致不同罪名之间不必要的重叠和竞合。

其二，即便在从法律上支配的意义来理解占有的观点内部来看，债权能否被认为是一种法律上支配也存在疑问。日本刑法在讨论侵占罪构成要件时列举的法律上支配的典型情况包括了不动产登记证明、提单、仓单，这些文件上所记载的都是具有绝对的、排他效力的物权权利，而存款债权作为仅具有相对效力的债权的一种特殊形式，能否被认为是认定法律上支配的基础就存在疑问。

其三，诚然我们可以将法律上支配的范围扩展到所有的法律权利，即不仅包括物权，而且包括债权，从而得出肯定存款名义人占有说的结论，这也意味着不仅存款债权而且是其他债权都可以作为肯定占有的法律基础。但这种扩张的后果可能是并不理想的。因为这意味着在同一个物上可以成立多个占有：在买卖合同订立而尚未交付之前，买方已经基于合同债权请求权取得了对买卖合同标的物的法律占有，如果在未缴纳货款之前，买方就将标的物拿走的行为就可能不构成盗窃，因为他已经拥有了对标的物的法律占有。我们当然可以在共同占有的框架内认为这种情况仍然是对卖方的占有的破坏仍然可以成立盗窃罪，但这反过来是否意味着卖方的一物二卖情况不仅可能成立侵占罪而且已经成立了盗窃罪呢，因为第二次的出卖行为便已经侵犯了此前买卖合同相对方的法律占有。在金钱债务的情况下，情况会变得更不清楚，同一个债务人的多个债权人都可以基于债权对债务人的现金享有法律上占有，于是在债务人财产不足以清偿所有债务时是否意味着对某些债权人占有的侵犯呢，这似乎已经将一个本属于民法领域解决的问题不恰当地上升到刑法层面而且不恰当地将问题予以复杂化了。这里所举的例子只是一个简单的假设并不是本书所要讨论的重要问题，这里只是想通过这些案件解决的复杂性说明，将占有概念同时理解为事实上与法律上支配两种含义这种看似“中庸”的解决途径，其实只会导致问题不必要地被复杂化，在法律上支配的概念之下，日益复杂的财产权利关系同时将占有概念变得复杂化，这种复杂化的占有概念导致了占有的重新归属，最终可能导致不同财产犯罪构成要件成立范围的重组。一个过分复杂的占有概念最终会导致这个概念丧失其在构成要件之间的界分功能从而失去其在财产犯罪体系中的重要性。

其四，彻底的规范占有概念之所以在德国刑法中难以接受，根本上是因为理论传统上认为所有权是一种法律上的支配力而占有是一种事实上的支配力，如果完全将占有理解为以权利为基础的法律上支配，它便丧失了其独立于所有权的独立地位。即便目前的德国学说强调在占有判断上应以社会日常观念作为判断标准，这也不意味着他们接受了彻底的规范占有概念。韦尔策尔所理解的社会一规范占有概念，是指基于前法律的社会观念而对占有领域的规范归属，法律知识对这种前法律的归属进行承认与保护，而法律上支配抑或是彻底的规范占有概念都是一种对这种社会事实与法律规定之间的逻辑关系的倒置，在前者作为社会事实的占有先于、独立于法律规范而存在，在后者法律规范的存在则称为占有成立的前提。

最后，存款占有的归属问题对于解决错误汇款案件并不具有必要性，这并不是一个必须讨论的问题。在前文对德国处理存折、银行卡案件时的介绍中也介绍了德国对于错误汇款案件的处理。德日的相同之处在于，二者都是在诈骗罪的框架内讨论这类行为的可罚性问题，二者也同样讨论了行为人的取款行为是否构成欺骗，对于欺骗行为而言需要讨论的无非是行为人所明确陈述的事实（明示的欺骗）、以其行为默示表示的事实（默示的欺骗）是否与客观事实不符，或者其是否因为没有说明某一事实而实施了不作为的欺骗。具体到错误汇款案件中需要讨论的仅仅是行为人的取款行为是否是一个默示的欺骗，对于默示的欺骗而言，首先需要认定其行为是否同时包含了一定的对事实的陈述，其次是认定其陈述是否符合客观事实。德日都认为行为人的行为表示了自己对银行享有债权，问题的分歧是行为人通过自己的取款或者转账行为所表达的“我对银行享有债权”这个陈述是否是虚假的。日本认为错误汇款的收款人实际上对银行没有实质上正当的债权，因而认为这个陈述是虚假的，从而肯定欺骗行为的成立，德国法院判决和文献则认为，无论是错误记账还是错误汇款，在撤销权行使之前，收款人对银行拥有正当债权，从而否认欺骗行为成立。二者的分歧仅仅在于如何理解这里账户名义人对于因为某种错误增加的存款余额对银行是否拥有债权，基于这种对债权的肯定或否定来讨论行为人对于现金是否拥有占有对于诈骗罪的成立而言就变得多余。换言之，德国刑法理论和实务上认为行为人对银行拥有债权，并不是因为在这种情况下行为人对现金已经存在占有而否定诈骗罪的构成要件，而是因为行为人的行为中并没有包含虚假的陈述，因而否定诈骗罪的构成要件。同样，日本刑法理论和实务认为，行为人作为错误汇款的收款人，对于错汇金额没有实质上正当的债权，那么其行为中所表达的意思便是虚假的，于是该行为构成欺骗行为。而以事实占有概念为基础，占有原本就归属于银行，日本的理论上却一方面不满足于这个概念，而要用法律上的支配来理解占有以肯定存款名义人对现金的占有，另一方面又要以没有实质正当债权来否定其对于错误汇款的占有，这种迂回的论证思路是没有必要的，而且也是多余的，因“没有实质的正当债权”这同样一个理由既要用来肯定欺骗行为的存在又要用来否定存款名义人对于错误汇款的占有。

日本在错误汇款案件的处理上所存在的另一个问题，则是在一定程度上混淆了默示诈骗与不作为诈骗的界限，并在欺骗行为的认定上较为轻率。日本学者认为，错误汇款案件中，行为人在明知自己对于错误汇入的金额没有实质正当债权的情况下仍然将金钱取出，这一行为构成欺骗，但他们并没有指出这个欺骗究竟存在于取款行为中，还是存在对没有实质正当债权这一情况的不说明之中，前者是以积极方式实施的默示诈骗，后者则是以不作为方式实施的诈骗，对于后者而言，不作为诈骗的成立应当以行为人具有保证人地位为前提。日本理论仅从诚实信用原则的说明义务出发就肯定了欺骗行为的存在，但不明确的是他们究竟是想以诚实信用义务作为肯定默示诈骗的理由还是肯定不作为诈骗的理由：如果是后者，不作为诈骗的成立应以行为人居于保证人地位为前提，仅从合同交易的诚实信用义务来推导出一个银行用户对银行财产安全居于保证人地位是否过分扩张了保证人地位的范围且与不作为的一般理论中作为义务实质化的发展趋势不符都令人怀疑，而对于后者，诚实信用原则的确可以作为交易观念的一部分用来判断默示诈骗行为的存在，但在这种做法背后仍然会有通过默示诈骗来规避不作为诈骗中所要求的保证人地位要件的危险。（也就是说，虽然诚实信用义务不足以作为奠定保证人地位的基础从而肯定不作为诈骗，但却可以绕过保证人地位这个要件直接肯定默示诈骗的成立。）

默示诈骗的概念及其与不作为诈骗之间的界限构成了诈骗罪理论的一个难点问题，日本理论和实务原本可以在这一问题上进行更进一步的探讨和分析，但对于存款尤其是这里的错误汇款的占有这个不必要问题上的过分关注，使其并没有很好地把握住这个机会对默示诈骗和不作为诈骗的界分提出不用于德国理论的观点与分析。

综上所述，在现金占有归属的问题上，银行占有与存款名义人占有之间的争论在很大程度上是无用的，存款名义人占有说不仅在理论基础上有偏离占有一般概念的问题，作为其立论根基的法律上支配意义上的占有概念自身也存在诸多值得质疑之处，而且现金占有的归属也并不是错误汇款案件的真正问题所在，对错误汇款的过分关注反而模糊了理论上的讨论焦点，转移了理论的注意力。回到以事实上占有为基础的银行占有观点之下，仍然可以妥善地解决相关的问题，既然如此，在这个意义上的存款的占有是没有必要的。

三、存款债权的准占有

如前所述，如果存款债权也可以成为占有的对象，那么进一步如何解释对存款债权的占有就成为问题。[1] 前文中已经对于存款债权的准占有是

[1] 关于存款债权的准占有参见本书第四章的部分讨论。

否可能存在进行了讨论。笔者也曾经认为引入存款债权的准占有[1]，对于实践中的许多案件以及法律规定都是更具解释力的。但笔者在考虑到这种解释力的同时却忽略了这种解释在罪刑法定原则之下是否具有正当性的问题。

根据民法的占有理论，财产权不因物之占有而成立，行使其财产权之人为准占有人。行使其财产权谓之准占有。占有和准占有的区别在于其标的不同，占有为有体物之支配，准占有在于不包含物之支配之财产权之支配，即事实上之行使。[2]德国学者以前者为物之占有（Sachbesitz），后者为权利占有（Rechtsbesitz）。[3]黑静洁博士认为：

"将这种权利占有的一般概念运用到存款债权的场合可以得出，在存款占有的场合，占有的内容应当是债权人对存款支付请求权的事实支配，即行为人能够按照自己的意愿向银行提出现金支付的请求，银行不得拒绝该请求。同时考虑到刑法上的占有具有排他性，则债权人行使权利可以阻止其他人向银行提出同样的请求。从这个意义上讲，凡是能够排他性地向银行主张存款债权者，均为存款债权的准占有人，因此判断存款占有归属的关键在于谁有排他性向银行主张支付请求权的权利。"[4]

但是存款债权的准占有这个概念至少存在两个层面的问题。

首先，前文已经提及，存款债权虽然具有更高的要保护性，但从罪刑法定原则出发，仍然不宜纳入财物概念之中，这在根本上已经否定了存款债权的准占有的必要性。[5]

其次，存款债权的准占有认定标准仍然存在不明确之处。黑静洁博士所主张的存款债权的准占有概念中，并没有明确的是所谓存款债权的准占有究竟是否要求准占有人实际上行使权利。其在《存款的占有新论》一文

---

[1] 参见徐凌波：《"存款的占有"问题研究》，载陈兴良主编：《刑事法评论》2011年第29卷。

[2] 参见王泽鉴：《民法物权（第二卷）用益物权·占有》，中国政法大学出版社2001年版。

[3] 史尚宽：《物权法论》，中国政法大学出版社2000年版，第604—605页。

[4] 黑静洁：《存款的占有新论》，载《中国刑事法杂志》2012年第1期。

[5] 与本文观点相反，黑静洁博士在文中则认为，争论财产性利益是否是财物在实践中并没有意义，而是默认了存款债权可以包含在财物概念范围内这一通说的观点。黑静洁：《存款的占有新论》，载《中国刑事法杂志》2012年第1期。

中一方面认为，只需要“能够”排他性地向银行主张债权。但这并不符合其所采用的权利占有的一般民法理论。按照民法权利准占有的一般观念，权利的准占有以行使为要件，因此实际上的行使是认定准占有成立的必要条件，这意味着以存款债权为对象的占有不再是一个静态的事实状态，而是一个动态的行为，这与对有体物的占有便是两个完全不同的占有概念，而黑文中实际上在这里已经将实际的行使偷换为了行使的可能性。另一方面，文中又认为行为人在合法的存款债权人不知情的情况下，以自己之力取得存款债权的占有的，只有当行为人向银行提出请求，银行履行债务时，行为人才排他性地占有了他人的债权，在这里准占有又回到了以实际行使为要件之上。黑文所主张的准占有的认定标准其实有两个：一个是排他性的行使可能性，另一个则是实际上的行使。与之相反，本书在第四章所阐述的存款的准占有则仅限于后一种意义上，权利的准占有既然是以行使为要件，作为权利的一种形式的存款债权的准占有也不应有例外。

仅以排他性的行使可能性为准占有的判断条件，不仅不符合民法关于权利占有的一般概念，而且是没有必要的。黑文中援引了占有他人用自己身份证办理银行卡中存款的案件用以说明如何判断存款债权的准占有人。[1]从其对于本案的分析来看，只有存款账户的名义人也就是在形式上对银行拥有正当存款债权的债权人能够被认为是存款债权的准占有人，权利人与权利的准占有人既然始终是同一的，那么后者便没有存在的理由。尽管权利人可以是当然的权利准占有人，但之所以设立权利准占有人这个概念是为了与正当权利人本人相区别，而肯定非权利人在某种条件下同样可以占有权利。这个制度设置的初衷是为了解决债务人向第三人清偿债务时是否具有清偿效力的问题，也就是说当债务人向债权准占有人清偿时视为向债权人清偿，债务人与债权人之间的债权债务关系消灭，具体到存款债权的场合，银行向非存款债权人的债权准占有人交付现金时，存款账户上就会

[1] 分析见本书第四章。

减少相应的金额，也就是这部分金额的存款债权发生清偿的效力。[1]如果只能认为存款名义人本人是存款债权的准占有人，那么这个准占有就失去了其存在的意义。当然我们似乎可以说，民法上的准占有与刑法上的准占有就如同民法上的占有与刑法上的占有的关系一样，在制度上是不同的，前者解决债权向第三人清偿效力的问题，而后者则要解决侵害债权的行为定性问题，因此可以作不同的解释。但是如果一方面从民法理论中移植一个概念另一方面又根据自己的需要对这个概念加以任意的解释，这在论述上似乎是过于轻率的，而且对概念进行重新解释缺少必要的边界也并不符合明确性原则的要求。

如果放弃排他性这个要素而仅以事实上的行使可能性就认定存款债权的准占有，判断这种事实可能性就变得更加不确定：占有存折是否就取得了存款债权？行为人盗窃、抢劫、拾得存折或银行卡并知悉其密码时，一方面行为人看似拥有了债权行使的事实可能性，但另一方面账户名义人却可以通过挂失、补办等各种手段消除这种行使权利的事实可能性。在这个意义上对存款债权的准占有与对有体物的占有相比具有更大的不确定性，这种不确定性为实践中一种实用主义导向的思路提供了更为宽泛的裁量空间，这或许能提供更多的个案正义，却可能会对法安定性造成隐患。而且，这种以事实的行使可能性来定义存款债权的准占有也是没有必要的，因为存款债权的事实行使可能性也就是一种取出银行现金的处分可能性，前文中已经批评过，以现金的取出可能性肯定占有的成立是对存款名义人占有说的过分扩大，这种取出可能性的问题在非存款名义人身上同样也面临极大的不确定性，因为存款名义人随时可以通过挂失等手段取消这种事实可能性。

本书所认为的存款债权的准占有应以权利的实际行使为要件同样存在问题，虽然其在概念上与民法的权利准占有保持了一致，但在很大程度上已经不同于对有体物的占有概念。笔者曾经想以这样一种动态的、以权利

---

[1] 参见王泽鉴：《民法物权（第二卷）用益物权·占有》，中国政法大学出版社2001年版。

的实际行使为要件的存款债权的准占有来重新整合立法和司法解释上在行为定性与数额计算之间的分裂（行为定性倾向于以取得行为为评价重点，而数额计算则以最终获得的利益为基准），但这种尝试并不成功。

首先，这种以存款债权的准占有为基础所建立的针对债权的盗窃行为很可能被认为是一种不允许的类推解释，因为其与有体物的占有概念相去甚远。其次，即便是在存款债权的准占有视角下，由于准占有以权利的行使为要件，刑法评价的重点也应当在使用行为上而无法达到将取得行为与使用行为进行整体评价的目的。再次，只要存款的概念不仅可以指存款债权还可以指现金，即便从存款债权视角出发能够将取得行为与使用行为进行整体评价，也仍然避免不了与从现金视角出发将评价重点放在使用行为之间的冲突。而在存款债权的准占有概念中并没有很好地解决这个冲突。又次，如果以现金为视角应当将评价重点放在取款或其他行为上，而以存款债权为视角则将评价重点放在卡的取得行为上，后一种观点便不可避免地被认为是一种毫无根据地将刑罚前置的解释，其在刑事政策上的合理性仍然有待论证。最后，它也并不像本书第四章以及笔者在此前的论文中所设想的那样能够很好地解释第 196 条第 3 款盗窃信用卡并使用以盗窃罪论处的规定。由于我国立法解释将所有的银行卡都纳入刑法的“信用卡”概念之下，因此我国刑法的信用卡中至少可以分为借记卡和贷记卡两种类型，两者对应着两种完全不同的交易结构，而后者才是国际通行意义上的真正的信用卡。对于借记卡而言，存款债权的准占有这个模型至少是可以解释的，因为借记卡上所记载的的确是用户对银行的存款债权。与此相反，贷记卡中并没有记载任何对银行的存款债权，而毋宁是持卡人对银行的债务。盗窃并使用他人的贷记卡是一种使他人负担了原本不应当负担的债务的行为，它的确会导致被害人受到财产上的不利益但却与存款债权的准占有的侵害毫无半点关系。因此综上所述，存款债权的准占有是一个教义学上及其成问题的概念应当被放弃。

四、基于存款债权准占有的对现金的占有

如果同时存在对存款债权的准占有和对现金的占有，二者之间的关系就成为问题，这首先取决于前述关于如何定义存款债权的准占有这一问题。如果只有对存款债权的实际行使才成立准占有，那么在行使之时也就已经取得了对现金的占有（例如取款行为不仅是行使债权的行为同时也取得了对现金的占有）。此时存款债权的准占有与现金的事实占有是重合的。而如果存款债权的准占有以事实上的行使可能性为已足，是否能基于事实上的行使可能性肯定对现金的占有。如果能，其结论与基于取出可能性而肯定对现金的占有是一样的。只是增加了一个不必要的概念，让论述变得更加复杂。如果不能，在存款债权的准占有与现金的占有之间的分裂就是难以弥合的，理论上就会出现究竟应当以现金为视角还是以存款债权为视角对行为进行评价的冲突。这些矛盾在根本上是存款概念的多义性所导致的，由存款概念的多义性而带来的存款占有的多义性使得理论和实践在处理问题时充满了不确定性，进而危及法安定性。因此应当将存款概念限制在作为有体物的现金上，而且在现金的占有归属的判断上以事实上支配为根据，采取银行占有说。

五、从现金的事实占有出发对相关案件的再分析

（一）许霆案的再分析

从占有的事实概念出发，尽管现金的占有属于银行，许霆案中许霆的行为定性仍然有出罪的讨论空间。虽然其取款行为同时也是占有移转的过程，但这个移转过程是否违背了原占有人的同意即是否存在占有的破坏则是值得探讨的问题。在德国刑法上，盗窃罪的客观构成要件为拿走，而所谓拿走，则是破坏他人占有并建立新占有的过程，通常破坏占有又被理解为违反或者缺少原占有人意愿的移转占有行为，因此如何解释这类案件中原占有人的同意就成为核心的问题。此前我国理论上关于许霆案的争论集

中于占有的归属上，或者认为只要否定了在取款行为之前许霆对于现金拥有占有就可以成立盗窃罪，或者认为只要认为在取款行为之前，许霆就已经占有了现金就可以排除盗窃罪成立，进而考虑量刑较为轻微的侵占罪。最无从同意的角度来讨论这类案件的是车浩教授，其在《盗窃罪的被害人同意》一文中专门讨论了各种自动取款机、自动售货机情况下对占有的同意问题。

如前文在第三章对德国处理使用他人银行卡取款行为定性的介绍所述，德国在各种智能机器（Automaten）滥用的情况下讨论的也主要是对拿走行为的认定。在这一点上最高法院的观点与理论上的通说虽然结论相同但论证根据则是不同的。

在最高法院看来，拿走行为的认定中对于如何区分占有的破坏（Gewahrsamsbruch）与占有的交付（Gewahrsamsübergabe）这一问题的关键在于行为过程的外部表现。根据这一标准，在自动取款机滥用案件中，取款行为从外部表现为自动取款机自动地向取款人交付现金，从而排除了占有的破坏，因而否定了盗窃罪的成立。

而在通说看来，虽然同样否定了对占有的破坏，其根据却不是行为过程的外部表现，而是因为破坏占有是指违背或者未经原占有人同意的占有移转，而在自动取款机案件中由于取款行为是为原占有人（即银行）同意的，从而排除了拿走行为的成立。车浩教授在《盗窃罪的被害人同意》一文中采取的是德国通说在这一问题上的观点。

理论上通常认为，与占有的事实属性相对应，对于占有移转的同意通常也只需要以自然的意志即为已足，而这一同意并不需要具有法律行为的效力，而且只需要内心的意愿即可，不需要明确表达出来，原占有人的认识错误并不导致同意的无效。同意的有效性既不取决于原占有人之所以做出同意的动机也不取决于其对于财物的属性或其价值是否具有正确的认识。[1] 如果原占有人是由于行为人的欺骗行为而陷入认识错误，则应在诈

---

[1] Roland Schmitz, in: Münchener Kommentar zum StGB, 2. Aufl., 2012, Bd. 4, § 242, Rn. 79.

骗罪的框架下讨论其可罚性问题。

理论上还承认所谓预设的同意（präpaierte Einverstandnis），即原占有人可以预先通过合同约定等方式作出同意，并对同意的效力设置一定的条件，即构成所谓的有条件的同意（Bedingte Einverstandnis）。具体到各种智能机器的情况，可以认为机器的设置者通过自动取款机、自动售货机的设置行为已经表达了对从中取款或者拿走货物的同意，只是这一同意是存在条件的。显然他人通过暴力方式砸碎机器取出其中货物的情况是违背机器设置者意愿的，因此如何解释机器设置者对于占有移转同意所设置的条件就是解决问题的关键。

前文在第三章已经介绍过，德国刑法理论上在使用他人的银行卡从自动柜员机上取款的案件中曾经有部分观点援引了银行的“一般商业条款”（AGB）中关于密码保密的规定，其中要求持卡人应当妥善保管自己的密码，这些观点认为，一般商业条款中关于客户的保密义务的规定表明银行仅愿意向正当的持卡人交付现金，而正当持卡人以外的第三人使用该银行卡取款便不能包括在银行所预先设定的同意之中，因而构成破坏占有（Gewahrsambruch）成立盗窃罪。但这一观点已经为主流观点所否定。主流观点认为，“一般商业条款”中所规定的密码保密义务并不能证明银行仅愿意向正当持卡人交付现金，这一规定毋宁是银行的转移风险的策略从而使自己能够从正当权利人与非正当权利人之间的纠纷中解脱出来。而且在自动取款机、自动售货机的情形下，原占有人所预设的必须是一种通过机器内部结构设置、运作机制所客观化的同意。[1]

当前的通说认为，在涉及各种智能机器的场合，原占有人也就是机器设置者的同意必须是通过机器的内部构造以及程序设置而被客观化了的同意，因此在解释这种“有条件的同意”中的“条件”时，只需要而且只能考察机器的内部结构设置、运作机制，而不需要探究原占有人内心的真实

[1] 参见 Martin G.Huff, Die Strafbarkeit im Zusammenhang mit Geldautomaten, NStZ 1985, 438; ders, Strafbarkeit der missbräuchlichen Geldautomatenbenutzung durch den Kontoinhaber? NJW 1986, 902; ders, Die missbräuchlichen Benutzung von Geldautomaten, NJW 1987, 815.

意思。

理论上对于拿走的同意最先是在自动售货机的场合进行讨论的。从自动售货机中取得商品需要满足两个条件：其一是合乎规则地使用自动售货机，尤其是投入相应数额的硬币；其二该自动售货机是合乎规则地正常运作的。反之如果行为人利用机器所存在的故障而使自动售货机交出财物而没有支付相应的价款的，其所实施的是盗窃行为。

这两个条件同样适用于自动取款机的情况下。只要符合上述这两个条件，甚至是将他人的银行账户信息复制在自己伪造的银行卡上，并通过这种伪造的银行卡在自动取款机上取款的行为也是为银行所同意的，因为自动取款机的设置中只能检验其中信息的真假以及所输入密码的真假，即便是伪造的银行卡，只要其上所储存的信息是真的，便不违反机器设置者的同意，从而排除盗窃罪的构成要件。进一步在德国法下可以考虑的则是第263条a计算机诈骗罪的成立可能性。相反，同意的问题在日本理论上并没有得到重视，行为人通过他人的银行卡在自动取款机上取款的行为可以毫无疑问地成立盗窃罪，至于转账行为，由于没有获得作为有体物的现金，只是获得了财产上的利益，因而在日本法上成立计算机诈骗罪。

在德国过去围绕使用假币甚至是铁片从自动售货机中获取商品，以及在后来使用伪造的银行卡从自动取款机取款的案件的讨论中，通过机器装置所客观化的原占有人同意是否被违反，始终是讨论的重点。理论上主流的观点认为，如果行为人是按照自动取款机、自动售货机的机制取出商品、现金的，即便投入的是假币或者插入伪造的银行卡，都能够为作为机器设置者的原占有人的同意所包含，因而不属于破坏占有的行为从而排除盗窃罪的构成要件，但仍然可以继续在第256条a自动售货机滥用行为以及第263条a计算机诈骗罪项下讨论行为的可罚性问题。福格尔教授曾经区分了使用假币从自动售货机中获取商品的两种情况：其一是用假币来“欺骗”机器，但仍然是按照机器的正常使用方式取出商品的，这种情况并不构成盗窃罪而仅成立滥用自动售货机罪；其二，行为人用假币来卡住了机器，导致机器故障，然后从中取出商品，这种行为便不是正常使用机器的情形，也无法为设置者的同意所包含，因而构成盗窃罪。[1]

滥用自动售货机以及计算机诈骗罪与盗窃罪之间也并不是特殊规定与一般规定的区别。我们也并不能因为我国刑法上没有这两个罪名便简单地认为行为构成盗窃罪[2]。相反，如果要讨论这里的取款行为能否作为盗窃罪加以处罚，仍然必须面对这里的对占有的同意问题。

对于这一问题上，我国理论尚没有细致的讨论。车浩教授在其论文中认为，在涉及自动取款机的情况下应当认为银行对于取款行为中的占有移转是同意的，因此可以排除盗窃罪的构成要件。但如果仔细考虑德国理论中所提出的两个同意成立的条件，虽然可以认为，许霆插卡输密码的行为是合乎规则的使用自动取款机的行为，但问题在于本案中自动柜员机本身出现了故障，因而无法满足第二个条件，也就是说，此时银行所设置的同意已经是无效的了，取款行为本身就始终是一个拿走的行为。只是许霆在第一次甚至是前几次取款时并不知道这一情况，只是抱着一种试探的心理进行取款行为，可以认为其不存在故意而否定盗窃罪成立，而仅在其故意的范围内可考虑成立侵占罪，但其后续的取款行为则不仅在客观上成立拿走行为，而且主观上也就拿走行为存在故意。

如果从一、二审法院所认定的事实出发，何鹏案与许霆案是十分相似的，同样也是一个利用计算机系统故障从自动取款机取款的行为，基于这一事实法院将其认定为盗窃罪。

但理论讨论的出发点则是何鹏本人的供述，即“发现账户余额上多出了好几个零”，理论上将这种情况归于错误汇款案件，更为准确地说，这是属于因银行自身错误而产生的错误记账案件。

[1] Joachim Vogel, in: Leipziger Kommentar zum StGB, 12. Aufl., 2010, § 242.

[2] 对此，笔者赞同车浩教授在《盗窃罪的被害人同意》一文中的观点，简单地以没有计算机诈骗罪的构成要件而将行为认定为盗窃罪是缺少正当性的。毕竟从德国的立法沿革来看，是因为这类行为不能认定为成立盗窃罪或者理论和实务上对于此类行为能否成立盗窃罪存在极大的争议而要设置新的构成要件对此类行为加以规制。

（二）错误汇款案件的行为定性

在错误汇款案件中，如果行为人是到银行柜台上进行取款或者转账，在德日刑法中考虑的通常是诈骗罪的成立可能性。对此，德日的理论和实务得出了完全相反的结论：德国联邦最高法院认为，即便是在错误记账的情况下，银行虽然拥有撤销这笔存款的权利，但在行使撤销权之前，这笔存款相应的债权都是正当有效的，因此取款或者转账行为不构成对银行的默示欺骗，此外由于收款人作为银行用户对银行并不负有保证人地位，因此也可以排除其未告知错误存在的不作为成立不作为诈骗的可能性；相反，日本刑法理论一方面以行为人对银行缺少正当的债权而否定了行为人对现金的法律占有，另一方面以其未告知银行错误的存在而认定存在不作为诈骗。

但是在何鹏案中，其取款行为则是在自动取款机上完成的，基于机器不能被骗的原理，可以排除诈骗罪的成立，在德国刑法上可以考虑的是计算机诈骗罪成立的可能性，当然由于在面对银行柜员时已经可以排除其欺骗行为的存在，基于诈骗相似性的要求也可以排除在自动取款机上取款行为成立计算机诈骗罪的可能性。而在日本，以现金的事实占有为出发点，行为人除了在柜台上取款成立诈骗罪之外，在自动取款机上取款则成立盗窃罪，在自动取款机上取款成立计算机诈骗罪。[1]

日本对于此类案件似乎可以被理解为，行为人在柜台取款时，取款行为并不违背银行的同意，而在自动取款机上取款时取款行为则违反银行的同意——在是否存在同意的问题上对于不同场合得出不同结论这一点日本的理论和实务都缺少必要的论证和说明。仅仅以“机器不能被骗”来否定银行对在自动取款机上取款行为的同意是缺少根据的：欺骗的概念以及认识错误的概念来自对诈骗罪构成要件的教义学解释，而对占有的同意则属于盗窃罪构成要件解释的范围，智能机器虽然不能在人的意义上陷入认识

[1] 参见［日］西田典之：《日本刑法各论》，刘明祥、王昭武译，中国人民大学出版社 2007 年版，第 178 页。

错误，机器的设置者却的确能够通过机器的设置表示了对占有的同意，如果一概否认智能机器的场合可以做出有效的同意，则所有的自动取款机使用行为都在客观上变成了盗窃罪的构成要件行为。

我们只能通过对银行的同意设置一定的条件来限制同意成立的范围即德国所采用的有条件同意理论，即银行只同意正当债权人的取款行为，这种观点曾经为德国的理论和实务所主张。在柜台取款时，银行会对取款人的身份及其存款余额进行检验，因此虽然受骗而做出同意，但同意本身是有效的。而在自动取款机的场合，由于取款人不是正当债权人（非存款名义人或者错误汇款中不具有实质债权），便否定同意的有效性。这样理解的同意的条件虽然在德国法的理论和实务上均被放弃，但仍然不失为一种解释的可能性，也只有从这种同意的观点出发，日本在自动取款机滥用案件中认为取款行为成立盗窃罪才是合理的。

德日两国理论和实务的分歧不仅在于错误汇款的收款人对于错汇的款项是否拥有有效的债权，这一点在前文中已经提到，而且在于当行为人在自动取款机上进行操作时银行对于取款行为是否存在同意的问题。

这种在银行同意问题上的根本差异也导致了德国与日本对于计算机诈骗罪与盗窃罪、诈骗罪之间关系的不同理解。

日本理论认为，《日本刑法典》第246条之二所设立的计算机诈骗罪所要填补的可罚性漏洞在于，利用拾得或窃取的现金卡在自动取款机上提取现金的成立盗窃罪，但不提取现金而是向其他银行转账的，就不能成立盗窃罪。[1] 由于在自动取款机的场合，银行对于非权利人的取款行为不存在同意，相应的在自动取款机上转账的行为也缺少同意。从这个角度看，诈骗罪与盗窃罪的区别在于是否得到原占有人同意[2]，与此不同，在日本计算

---

[1] 参见［日］山口厚：《日本刑法各论》（第二版），王昭武译，中国人民大学出版社2011年版，第321页。

[2] 通常认为，诈骗罪中，被骗人对于占有的移转是有同意的，尽管这种同意存在瑕疵，但对占有的同意是有效的。以同意为基础所作出的占有处分（Gewahrsamsverfügung），与未经或违反原占有人同意的破坏占有（Gewahrsamsbruch）之间构成互斥关系，这是德国在解决财物诈骗（Sachbetrug）与盗窃罪区分问题的关键，这一点日本理论也是承认的。

机诈骗罪与盗窃罪之间的差别仅仅在于行为的客体是财产性利益还是有体物，从这一点出发，计算机诈骗罪实际上是利益盗窃的一种特殊情况，是日本立法者在利益盗窃不可罚原则之外设置的例外情况：计算机诈骗罪与诈骗罪的区别不仅在于机器被骗而且在于银行同意是否存在，而与盗窃的区别则仅仅在于行为客体是财产性利益还是财物。这意味着在日本，计算机诈骗罪与诈骗罪的构成要件之间缺少构造上的相似性，而这种构造上的相似性则是《德国刑法典》第 263 条 a 所规定的计算机诈骗罪所要求的。

在德国法上，通过自动取款机取款的行为不成立盗窃罪，因为银行对于取款行为存在有效的同意。计算机诈骗罪的设置所要弥补的是因为机器不能被骗、无法适用诈骗罪而产生的可罚性漏洞，而不是因为无法适用盗窃罪而产生的可罚性漏洞。德国立法者在第 263 条诈骗罪之下增设第 263 条 a 计算机诈骗罪，并在构成要件中要求行为方式上存在与欺骗行为的等价性（Täuschungaquivalenz）。这些都表明德国立法者认为计算机诈骗是一个“类诈骗犯罪”。计算机诈骗罪与诈骗罪在结构上是相似的，计算机诈骗所规制的各种场合，例如典型的无权第三人使用他人银行卡取款的场合，对于取款行为银行都是有同意的，差别仅仅在于当这个取款行为是向一个人做出时，成立诈骗罪，当行为向机器做出时，成立计算机诈骗罪。同意的存在可以排除盗窃罪的成立，但是这个同意是有瑕疵的，这个瑕疵或是由于欺骗行为引起的，或是由一个“类似欺骗”的计算机使用行为而引起。换言之，在德国法上，计算机诈骗罪与盗窃罪的区别在于银行是否存在同意，而与诈骗罪之间的区别则在于银行同意所产生的原因。

回到错误汇款的这个具体问题上，假设我们都认为错误汇款收款人在柜台上的取款行为都成立诈骗罪，则在德国法上会认为其在自动取款机上所实施的取款或转账行为都成立计算机诈骗罪，[1] 而日本法上则认为在自动取款机上的取款行为成立盗窃罪，转账行为成立计算机诈骗罪：这种差别

[1] 当然从德国目前的学说和实务状况出发，否定在柜台上的取款行为成立诈骗罪的同时，也便否定了在自动取款机上取款和转账行为成立计算机诈骗罪的可能性，因为其行为方式缺少与诈骗行为的等价性。

虽然看似仅仅是计算机诈骗罪适用范围上的差别，其中却包含了德日两国在自动取款机滥用案件中“银行同意是否存在”这个问题的不同看法，以及由此而生的计算机诈骗罪与盗窃罪、诈骗罪之间关系的不同看法。

日本刑法所设置的计算机诈骗罪的体系性地位存在一定的尴尬之处：从法条所处的位置（《日本刑法典》第246条之二与诈骗罪并列）与本罪罪名的字面含义来看应当被认为是一个类诈骗的罪名，也就是与德国一样解决机器不能被骗而产生的可罚性漏洞；但学说上所认为的可罚性漏洞却是因为盗窃罪仅适用于财物而不适用于财产性利益，这样一来，本罪又变成一个利益盗窃的例外规定。如果同时承认二者则在同意的问题上将导致悖论的出现，对于类诈骗罪而言，其与诈骗罪一样存在被害人同意；而对于利益盗窃罪而言，其与盗窃罪一样不存在被害人的同意。从这一点上看德国法上所设置的计算机诈骗罪与盗窃以及诈骗罪之间的关系是更符合逻辑的：计算机诈骗罪与诈骗罪在构造上具有相似性，与盗窃罪则构成互斥的关系，因此在自动取款机滥用的场合从同意的角度可以排除盗窃罪的成立，而考虑计算机诈骗罪的成立，即便在错误汇款案件中德国最终仍然否定计算机诈骗罪的可罚性，也不是因为同意的存在与否，而是因为行为人的取款行为本身不具有与诈骗罪相当的特性。

反观我国刑法的规定，由于一方面继受了日本刑法的相关理论，在自动取款机取款的案件中几乎毫不费力地肯定了盗窃罪的成立，另一方面又因为我国没有计算机诈骗罪的规定，刑法上也不区分财物与财产性利益，进而轻易地肯定了在自动取款机上转账，甚至非以银行卡为工具的直接侵入银行系统获取利益的行为成立盗窃罪。[1]这种由于立法上边界的缺失而导致的解释的扩张是值得人们警惕的。

综上所述，笔者认为，对于何鹏案而言，从一、二审法院认定的事实出发，可以考虑盗窃罪成立的空间，但如果以何鹏本人所陈述的事实来看，对于错误记账情况下在自动取款机上取款的案件，德国在智能机器场

---

[1] 参见前文第四章的相关案例。

合关于有条件同意的理论是更值得赞同的。虽然占有的同意以内心意思为已足，并不需要表现出来，但在有条件同意的场合，其所预设的条件仍然应当以能够为外部察觉的、通过机器设置所客观化了的条件为限，这样更有助于确保判断的客观性与确定性。从这样的有条件同意理论出发可以很好地解决何鹏案中的定性问题，根据前述所提的自动取款机场合同意的两个条件，可以认为，何鹏案中，取款行为——这一客观上表现为一定数额的金钱的占有从银行移转至取款人——是按照自动取款机的正常运作流程进行的而且该机器也是正常运作的，而银行系统发生故障并不在判断银行这一客观化的同意是否存在的考虑范围内，因此可以认为这个占有的移转可以为机器的设置者也就是银行所同意。即便错误汇款的收款人缺少正当的取款权限，银行对于占有的移转也存在同意，从而排除盗窃罪的构成要件，鉴于我国不存在计算机诈骗罪的规定，可以考虑的是侵占罪成立的可能性。[1] 但在我国的民法规则之下，成立侵占罪的也只能是后续的拒不归还行为，而不是取款行为本身，因为在取款的过程中也是一个有效的所有权移转要件。

（三）侵入计算机系统增加余额的行为定性

从现金的事实占有角度，行为人在侵入系统增加存款余额时，现金仍然处于银行的事实占有之下，而在取款行为发生时，虽然现金的事实占有从银行转移到了行为人处，这个行为应当根据行为的具体情况进行分析：当其在自动取款机上取款时，这个取款已经为银行通过自动取款机的设置而客观化了的同意所包含的，因此并不是一个违背银行意志的拿走行为，排除盗窃罪的构成要件；当其在柜台取款时，现金也是在柜员同意的情况

[1] 参见前文中德国最高法院在使用他人银行卡取款案件中否定盗窃罪成立侵占罪的观点，BGHSt 35, 152 ff. 此外考虑到我国《刑法》第 270 条对侵占罪构成要件行为的规定强调的也是后来的拒不归还，在这个意义上侵占罪成立仍然是存在解释空间的，当然理论上也有观点主张错误汇款的领得行为应当认定为无罪，而仅在民法不当得利制度的框架内负有返还的义务，参见张红昌：《错误汇款领得行为的刑法评价》，载《中南大学学报》（社会科学版）2013 年第 19 卷第 1 期。

下进行交付的，排除盗窃罪的构成要件，进一步应当根据柜员是否受到了欺骗讨论其成立诈骗罪的可能性，取款行为是否构成欺骗，与错误汇款案件一样，取决于民法上对所增加的债权是否有效的认定，如果采取德国的观点，则应认为该债权真实有效，那么取款行为本身也就不构成欺骗，相反如果采取日本的观点则该债权无效，没有正当的取款权限，则可以以诈骗罪定罪处罚。笔者倾向于采取德国的观点，这个观点从民法的债权的角度来看更合理一些，虽然银行在一定程度上拥有撤销权，但在撤销权行使之前，该债权都是真实存在的，这也更符合银行的日常业务运作。

侵入计算机系统的行为虽然可以成立破坏计算机系统罪[1]，却无法用相关的财产犯罪加以规制。如何解决这一处罚漏洞应当是立法者的任务，例如设计类似计算机诈骗罪的构成要件。我国《刑法》第 287 条利用计算机进行盗窃的以盗窃罪论，其实是一个与计算机诈骗罪相似的构成要件，但是由于立法者在设置这个构成要件时只是模糊地说进行盗窃行为，使得本条在实际上很难去规制以存款债权为对象的行为。

（四）存款债权人侵占自己账户内的他人存款行为

这类案件与错误汇款案件具有一定的相似之处，存款名义人的账户项下多出的现金是由非存款名义人存入的（虽然不是出于错误）。存款名义人，对于这部分多出来的存款余额，其在形式上拥有债权，但在“实质上”这种债权并不正当。以本书第四章中黑静洁博士所举案件为例，他向银行主张这部分债权最先可以考虑的是诈骗罪的构成要件，即韩某的取款行为是否构成欺骗，他本身就是正当的存款名义人，在形式上拥有对银行的正当债权，以德国的观点看，可以排除欺骗行为；而以日本的观点来看，

[1] 《刑法》第 286 条规定：“违反国家规定，对计算机信息系统功能进行删除、修改、增加、干扰，造成计算机信息系统不能正常运行，后果严重的，处五年以下有期徒刑或者拘役；后果特别严重的，处五年以上有期徒刑。违反国家规定，对计算机信息系统中存储、处理或者传输的数据和应用程序进行删除、修改、增加的操作，后果严重的，依照前款的规定处罚。故意制作、传播计算机病毒等破坏性程序，影响计算机系统正常运行，后果严重的，依照第一款的规定处罚。”

则还需要进一步审查其是否具有实质上的正当的债权。

虽然在某种意义上说韩某实质上没有债权，但这类案件与错误汇款不同的是，这类案件甚至找不出任何证明存款名义人在实质上没有债权的理由和证据。对于错误汇款而言，错汇的金额至少还可以通过汇款人的申请而予以撤销或者银行自行撤销，而在这类案件中非存款名义人基本无权也没有证据能够证明这部分债权实际上是他的，在这个意义上，本案中可以认为存款名义人在实质上也拥有对银行的存款债权，也可以排除欺骗行为的存在。

实际上我们并没有必要非要找一个构成要件来规制存款名义人的这种行为，本案中被害人李某利益的要保护性在被害人教义学的观点下是极其可疑，轻率地将自己的金钱存入别人账户名下是对自己财产利益的极端不谨慎，而在实践中任意地借用他人的账户进行交易也在一定程度上给金融秩序造成混乱，在这类案件中保护一个对自己利益不负责任的被害人并对实践中银行账户任意借用的行为，其在刑事政策上的合理性也值得怀疑。

（五）非存款名义人的取得及取款行为评价

从现金的事实占有出发是一种最为彻底的分离性见解：银行在事实上占有现金。这种解释的确非常不符合司法解释以及实务部门对于取得他人银行卡并取款行为的定性和数额计算规则的设定。从这种观点出发，现金处于银行占有之下，取得行为与取款行为就应当如德日一样进行单独评价，由于财产凭证本身几乎没有现金价值，无法满足相应的数额要件从而构成无罪，最高法院的司法解释在盗窃存折银行卡的案件中，以盗窃罪定性，而以最终取得的现金数额进行定量，本身就是在一体性与分离性见解之间的折中，这种折中也就使得单从任何一个见解出发在逻辑上都会有说不通的地方。笔者认为，和稀泥式地在两种立场上摇摆只会导致存款占有的归属问题缺乏必要的确定性和明确性，与其如此坚持一种观点或许更有助于使分析更为清晰和有效。

由此定罪的重点就放到了取得行为之中，根据取得行为的具体表现，在柜台取款可以成立诈骗罪；但在自动取款机上并不能成立盗窃罪，在这一点上笔者更赞同刘明祥教授的观点，这种情况以信用卡诈骗罪中的冒用他人信用卡来定罪是更为妥当的。这里不得不提到的是，理论上对于刘明祥教授以及最高人民检察院关于在自动取款机上冒用他人信用卡以信用卡诈骗罪论处这个司法解释的批评。批评的主要根据是欺骗的对象只能是人而不能是机器，机器不能被骗。[1]这个批评在论证上并不完整，完整的论证应当是：大前提：诈骗罪中，机器不能被骗，因此不能适用于自动取款机的场合；小前提：信用卡诈骗是诈骗的一种形式；结论：信用卡诈骗罪不能适用于诈骗罪。

笔者以为，刘明祥教授与学界主流观点之间的争议并不在于大前提，因为刘教授同样认为机器是不能被骗，真正的争议恰恰在于这个隐藏的小前提，信用卡诈骗是否是诈骗罪的一种特殊形式：从我国《刑法》第196条信用卡诈骗罪的规定来看，法条本身可以分为两部分，首先明确信用卡诈骗罪的一般构成要件，即非法占有为目的，利用信用卡，虚构事实、隐瞒真相，骗取公私财物数额较大的行为，随后列举信用卡诈骗罪的具体行为方式[2]。张明楷教授基于这个一般性的规定而认为信用卡诈骗罪与传统诈骗罪成立一般法与特别法的法条竞合关系，在认定信用卡诈骗罪成立时，同样要检验诈骗罪成立的一般构成要件，包括欺骗行为、认识错误以及财产处分，同样的在信用卡诈骗罪中同样也适用机器不能被骗这一针对诈骗罪的传统教义学观念，基于此他批评最高人民检察院在司法解释中将捡拾

---

[1] 相关批评可以参见张明楷：《也论用拾得的信用卡在ATM机上取款的行为性质——与刘明祥教授商榷》，载《清华法学》2008年第1期；张明楷：《非法使用信用卡在ATM机取款的行为构成盗窃罪——再与刘明祥教授商榷》，载《清华法学》2009年第1期。

[2]《刑法》第196条规定："有下列情形之一，进行信用卡诈骗活动，数额较大的，处五年以下有期徒刑或者拘役，并处二万元以上二十万元以下罚金；数额巨大或者有其他严重情节的，处五年以上十年以下有期徒刑，并处五万元以上五十万元以下罚金；数额特别巨大或者有其他特别严重情节的，处十年以上有期徒刑或者无期徒刑，并处五万元以上五十万元以下罚金或者没收财产：（一）使用伪造的信用卡，或者使用以虚假的身份证明骗领的信用卡的；（二）使用作废的信用卡的；（三）冒用他人信用卡的；（四）恶意透支的。前款所称恶意透支，是指持卡人以非法占有为目的，超过规定限额或者规定期限透支，并且经发卡银行催收后仍不归还的行为。盗窃信用卡并使用的，依照本法第二百六十四条的规定定罪处罚。"

他人银行卡在自动取款机上取款的行为属于冒用他人信用卡的情形成立信用卡诈骗罪的观点。这一系列观点都是基于信用卡诈骗罪是诈骗罪的一种特殊形式而来的。相反刘明祥教授则认为，我国的信用卡诈骗罪有解释为德日刑法所规定的计算机诈骗罪的可能性，信用卡诈骗罪与诈骗罪之间并不存在特别法的竞合关系，这是着眼于信用卡诈骗罪规定的后半部分所列举的具体行为方式而做出的论证。

从两位教授的论证中也可以看到，我国刑法对于信用卡诈骗罪构成要件的规定的前半部分与后半部分是存在紧张关系的，例如恶意透支信用卡的行为并不一定都能成立诈骗行为。张明楷教授通过诈骗罪的一般要件来试图限制信用卡诈骗罪的范围，但又试图通过三角诈骗等模型来将所有的恶意透支行为都纳入信用卡诈骗罪的范围，这两种努力在方向上是相悖的。如果使用诈骗罪的一般要件来限制信用卡诈骗罪的成立范围，那么立法者在设置这个构成要件时的初衷即填补刑事可罚性漏洞这一目的可能就会落空，因为信用卡诈骗罪的范围只能小于而不能大于诈骗罪的成立范围，其实践中的意义就仅仅限于量刑而没有对适用范围做出调整。这从刑事政策的角度来看是不合理的。但从罪刑法定原则的角度出发，这样的解释才是符合条文含义的，也才能捋清全条规定之间的逻辑关系。最终导致罪刑法定与刑事政策在这个罪的解释上方向相悖，在这个意义上，第 196 条的构成要件设置是不够完善和妥当的，立法者对于这个设置这个罪名要发挥何种功能的问题可能也并没有进行详尽的论证和妥善的考量。同样的第 196 条第 3 款的规定也不是一个从一体性观点或者从分离性观点所能片面解释的规定，如前文在第五章的讨论中来看我们或许可以将其视为一个关于侵害存款债权的特别规定。但这个特别规定的适用范围应当限制在盗窃信用卡并使用这一种情形之内。

六、本书立场的再宣示

正如本书分析的那样，在我国当前学说以及实务的讨论中，不仅存款概念具有多义性，而且存款的占有也具有多义性，我们至少在四个含义上讨论存款占有：现金的事实占有、现金的法律占有、存款债权的事实占有以及基于对存款债权的占有而生的对现金的占有。在这个存款占有的含义中，除了现金的事实占有与传统的德日刑法教义学对占有一般概念保持了一致之外，后三种情况都是基于对具体案件的处理的现实性考量而进行的修正。这种修正包括了对财物概念进行扩张和使占有的概念偏离其原本事实上的支配的含义。但这种修正所具有的正当性、合逻辑性以及其在体系上所导致的后果并没有得到充分的讨论，这是本书所试图完成的任务。

从本书的分析看，这些修正或是会导致某些体系上不可接受的后果，比如扩张财物概念将导致利益盗窃可罚的结论；或是完全没有必要，例如错误汇款案件完全可以在现金属于银行占有的框架内得到合理的解决；或是虽然可以解释法条的某些特殊规定，或者是论证司法实践中对某些案件的定性，但其本身却仍然有类推解释的嫌疑，例如存款债权的准占有是否仅仅只是对有体物占有的类推，最后多种含义的存款占有之前还缺少一个合理且一贯的体系安排，这种欠缺体系的多义性最终只会成为迎合实务个案处理需要的产物，导致实践中定性上的泛盗窃化倾向。

本书认为，在基本概念的解释上，对于财物概念的解释原则上应当坚持有体性说，财产性利益不能简单地因为具有财产价值就被包括纳入财物概念之中。当然在我国立法上，存款债权所具有的特殊性得到了多方面的强调，因此在现有的法条框架下将存款债权例外地作为一种财物形态的确是可能的。现行《刑法》第 196 条第 3 款所规定的盗窃信用卡并使用，就是这样一种以存款债权作为行为对象并纳入盗窃罪保护范围内的特别规定，盗窃信用卡的行为与使用行为合在一起的整体构成了对被害人存款债权的侵害。但作为一种有体物以外的财产存在形式，更为妥当的做法或许是，以立法上的特别规定纳入盗窃罪的处罚范围内，而非以扩张解释财物概念的方式进行。理论上应当反省的，恰恰不是有体性说所带来的限制和可罚性漏洞，而恰恰是传统上将财物与财产相等同而造成的可罚性扩张。在占有的概念上，虽然无法否认其中的规范性因素，但刑法占有概念的事实面应当加以强调。虽然在各种理论论述中我们可以看到将事实占有与法律占有，或事实占有与规范占有加以对立，仿佛二者是两种截然不同、各自独立的对占有归属进行判断的方式，但实际上，事实因素与规范因素往往杂糅在一起共同支撑着占有归属的认定，单纯以财产权利为判断标准的规范占有并不会得到承认，一如纯粹以物理的力量性的事实关系来认定占有的事实占有也从来没有存在过一样。

在存款的占有问题上，在强调占有的事实属性，应当认为现金的占有归属于银行，从存款债权的角度主张存款名义人对于现金拥有法律上的占有即所谓的存款名义人占有说在立论基础上存在问题而且在实务中也缺少合目的性，这个理论所能解决的问题有限且对于所解决的问题而言未必是最好的路径，应当加以放弃。相反以现金的银行占有作为一元的出发点有助于分析上的清晰性以及体系上的一贯性。

当然这个概念的确会存在相应的可罚性漏洞，例如在侵入计算机系统虚增存款余额的案件中，以现金的银行占有为出发点，无法将侵入计算机系统虚增存款余额的行为纳入盗窃罪的处罚范围内，因为这里涉及的并不是现金本身，而是作为财产性利益的存款债权。这无非是一种利用计算机程序不法获取财产利益的行为，对此我国刑法上有必要设置类似于德日的计算机诈骗罪的构成要件，对此加以规制。虽然将存款债权解释为财物，进一步在理论上解释存款债权的占有是可能的，但这并不是最好的选择，扩张解释会带来一些不可欲的后果，相反通过在立法上设置特殊的构成要件对此种行为进行规制，可以为相关案件的定罪处罚提供更确定的边界。我国《刑法》第 287 条规定利用计算机进行盗窃的以盗窃罪论的规定，从本条规定来看，立法者虽然想要设置一个类似于计算机诈骗罪的构成要件却没有赋予其充分的明确性和确定性，如果盗窃的概念采用的是对的盗窃罪的传统定义，那么本条就只是一个以计算机为工具、以非法占有为目的拿走他人财物的行为，但这显然不是立法者想要规制的。

与总论教义学的普适性相比，对于分则构成要件的解释的确带有更多地方性知识的特征。对于构成要件的解读，例如对于财物概念的解读，都在不同程度上受到地域文化的影响。这也正是目前中国刑法理论界主流观点强调在引进德日理论的同时注意考虑中国刑法本土语境的原因。但不可否认的是，西方乃至现代中国人所理解的中国问题都是在一整套西方话语体系之中被解构然后重新建构起来的。陈兴良教授曾经提出过“超越国界的刑法学”这一概念，以说明法教义学的普适性，从而为中国刑法知识的转型找到根本的理论支撑。这在刑法总论的部分是较为容易的，但在分则教义学化的过程中，如何在超越国界的刑法学之下，同时真正建立起中国自己的地方性刑法知识则是一个更为困难的问题。在这一背景下，强调中国刑法特殊语境无疑为我国的刑法分则教义学发展提供了正确的方向。实际上在考察盗窃罪保护法益与对构成要件的解释时，已经可以看出一些德日在具体解释上的倾向性的差异。尽管常常合称德日刑法学，但至少在分则财产犯罪的部分，德国与日本从立法规定到司法实务乃至理论解释都存在极大的差异。这种差异源自立法规定的不同、混杂着偶然性与必然性的理论传承、社会风俗观念对以盗窃罪为代表这种自然犯的不同理解、民事财产体系在具体规则上的差异等。在强调中国刑法语境的特殊性的同时，似乎还有一个潜在的问题，我们是否真的有一个特殊的盗窃的定义、诈骗的定义、侵占的定义。如果刑法语境的特殊性仅仅意味着实践中对于某类案件有特殊的处罚需求，那么教义学对于实践的批判性与约束性作用也便丧失了。至于我们究竟是对传统罪名构成要件的解释中寻找新的可能来适应当前实务中出现的新问题，还是在对现有构成要件进行限缩解释的同时考虑在立法上设置新的构成要件来解决这些问题，则是一个刑事政策上需要考虑的问题。

参考文献

德文文献

论文

1. [德] 汉斯·亚琛巴赫:《财产与使用机会——刑法财产概念的基础思考》，载曼弗雷德·海因里希、克里斯蒂安·耶格尔、汉斯·阿亨巴赫、克努特·阿梅隆、威尔弗里德·博特克、贝恩哈德·哈夫克、贝恩德·许内曼、约尔根·沃尔特主编:《作为科学的刑法——克劳斯·罗克辛80周岁祝寿文集》(第二卷)，2011年版，第1005页以下。

   Hans Achenbach, Vermögen und Nutzungschance - Gedanken zu den Grundlagen des strafrechtlichen Vermögensbegriff, in:Manfred Heinrich/Christian Jäger/Hans Achenbach/Knut Amelung/Wilfried Bottke/Bernhard Haf fke/Bernd Schünemann/Jürgen Wolter (Hrsg), Strafrecht als Scientia Universalis. Festschrift für Claus Roxin zum 80. Geburtstag am 15.Mai 2011, Band II, S. 1005 ff.

2. [德] 尼古拉斯·安德鲁拉基斯:《刑法上领得的对象及其边界》，载《法学教学》1968年第409页以下。

   Nikolaos Androulakis, Objekt und Grenzen der Zueignung im Strafrecht, JuS 1968, S. 409 ff.

3. [德] 克努特·阿梅隆:《诈骗罪中受骗者的认识错误与怀疑》，载《戈尔特达默刑法档案》1977年第1页以下。

Knut Amelung, Irrtum und Zweifel des Getäuschten beim Betrug, GA 1977, S. 1 ff.

4. [德] 赫尔穆特・拜尔:《欧洲支票程序的终止对于刑法的影响》,载《法律政策》2001 年第 454 页以下。

Helmut Baier, Konsequenzen für das Strafrecht bei Abschaffung des Euroscheckverkehrs, ZRP 2001, S. 454 ff.

5. [德] 保罗・博克尔曼:《诈骗罪的不法内涵》,载《科尔劳施祝寿文集》,1944 年版,第 226 页以下。

Paul Bockelmann, der Unrechtsgehalt des Betruges, Kohlrausch-FS, 1944, S. 226 ff.

6. [德] 保罗・博克尔曼:《论财产损害的概念》,载《法学家报》1952 年第 461 页以下。

Paul Bockelmann, Zum Begriff des Vermögensschadens, JZ 1952, S. 461 ff.

7. [德] 克里斯蒂安・布兰德:《正当现金卡持卡人的银行柜员机滥用行为》,载《法学概览》2008 年第 496 页以下。

Christian Brand, Missbrauch eines Geldausgabeautomaten durch den berechtigtenEC-Karteninhaber, JR 2008, S. 496 ff.

8. [德] 克里斯托夫・比勒:《赌博机滥用行为与计算机刑法》,载《德国法学月刊》1991 年第 14 页以下。

Christoph Bühler, Geldspielautomatenmißbrauch und Computerstrafrecht. MDR 1991, S. 14 ff.

9. [德] 卡尔・G. 多伊布纳:《评采尔州高等法院 1967 年 3 月 16 日判决》,载《新法学周刊》1967 年第 1922 页以下。

Karl G. Deubner,Anmerkung zum Urteil des OLG Celle vom 16. 3. 1967 - 1 Ss 10/67, NJW 1967, S. 1922 ff.

10. [德] 凯・安森巴赫:《刑法典第 242、246 条中价值理论的范围与边界》,载《整体刑法学杂志》2012 年第 124 卷,第 343—373 页。

Kai Ensenbach, Reichweite und Grenzen der Sachwerttheorie in §§ 242, 246 StGB, ZStW 124 (2012), 343-373.

11. [德] 卡尔斯滕・盖德:《客观的欺骗性质作为客观归责在诈骗罪中的体现》,载曼弗雷德・海因里希、克里斯蒂安・耶格尔、汉斯・亚琛巴赫、克努特·阿梅隆、威尔弗里德·博特克、贝恩哈德·哈夫克、贝恩德·许内曼、于尔根·沃尔特主编:《作为科学的刑法——克劳斯·罗克辛80周岁祝寿文集》(第二卷),2011年版,第967页以下。

Karsten Gaede, Die objektive Täuschungseignung als Ausprägung der objektiven Zurechnung beim Betrug, in:Manfred Heinrich/Christian Jäger/Hans Achenbach/Knut Amelung/Wilfried Bottke/Bernhard Haffke/Bernd Schünemann/Jürgen Wolter (Hrsg), Strafrecht als Scientia Universalis. Festschrift für Claus Roxin zum 80. Geburtstag am 15.Mai 2011, Band II,2011, S. 967 ff.

12. [德] 德特勒夫·格尔茨:《诈骗罪中的损害问题》,载《法学》1994年第311页以下。

Detlev Geerds, Schadensprobleme beim Beturg, Jura 1994, S. 311 ff.

13. [德] 卡尔·海因茨·格索尔:《可罚的领得行为的对象与对债权的损害》,载《〈戈尔特达默刑法档案〉140周年纪念文集》1993年第39页以下。

Karl Heinz Gössel, Über den Gegenstand der strafbaren Zueignung und die Beeinträchtigung von Forderungsrechten, 140 Jahre GA, 1993, S. 39 ff.

14. [德] 瓦尔特·格罗普:《关于盗窃罪中的不法领得目的概念》,载《法学概念》1985年第517页以下。

Walter Gropp, Zum Begriff der Zueignungsabsicht beim Diebstahl, JR 1985, S. 517 ff.

15. [德] 卡尔·海因茨·格罗斯:《没有认识错误的诈骗?》,载《新法学周刊》1973年第600页以下。

Karl Heinz Gross, Betrug ohne Irrtum?, NJW 1973, S. 600 ff.

16. [德] 贝恩德·海因里希:《劳动力作为诈骗罪中的财产组成部分》,载《戈尔特达默刑法档案》1997年第24页以下。

Bernd Heinrich, die Arbeitsleistung als betrugsrelevant Vermögensbestandteil, GA 1997, S. 24 ff.

17. [德] 京特·哈斯:《三方关系中的财物诈骗》,载《戈尔特达默刑法档案》1990 年第 201 页以下。

Günter Haas, der Sachbetrug im Dreiecksverhältnis, GA 1990, S. 201 ff.

18. [德] 伯恩哈特·哈夫克:《共同占有、占有辅助与侵占罪》，载《戈尔特达默刑法档案》1972 年第 225 页以下。

Bernhard Haffke, Mitgewahrsam, Gewahrsamsgehilfe und Unterschlagun, GA 1972, S. 225 ff.

19. [德] 罗尔夫·迪特里希·赫茨贝格:《诈骗与以诈术实施的盗窃》，载《整体刑法学杂志》第 89 卷，1977 年第 367 页以下。

Rolf Dietrich Herzberg, Betrug und Diebstahl durch listige Sachverschaffung, ZStW 89 (1977), S. 367 ff.

20. [德] 霍斯特·霍伊贝尔:《盗窃罪构成要件中的基本问题》，载《法学教学》1984 年第 445 页以下。

Horst Heubel, Grundprobleme des Diebstahlstatbestandes, JuS 1984, S. 445 ff.

21. [德] 埃里克·希尔根多夫:《支票卡滥用与计算机诈骗罪》，载《法学教学》1999 年第 542 页以下。

Eric Hilgendorf, Scheckkartenmissbrauch und Computerbetrug, JuS 1999, S. 542 ff.

22. [德] 马丁·W. 胡夫:《账户名义人滥用自动柜员机行为的刑事可罚性?》，载《新法学周刊》1986 年第 902 页以下。

Martin W. Huff, Strafbarkeit der mißbräuchlichen Geldautomatenbenutzung durch den Kontoinhaber?, NJW 1986, S. 902 ff.

23. [德] 马丁·W. 胡夫:《自动柜员机的滥用行为——此前判决综述》，载《新法学周刊》1987 年第 815 页。

Martin W. Huff, Die mißbräuchliche Benutzung von Geldautomaten - Ein Überblick über die bisherige Rechtsprechung, NJW 1987, S. 815 ff.

24. [德] 马丁·W. 胡夫:《信用卡支付程序》，载《新法学周刊》1988 年第 542 页。

Martin W. Huff, Das Kreditkartenverfahren, NJW 1988, S. 542.

25. [德] 瓦尔特·卡格尔:《占有概念与商品上的电子标签——评巴伐利亚

州最高法院载于〈新法学周刊〉1995年第3000页的判决》，载《法学教学》1996年第971页以下。

Walter Kargl, Gewahrsamsbegriff und elektronische Warensicherung-BayObLG, NJW 1995, 3000, JuS 1996, S. 971 ff.

26. [德] 彼得·卡西斯克:《刑法典第263条中介于信息风险与信息支配之间的默示欺骗行为》，载《戈尔特达默刑法档案》2009年第361页以下。

Peter Kasiske, die konkludente Täuschung bei § 263 StGB zwischen Informationsrisiko und Informationsherrschaft, GA 2009, S. 361 ff.

27. [德] 西蒙·肯普尼:《银行卡犯罪概述》，载《法学教学》2007年第1084页以下。

Simon Kempny, Überblick zu den Geldkartendelikten, JuS 2007, S. 1084 ff.

28. [德] 乌尔斯·金德霍伊泽尔:《默示的欺骗》，载乌尔里希·齐白主编:《刑法与经济刑法：教义学、法律比较与法律现实——克劳斯·蒂德曼70周岁祝寿文集》，2008年版，第579页以下。

Urs Kindhäuser, Konkludentes Täuschen, in: Ulrich Sieber (Hrsg.), Strafrecht und Wirtschaftsstrafrecht. Dogmatik, Rechtsvergleich, Rechtstatsachen ; Festschrift für Klaus Tiedemann zum 70. Geburtstag, 2008 S. 579 ff.

29. [德] 阿尔方斯·克瑙特:《使用没有余额的信用卡是否构成犯罪》，载《新法学周刊》1983年第1287页以下。

Alfons Knaut, Die Verwendung einer nicht gedeckten Kreditkarte als Straftat, NJW 1983, S. 1287 ff.

30. [德] 汉斯·库德里希:《计算机诈骗罪与有权持卡名义人的支票卡滥用行为》，载《法学教学》2003年第537页。

Hans Kudlich, Computerbetrug und Scheckkartenmissbrauch durch den berechtigten Karteninhaber, JuS 2003, S. 537 ff.

31. [德] 卡尔·海因茨·拉布施:《信用卡滥用与背信刑法》，载《新法学周刊》1986年第104页以下。

Karl Heinz Labsch, Der Kreditkartenmißbrauch und das Untreuestrafrecht, NJW 1986, S. 104 ff.

32. [德] 恩斯特 - 约阿希姆·兰珀:《刑法对于计算机犯罪的处理》，载《戈尔特达默刑法档案》1975 年第 1 页以下。

Ernst-Joachim Lampe, Die strafrechtliche Behandlung der sog. Computer-Kriminalität, GA 1975, S. 1 ff.

33. [德] 恩斯特 - 约阿希姆·兰珀:《评采尔州高等法院 1989 年 4 月 11 日判决》，载《法学概览》1990 年第 347 页以下。

Ernst-Joachim Lampe, Anmerkung zum Urteil des OLG Celle vom 11.4.1989 – 1 Ss 287/88, JR 1990, S. 347 ff.

34. [德] 恩斯特 - 约阿希姆·兰珀:《诈骗罪中的人的不法》，载《哈罗·奥托祝寿文集》，2007 年版，第 623 页以下。

Ernst-Joachim Lampe, Personales Unrecht im Betrug, Otto-FS, 2007, S. 623 .

35. [德] 赫尔穆特·迈尔:《论拿走概念》，载《法学家报》1962 年第 617 页以下。

Hellmuth Mayer, Zum Begriff der Wegnahme, JZ 1962, S. 617 ff.

36. [德] 迪特尔·迈尔:《支票卡滥用——诈骗抑或背信?》，载《法学教学》1973 年第 214 页以下。

Dieter Meyer, Die missbräuchliche Benutzung der Scheckkarte – Betrug oder Untreue?, JuS 1973, S. 214 ff.

37. [德] 沃尔夫冈·米奇:《第二次反经济犯罪法之后关于经济刑法的重要判决》，载《法学家报》1994 年第 878 页。

Wolfgang Mitsch, Rechtsprechung zur Wirtschaftsstrafrecht nach dem 2. WiKG, JZ 1994, S. 878 ff.

38. [德] 约翰内斯·纳格勒:《财产凭证作为财产犯罪的对象》，载《德国法学理论杂志》1941 年第 294 页以下。

Joahnnes Nagler, Bezugscheine als Objekte von Vermögensverbrechen, ZAkDR 1941, S. 294 ff.

39. [德] 沃尔夫冈·瑙克:《诈骗罪中欺骗行为与认识错误的因果关系：刑事政策与刑法教义学的关系》，载约尔根·鲍曼、克劳斯·蒂德曼主编:《刑法的统一性与多样性——卡尔·彼得斯 70 周岁祝寿文集》，1974 年版，第 109 页以下。

Wolfgang Naucke, Der Kausalzusammenhang zwischen Täuschung und Irrtum beim Betrug. Zum Verhältnis zwischen Kriminalpolitik und Strafrechtsdogmatik, in: Jürgen Baumann/Klaus Tiedemann (Hrsg.), Einheit und Vielfalt des Strafrecht, Festschrift für Karl Peters zum 70. Geburtstag,1974, S. 109 ff.

40. [德] 哈罗・奥托:《以违法方式取得他人财物行为中盗窃、诈骗以及勒索罪的区分》，载《整体刑法学杂志》第 79 卷，1967 年第 59 页以下。

Harro Otto,Zur Abgrenzung von Diebstahl, Betrug und Erpressung bei der deliktischen Verschaffung fremder Sachen, ZStW 79 (1967), S. 59 ff.

41. [德] 哈罗・奥托:《第二次反经济犯罪法生效之后的银行柜员机滥用行为》，载《法学概览》1987 年第 221 页以下。

Harro Otto, Zum Bankautomatenmißbrauch nach Inkrafttreten des 2. WiKG, JR 1987, S. 221 ff.

42. [德] 哈罗・奥托:《所有权保护的刑法侧面》，载《法学》1989 年 137 页以下与第 200 页以下。

Harro Otto, Strafrechtliche Aspekte des Eigentumsschutzes, Jura 1989, S. 137 ff., S. 200 ff.

43. [德] 哈罗・奥托:《财产犯罪的最新判决》，载《法学家报》1993 年第 559 页。

Harro Otto, die neue Rechtsprechung zu den Vermögensdelikten JZ 1993, S. 559.

44. [德] 米夏埃尔・帕夫利克:《利用他人的组织缺陷而实施的欺骗——关于在“错误记账”以及类似案件中风险分配问题》，载《恩斯特 - 约阿希姆・兰珀 70 周岁祝寿文集》，2003 年版，第 689 页以下。

Michael Pawlik, Täuschung durch die Ausnutzung fremder Organisationsmängel-Zur Risikoverteilung gemäß § 263StGB in den „ Fehlbuchungsfällen “ und verwandeten Fallkonstellation, in: Dieter Döllinger (Hrsg.), Festschrift für Ernst-Joachim Lampe zum 70. Geburtstag, 2003, S. 689 ff.

45. [德] 奥特弗里德・兰夫特:《信用卡滥用》，载《法学教学》1988 年第

673 页。

Otfried Ranft, Der Kreditkartenmissbrauch, JuS 1988, S. 673.

46. [德] 奥特弗里德·兰夫特:《财产犯罪领域的基本案例》，载《法学教学》1984 年第 723 页以下。

Otfried Ranft, Grundfälle aus dem Bereich der Vermögensdelikte, JA 1984, S. 723 ff.

47. [德] 鲁道夫·伦吉尔:《刑法分则中的客观归责问题思考》，载贝恩德·许内曼、汉斯·亚琛巴赫、威尔弗里德·博特克、汉斯-约阿希姆·鲁道菲主编:《克劳斯·罗克辛 70 周岁祝寿文集》，2001 年版，第 811 页以下。

Rudolf Rengier, Gedanken zur Problematik der objektiven Zurechnung im Besonderen Teil des Strafrechts, in: Bernd Schünemann/Hans Achenbach/Wilfried Bottke/Bernhard Haffke/Hans-Joachim Rudolphi (Hrsg.), Festschrift für Claus Roxin zum 70.Geburtstag am 15.Mai.2001, 2001, S.811 ff.

48. [德] 克劳斯·罗克辛、贝恩德·许内曼:《刑法实务案例》，载《法学教学》1969 年第 372 页以下。

Roxin/Schünemann, Der praktische Fall-Strafrecht, JuS 1969, S. 372 ff.

49. [德] 汉斯-约阿希姆·鲁道菲:《论领得的概念》，载《戈尔特达默刑法档案》1965 年第 33 页以下。

Hans-Joachim Rudolphi, Der Begriff der Zueignung, GA 1965, S. 33 ff.

50. [德] 埃里希·萨姆松:《刑法第 242 条盗窃罪的基本问题》，载《法学工作》1980 年第 285 页以下。

Erich Samson, Grundprobleme des Diebstahls (§ 242 StGB), JA 1980, S. 285 ff.

51. [德] 霍斯特·施罗德:《关于盗窃罪与诈骗及勒索罪的界限》，载《整体刑法学杂志》第 60 卷，1941 年第 33 页以下。

Horst Schröder, Über die Abgrenzung des Diebstahls von Betrug und Erpressung, ZStW 60 (1941), S. 33 ff.

52. [德] 汉斯-于尔根·施罗特:《以密码卡为工具实施的盗窃罪》，载《新法学周刊》1981 年第 705 页以下。

Hans-Jürgen Schroth, Der Diebstahl mittels Codekarte, NJW 1981, S. 705 ff.

53. [德] 汉斯 - 于尔根·施罗特:《支票卡诈骗与兑现担保》，载《新法学周刊》1983 年第 716 页以下。

Hans-Jürgen Schroth, Scheckkartenbetrug und Einlösungsgarantie, NJW 1983, S. 716 ff.

54. [德] 贝恩德·许内曼:《诈骗罪与盗窃罪间接正犯界分中的方法论问题》，载《戈尔特达默刑法档案》1969 年第 46 页以下。

Bernd Schünemann, Methodenproblemer bei der Abgrenzung von Betrug und Diebstahl in mittelbarer Täterschaft, GA 1969, S. 46 ff.

55. [德] 贝恩德·许内曼:《不真正不作为犯中的保证人地位：从教义学发展史、法律比较以及物本逻辑出发寻找出路》，载马丁·博尔泽主编:《阿梅隆 70 周岁祝寿文集》，2009 年版。

Bernd Schünemann, Zur Garantenstellung beim unechten Unterlassungsdehkt: Dogmenhistorische, rechtsvergleichende und sachlogische Auswegweiser aus einem Chaos, in: Martin Börse (Hrsg.)Grundlagen des Straf-und Strafverfahrensrechts,Festschrift fuer Knut Amelung zum 70. Geburtstag, 2009.

56. [德] 库尔特·泽尔曼:《侵犯所有权犯罪基础案例》，载《法学教学》1985 年第 288 页以下。

Kurt Seelmann, Grundfälle zu den Eigentumsdelikten, JuS 1985, S. 288 ff.

57. [德] 乌多·施泰因希尔柏:《通过滥用他人的密码卡使用银行自动柜员机的行为是可罚的吗?》，载《戈尔特达默刑法档案》1985 年第 114 页以下。

Udo Steinhilper, Ist Bedienung von Bargeldautomaten unter missbräuchlichen Verwendug fremder Codekarten strafbar, GA 1985, S. 114 ff.

58. [德] 约尔格·滕克霍夫:《盗窃罪与侵占罪的领得概念》，载《法学教学》1980 年第 723 页。

Jörg Tenckhoff, Der Zueignungsbegriff bei Diebstahl und Unterschlagung, JuS 1980, S. 723 ff.

59. [德] 克劳斯·蒂德曼:《判例和理论上的诈骗刑法》，载克劳斯·罗克辛主编:《联邦法院 50 周年纪念文集》第 4 卷,2000 年版,第 551 页以下。

Klaus Tiedemann, Das Betrugsstrafrecht in Rechtsprechung und Wissenschaft, in: Claus Roxin, Gunter Widmaier (Hrsg.), 50 Jahre Bundesgerichtshof, Festgabe aus der Wissenschaft Band IV, 2000, S. 551 ff.

60. [德] 约阿希姆·福格尔:《以默示方式实施的诈骗罪:"知悉真相的权利"还是相互的交易安全保障义务》,载《罗尔夫·凯勒纪念文集》,2002 年版,第 313 页以下。

Joachim Vogel, Betrug durch konkludente Täuschung: „ Recht auf Wahrheit " oder kommunikative Verkehrssicherungspflicht, in:Gedächtnisschrift für Rolf Keller, 2002, S. 313 ff.

61. [德] 汉斯·韦尔策尔:《占有的概念与自助商店盗窃案》,载《戈尔特达默刑法档案》1960 年第 257 页以下。

Hans Welzel, Der Gewahrsamsbegriff und die Diebstähle in Selbstbedienungsläden, GA 1960, S. 257 ff.

62. [德] 约翰内斯·韦塞尔斯:《领得、使用侵占与使物脱离占有》,载《新法学周刊》1965 年第 1153 页以下。

Johannes Wessels, Zueignung, Gebrauchsanmaßung und Sachentziehung, NJW 1965, S. 1153 ff.

专著

63. [德] 彼得 - 亚历克西斯·阿尔布雷西特、温弗里德·哈塞默、米夏埃尔·福斯:《通过非犯罪化保护法益》,1992 年版。

Peter-Alexis Albrecht/Winfried Hassemer/ Michael Voß (Hrsg.), Rechtsgüterschutz durch Entkriminalisierung, 1992.

64. [德] 沃尔夫冈·比特纳:《占有概念与其在财产犯罪体系中的意义》,1972 年版。

Wolfgang Bittner, Der Gewahrsamsbegriff und seine Bedeutung für die Systematik der Vermögensdelikt, 1972.

65. [德] 汉斯 - 于尔根・布伦斯:《将刑法从民法思维中解放出来》,1938 年版。

Hans-Jürgen Bruns, Die Befreiung des Strafrechts vom zivilistischen Denken, 1938.

66. [德] 彼得・克拉默:《刑法上的财产概念与财产损害》,1968 年版。

Peter Cramer, Vermögensbegriff und Vermögensschaden im Strafrecht, 1968.

67. [德] 德特勒夫・格尔茨:《经济刑法与财产保护》,1990 年版。

Detlev Geerds, Wirtschaftsstrafrecht und Vermögensschutz, 1990.

68. [德] 温弗雷德・哈塞默:《现代刑法中的产品责任》,1994 年版。

Winfried Hassemer, Produktverantwortung im modernen Strafrecht, 1994.

69. [德] 海因里希・扬森:《自加洛林纳时代至 18 世纪末的盗窃罪发展》,1969 年版。

Heinrich Janssen, Der Diebstahl in seiner Entwicklung von Carolina bis zum Ausgang des 18 Jahrhundert, 1969.

70. [德] 卡蒂亚・朗根布赫尔:《非现金支付交易中的风险分配》,2001 年版。

Katija Langenbucher, Die Risikozuordnung im bargeldlosen Zahlungsverkehr, 2001.

71. [德] 劳拉・迈尔・卢克斯:《诈骗罪中的默示欺骗行为》,2013 年版。

Laura Mayer Lux, Die konkludente Täuschung beim Betrug, 2013.

72. [德] 曼弗雷德・迈瓦尔德:《侵犯所有权犯罪体系中的领得概念》,1970 年版。

Manfred Maiwald, Der Zueignungsbegriff im System der Eigentumsdelikte, 1970.

73. [德] 沃尔夫冈・瑙克:《关于可罚的诈骗罪理论》,1964 年版。

Wolfgang Naucke, Zum Lehre von strafbaren Betrug, 1964.

74. [德] 哈罗・奥托:《刑法财产保护的构造》,1970 年版。

Harro Otto, Die Struktur des strafrechtlichen Vermögensschutzes, 1970.

75. [德] 哈罗・奥托:《非现金支付交易与刑法》,1978 年版。

Harro Otto, Bargeldloser Zahlungsverkehr und Strafrecht , 1978.

76. [德] 米夏埃尔·帕夫利克:《诈骗罪的不允许行为》,1999 年版。

Michael Pawlik, Das unerlaubte Verhalten beim Betrug, 1999.

77. [德] 佩特拉·维蒂希:《诈骗罪的构成要件行为》,2005 年版。

Petra Wittig, Das tatbestandmäßige Verhalten beim Betrug, 2005.

78. [德] 西美尔:《货币哲学》,陈戎女、耿开君、文聘元译,华夏出版社 2007 年版。

79. [德] 弗里德里希·卡尔·冯·萨维尼:《论占有》,朱虎、刘智慧译,法律出版社 2007 年版。

80. [德] 贝恩德·许内曼:《不真正不作为犯的根据与界限:对刑法方法论的探讨》,1971 年版。

Bernd Schünemann, Grund und Grenzen der unechten Unterlassungsdelikte: zugleich ein Beitrag zur strafrechtlichen Methodenlehre, 1971.

教科书:

81. [德] 冈特·阿茨特、乌尔里希·韦伯、贝恩德·海因里希、埃里克·希尔根多夫:《刑法分论》,第 2 版,2009 年版。

Gunter Arzt/Ulrich Weber/Bernd Heinrich/Eric Hilgendof, Strafrecht Besonderer Teil, 2. Auflage,2009.

82. [德] 卡尔·宾丁:《德国刑法教科书·分论》,第 2 版,1902 年版。

Karl Binding, Lehrbuch des gemeinen deutschen Strafrecht, Besonderer Teil, 2. Aufl., 1902.

83. [德] 赖因哈特·毛拉赫、弗里德里希 - 克里斯蒂安·施罗德、曼弗雷德·迈瓦尔德:《刑法分论·卷二》,第 10 版,2009 年版。

Reinhart Maurach/Friedrich-Christian Schröder/Manfred Maiwald, Strafrecht Besonderer Teil. 2, 10. Aufl., 2009.

84. [德] 尤利乌斯·冯·佐登:《德国普通法精神》,第 2 版,1792 年版,第 310 条。

Julius v. Soden, Geist der peinlichen Gesetzgebung Teutschlands, 2. Aufl., 1792, § 310.

85. [德] 约翰内斯·韦塞尔斯、托马斯·希伦坎普:《刑法分论》卷二，第35版，2012年版。

Johannes Wessels/Thomas Hillenkamp, Strafrecht Besonderer Teil 2, 35. Aufl., 2012.

86. [德] 克劳斯·罗克辛:《刑法总论（第一卷）基础：犯罪论的结构》，第4版，2006年版。

Claus Roxin, Strafrecht Allgemeiner Teil, Band I, Grundlage: Der Aufbau der Verbrechenslehre, 4. Aufl., 2006.

评论

87. [德] 爱德华·德雷埃尔、赫伯特·特伦德勒:《刑法典》第39版，1980年版，第242条。

Eduard Dreher/ Herbert Tröndle, Strafgesetzbuch, 39.Aufl., 1980, § 242.

88. [德] 托马斯·费舍尔:《刑法典与附属刑法》第57版，2010年版，第242条、第263条。

Thomas Fischer, Strafgesetzbuch und Nebengesetze, 57 Aufl., 2010, §§ 242, 263.

89. [德] 赖因哈特·弗兰克:《德意志帝国刑法典》，第18版，1931年版，第242条。

Reinhard Frank, Das Strafgesetzbuch fur das Deutsche Reich, 18 Aufl., 1931, § 242.

90. [德] 马蒂亚斯·哈伯扎克:《慕尼黑民法评论》，第6版，2013年版，第808条。

Mathias Habersack, in: Münchener Kommentar zum BGB, 6. Auflage, 2013, § 808.

91. [德] 罗兰·亨芬德尔:《慕尼黑刑法评论》，第2版，2012年版，第263条。

Roland Henfendehl, in: Münchener Kommentar zum StGB, 2. Aufl., 2012, § 263。

92. [德] 安德烈亚斯 · 霍耶:《体系刑法评论》第 8 版，第 242 条前、第 242 条、第 263 条。

Andreas Hoyer, in:Systematischer Kommentar zum StGB, 8 Aufl., vor §§ 242, §§ 242, 263.

93. [德] 乌尔斯 · 金德霍伊泽尔:《诺莫斯刑法评论》第 4 版，2010 年版，第 242 条、第 263 条。

Urs Kindhäuser, in: Nomos Kommentar zum StGB, 4.Aufl., 2010, §§ 242, 263.

94. [德] 卡尔 · 拉克纳、克里斯蒂安 · 屈尔:《刑法典评论》，第 27 版，2011 年版，第 263 条。

Karl Lackner/Kristian Kühl, Strafgesetzbuch Kommentar, 27Aufl, 2011, § 263.

95. [德] 卡尔 · 拉克纳:《莱比锡刑法评论》，第 10 版，第 263 条。

Karl Lackner,in: Leipziper Kommentar zum StGB, 10 Aufl. § 263.

96. [德] 埃里希 · 萨姆森:《体系刑法评论》，第 1 版，1989 年版，第 242 条。

Erich Samson, in: Systematischer Kommentar zum StGB, 1 Aufl., 1989, § 242.

97. [德] 罗兰 · 施密茨:《慕尼黑刑法评论》，第 2 版，2012 年版，第 242 条。

Roland Schmitz, in: Münchnener Kommentar zum StGB, 2. Aufl., 2012, § 242.

98. [德] 阿道夫 · 舍恩克、霍斯特 · 施罗德、彼得 · 克拉默、瓦尔特 · 佩龙:《刑法典评论》，第 27 版，2006 年版，第 263 条。

Adolf Schönke /Horst Schröder /Peter Cramer /Walter Perron, Kommentar zum Strafgesetzbuch, 27. Aufl., 2006, § 263.

99. [德] 克劳斯 · 蒂德曼:《莱比锡刑法评论》，第 12 版，2010 年版，第 263 条、第 263 条 a。

Klaus Tiedemann, in: Leipziger Kommentar-StGB, 12 Aufl., 2010, §§ 263, 263a.

100. [德] 约阿希姆 · 福格尔:《莱比锡刑法评论》，第 12 版，2010 年版，第 242 条前、第 242 条。

Joachim Vogel, in: Leipziger Kommentar zum StGB, 12.Aufl., 2010, vor §§ 242, § 242.

判例及其评论

关于拿走他人银行卡取款的行为定性：

101. BGHSt 35, 154ff.《联邦最高法院刑事判例集》第 35 卷第 154 页以下。
102. BGHSt 38, 10ff.《联邦最高法院刑事判例集》第 38 卷第 10 页以下。
103. OLG Hamburg, NJW 1987, 336. 汉堡州高等法院，载《新法学周刊》1987 年第 336 页。
104. OLG Stuttgart, NJW 1987, 666. 斯图加特州高等法院，载《新法学周刊》1987 年第 666 页。
105. Bay ObLG NJW 1987, 663. 巴伐利亚州最高法院，载《新法学周刊》1987 年第 663 页。
106. BayObLG NJW 1987, 666. 巴伐利亚州最高法院，载《新法学周刊》1987 年第 666 页。
107. OLG Koblenz wistra 1987, 261. 科布伦茨州高等法院，载《经济与税收刑法杂志》1987 年第 261 页。
108. OLG Köln JR 1992, 249 mit Anm. Otto JR 1992, 251 ff. 科隆州高等法院，载《法学概览》1992 年第 248 页；附哈罗·奥托对本案的评论，载《法学概览》1992 年第 251 页以下。
109. LG Karlsruhe NStZ 1986, 71. 卡尔斯鲁厄州法院，载《新刑法杂志》1986 年第 71 页。
110. AG Berlin-Tiergarten, wistra 1984, 114. 柏林－蒂尔加滕地方法院，载《经济与税收刑法杂志》1984 年第 114 页。
111. AG Kulmbach NJW 1985, 2282. 库姆巴赫地方法院，载《新法学周刊》1985 年第 2282 页。
112. AG München wistra 1986, 268. 慕尼黑地方法院，载《经济与税收刑法杂志》1986 年第 268 页。

关于默示欺骗行为：

113. BverfG wistra 2012, 102 ff. 联邦宪法法院，载《经济与财税刑法杂志》2012 年第 102 页以下。默示欺骗行为概念的合宪性。

114. BGHSt 51, 165.《联邦最高法院刑事判例集》第 51 卷第 165 页以下默示欺骗中意思表示的认定标准。

使用窃取的存折取款行为与共罚的事后行为：

115. BGH NStZ 1993, 591. 联邦最高法院，载《新刑法杂志》1993 年第 591 页。

116. OLG Düsseldorf, NJW 1989, 2003. 杜塞尔多夫州高等法院，载《新法学周刊》1989 年第 2003 页。

117. OLG Celle, StV 1994, 188. 策勒州高等法院，载《刑事辩护》1994 年第 188 页以下。

错误转账与错误记账案件：

118. BGH Dallinger MDR 1975, 22. 否定错误转账案件中诈骗罪的成立。

119. BGHSt 46, 196 ff.《联邦最高法院刑事判例集》第 46 卷第 196 页以下否定错误记账与错误转账的区分，否定诈骗罪的成立。

120. OLG Köln, JR 1961, 433 f. Mit Anm. Schröder JR 1961, 434 f. 科隆州高等法院判决，载 JR1961 年第 433 页，施罗德关于本案的评论载《法学概览》1961 年第 434 页。

121. OLG Stuttgart NJW 1988, 981 ff. 斯图加特州高等法院，载《新法学周刊》1988 年第 981 页以下。

122. LG Bielefeld, NJW 1983, 1335 ff. 比勒菲尔德州法院，载《新法学周刊》1983 年第 1335 页。

123. OLG Hamm, NJW 1984, 1633 ff. 汉姆州高等法院，载《新法学周刊》1984 年第 1633 页。

支票卡与信用卡滥用行为：

124. BGHSt 24, 386 ff.《联邦最高法院刑事判例集》第 24 卷第 386 页以下。支票卡的滥用。

125. BGHSt 33, 244 ff.《联邦最高法院刑事判例集》第 33 卷第 244 页。开户诈骗。

126. BGHSt 47, 160 ff.《联邦最高法院刑事判例集》第 47 卷第 160 页。信用卡的滥用。

诈骗与盗窃：占有处分与占有破坏：

127. BGHSt 18, 221 ff.《联邦最高法院刑事判例集》第 18 卷第 221 页。三角诈骗与盗窃罪间接正犯的区分。

128. OLG Stuttgart JZ 1966, 319 ff. 斯图加特州高等法院，载《法学家报》1966 年第 319 页。

关于领得目的：

129. RGSt 10, 369 ff.《帝国法院刑事判例集》第 10 卷第 369 页以下。

130. RGSt 26, 151 ff.《帝国法院刑事判例集》第 26 卷第 151 页以下。

131. RGSt 39, 239 ff.《帝国法院刑事判例集》第 39 卷第 239 页以下。

132. BayObLGSt 1964, 75 ff.《巴伐利亚州高等法院刑事判例集》，1964 年第 75 页以下。采纳价值理论的判例。

133. BGHSt 19,387 ff.《联邦最高法院刑事判例集》，第 19 卷第 387 页以下。帽子案；成分理论。

134. BGHSt 16, 190 ff.《联邦最高法院刑事判例集》，第 16 卷第 190 页以下。关于领得目的的下位因素。

135. BGH MDR 1960, 689 ff.《德国法学月刊》1960 年第 689 页以下。

占有是否作为独立法益与亲属相盗案件中的受害人范围认定：

136. RGSt 73, 151 ff.《帝国法院刑事判例集》第 73 卷第 151 页以下。

137. BGHSt 10, 400 ff.《联邦最高法院刑事判例集》第 10 卷第 400 页以下。

经济的财产概念：

138. RGSt 44 230 ff.《帝国法院刑事判例集》第 44 卷第 230 页以下。

139. BGHSt 2, 364 ff.《联邦最高法院刑事判例集》第 2 卷第 364 页以下。

140. OLG Hamburg NJW 1966,1525. 汉堡州高等法院，载《新法学周刊》1966 年第 1525 页。

法律・经济的财产概念：

141. BGH NStZ 1986,455 ff. 联邦最高法院，载《新刑法杂志》1986 年第 455 页。

142. BGH JR 1988, 125. 联邦最高法院，载《法学概览》1988 年第 125 页。

143. OLG Karlsruhe NStZ 1990, 282. 卡尔斯鲁厄州高等法院，载《新刑法杂志》1990 年第 282 页。

144. BayObLG JR 1991, 433. 巴伐利亚州最高法院，载《法学概览》1991 年第 433 页。

中文文献

论文

1. 蔡圣伟:《论盗用他人提款卡的刑事责任》，载蔡圣伟著:《刑法问题研究(一)》，台湾元照出版有限公司 2008 年版。
2. 曹新友:《论存款所有权的归属》，载《现代法学》2000 年第 2 期。
3. 车浩:《盗窃罪中的被害人同意》，载《法学研究》2012 年第 2 期。
4. 陈洪兵:《中国语境下存款占有及错误汇款的刑法分析》，载《当代法学》2013 年第 5 期。
5. 陈洪兵:《滥用银行卡的刑事责任》，载《法治研究》2013 年第 5 期。
6. 陈洪兵:《财产罪法益上的所有权说批判》，载《金陵法律评论》2008 年第 1 卷。
7. 陈兴良:《形式解释论的再宣示》，载《中国法学》2010 年第 4 期。
8. 陈明、赵宁:《简单罪状的司法认定和解释规则研究——以盗窃罪的司法认定为例》，载《政治与法律》2013 年第 4 期。
9. 储槐植:《我国刑法中犯罪概念的定量因素》，载《法学研究》1988 年第 2 期；冯春萍、张红昌:《财产罪的保护法益探究》，载《法学杂志》2012 年第 12 期。
10. 高富平:《从实物本位到价值本位——对物权客体的历史考察和法理分析》，载《华东政法学院学报》2003 年第 5 期。
11. 高翼飞:《侵犯财产罪保护法益再探究》，载《中国刑事法杂志》2013 年第 7 期。
12. 郭晓红:《民、刑比较视野下的占有之“观念化”》，载《法学杂志》2011 年第 11 期。
13. 黑静洁:《存款的占有新论》，载《中国刑事法杂志》2012 年第 1 期。
14. 侯国云:《再论虚拟财产刑事保护的不当性——与王志祥博士商榷》，载

《北方法学》2012年第2期。
15. 李强:《日本刑法中的“存款的占有”：现状、借鉴与启示》，载《清华法学》2010年第4期。
16. 刘劲松:《明知信用卡系盗窃所得仍帮助挂失取款的行为如何定性》，载中国法院网 http://www.chinacourt.org/public/detail.php?id=199822。
17. 刘明祥:《德日刑法学中的财产罪保护法益问题之比较》，载《华中理工大学学报》2000年第1期。
18. 刘明祥:《用拾得的信用卡在ATM机上取款行为之定性》，载《清华法学》2007年第4期。
19. 刘明祥:《再论用信用卡在ATM机上恶意取款的行为性质——与张明楷教授商榷》，载《清华法学》2009年第1期。
20. 黎宏:《论财产犯的占有》，载《中国法学》2009年第1期。
21. 黎宏:《论财产犯罪的保护法益》，载《人民检察》2008年第23期。
22. 黎宏:《日本近现代刑法学的发展历程及其借鉴意义》，载《法学评论》2004年第5期。
23. 马卫军:《论抢劫罪中的财产性利益》，载《政治与法律》2011年第7期。
24. 阮齐林:《金融财产控制的特点与侵犯财产罪的认定》，载《法学》2001年第8期。
25. 童伟华:《财产罪的法益——修正的“所有权说”之提倡》，载《安徽大学法律评论》2009年第1期。
26. 王志祥、袁宏山:《论虚拟财产刑法保护的正当性——与侯国云教授商榷》，载《北方法学》2010年第4期。
27. 王海涛:《论财产犯罪中债权凭证的刑法评价——以存折、银行卡等债权凭证为例的说明》，载《政治与法律》2010年第4期。
28. 王骏:《抢劫、盗窃利益行为探究》，载《刑事法杂志》2009年第12期。
29. 吴允锋:《也论抢劫信用卡并使用行为之定性——与刘明祥教授商榷》，载《法学》2011年第3期。
30. 徐光华、郭晓红:《我国财产犯罪的保护法益应坚持所有权说——以非法取回自己所有而为他人占有的财产类案例的“同案异判”为例》，载《政治与法律》2013 年第 3 期。
31. 杨兴培:《许霆案的行为性质认定和法理思考》，载《法学》2008 年第 3 期。
32. 张传军:《窃取欠条收取欠款的行为该定何罪？》，载《中国审判》2008 年第 10 期。
33. 张明楷:《财产性利益是诈骗罪的对象》，载《法律科学》2005 年第 3 期。
34. 张明楷:《也论用拾得的信用卡在 ATM 机上取款的行为性质——与刘明祥教授商榷》，载《清华法学》2008 年第 1 期。
35. 张明楷:《非法使用信用卡在 ATM 机取款的行为构成盗窃罪——再与刘明祥教授商榷》，载《清华法学》2009 年第 1 期。
36. 赵秉志、阴建峰:《侵犯虚拟财产的刑法规制研究》，载《法律科学》（西北政法大学学报）2008 年第 4 期。
37. 于志刚:《论网络游戏中虚拟财产的法律性质与刑法保护》，载《政法论坛》2003 年第 6 期。

专著

38. 陈兴良:《判例刑法学》，中国人民大学出版社 2008 年版。
39. 邓子滨:《中国实质刑法观批判》，法律出版社 2009 年版。
40. 高巍:《盗窃罪基本问题研究》，中国人民公安大学出版社 2011 年版。
41. 刘明祥:《财产罪比较研究》，中国政法大学出版社 2001 年版。
42. 鲁兰:《牧野英一刑事法思想研究》，中国方正出版社 1999 年版。
43. 王玉珏:《刑法中的财产性质及财产控制关系研究》，法律出版社 2009 年版。
44. 王泽鉴:《债法原理（二）不当得利》，中国政法大学出版社 2002 年版。
45. 王泽鉴:《民法物权（第二卷）用益物权・占有》，中国政法大学出版社 2001 年版。
46. 徐久生、庄敬华译:《瑞士联邦刑法典》，中国方正出版社 2004 年版。

47. 谢望原、付立庆编:《许霆案深层解读——无情的法律与理性的诠释》,中国人民公安大学出版社 2008 年版。
48. 于志刚、郭旭强:《财产罪法益中所有权说与占有说之对抗与选择》,载《法学》2010 年第 8 期。
49. 张明楷:《法益初论》,中国政法大学 2000 年版。

教科书

50. 高铭暄、马克昌主编:《刑法学》(第五版),高等教育出版社、北京大学出版社 2011 年版。
51. 林山田:《刑法各罪论(上)》(修订五版),北京大学出版社 2012 年版。
52. 杨春洗、杨敦先、郭自力主编:《中国刑法论》(第四版),北京大学出版社 2008 年版。
53. 张明楷:《刑法学》(第四版),法律出版社 2011 年版。

案例

存款名义人滥用行为:

54. 许霆盗窃案,中华人民共和国最高人民法院(2008)刑核字第 18 号刑事裁定书。
55. 廖淑珍盗窃案,广东省广州市中级人民法院刑事判决书,(2010)穗中法刑二重字第 1 号。
56. 何鹏盗窃案。
57. 郝景文、郝景龙盗窃案,载最高人民法院编:《刑事审判参考》(第二卷)法律出版社 2001 年版,第 143 页。
58. 仇国宾、崔勇、张国志盗窃案,载《最高人民法院公报》2011 年第 9 期。
59. 丁巍、汪彦:《占有他人用自己身份证办理的银行卡中存款如何定性》,载《检察日报》2006 年 7 月 31 日。

非存款名义人的犯罪行为:

60. 王功国盗窃案:福建省将乐县人民法院(2002)将刑初字第 121 号判

决书。
61. 刘作友盗窃案：《人民法院案例选》2007 年第 2 辑，第 76 页。
62. 刘金坂诈骗案：福建省长泰县人民法院（2000）泰刑初字第 109 号。
63. 张泽容、屈自强盗窃案：《刑事审判参考》2006 年第 5 集，总第 52 集。
64. 曹宗强侵占案：北京市大兴区人民法院（2007）大刑初字第 831 号判决书；北京市第一中级人民法院（2008）一中刑终字第 1550 号裁定书。
65. 孙某盗窃、诈骗案：浙江省杭州市中级人民法院（2011）浙杭刑初字第 207 号。
66. 余丽辉盗窃案：浙江省杭州市下城区人民法院（2008）浙杭下刑初字第 76 号。
67. 张卫兵盗窃案：福建省厦门市翔安区人民法院（2005）翔刑初字第 162 号判决书。
68. 李旭东抢劫、盗窃案：北京市第二中级人民法院（2004）二中刑初字第 01615 号刑事判决书。
69. 李振平盗窃案：海南省海口市龙华区人民法院（2005）龙刑初字第 73 号。
70. 李建勇等盗窃、抢劫案，广东省广州市中级人民法院（2006）穗中法刑二终字第 136 号。
71. 刘某盗窃案：北京市第二中级人民法院刑事裁定书。
72. 钟建华等盗窃案：广西壮族自治区梧州市中级人民法院（2001）梧刑初字第 29 号，广西壮族自治区高级人民法院（2001）桂刑终字第 176 号。
73. 林进聪等盗窃案，一审判决书：福建省厦门市中级人民法院（2007）厦刑初字第 56 号；二审裁定书：福建省高级人民法院（2007）闽刑终字第 349 号；国家法官学院、中国人民大学编：《中国审判案例要览 · 2008 年刑事审判案例卷》，第 320—326 页。
74. 何志勇盗窃案：广东省广州市中级人民法院（2004）穗中法刑初字第 208 号刑事判决书。
75. 高军等抢劫案：安徽省合肥市包河区人民法院（2004）包刑初字第 73 号判决书。

76. 刘劲松:《明知信用卡系盗窃所得仍帮助挂失取款的行为如何定性》，载中国法院网 http://www.chinacourt.org/public/detail.php?id=199822。
77. 陈兴良:《捡拾存折后猜配密码冒名取款行为之定性研究——程剑诈骗案》，载《判例刑法学（下)》，中国人民大学出版社 2008 年版。
78. 颜思永等侵占、票据诈骗案：湖南省长沙市中级人民法院（1999）长中刑二初字第 14 号；国家法官学院、中国人民大学编:《中国审判案例要览·2000 年刑事审判案例卷》，第 217—221 页。
79. 董某某等抢劫案：北京市第二中级人民法院二审刑事裁定书。
80. 周小波盗窃案：北京市顺义区人民法院（2007）顺刑初字第 481 号；国家法官学院、中国人民大学编:《中国审判案例要览·2008 年刑事审判案例卷》，第 330—333 页。
81. 赵婧文:《冒用他人名义办理银行卡待被害人误将钱存入该卡后将钱盗走之行为定性》，载《法律与社会》2011 年第 9 期。

盗窃虚拟财产：

82. 曾智峰等盗窃案：广东省深圳市南山区人民法院（2006）深南法刑初字第 56 号刑事判决书。
83. 黄至炜等盗窃案：福建省龙岩市新罗区人民法院（2008）龙新刑初字第 608 号判决书。
84. 金科等侵犯通信自由案：广东省深圳市南山区人民法院（2007）深南法刑初字第 653 号判决书。
85. 林通武盗窃案：福建省厦门市思明区人民法院（2007）思刑初字第 410 号；国家法官学院、中国人民大学编:《中国审判案例要览，2009 年刑事审判案例卷》，第 334—338 页
86. 周玮盗窃案：江苏省无锡市北塘区人民法院（2006）北刑初字第 167 号判决书。
87. 孟动、何立康网络盗窃案:《上海市黄浦区人民法院刑事判决书》，载《最高人民法院公报》2006 年第 11 期。

盗窃欠条等债权凭证：

88. 陆晓伟:《暴力抢劫欠条构成抢劫罪》，载《人民司法》2000 年第

11 期。
89. 赵奎林、杨治云:《盗窃他人欠条应如何认定》，载《检察实践》2002 年第 1 期。
90. 肖敏:《从小偷手中购回欠条的行为如何定性》，载《人民检察》2007 年第 1 期。
91. 颜梅生:《逼迫债权人交出欠条并出具收据构成抢劫罪》，载《人民法院报》2007 年 4 月 24 日，第 6 版。
92. 吴伟:《抢劫债权凭证之行为定性》，载《中国检察官》2008 年第 11 期。
93. 王金海:《暴力取得财物和借条的行为如何定性》，载《江苏法制报》2008 年 4 月 14 日，第 6 版。
94. 刘芳:《强取欠条构成抢劫罪》，载《党政干部学刊》2003 年第 12 期。
95. 张旭、王宪章:《抢夺“欠条”致罪之犯罪形态案例研究》，载《法制与社会》2006 年第 11 期。
96. 杜庆贵、于艳峰:《抢走欠条索债如何定性——债权作为相对权不能成为财产类犯罪的犯罪对象》，载《检察日报》2008 年 10 月 22 日，第 3 版。
97. 张传军:《窃取欠条收取欠款的行为该定何罪?》，载《中国审判》2008 年第 10 期。
98. 杨联文、吴明霞《赊销购物后盗窃欠条构成何罪》，载《人民法院报》2008 年 4 月 16 日，第 6 版。
99. 杨新强:《撕毁欠条否认债务该如何定性》，载《人民检察》2006 年第 12 期。
100. 席俊、范光萍:《吞食借条该定何罪》，载《江苏法制报》2006 年 9 月 12 日，第 C06 版。
101. 李振:《先逼写欠条再逼取借款一罪还是数罪》，载《检察日报》2009 年 8 月 19 日，第 3 版。
102. 杨联文、吴明霞《赊销购物后盗窃欠条构成何罪》，载《人民法院报》2008 年 4 月 16 日，第 6 版。

103. 杨健涛、詹英明:《抢劫过程中逼写欠条等行为应如何处断》，载《中国检察官》2009 年第 10 期。

盗刷银行卡案件中银行的民事责任:

104. 王永胜诉中国银行股份有限公司南京河西支行储蓄存款合同纠纷案：江苏省南京市鼓楼区人民法院一审判决书。

105. 顾骏诉上海交行储蓄合同纠纷案：上海市第二中级人民法院一审判决书。

日文文献

论文

1. [日] 青木阳介:《預金による占有についての一考察》,《上智法学论集》2012 年，第 55 卷 3・4 号。

2. [日] 松宫孝明:《詐欺罪における不法領得の意思について》,《立命館法学》2003 年 6 号（292 号）。

3. [日] 松宫孝明:《過剰入金と財産犯》,《立命館法学》1996 年 5 号（总 249 号）。

4. [日] 穴泽大辅:《いわゆる「誤振込・誤記帳」事案における財産犯の成否》,《上智法学论集》2005 年，第 48 卷第 2 号。

5. [日] 穴泽大辅:《いわゆる「誤振込・誤記帳」事案における財産犯の成否・2》,《上智法学论集》2005 年，第 48 卷第 3・4 号。

6. [日] 上田正和:《誤振込みと財産犯の成否について》,《大宮ローレビュー》創刊号，第 75 页以下。

7. [日] 佐濑惠子:《詐欺罪における財産的損害》,《通信教育部論集》第 16 号（2013 年 8 月），第 106 页以下。

8. [日] 佐濑惠子:《銀行預金と財産犯》,《創価法学》2013 年第 43 卷第 1 号。

9. [日] 大沼邦弘、神元隆贤:《誤って振り込まれた預金の払戻しと財産犯》,《成城法学》2010 年第 79 号（井上明先生古稀祝賀記念号）。

教科书

10. [日] 西田典之:《日本刑法各论》刘明祥、王昭武译，中国人民大学出版社 2007 年版。
11. [日] 山口厚:《刑法各论》，王昭武译，中国人民大学出版社 2012 年版。
12. [日] 大塚仁:《刑法概说（各论)》(第三版)，冯军译，中国人民大学出版社 2003 年版。
13. [日] 大谷实:《刑法讲义各论》(新版第 2 版)，黎宏译，中国人民大学出版社 2008 年版。

专著

14. [日] 野村综合研究所编著:《新时代的企业货币》，吕廷杰、韩海生译，北京邮电大学出版社 2008 年版。
15. [日] 我妻荣:《债权在近代法中的优越地位》，王书江、张雷译，谢怀栻校，中国大百科全书出版社 1999 年版。
16. [日] 牧野英一著:《日本刑法通义》，陈承泽译，中国政法大学出版社 2003 年版。
17. [日] 佐伯仁志、道垣内弘人:《刑法与民法的对话》，于改之、张小宁译，北京大学出版社 2011 年版。

其他

1. [意] 萨尔瓦多·里科波诺:《罗马法中关于占有关系的理论——兼论现代法学理论及立法》，贾婉婷译，载《比较法研究》2009 年第 3 期。

图书在版编目（CIP）数据

存款占有的解构与重建：以传统侵犯财产犯罪的解释为中心 / 徐凌波著. —北京：中国法制出版社，2018.6
（青蓝文库）
ISBN 978-7-5093-9180-8

Ⅰ. ①存… Ⅱ. ①徐… Ⅲ. ①侵犯财产罪—研究—中国
Ⅳ. ① D924.354

中国版本图书馆 CIP 数据核字（2018）第 010416 号

策划编辑 马 颖 王雯汀　　责任编辑 马 颖 王雯汀　　封面设计 蒋 怡

存款占有的解构与重建：以传统侵犯财产犯罪的解释为中心
CUNKUAN ZHANYOU DE JIEGOU YU CHONGJIAN: YI CHUANTONG QINFAN CAICHAN FANZUI DE JIESHI WEI ZHONGXIN

著 者 / 徐凌波
经 销 / 新华书店
印 刷 / 三河市紫恒印装有限公司
开 本 / 710 毫米 ×1000 毫米 16 开
印 张 / 26.25
字 数 / 376 千

版次：2018 年 6 月第 1 版 / 2018 年 6 月第 1 次印刷
书号：ISBN 978-7-5093-9180-8　　定价：69.00 元

北京西单横二条 2 号
邮政编码：100031　　传真：010-66031119
网址：http://www.zgfzs.com　　编辑部电话：010-66060794
市场营销部电话：010-66033393　　邮购部电话：010-66033288

（如有印装质量问题，请与本社印务部联系调换。电话：010-66032926）